세발자전거를 타고 가는 길

-정부간 관계의 새로운 길-

라 휘 문

도서출판 대영문화사

이 저서는 2020년 대한민국 교육부와 한국연구재단의 저술출판지원사업의 지원을 받아 수행된 연구임(NRF-2020S1A6A4042484)
This work was supported by the Ministry of Education of the Republic of Korea and the National Research Foundation of Korea(NRF-2020S1A6A4042484)

머리말

한국에서는 새로운 정부가 들어설 때마다 지방분권을 추진하겠다고 이야기하곤 한다. 더 정확하게는 선거과정에서 부터 지방분권 공약을 내세우고 있다. 그리고 많은 정부들은 실제로 지방분권 관련 약속 중 일부를 이행하였다. 중앙행정권한을 지방정부로 이양하는 등 다수의 노력을 한 것이다.

필자는 각 정부들이 추진한 지방분권 추진노력과 결과를 보면서 몇 가지 의문이 들었다. 첫째, 지방분권을 하려고 할 때 지방정부의 의견이 충분히 수렴되었는지 궁금해졌다. 혹시 중앙정부의 결정에 의하여 지방분권이 추진되고 있지는 않은지 의문이 들었다. 만약 중앙정부가 주도하는 형태의 지방분권이라면 지방정부가 원하는 기능이나 사무를 지방정부로 이양하였을까라는 의문이 생겼다. 둘째, 지방분권을 추진하는 과정에 주민이나 기업(지역경제계)이 참여할 수 있는 기회가 주어졌는지 궁금해졌다. 지방분권의 중요한 수혜자인 주민이나 기업이 자신들의 의견을 개진할 수 있는 채널과 기회가 있는지 알고 싶었다. 셋째, 정부는 지방분권과 관련한 다양한 노력을 하였다고 하는데, 왜 일반 국민이나 학생들이 충분히 알지 못하는지 그 이유가 궁금하기도 하였다.

필자가 가지고 있는 의문 사항에 대한 답을 찾기 위해서는 일정한 시각을 가지고 지방분권 관련 현상을 분석해볼 필요가 있을 것이다. 즉, 바람직한 한국의 정부간 관계를 설정하고, 실제 현상을 분석해 볼 필요가 있을 것이다. 그리고 분석결과를 담은 책을 발간할 필요가 있다고 생각하였다. 필자는 이러한 배경 하에 '정부간 관계의 새로운 길'을 모색하려는 책을 저술하게 된 것이다.

필자가 통상적으로 부르고 있는 '정부간 관계'라는 제목이 아니라 『세발자전거를 타고 가는 길』이라는 제목을 붙인 이유는 다음과 같은 몇 가지의 이유 때문이다. 첫째, 일반 국민이나 학생들이 정부간 관계를 보다 쉽게 만나볼 수 있도록 하기 위해서이다. 물론 이 책에서 제시하고 있는 세발자전거모형이 국가이론에 기반하고 있기 때문에, 일반 국민이나 대학생이 읽기에는 쉽지 않을 것으로 보이기는 하나 제목만이라도 좀 더 쉽게 다가갈 수 있도록 하기 위해서이다. 둘째, 새로운 정부간 관계를 설계한다는 것은 국가의 틀을 혁신하는 것이기 때문에 종합적이고 심도있는 논의를 하여야 하는 바 충분히 준비하면서 좀 천천히 가자는 것이다. 우주선이나 비행기를 타고 가는 것이 아니라 세발자전거를 타고 가면서 주변을 둘러보고 쉬어가면서 사람들과 이야기하면서 종합적이고 심층적으로 고민해 보자는 것이다. 셋째, 기존의 정부간 관계는 중앙정부와 지방정부간의 관계에 초점을 맞추어 논의하고 있는데, 세발자전거에서는 중앙정부와 지방정부뿐만 아니라 주민과 기업으로 논의를 확대하자는 것이다. 세발자전거의 안장에 주민이 앉아서 명령하고 앞바퀴에 기업이 위치하면서 끌고 가며 중앙정부와 지방정부는 두 개의 뒷바퀴에 위치하면서 균형을 잡아주고 지원하는 역할을 하는 모형으로 국가를 운영하자는 것이다.

필자는 이 책을 저술하면서 가능하면 쉽게 표현하려고 하였으나 그렇게 느껴지지 않을 수 있다. 또한 가능하면 균형있게 내용을 작성하려고 하였으나 어떤 부분은 지나치게 장황하게 설명하였고, 어떤 부분은 심층적인 분석이 이루어졌어야 하는데 그러지 못한 부분들도 존재하는 것 같다. 책을 저술하기 시작할 때에는 완성도 높은 책을 만들겠다는 각오를 하지만 책을 마무리하고 나면 항상 아쉬움이 남는다. 이번에도 예외는 아니다. 필자의 역량부족 때문일 것이다. 지속적인 개정작업을 통하여 완성도를 높이기 위하여 노력할 것을 약속하는 것으로 스스로를 위로해보고자 한다.

끝으로 책을 저술하면서 연구비를 지원해준 한국연구재단의 관계자분들께 감사드린다. 또한 국가이론에 관심을 가질 수 있도록 기회를 만들어주시고 다양한 학습기회를 마련해주신 정용덕 교수님께 감사드린다. 그리고 책에 수록된 오징어모형과 세발자전거모형을 스케치해 준 라서현 학생, 각종 자료 수집과 분석에 도움을 준 라소영 박사수료생, 집필에 필요한 좋은 환경을 제공해 준 최재민 박사에게도 감사한다.

2023년 1월 연구실에서

라휘문

차례

제1편

정부간 관계모형

제1장 정부간 관계의 의의

제1절 정부간 관계의 개념

1. 이 책은 무엇을 이야기하려고 하는가?

사람들은 시간이 날 때 또는 시간이 없어도 없는 시간을 쪼개서 독서를 하고 있다. 독서를 하려면 책을 선정하여야 하는데, 쉽게 손이 가는 책이 있고 그렇지 않은 책도 있다. 특히, 특정 학문 분야의 전공서적들은 전공자들 이외에는 잘 보려고 하지 않는다. 비전공자들은 제목만 보아도 머리가 아프다고 한다. 필자 역시 다른 학문 분야의 전공서적을 읽으라고 하면 자신이 없다. 실제로, 다른 학문 분야의 전공서적을 읽는 것에 도전해 보아도 성공하는 경우가 거의 없었다. 처음에 몇 장을 넘기다가 중단하거나 억지로 중간까지 읽다가 포기하게 되는 경우가 다반사였다.

그런데 전공서적 중에서는 모든 사람들이 알아야 할 책들도 있다. 식품을 통해 건강을 회복할 수 있는 책, 부동산·주식 등과 관련된 책 등 수도 없이 많이 존재할 것이다. 전자는 식품영양학, 의학, 한의학 등과 관련되어 있고, 후자는 경영학, 경제학 등과 연계되어 있을 것이다. 사실 알고 보면 전공서적인데도 비전공자들인 일반인들이 관심을 가지고 보고 있다. 읽다가 잘 알지 못하는 용어가 나오거나 이해가 안 가면 SNS를 통하여 궁금증을 해소하면서 그 책을 읽어나가는 것이다. 전공자들이 보기에는 잘 이해가 되지 않는 그림일 것이다. 아마도 매우 신기한 현상으로 이해할 것이다. 전공자도 읽기가 어려운 책을 비전공자가 읽고 있는 모습을 보면 전공자들은 만감이 교차할 것이다.

이들이 이러한 책을 읽는 이유는 무엇일까? 많은 생각이 가능하겠지만 적어도 그 중에 하나는 우리의 일상생활과 밀접하게 관련되어 있는 이야기, 그래서 우리가 관심을 가질 수밖에 없는 이야기를 하고 있기 때문일 것이다. 읽으면 우리에게 도움이 된다고 생각하기 때문에 어렵지만 그 책을 읽으려고 하는 것이다.

이 책을 통해 이야기하려고 하는 정부간 관계는 분명히 전공서적이다. 특히, 행정학이라는 학문 분야에서 깊이 있게 다루고 있는 내용이다. 그런데 조금만 멀리서 정부간 관계라는 것을 생각해보면 앞에서 이야기했던 식품, 부동산, 주식 등의 이야기와 별로 다르지 않다. 정부간 관계라는 말이 중앙정부와 지방정부 등에 대하여 이야기하는 것이기 때문에, 우리의 일상생활과 떨어져 있는 이야기가 아니다.

예를 들면, 우리는 국민들이 정부이야기를 하는 것을 아주 흔하게 들을 수 있다. 집, 회사, 버스, 지하철 등 어디에서든지 정부와 관련된 좋은 이야기 또는 나쁜 이야기를 하고 있는 사람을 발견하는 것은 어렵지 않다. 특히, 최근에 들어와서는 신종코로나바이러스감염증과 관련된 정부의 활동에 대하여 많은 이야기를 하고 있다. 살이 찌고 있는데 왜 헬스장의 문을 닫게 했는지, 왜 식당은 영업을 하는데 커피숍은 앉아서 먹을 수 없게 하는지, 친구들과 노래방 가서 스트레스 좀 풀고 싶은데 못 가게 하는 이유가 도대체 무엇인지 등 정말 많은 이야기들을 하고 있다. 그러면서 국민들이 자유롭게 활동하지 못하게 하는 각종 조치들을 우리의 옆에 있는 지방정부가 하는 것이 아니라, 왜 중앙정부가 할까라는 의문을 가지곤 한다. 이런 것처럼 많은 국민들은 실제로 정부라는 말을 쓰지는 않지만 정부의 이야기를 하고 있는 것이다.

일반 사람들이 특정 분야에 대해 어떤 내용을 이야기하려면 그 분야에 대해 조금이라도 아는 것이 좋을 것이다. 그 분야에 대해 조금이라도 알아야 그래도 재미있게 이야기를 할 수 있기 때문이다. 이 책에서 다루고 있는 정부의 이야기는 그러한 점에서 필요하다고 볼 수 있다. 그런데 한국의 국민들은 정부에 대해 어느 정도는 알고 있다고 생각하고 있을 것이다. 그래서 정부에 대해 소신 있게 이야기할 자신이 있다고들 한다. 국민들이 그렇게 생각하는 이유는 아마도 내 손으로 대통령, 국회의원, 도지사, 시장, 군수, 구청장, 지방의원들을 뽑았고 이들이 나를 대신하여 일을 하고 있다고 생각하기 때문일 것이다.

이 책에서 다루고자 하는 정부간 관계는 국민들이 잘 알고 있는 정부와 정부의 관계를 살펴보려는 것이다. 그동안 국민들이 이야기했던 내용들이 어떤 이론적인 틀 속에서 나온 것인지를 이야기해보고자 하는 것이다. 경기도가 영세사업자를 위하여 지원금을 주려고 하는데, 왜 중앙정부가 반대하고 있는지, 중앙정부는 왜 수원시가 공무원수를 확대하려고 할 때 반대하는지 등 우리 주변에서 흔히 일어나고 있는 많은 현상들을 이야기하려는 것이다.

우리는 이러한 현상이 있었다는 사실을 뉴스를 통하여 접하곤 한다. 뉴스를 보고는 그 현상에 대하여 주변에 있는 친구들과 이야기를 한다. 이야기를 할 때에는 중앙정부의 편을 들든, 아니면 지방정부의 편을 들든 어느 한 편의 입장에서 다른 편을 비난하고 있는 자신을 발견할 것이다. 이야기를 하면서도 우리가 이야기하고 있는 것이 맞는 것인지에 대해 의문을 가지고 있다. 이때 옆에서 우리와 같은 생각을 가지고 있는 사람이 있다면 왠지 모르게 든든함을 느낄 것이다. 이 책에서는 우리가 특정 현상에 대해 이야기하고 있는 생각들이 이론적으로 설명할 수 있는 부분이라는 것을 제시하려고 한다. 즉, 여러분이 이야기하는 내용을 지지하는 전문가가 있다는 것을 이야기하고자 하는 것이다.

필자는 가능하면 이 책을 읽는 독자들이 보다 쉽게 이해할 수 있도록 이야기하려고 노력할 것이다. 그래서 보다 많은 사람들이 이 책을 읽고 정부간 관계에 대해 자신있게 이야기할 수 있도록 하고 싶다. 이 책을 읽고 있는 독자들에게 필자의 약속이 지켜지기를 희망한다.

2. 정부간 관계란 무엇인가?

1) 정부간 관계라는 말은 어떤 배경 하에서 만들어졌는가?

정부간 관계에 대한 이론들을 이야기하기 전에 먼저 정부간 관계란 무엇인가에 대해 살펴보려고 한다. 그 이유는 사람들이 정부간 관계론이라는 책을 읽으려 할 때 제일 먼저 하는 질문이 아마도 정부간 관계란 무엇인가? 그리고 내가 왜 정부간 관계를 알아야 하는가? 등이기 때문이다. 우리가 책을 선정할 때에는 통상적으로 그 책이 어떤 내용을 다루고 있는지, 그리고 그 내용이 우리가 관심을 가지고 있는 내용인지를 생각한 후 두 가지의 요건을 충족하였을 때 그 책을 선정하게 된다. 이러한 점을 고려하여 여기에서는 먼저 정부간 관계란 무엇인지를 살펴보고, 그 다음에는 정부간 관계를 왜 알아야 하는지에 대해 답을 하고자 한다.

정부간 관계란 무엇인가에 대해 이야기하려면 정부간 관계를 개념화하여야 하는데,

이를 개념화하기는 쉽지 않다. 그 이유는 정부간 관계라는 개념이 하나로 통일되어 있지 않기 때문이다. 정부간 관계에 대해 많은 학자들이 이야기하고 있지만 똑같은 생각을 가지고 있지는 않은 것으로 보인다. 어떤 학자는 중앙정부의 편에서 정부간 관계를 이야기하고 있고, 어떤 학자는 지방정부의 편에서 정부간 관계를 이야기한다. 즉, 학자들마다 자신이 보고자 하는 또는 그에게 보여지는 정부간 관계를 개념화하고 있다. 필자가 마음대로 정부간 관계를 개념화하는 것은 쉽지 않다. 필자보다 학문적으로 뛰어난 많은 학자들이 개념화한 것을 무시하고, 필자의 생각을 이야기하는 것은 어려운 숙제라고 보여진다. 이 책에서는 다수의 학자들이 제시한 정부간 관계의 개념을 살펴본 후 이를 종합하는 방법을 활용하고자 한다. 이 방법이 필자가 짊어져야 할 다수의 위험성을 피해나갈 수 있을 것으로 보이기 때문이다.

그러면 정부간 관계라는 용어가 어떻게 탄생하였는지 살펴보자. 이를 위해서는 미국이라는 국가가 만들어진 후 어떤 사건들을 거치면서 성장하였는지를 알아볼 필요가 있다. 이 책에서 미국의 이야기를 먼저 하는 이유는 정부간 관계라는 말이 연방주의를 채택하고 있는 미국에서 처음으로 사용한 개념이기 때문이다. 미국에 있어 연방정부는 각 주가 합의로 만든 것이기 때문에, 어찌 보면 연방정부와 주정부간의 관계에 관심을 가지지 않을 수 없다(임재현, 2017: 48). 주정부가 합의에 의하여 연방정부를 만들었기 때문에 주정부가 연방정부보다 더 많은 권한을 가져야 하는 것인지 또는 주정부간의 조정을 위하여 연방정부가 더 많은 관심을 가져야 하는 것인지 등에 대해 고민하여야 할 것이다. 게다가 미국은 연방정부, 주정부, 그리고 지방정부가 존재하고 있기 때문에 삼자간의 관계에 관심을 가져야 할 것이다. 이 책은 미국의 역사를 다루는 전공서적이 아니기 때문에, 미국의 역사를 구체적으로 다루지는 않겠다. 다만, 정부간 관계와 직접적으로 연계되어 있는 내용을 중심으로 살펴보려고 한다.

미국의 역사를 정부간 관계와 연계하여 살펴보려면 발전과정을 구분하는 작업이 있어야 한다. 그런데 미국의 발전과정은 학자마다 시기를 다르게 구분할 수 있고 실제로도 그렇게 하고 있다. 각자의 기준에 따라 미국의 발전과정을 분류하고 있는 것이기 때문에 필자는 그들의 분류에 동의한다. 그럼에도 불구하고 이 책은 정부간 관계에 대해 이야기하는 것이기 때문에 정부간 관계와 연계되어 있는 사건을 중심으로 분류하고자 한다. 물론, 정부간 관계에 대한 시기 구분 역시 학자마다 다르게 분류할 수 있다. 예를 들면, 강용기(2014: 119-120)는 이중연방제(Dual Federalism, 1937), 협력적 연방제(Co-operative Federalism, 1933~1960), 창조적 연방제(Creative Federalism, 1960~1968), 그리고 신연방제(New Federalism, 1968~)로 구분한다. 매우 타당한 분류방식이라고 볼 수 있다. 이 책에서는 논의의 편의를 위하여 제1단계는 태동기부터 1930년대, 제2단계는 1930년대부터 1960년대, 제3단계는 1960년대부터 1980년대, 그리고 제4단계는 1980년대 이후와 같이 제4단계로 구분하고자 한다. 이 책의 분류가 강용기의 분류와 크게 차이가 있는 것은 아니기 때문에, 이 책의 분류기준에 따라 시기구분을 하되 내용을 이야기할 때에는 강용기의 책에서 제시한 내용을 포함하고자 한다.

먼저, 제1단계는 미국이 태동하면서부터 1930년대 초반까지이다. 이 시기에는 연방정부와 주정부간에 교류가 많지는 않았다. 연방정부의 규모는 작았고 권력 역시 많지는 않았다. 주정부는 연방정부와 비교할 때 많은 권한을 가지고 있었지만 그렇다고 하여 주정부가 연방정부에 대해 막대한 권한을 행사하지도 않았다. 주정부는 단지 자신에게 부여된 권한을 충실하게 수행하는 데 관심이 있을 뿐이었다(임승빈, 2018: 162-166). 이는 미국이라는 나라가 독자적인 식민지 개척 후 연합한 국가이기 때문으로 생각할 수 있을 것이다. 연방정부와 주정부는 독자적인 정부로서 존재하던 시기였다. 이러한 형태의 정부를 이중연방제, 레이어 케이크(layer cake) 연방주의라고 부른다(강용기, 2014: 119-120). 레이어 케이크는 케이크 사이에 잼이나 크림 등을 넣어 층처럼 만든 것으로 각 층으로 나누어져 있지만 하나의 케이크이다([그림 1-1] 참조). 이처럼 연방정부와 주정부는 미국이라는 하나의 국가를 형성하지만 레이어 케이크의 층이 나누어져 있는 것처럼 각자의 역할을 수행한다. 즉, 연방정부와 주정부 사이의 상호작용에 많은 관심을 가지지는 않는 형태이다. 미국이라는 국가가 태동한 이후부터 1930년대까지 연방정

그림 1-1 정부간 관계의 은유적 표현

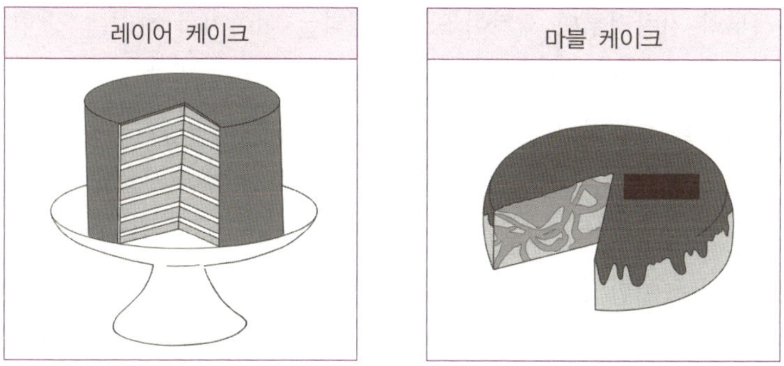

부와 주정부의 관계를 적절하게 표현한 것으로 보인다.

다음으로, 제2단계는 1930년대부터 1960년대 초반까지이다. 이 시기는 제1단계와 달리 연방정부의 권한이 주정부에 비해 상대적으로 커졌다. 물론, 그렇다고 하여 연방정부가 독단적으로 주정부에게 권한을 행사하지는 않았다. 연방정부와 주정부는 협력관계에 의하여 당면한 문제를 해결하고자 노력하였다. 연방정부의 권한이 상대적으로 커지게 된 이유는 1929년 뉴욕 증시가 대폭락하면서 세계경제 전체를 무너뜨린 세계경제 대공황 때문이었다고 생각할 수 있다. 미국의 증시가 1929년 9월 3일 381.17이었다가 1933년 7월 8일에는 41.22로 폭락한 것이다. 미국 증시의 급격한 하락은 미국 시장을 침체로 치닫게 하였고, 이는 전 세계를 경제 암흑기로 몰고 가게 되었다. 그 당시의 대통령이었던 루스벨트(Franklin D. Roosevelt)는 당면한 문제의 해결을 위하여 뉴딜정책을 실시하게 된다. 뉴딜은 카드게임에서 카드를 바꾸어서 새로 친다는 것에서 비롯된 용어이다. 즉, 기존의 정책을 바꾸어서 새로운 정책을 추진하겠다는 의지를 표명한 것으로 볼 수 있다. 대공황이 발생할 즈음 미국은 시장경제에 국가가 개입하는 것을 좋아하지 않았다. 가능하면 시장경제에 개입하려고 하지 않았다. 이를 자유방임정책이라고 부른다. 그러나 대공황이 발생하고 미국경제가 침체기로 빠져들면서 상황은 변화되었다. 루스벨트 대통령에 의하여 제안된 뉴딜정책은 시장경제에 대한 정부개입을 최소화하였던 기존의 정책을 버리고, 정부가 직접 개입하여 경제문제를 해결하겠다는 것이다. 실제로, 루스벨트 대통령은 정부가 시장경제에 개입하여 생산을 통제하고 소비를 진작시키고자 노력하였다. 대표적인 것이 긴급은행법, 농업조정법, 산업부흥법, 사회보장법, 와그너법 등을 제정하여 위기탈출을 하고자 하였던 것이다. 그런데 정부간 관계를 이야기하다가 왜 미국의 경제 침체를 이야기한 것인지 궁금해 할 수 있다. 이는 미국의 경제 침체가 뉴딜정책처럼 연방정부가 많은 일들을 하여야 하는 상황을 발생시켰고, 경제침체로 주정부와 지방정부의 재정이 약화되었다는 이야기를 하려는 것이다. 따라서 주정부와 지방정부는 연방정부에 대한 재정의존성을 높일 수밖에 없게 되었다. 이 기간에 연방정부가 재정을 부담하고 주정부가 집행을 책임지는 공동사업을 다수 입안하여 추진해 나가기도 하였다. 이중연방제 체제에서는 볼 수 없었던 상호의존관계 또는 상호협력관계가 자리잡아 갔던 것이다. 이를 협력적 연방제라고 부른다. 협력적 연방제 체제에 있어 한 가지 특이한 점은 연방정부의 역할이 커지기는 하였으나, 이것이 주정부나 지방정부의 역할과 권한을 축소시키는 것이 아니었다는 점이다. 연방정부의 기능이 강화되기는 하였으나, 이는 대부분 주정부나 지방정부의 어려움을 덜어주기 위한 것이었고, 연방정부의 지원 또한 연방정부의 의지를 반영하기 위한 것이라기보다는 주정부 및 지방정부의 어려움을 덜어주기 위한 것이었다(임승빈, 2018: 162-166). 그래서 이를 마블 케이크(marble cake) 연방주의라고 부르기도 한다([그림 1-1] 참조). 마블 케이크는 검은 반죽과 흰 반죽이 섞여 있으면서 얼룩덜룩한 무늬가 나오게 만든 케이크이다. 두 개의 반죽이 혼합되어 새로운 것이 만들어지는 것이 아니라 각각은 존재하지만 맛을 더하는 개념인 것이다. 연방정부와 주정부, 그리고 지방정부가 각각 존재하면서 상호협력에 의하여 일을 처리하는 것을 은유적으로 표현하였다고 볼 수 있다.

제3단계는 1960년대부터 1980년대이다. 연방정부, 주정부, 지방정부간 관계는 1960년대에 들어오면서 또다시 변화를 한다. 그 이면에는 존슨(Lyndon Johnson) 대통령이 선거 승리 후 실시한 최초의 연두국정연설(1965년 1월 4일)에서 '위대한 사회(great society)'라는 정치이념을 제시한 사건이 있었다. 존슨 대통령의 위대한 사회건설은 가난과 인종차별을 없애는 것이 주된 내용이다. 실제로, 존슨 대통령은 교육에 대한 연방지원, 노인 의료지원 등을 확대하기 위하여 노력하였다. 이 과정에서 연방정부는 연방정부의 권한을 확대하는 입법과 법원의 판결을 통해서, 또 목적별 보조금과 같은 재정지원제도를 통해서 그 권한을 크게 확대하고, 이를 바탕으로 독자적인 정책목표를 적극적으로 추진하기 시작하였다. 협력적 연방제체제에서와 달리 독자적인 정책목표와 지침을 세우고 주정부나 지방정부의 참여를 요구하거나 주정부의 권한에 속하던 영역에 개입하는 경우가 크게 늘어났다. 그 결과 연방정부와 주정부 및 지방정부의 관계는 마치 피켓으로 담장을 엮어 놓은 말뚝 울타리(picket-fence) 모습처럼 복잡한 구도를 이루게 되었다([그림 1-2] 참조). 즉, 지방정부에 설치되어 있는 각 부서가 중앙정부에 설치되어 있는 각 부서의 일선기관화된다는 것이다. 중앙정부와 지방정부간의 수직적 관계는 강화되는 반면에, 지방정부에 설치되어 있는 부서간의 수평적 관계가 약화되는 모습을 말한다. [그림 1-2]에서 보는 것처럼 하나의 기능에 연방정부, 주정부, 그리고 지방정부가 모두 관여되어 있다. 만약 명확한 기준에 의거하여 기능을 배분한다면 연방정부, 주정부, 그리고 지방정부의 기능이 구분되어야 한다. 그러나 [그림 1-2]에서 보는 것처럼 연방정부, 주정부, 그리고 지방정부의 기능배분의 경계가 분명하지 않다는 것이다.

1930년 이전의 이중연방제와 달리 종적 관계가 하나의 주된 구도로 나타나게 된 것이다(임승빈, 2018: 162-166). 이러한 체제를 창조적 연방제라고 부르기도 한다. 이러한 창조적인 연방제는 연방정부가 주나 지방정부의 일상적인 생활에 많은 영향을 미치게 되었고 정부간 관계의 연구필요성이 더욱 커지게 되었다(강용기, 2014: 119-120). 강용

그림 1-2 말뚝울타리의 의미

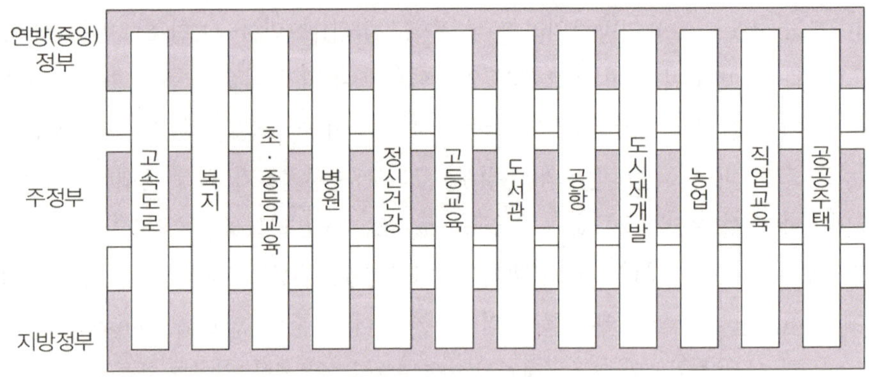

자료: Gordon(1982: 151), 김병준(1997: 20).

기 등에 의하여 창조적 연방제라고 불리우는 이러한 경향은 1980년대 초까지 계속되었다가, 레이건(Ronald Reagan)과 부시(George H. W. Bush)가 이끄는 공화당 정부의 분권화정책이 실시되면서 다소 변화를 보이기 시작한다(임승빈, 2018: 162-166).

마지막으로, 제4단계는 1980년대 이후라고 볼 수 있다. 이 시기는 분권화정책이 실시되던 때이다. 따라서 연방정부의 권한을 약화시키고 주정부와 지방정부의 권한을 강화하려는 다양한 시도가 있었다. 이를 신연방제라고 부르기도 한다. 신연방제는 연방의 개입을 약화시키고 주정부의 권한과 기능을 강화하는 분권적 흐름이다. 이러한 입장은 닉슨(Richard M. Nixon), 레이건 등을 거쳐 현대에 이르고 있다. 닉슨은 주정부에 국고보조금의 자율적 사용권을 부여하여 주정부의 자율성을 신장시키고자 하였다. 레이건은 연방의 기능을 주정부에 돌려주고자 하였다. 연방이 주정부에 간섭하고 있고 불필요하게 개입하고 있다는 것이다. 이러한 시각에서 연방의 주에 대한 지출은 대폭 감소하였다(강용기, 2014: 119-120). 그러나 이들 공화당 정부조차도 연방정부의 권한을 다소 완화시켰을 뿐 라이트(D. S. Wright)가 말하는 말뚝 울타리의 기본골격을 근본적으로 변화시키지는 못하였다. 연방정부와 주정부 및 지방정부간의 종적관계가 여전히 중요한 의미를 지니고 있다는 말이다(임승빈, 2018: 162-166).

살펴본 것처럼 미국의 정부간 관계는 역사적인 사건의 흐름과 유사하게 변화하고 있다. 미국의 태동기에는 연방정부, 주정부, 지방정부가 상호 독립적으로 자기 일을 수행하다가 경제 대공황으로 인해 뉴딜정책을 추진하게 되었고, 이는 연방정부의 권한을 확대하는 계기가 되었다. 그러나 그 당시만 해도 연방정부가 주정부에 과도하게 개입하거나 영향력을 미치려고 하지 않았다. 그러다가 '위대한 사회건설'이라는 정치슬로건이 만들어지면서 연방정부의 권한이 더욱 확대되었고, 일종의 연방정부, 주정부, 그리고 지방정부라는 계층이 형성되기 시작한다. 특정 경향이 너무 극단으로 향하게 되면 새로운 형태의 경향이 나타나듯이 다시 연방정부의 권한을 약화시키고, 주정부와 지방정부의 권한을 확대하자는 경향이 나타나고 있다. 미국의 역사를 보면서 정부간 관계가 어떻게 변화되었는지를 살펴보아야 하는 이유가 여기에 있는 것이다.

2) 그러면 정부간 관계라는 용어는 어떤 의미를 가지는가?

정부간 관계라는 용어가 나타나게 된 배경을 미국의 역사적 사건과 함께 간단하게 살펴보았다. 지금부터는 정부간 관계라는 용어가 어떤 의미를 가지고 있는지를 이야기하려고 한다.

정부간 관계는 앞에서 살펴본 것처럼 1930년대 일어난 경제 대공황 시기에 경제적·사회적 위기를 극복하려고 했던 뉴딜정책을 비롯한 미국 정부의 포괄적 노력에서부터 출발하였다고 볼 수 있다. 이때부터 정부간 관계라는 말은 연방정부와 주정부, 주정부와 지방정부, 지방정부간의 상호작용을 의미하는 용어로 사용되고 있다(Wright, 2008: 20; 강재호, 2004: 7-8; 김병준, 1997: 21-22). 미국은 건국 초기부터 연방정부와 주정부간의 상호관계를 중심으로 정부간 관계를 논의해 왔기 때문에, 초기의 정부간 관계를 우리는 연방주의라고 부르기도 한다. 이러한 연방주의는 1930년 이후부터 정부간 관계론이라는 개념으로 재정비되었고, 1970년대에는 다시 정부간 관리론으로 제시되고 있다(강용기, 2014: 119-120). 정부간 관리론은 정부간 정책관리, 정부간 프로그램 관리라는 문제 해결 차원의 정부간 관계를 강조하고 있는 용어이다. 즉, 정부간 관리는 정부간 관계를 기본으로 하고 있지만 정부간 문제 해결, 네트워크, 거래와 협상 등을 강조한다는 면에서 계층 질서 하에서 정책의 조정과 권한배분문제에 주로 관심을 가지는 이전의 정부간 관계와는 구분된다(Wright, 1990: 156; 강용기, 2004: 5-6)고 볼 수 있다.

정부간 관리라는 개념은 정치적 측면에서 논의되어 온 정부간 관계론의 개념을 정부간의 정책적, 관리적, 행정적 차원에서 재구성한 개념이다. 라이트와 크레인(Wright & Krane, 1998: 1162)은 정부간 관리는 정부간 혹은 민간부문의 연결망의 사용과 창조를 통해 고도의 불확실성과 복잡한 여건 아래서 정부간 상호간의 문제들을 해결하는 과정이라고 정의하고 있다. 즉, 정부간 관리론의 주제는 관리이며, 정부간 시스템, 구조, 정

표 1-1 연방주의, 정부간 관계, 정부간 관리의 비교

구분	연방주의	정부간 관계	정부간 관리
포함 단위	국가-주, 주 상호간	국가-주-지방 주-지방 국가-지방 지방 상호간	정부간 관계 단위를 기반으로 하며 행정, 연결망의 정치, 공공-민간부문의 혼합
권위관계	국가가 최고권위	정부간 계층질서	비계층의 연결망
갈등 해결의 방법	법, 법원, 선거	시장, 게임, 동맹	거래, 협상, 토론, 문제의 처리
가치	목적(임무)	관점(정책과 행정)	산출물, 프로그램 결과(관리)
정치적 요소	고도의 정치(당파주의)	정책결정(조정)	집행(문제 해결)
주도자	선거직의 정치인	일반 행정인	정책전문가

자료: Wright(1990: 158), 강용기(2014: 122).

책, 프로그램 등이 주요 연구대상이다. 정부간 관리론의 핵심용어는 문제 해결, 일처리 능력, 연결망의 세 가지이며, 정부간 관리의 목표는 능률성을 향상시키는 데 있다(Wright, 1990: 158; 강용기, 2014: 121-123).

이 책에서 주로 다루고 있는 정부간 관계는 1930년대부터 미국에서 사용되기 시작하였다고 보는 것이 일반적이다. 라이트(Wright, 1988: 13-14)는 1937년 스나이더(Clyde F. Snider) 교수가 『미국정치학회보』에 논문을 게재하면서 정부간 관계라는 용어를 사용하게 되었다고 한다. 물론, 그 당시 앤더슨(W. Anderson)도 유사한 개념을 사용하였다고도 한다. 이후 1950년대 미국 의회가 법률명이나 위원회의 명칭에 사용함으로써 정부간 관계라는 용어의 사용이 일반화되었다. 구체적으로는 1953년 미국 의회에 정부간 관계 임시위원회(The Temporary Commission on Intergovernmental Relations)와 1959년 정부간 관계 자문위원회(The Advisory Commission on Intergovernmental Relations) 등이 설치됨으로써 정부간 관계라는 용어가 공식적으로 사용되기 시작한 것이다. 또한 정부간 관계라는 용어가 법률 등에 공식적, 그리고 보편적으로 사용되기 시작한 것은 1968년 정부간 협력 법(Intergovernmental Cooperation Act)이 출발점이었다고 보고 있다.

정부간 관계라는 용어가 보편적으로 사용되고 있기는 하나 학자에 따라 의미는 조금씩 차이가 있다. 가장 대표적인 학자 중 한 명인 라이트(Wright, 1988)의 이야기를 듣지

않을 수 없다. 라이트(D. S. Wright)는 앤더슨(W. Anderson)이 이야기하고 있는 개념을 활용하여 미국 연방시스템 내 모든 정부 단위간에 벌어지는 활동 또는 상호작용의 중요한 총체라고 정부간 관계를 정의하고 있다. 라이트가 제시한 정부간 관계의 특징을 보면, 첫째, 정부간 관계는 연방정부와 주정부간의 관계를 의미하는 연방제와는 달리, 연방과 주정부간의 관계, 주와 지방정부간의 관계, 그리고 지방정부와 지방정부간의 관계를 모두 포괄하고 있는 개념이다. 둘째, 정부간 관계는 정부를 구성하는 인적자원의 요소를 중시하고, 더불어 구성원간의 상호작용을 중요시한다. 셋째, 정부간 관계에서 구성원간의 관계는 일시적이거나 단편적인 관계가 아니라, 공식적으로 승인되거나 법규나 판결에 의해 고정된 정기적인 관계이다. 마지막으로 넷째, 정부간 관계는 정책적 요소에서 주로 재정적 이슈에 초점을 두고 있다는 것이다(Wright, 1988: 14-25; 김병준, 1997: 23-24).

앤더슨은 정부간 관계는 미국 연방체제 내에서 모든 계층과 모든 형태의 정부간에 일어나는 상호작용과 행위의 총체라고 했으며, 샤프리츠(J. M. Shafriz)의 『행정학사전』에 의하면, 정부간 관계는 상급정부가 하급정부와 재정을 포함한 여러 가지 자원을 나누어 쓰는 재정 및 행정과정이라고 정의하고 있다(임승빈, 2018: 167-168).

강용기(2004: 5)는 정부간 관계를 연방이나 국가 내에서 중앙정부와 지방정부 또는 지방정부와 지방정부간에 존재하는 상호작용이라고 정의하고 있다. 초기의 정부간 관계는 미국을 중심으로 연방주의라는 시각에서 논의를 출발하였다. 즉, 연방정부와 주정부간의 권한배분문제를 논의한 것이다. 그 이후에는 연방정부와 주정부, 주정부와 주정부, 주정부와 지방정부, 지방정부와 지방정부간의 관계를 포함하는 것으로 점차 범위가 확장되었다(Wright, 1990: 156; 강용기, 2004: 5-6)고 보고 있다. 종합하면, 연방주의와 정부간 관계의 차이는 연방주의는 연방정부와 주정부와의 관계에 초점을 맞추고 있으나, 정부간 관계론은 연방과 주, 주와 주, 주와 지방, 지방간 상호관계 등 다양한 수준의 정부간 관계를 검토하는 것으로 더 포괄적인 개념이다(강용기, 2014: 121).

서상아(2008: 12)는 정부간 관계란 중앙정부와 지방정부, 지방정부 상호간에 이루어지는 모든 정책 분야에서의 상호작용으로 정의하고 있다. 그는 정부간 관계의 특징으로 첫째, 중앙정부, 광역지방정부 및 기초지방정부를 포괄하는 모든 수준의 정부 주체간의 관계를 의미하며, 둘째, 이들 주체들간에 일어날 수 있는 다양한 분야에서의 상호작용, 즉 기능적 측면뿐만 아니라 재정, 인적자원 측면에서의 상호작용을 모두 포함하는 용어로 보고 있다. 그리고 셋째, 일회적 · 단발적 상호작용보다는 상대적으로 제도화된 일상화된 상호작용을 대상으로 한다.

조창현(2005: 86-87)과 문유석(2015: 395)은 연방정부와 주정부간의 관계에 초점을 두는 연방제와는 달리 정부간 관계는 연방과 주 관계는 물론, 주와 지방정부, 지방정부와 지방정부간의 관계를 모두 포함하는 보다 포괄성을 띤 개념이고, 연방제가 정부간의 공식적 관계와 공식적인 권한배분 등을 강조하는 정태적인 개념인 데 비하여, 정부간 관계는 정부를 구성하고 있는 인간요소, 구성원과 구성원간의 상호작용을 중시하는 개념이다. 또한 정부간 관계는 각 정부 구성원들간의 공식적인 관계는 물론, 비공식적인 접촉과 정보 교환행위 등에 관한 관심을 기울일 것을 함축하고 있으며, 법률적 관계를 넘어서 정책문제와 정책과정, 그리고 정부간에 형성된 관계의 정치경제적 성격과 배경 등을 중시하는 특징이 있다고 보고 있다.

최창호 · 강형기(2016: 337)는 정부간 관계란 하나의 중앙정부와 다수의 지방정부 사이에서 벌어지는 관계를 의미한다고 하였다. 정부간 관계는 국가와 지방의 관계, 중앙과 지방의 관계, 지방과 지방간의 관계를 포괄하는 다양한 의미를 함축하고 있다고 한다.

임재현(2017: 48)은 정부간 관계는 연방주의를 채택하고 있는 미국에서 처음으로 사용한 개념이라고 하였다. 미국의 경우, 연방정부는 각 주의 합의로 탄생한 것이기 때문에, 연방정부와 주정부들간의 관계에 대해 관심이 지대할 수밖에 없다고 보았다. 그러면서 정부간 관계는 다의적인 개념으로서 정부간 관계의 내용은 국가의 형태에 따라 매우 다양하게 존재하지만, 일반적으로 특정 국가 내에 존재하는 다양한 정부들간의 상호관계를 말한다고 한다. 즉, 정부간 관계란 중앙정부와 지방정부 상호간의 관계를 말한다.

박기관(2019: 18)은 정부간 관계를 정부간과 관계라는 용어로 구분하여 설명하고 있다. 정부간은 중앙정부와 지방정부간, 지방정부간을 의미한다. 여기에서 범위에 따라 협의와 광의의 정부간 개념으로 나누어 볼 수 있다. 협의의 정부간 개념은 중앙정부와 지방정부간, 지방정부간으로 구분할 수 있다. 즉, 중앙정부와 기초지방정부간, 광역지방정부간, 광역지방정부와 기초지방정부간, 기초지방정부간으로 세분할 수 있다. 이와 달리 광의의 정부간 개념은 국회와 지방의회를 포함시켜 의회를 구성하고 있는 중앙정부와 지방정부간, 지방정부간으로 구분할 수 있다. 이때의 정부간 개념은 중앙정부와 광역지방정부간, 중앙정부와 기초지방정부간, 광역지방정부간, 광역지방정부와 기초지방정부간, 기초지방정부간으로 나타난다. 또한 현행 지방자치법상 보통지방정부와 같은 법인의 지위에 있는 특별지방정부를 포함시킬 수 있다. 이 경우, 특별지방정부의 성격을 지닌 지방정부조합 역시 광의의 정부 개념에 포함하게 된다. 이처럼 정부간 개념은 한 국가 내에서 다양한 수준의 정부를 포괄한다. 한편, 관계의 의미를 보면 수직적 통제관계와 수평적 경제관계 및 상호의존적 협력관계로 나누어 볼 수 있다.

첫째, 수직적 관계는 중앙정부와 지방정부와의 관계라는 수직적 통치구조론으로 해석한다. 이 정부간 관계는 중앙정부와 지방정부간의 지배와 피지배의 관계이다. 즉, 지방정부를 통치의 일부로 보는 중앙정부와 지방정부간의 관계에만 존재할 뿐 지방정부간 관계는 없다. 즉, 그 이유는 지방정부가 중앙정부에 예속되어 있어 지방정부라는 용어 자체가 허용되지 않기 때문이다. 이 수직적 관계는 두 가지의 중요한 시각이 존재하는데, 하나는 재정의존과 중앙의 통제를 중심으로 한 대리인 관계의 시각이다(Dunleavy, 1981: 5-10). 이 시각 속의 논점은 지방행정기관이 중앙정부의 통제 하에 국가정책을 집행하는 역할을 하고, 지방행정기관은 자율성이 전혀 없거나 협소하다는 것이다. 다른 하나는 이보다 급진적인 도구주의적 시각인데, 이는 지방행정기관이 중앙정부의 대리인에 불과하다는 것이다. 즉, 지방행정기관이 국가의 수중에 있는 도구인 바, 이때 지방행정기관은 전체 국가 정책 속에 기능적으로 통합되는 것으로 인식한다.

둘째, 중앙정부와 지방정부가 대등한 지위에 있는 수평적 관계이다. 이 관계는 지방정부가 중앙정부에 예속된 상태에서 중앙정부의 일방적인 통치가 아닌 지방정부가 의사결정 주체로서 당사자의 능력을 갖는다. 이때의 정부간 관계의 형태는 중앙정부와 지방정부간 관계뿐만 아니라 지방정부간 자율적 관계가 가능하다.

셋째, 중앙정부와 지방정부간, 지방정부간에 서로 제약하며 상호협력하는 상호의존적 관계이다. 이 관계는 동반자적 관계로, 정부간에 상호작용을 통해 교환 및 협상과정이 이루어진다. 즉, 상호의존관계를 통해 체계의 구성부분들이 그들의 업무와 활동을 달성하기 위해 자원·역할 및 권한을 교환하는 것이다(Goldsmith et al., 1986: 256; 정정화 외, 2019: 18-20).

결론적으로, 박기관(2019: 20-21)은 정부간 관계는 역사적으로 볼 때 연방정부와 주정부에 초점을 두는 연방제와는 달리 연방정부와 주정부간 관계는 물론, 주정부와 지방정부, 지방정부와 지방정부간의 관계를 모두 포함하는 포괄성을 지닌 개념으로 본다. 연방제가 정부간 공식적 관계와 권한배분을 강조한 정태적 개념인 데 반해, 정부간 관계는 정부를 구성하고 있는 인간요소, 즉 구성원들간의 상호작용을 중시하는 개념이다. 또한 정부간 관계는 각 정부 구성원들간의 공식적 관계는 물론, 비공식적 접촉과 정보교환행위 등에 관심을 기울일 것을 함축하고 있다. 또한 법률적 관계를 넘어 정책문제와 정책과정, 그리고 정부간에 형성된 관계의 정치경제적 성격과 배경 등을 중시한다는 특징을 지닌다(조창현, 2005: 86-87; 문유석, 2015: 306). 따라서 정부간 관계는 국가 내 모든 형태의 정부 단위나 수준간에 일어나는 상호작용과 활동의 총체로 정의할 수 있다. 즉, 중앙정부-광역지방정부-기초지방정부간에 발생하는 일련의 정책적 및 행·재정적 상호관계의 총체적 활동이라고 정의할 수 있다(정정화 외, 2019: 20-21).

앞에서 제시한 것처럼 여러 학자들이 정부간 관계에 대해 다양한 이야기를 하고 있다. 조금씩 차이가 있는 것처럼 보이지만 실제로는 동일한 이야기를 하고 있다고 생각할 수 있다. 다만, 좀 더 구체적으로 이야기한 것인지 아니면 개괄적으로 이야기하고 있는 것인지의 차이라고 볼 수 있다. 각 학자들의 요지를 종합하면 연방주의와 정부간 관계는 다르다는 것이다. 그냥 정부간 관계에 대해서만 개념정의하면 되지 왜 연방주의와 연계하여 이야기하는지는 미국에서 처음으로 사용한 정부간 관계라는 말이 연방주의와 관련되어 있기 때문이라고 생각하여야 한다. 즉, 연방주의에서 정부간 관계, 그리고 정부간 관리로 변화하였기 때문이다. 그러면 연방주의와 정부간 관계는 어떻게 다른지를 살펴보자. 여러 학자들이 이야기한 내용을 종합하면 대상의 문제와 내용의 문제라고 요약할 수 있다. 즉, 연방주의와 정부간 관계에서 다루고자 하는 대상이 어떻게 다른지와 연방주의에서 다루고 있는 내용과 정부간 관계에서 다루고 있는 내용이 다른지에 대한 것이다. 첫째, 정부간 관계는 대상적 측면에서 연방주의와 다르다는 것이다. 연방주의는 연방정부와 주정부의 관계를 이야기하는 것이지만 정부간 관계는 연방정부와 주정부, 주정부와 주정부, 주정부와 지방정부, 지방정부와 지방정부간의 관계를 다루고 있다는 점에서 차이가 있다는 것이다. 둘째, 연방주의와 정부간 관계가 다루고 있는 내용에서 차이가 있다는 것이다. 연방제는 정부간 공식적 관계와 권한배분을 강조한 정태적 개념인 데 반해, 정부간 관계는 정부를 구성하고 있는 인간요소, 즉 구성원들간의 상호작용을 중시하는 동태적인 개념이라는 것이다. 또한 정부간 관계는 각 정부 구성원들간의 공식적 관계는 물론, 비공식적 접촉과 정보 교환행위, 그리고 법률적 관계를 넘어 정책문제와 정책과정, 그리고 정부간에 형성된 관계의 정치경제적 성격과 배경 등을 중시한다는 점에서 연방주의와 차이가 있다는 것이다.

정부간 관계를 한마디로 이야기하기는 어렵지만 한국을 기준으로 한다면 중앙정부와 지방정부, 광역지방정부와 광역지방정부, 광역지방정부와 기초지방정부, 그리고 기초정부를 대상으로 구성원들간의 공식적, 비공식적 접촉과 정보교환뿐만 아니라 법률적, 정책적, 정치경제적 성격과 배경과 같은 내용을 다루는 것을 말한다.

제 2 절

정부간 관계의 중요성

정부간 관계는 이 분야를 연구하는 학자들에게만 중요한 것이 아니다. 국민, 정책결정자, 그리고 학자 등 다양한 관계자들에게 모두 중요한 의미를 가지고 있다. 특히, 1991년 지방의회의원의 선거, 1995년 제1회 전국동시지방선거와 함께 지방자치제가 재실시된 이후 지금까지 지방자치제의 경험을 쌓아나가고 있는 한국의 경우 정부간 관계에 대한 관심은 다양한 측면에서 중요할 것이다.

1. 국민들은 왜 정부간 관계를 알아야 할까?

한국은 지방자치제를 실시하고 있다. 지방자치제는 일정한 지역의 주민이 자기 부담에 의하여 스스로 또는 대표자를 통하여 처리함으로써 국민복리와 국가발전에 기여하는 것이다(최창호 · 강형기, 2014: 42). 이와 같은 지방자치제의 실시목적을 달성하기 위해서는 지방정부에게 일정한 수준의 역할이 보장되어야 한다. 지방정부가 자신에게 주어진 모든 역할을 잘 수행하려면 지방정부의 국정 참여가 보장되어야 한다. 즉, 지방정부의 원만한 국정 참여가 궁극적으로는 지방자치 발전의 근간이 된다고 보아야 할 것이다. 지방정부는 국정에 참여하기 전에 지역주민의 의견을 수렴하여 주민의 복리와 지역발전에 필요한 것들을 이야기하여야 한다.

국민들이 정부간 관계에 대해 관심을 가져야 하는 이유가 여기에 있는 것이다. 한국의 정부간 관계가 어떤 수준인지를 알아야 각자가 생각하고 있는 생각들이 국정에 반영될 수 있는지를 판단할 수 있기 때문이다. 만약 한국의 정부간 관계가 수직적 관계에 중점을 두고 있다면 지방정부는 국정에 참여할 수 있는 가능성이 줄어들 것이고, 따라서 지역주민의 생각들이 중앙정부에 전달되는 기회가 감소될 수 있다. 한국의 지방정부는 중앙정부의 대리인으로써 중앙정부가 시키는 일을 집행하는 중앙정부의 하위기구로서의 역할을 수행하는 것이다. 이 경우, 지역주민들의 의견을 수렴하여 반영하려는 노력보다는 중앙정부에서 시키는 일을 어떻게 하면 더 잘할 수 있을 것인지를 고민하게 되는 것이다. 만약 수평적 관계를 중시한다면 지역주민의 의견을 수렴한 지방정부가 국정운영과정에 적극적으로 참여하여 중앙정부와 대등한 관계에서 의견을 피력하고 정책을 만들 수 있도록 할 것이다.

중앙정부는 한국 전체의 문제를 다루고 있기 때문에 특정 지역에서 어떤 문제가 있는지를 알기는 쉽지 않을 것이다. 지역의 문제는 지방정부가 가장 잘 알고 있다. 국정운영과정에 지방정부가 참여하는 것도 중요하지만 지방정부가 충분한 권한과 재정을 가지고, 자율적으로 지역에서 필요한 일들을 할 수 있도록 하는 것이 더 중요하다. 이 과정에서 지역주민들은 자신의 생각이 정책에 반영될 수 있는지 등을 판단할 수 있을 것이다. 이러한 이유 때문에 국민들은 한국의 정부간 관계에 대해 관심을 가져야 한다.

2. 정책결정자에게 정부간 관계는 어떤 의미인가?

정부간 관계를 어떻게 설정하는지에 따라 지방정부의 권한에 차이가 있을 수 있다. 특히, 정부간 관계론에는 중앙정부의 지방정부에 대한 관여, 기능과 사무배분, 기구와 인력, 그리고 재정문제가 포함되어 있기 때문에, 정부간 관계를 어떻게 설정하는가에 따라 지방정부의 역할에 차이가 있을 것이다.

만약 정부간 관계를 수직적으로 설계하고자 한다면 정책결정자들은 통째로 기능을 넘기지는 않을 것이다. 기능이란 다수의 단위사무들로 구성되어 있다. 즉, 단위사무들의 합이 기능인 것이다. 중앙정부에서 수행하고 있는 일을 넘길 때 기능을 통째로 넘기면 그 기능에 대해서는 중앙정부가 관여할 수 없게 된다. 지방정부가 해당 기능에 대해 자율적으로 처리할 수 있게 되는 것이다. 그런데 정부간 관계를 수직적으로 설계하려고 한다면 중앙정부는 단위사무 중 일부를 지방정부에 넘길 것이다. 불필요하거나 성가시고 귀찮은 일을 넘긴 후 생색을 내려고 할 것이다. 핵심적이고 중요한, 그리고 그 일을 종결시키기 위해서는 반드시 필요한 일들은 지방정부로 넘기지 않을 것이다. 그러나 정부간 관계를 수평적으로 설계하고자 한다면 중앙정부와 지방정부가 대등한 관계이기 때문에 기능 단위로 통째로 넘기는 것에 대하여 의문을 제기하지 않을 것이다. 기구와 인력도 마찬가지이다. 수직적 관계로 정부간 관계를 설계한다면 지방정부의 기구가 몇 개이어야 하고, 공무원 정원은 몇 명 이내로 하여야 한다는 등 중앙정부가 관여하게 되는 것이다. 반면, 수평적 관계로 정부간 관계를 설계한다면 주민들이 선거를 통해서 뽑은 대표기관인 지방의회와 주민이 알아서 할 수 있도록 지방정부에게 권한을 부여하는 것이다.

정책결정자가 정책을 결정할 때 정부간 관계에 대한 생각이 어떤지에 따라 중앙정부의 지방정부에 대한 관여, 지방정부의 기능과 사무배분, 기구와 인력, 그리고 재정과 관련된 제도들이 그려질 수 있기 때문에 관심을 가져야 할 것이다.

3. 학자들은 왜 정부간 관계에 관심을 가져야 하는가?

학자들의 역할은 매우 많다. 학생들에게 정부간 관계 관련 이론을 가르쳐야 한다. 학생들이 사회에 나갔을 때 한국에 맞는 정부간 관계를 결정할 수 있도록 하여야 한다. 그래야 이들이 바람직하다고 생각하는 정부간 관계를 제시하는 선거 출마자들에게 투표할 수 있기 때문이다. 이는 한국의 미래를 결정하는 매우 중요한 일이다.

다음으로는 많은 연구를 통하여 한국의 현재 정부간 관계가 어떤 수준이고, 어디를 향해 나가야 하는지 등을 제시하는 역할을 수행하여야 한다. 그리고 정책결정과정에 참여하여 바람직한 수준의 정부간 관계가 설정될 수 있도록 제 역할을 수행하여야 할 것이다.

학자들은 한국의 정부간 관계를 연구할 때 특정 부문에만 치중할 것이 아니라 포괄적인 내용을 포함하여야 한다. 그래야 바람직한 수준의 정부간 관계를 제시할 수 있기 때문이다. 첫째, 정부간 관계는 중앙정부, 지방정부, 지방정부간의 관계를 의미하는 것이기 때문에, 모든 정부 실체들의 조화와 관료들간의 상호작용을 분석하고 포함하여야 한다. 둘째, 정부간 관계를 연구할 때에는 법적 측면 외에 비공식적인 측면과 관료들의 의식까지도 포함하여야 한다. 셋째, 정부간 관계는 비계층적 관계를 지향하고 있으며, 비록 정부간 권력 차이가 있음을 전제하지만 중앙정부와 지방정부의 관계에서 중앙정부가 우위에 있다고 간주하지는 않고 있다는 점을 염두에 두고 연구하여야 할 것이다. 넷째, 정부간 관계에서는 정책연구에 대한 경험적 연구와 개념의 탐색을 강조하고 있다는 점을 염두에 두고 연구하여야 할 것이다. 다섯째, 정부간 관계론은 정치적 용어가 아닌 좀 더 객관적이고 중립적인 개념이기 때문에 포함하여야 하는 내용을 구상할 때 유의할 필요가 있다(강용기, 2014: 121-122의 내용을 수정함). 여섯째, 최근의 정부간 관계의 모형은 중앙정부의 하위기구로 지방정부를 인식하는 대리인모형보다는 상호호혜적 관계에서 협상과 설득을 통해 상호교환을 의미하는 상호의존모형이나 중앙정부와 지방정부를 국정의 동반자로보고 상호동등한 관계 하에서의 협력관계를 강조하는 동반자모형으로 전환되고 있다(김병준, 2011: 111-114; 심익섭, 2010: 27-28; 조문부, 1997: 75-81; 문유석, 2015: 396에서 재인용)는 점을 염두에 두고 연구의 방향을 설정하여야 할 것이다.

제2장 정부간 관계모형

제1절 연방제 국가의 정부간 관계모형

정부간 관계모형은 생각보다 많은 모형들이 제시되어 있다. 모형이 많으면 일정한 기준에 의하여 유형화하는 작업을 하는 것이 좋다. 즉, 일정한 기준에 의거하여 각 모형들을 묶음화하여야 한다는 것이다. 그 이유는 유형화를 하지 않으면 유사한 의미를 가지고 있는 모형들을 병렬식으로 나열하여 이야기해야 하기 때문이다. 정부간 관계모형을 유형화하려고 시도하고 있는 학자들의 분류를 보면, 고전적 정부간 관계론과 현대적 정부간 관계론으로 구분하거나, 연방제 국가(Federal State)에 적용할 수 있는 모형과 단일국가(Unitary State)에 적용할 수 있는 모형으로 구분하기도 한다. 어떤 기준을 적용하여도 정부간 관계를 설명하는 데 문제는 없을 것이다. 다만, 이 책에서는 설명의 편의를 위하여 연방국가에 적용할 수 있는 모형과 단일국가에 적용할 수 있는 모형으로 구분하여 이야기하려고 한다. 이러한 분류기준을 채택한 이유는 첫째, 고전적 정부간 관계와 현대적 정부간 관계로 구분하려고 하면 언제까지가 고전이고 언제부터 현대인지를 구분하여야 하는데, 이 역시 쉽지 않은 작업이기 때문이다. 둘째, 각 정부간 모형이 발표된 시기를 알면 정부간 관계모형이 만들어진 시기를 알 수 있기 때문에 모형간의 시간적 순서를 파악하는 데 문제가 없기 때문이다.

1. 딜런의 법칙(Dilon's Rule)이란 무엇인가?

정부간 관계모형을 본격적으로 설명하기 전에 먼저 딜런의 법칙(Dilon's Rule)을 이야기하고자 한다. 딜런의 법칙을 설명하기 위하여 먼저 미국의 정부 특징을 보면, 미국은 1776년 독립한 이후 3권 분립의 정신을 존중하고 있다. 지방정부 역시 3권 분립의 정신인 견제와 균형의 원리를 충족시키기 위하여 집행기관과 의결기관으로 분리하여 운영하고 있다. 또한 지방정부에서 중요하다고 생각되는 공무원들은 한국과 달리 임명하는 것이 아니라 주민의 손으로 직접 선출하였다.

이와 같은 상황에서 딜런(John F. Dilon)이라는 아이오와 주 법원의 판사는 미국의 주정부와 지방정부간 권력관계에 대해 이야기하면서 지방정부의 권력이 주헌법에서 나왔다고 한다. 이것을 딜런의 법칙이라고 한다. 주정부로부터 지방정부의 권력이 나온 것이라면 미국의 주정부는 지방정부를 강력하게 통제할 수 있고, 지방정부는 주정부가 부여한 자치권만을 행사할 수 있을 것이다. 그리고 지방정부의 권력이 주정부로부터 나왔기 때문에, 주정부가 지방정부를 폐지할 수 있는 권한도 가진다고 보아야 할 것이다.

딜런의 법칙에는 첫째, 지방자치의 관습적 권리를 인정하지 않는다. 둘째, 주정부에 의하여 지방정부가 창조되었기 때문에 탄생과 폐지는 주가 결정한다. 셋째, 지방정부는 주정부가 부여한 자치권의 범위 내에서 권한을 행사할 수 있다. 넷째, 따라서 지방정부는 주정부의 의지를 실천하는 대리인에 지나지 않는다(임재현, 2017: 49-50).

2. 라이트의 모형이란 무엇인가?

정부간 관계모형을 이야기할 때 거의 모든 학자들이 이야기하는 것이 바로 라이트(D. S. Wright)가 1988년에 제시한 모형일 것이다. 라이트가 제시한 정부간 관계모형은 연방국가에 적용할 수 있는 정부간 관계를 대표하는 모형이라고 볼 수 있을 것이다. 이 책에서 라이트가 제시한 모형을 살펴보지 않을 수 없는 이유가 여기에 있는 것이다. 너무 유명한 모형이라 대부분의 학자들이 각종 논문이나 저서에서 동일한 내용을 이야기하고 있다. 다만, 영어를 한글로 번역하는 과정에서 모형의 이름들에 차이가 있는 정도이다.

라이트(Wright, 1988: 39-55)는 각 정부의 자율성의 정도를 기준으로 정부간 관계에 대한 이론적 모형을 제시하고 있다. 라이트가 제시하고 있는 정부간 관계모형은 포괄적 권위모형(The Inclusive Authority Model), 조정적 권위모형(The Coordinate Authority Model), 중첩적 권위모형(The Overlapping Authority Model)의 세 가지이다. 라이트(Wright, 1988: 39-55)가 제시하고 있는 정부간 관계모형은 연방정부와 지방정부간의 갈등관계에 대해 유용한 시사점을 줄 수도 있을 것이다(최창호 · 강형기, 2014: 743).

1) 포괄적 권위모형(Inclusive Authority Model)이란 무엇인가?

포괄적 권위모형은 연방정부에서 주정부, 지방정부로 내려가면서 권한이 점점 작아지는 모습을 말한다. 연방정부가 가장 많은 권한을 가지고 있고 그 다음은 주정부, 그리고 지방정부가 가장 적은 권한을 가지고 있다는 것을 의미한다. 정부형태는 중앙집권적 형태이자 연방정부, 주정부, 지방정부간의 관계는 상하간의 명령통제관계라고 볼 수 있다. 철저한 계층제적 관계를 보인다고 보아야 할 것이다.

포괄적 권위모형에서는 지방정부가 자율성을 갖지 못하며 상급정부에 의존하게 된다. 철저한 수직적 관계라고 보아야 할 것이다. 따라서 지방정부는 자기 지역의 중요 결정을 스스로 결정하는 것이 아니라, 연방정부나 주정부가 결정한 것을 집행하는 역할만 하게 된다. 이러한 점 때문에 지방정부는 독자적인 정부가 아니라 연방정부나 주정부의 일선기관이라고 보아야 할 것이다(Wright, 1988: 43; 강재호, 2004: 11-12).

지방정부의 자치권에 대한 제약이 많고 연방정부 혹은 주정부의 정책결정과정에서 지방정부의 의사가 받아들여질 가능성이 적다. 연방정부와 주정부의 의견이 상충될 때에는 연방정부가 최종적으로 결정할 권한을 보유하며, 주정부와 지방정부는 이를 따라야 한다. 이는 딜런의 법칙과 관련이 있는 모형이다(임재현, 2017: 53). 사실 이와 같은 정부간 관계는 항상 갈등이 폭발할 수 있는 가능성이 있다. 다만, 강력한 감독과 통제를 통해 갈등표출을 억누르고 있다고 보아야 할 것이다(최창호 · 강형기, 2014: 743).

2) 조정적 권위모형(Coordinate Authority Model)이란 무엇인가?

조정적 권위모형은 연방정부와 주정부가 대등한 지위를 가지고 명확하게 분리되어 완전 자치적 · 상호독립적 · 상호경쟁적인 관계에 있는 반면, 지방정부는 주정부에 종속된 이원적 관계를 제시하는 모형이다. 기능적인 측면에서 볼 때 연방정부와 지방정부는 상호독립적이기 때문에, 지방정부의 자치권은 고유의 권리로서 연방정부에 의해 함부로 축소되거나 침해될 수 없다(임재현, 2017: 53).

좀 더 쉽게 이야기하면, 연방정부와 주정부는 독립적이고 대등한 관계이다. 따라서 연방정부와 주정부는 서로 독립적이고 자치적인 관계에 있다고 보아야 한다. 그러나 지방정부는 주정부에 의존하고 있다. 따라서 주정부와 지방정부간의 관계는 앞에서 살펴본 포괄적 권위모형의 특성을 가진다(김용웅 외, 1995: 36; 강재호, 2004: 12). 그리고 지방정부는 연방정부와는 독립적으로 운영되고 있다.

3) 중첩적 권위모형(Overlapping Authority Model)이란 무엇인가?

정부간 관계모형으로써 포괄적 권위모형과 조정적 권위모형을 살펴보았다. 두 가지의 모형은 우익과 좌익처럼 양극단에 위치하고 있다. 즉, 포괄적 권위모형은 정부간 관계를 수직적인 관점에서 보는 것이다. 계층제가 만연되어 있고, 명령에 의하여 통제되고 관리된다. 반면, 조정적 권위모형은 연방정부와 주정부 · 지방정부가 동등하고 자율적이다. 물론, 지방정부는 주정부에 의존적이다. 이와 같은 두 개의 모형은 살펴본 것처럼 양극단에 위치하고 있기 때문에, 현실을 제대로 설명하는 데에는 한계가 있다는 비판을 받았다. 이러한 점을 의식하여 라이트는 중간의 성격을 가지고 있는 새로운 모형인 중첩적 권위모형을 제시하게 되었다.

중첩적 권위모형은 포괄적 권위모형과 조정적 권위모형의 절충형으로 연방정부, 주정부, 지방정부가 상호의존적 관계임을 나타내는 모형이다(임재현, 2017: 53). 즉, 연방정부, 주정부, 지방정부가 각각 고유한 영역을 가지는 동시에 동일한 관심과 책임 영역을 가지면서 기능의 일부를 공유하고 대화와 타협을 중시하는 상호의존적 관계를 강조하는 모형이다([그림 2-1] 참조). 각 정부의 독자적 영역들은 상대적으로 작은 영역이며, 특정 사안에 대한 영향력은 상당히 제한되게 된다. 결과적으로, 이들간에는 상호조정이나 타협을 통해 문제를 해결하게 되고, 이를 위해 교섭 또는 중재가 이루어지게 된다. 중첩적 권위모형의 주된 특성으로는 제한된 권력분산, 상호의존성, 제한적 자율성, 협상 및 교환관계가 제시되고 있다(Wright, 1988: 49; 김용웅 외, 1995: 37; 강재호, 2004: 11-12). 연방정부는 주정부와 지방정부의 업무수행에 대해 재정적 · 기술적 지원을 하고, 주정부와 지방정부는 연방정부의 정책수립과 사업추진에 협조한다. 라이트는 중첩적 권위모형을 가장 바람직한 것으로 보았다(임재현, 2017: 53).

그림 2-1 라이트의 모형

구분	포괄적 권위모형	조정적 권위모형	중첩적 권위모형
모형	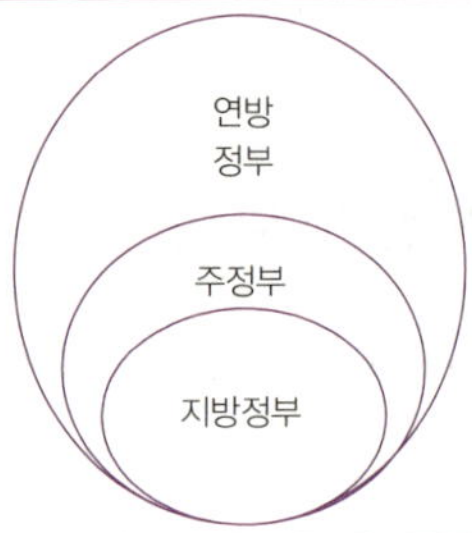	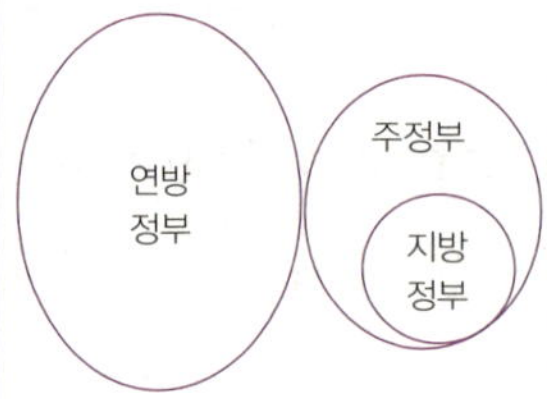	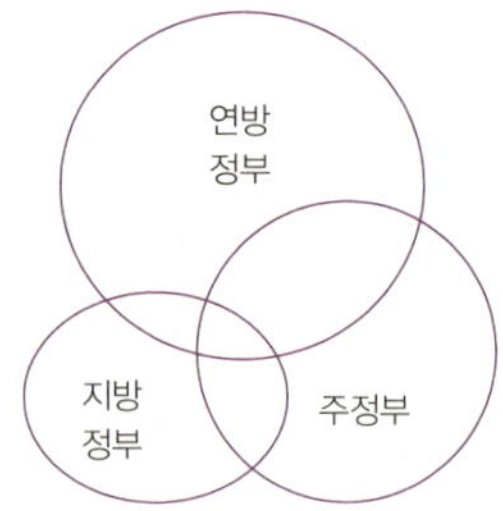
관계	포괄 · 종속	분리 · 독립	상호의존
권위	계층	독립	협상
사무	기관위임사무 주종	고유사무 주종	고유사무 > 기관위임사무
인사	완전종속	완전분리	상호교류
재정	완전종속	완전분리	상호의존

자료: 최창호 · 강형기(2014: 739), 강용기(2014: 124).

제 2 절

단일국가의 정부간 관계모형

1. 외국학자가 주장한 모형에는 어떤 것들이 있는가?

1) 로즈모형이란 무엇인가?

연방제 국가에 적용할 수 있는 모형의 대표선수가 라이트(D. S. Wright)라면, 단일국가에 적용할 수 있는 모형의 대표선수에는 로즈(R. A. W. Rhodes)가 있다. 로즈(Rhodes, 1996: 1-30)는 유연한 네트워크 형태의 정부구조에 대한 연구를 선도했던 학자 중 한 명이다. 그는 1980년대 초반부터 정책네트워크이론, 권력의존모형, 거버넌스이론을 주도하여 왔다(임재현, 2017: 50-52). 또한 그는 중앙과 지방간의 관계에 관심을 가지고 있던 학자 중에 한 명이었다. 그는 중앙정부와 지방정부 모두 자원을 가지고 있고 서로 영향력을 미칠 수 있는 위치에 있기 때문에, 상호의존적 정책네트워크를 만들어서 관계를 맺어야 한다는 것을 강조하였다(강용기, 2004: 8). 로즈에 의하면, 모든 조직은 부족한 자원이 있고 각각의 활동목적을 달성하기 위해서 각 조직은 자원을 교환하는 과정을 통해서 상호의존적이 된다는 것이다(최창호 · 강형기, 2014: 742).

로즈는 중앙정부와 지방정부의 관계가 단순하지 않기 때문에, 다각도에서 살펴보아야 한다고 하면서 권력의존모형을 제시하였다. 권력의존모형은 중앙정부-지방정부간 관계에 대한 전통적인 개념으로는 중앙정부-지방정부 관계의 본질을 이해하기 어렵다는 문제를 의식한 결과이다. 중앙정부 내에는 지방정부를 위해 활동하는 다수의 행위자들이 존재하고, 또한 공기업과 특수법인이 중앙정부-지방정부 관계에 커다란 영향을 미치기 때문이다. 이러한 점 때문에 권력의존모형에서는 거시적인 차원과 미시적인 차원에서 정부간 관계를 살펴보고 있다. 거시적인 차원에서는 구조화된 중앙정부와 지방정부의 관계를 파악하는 것이고, 미시적 차원에서는 행위자간 자원의 의존관계와 교환관계, 그리고 전략을 파악하려는 것이다.

권력의존모형은 로즈가 정부간 관계를 파악하게 위해 권력과 의존의 개념을 중시하면서 권력을 보다 정확하게 파악하기 위해 세 가지 유형, 즉 자원으로서의 권력, 지배적 상호작용으로서의 권력, 편견의 동원으로서의 권력으로 분류한 것을 말한다. 그에 따르면, 중앙정부와 지방정부의 관계는 이러한 권력을 둘러싸고 전략적인 행위자들이 자원을 이용하여 교환과 게임을 하는 관계로 파악하고 있다. 로즈의 권력의존모형은 기본적으로 중앙정부-지방정부 관계를 조직과 사무처리에 초점을 맞추는 단순한 관계로 파악하지 않고, 현대 사회의 구조변화, 국가의 통치관리체제의 변화, 계층의 이익갈등, 지역정치적 요소, 정책망의 행위자 요소 등을 포함하는 새로운 시각을 제시하고 있다.

로즈의 권력의존모형은 다섯 가지 명제에 근거하고 있다. 첫째, 자원의 측면에서 볼 때 모든 조직은 다른 조직과 의존관계에 있다. 둘째, 목표달성을 위해서 조직들은 자원을 교환해야 한다. 셋째, 조직 내 의사결정이 여타 조직들에 의해 제약되는 것은 사실이지만 지배적인 연합이 재량권을 보유하게 된다. 지배적인 연합의 인식에 따라 문제가 규정되고 자원이 모색된다. 넷째, 지배적인 연합이 자원의 교환과정을 조절하기 위해 경기의 규칙이라 알려진 전략을 구사한다. 다섯째, 재량권의 차이는 상호관계에 있는 조직의 목표 및 상대적인 권력 잠재력에서 비롯된다. 상대적인 권력 잠재력은 각 조직의 자원, 경기의 규칙, 조직간 교환과정의 산물이다(임재현, 2017: 50-52).

2) 엘코크모형이란 무엇인가?

엘코크(Elcok, 1994: 3-8)는 영국 정부를 대상으로 정부간 관계모형을 제시한 학자이다. 그는 정부간 관계모형으로 대리인모형, 동반자모형, 교환모형과 같은 세 가지의 모형을 제시하고 있다(강용기, 2004: 7).

대리인모형에서는 지방정부를 중앙정부의 대리자로서 간주한다. 따라서 중앙정부가 정책을 결정하면 지방정부는 이를 효율적으로 집행하는 역할을 수행하여야 한다는 것이다. 이는 중앙정부가 지방정부를 권력적으로 지배・통제한다는 것을 의미한다. 동반자모형은 중앙정부와 지방정부가 대등한 위치를 보유하고 있다고 간주한다. 지방정부는 중앙정부의 통제의 대상이 아니라 동반자라는 것이다. 국민에게 서비스를 공급하기 위하여 중앙정부는 정책을 결정하는 역할을 수행하고, 지방정부는 필요한 자원을 동원하는 역할을 수행한다는 것이다. 교환모형은 중앙정부와 지방정부가 가지고 있는 각각의 자원을 교환하는 과정에서 권력의 균형이 형성된다고 간주한다. 즉, 중앙정부는 자기만이 가지고 있는 권력자원, 중앙정부와 지방정부가 모두 가지고 있는 정치적 자원, 재원, 정보・지식, 그리고 지방정부만이 가지고 있는 기득권을 서로 교환하는 과정에서 권력균형을 이룬다(임재현, 2017: 52)는 것이다.

엘코크(H. Elcok)의 모형과 유사한 모형을 제시하고 있는 학자는 윌슨과 게임(Wilson & Game)이다. 그들은 대리인모형, 권력의존모형, 지배인모형의 세 가지를 제시하고 있다. 대리인모형은 엘코크의 대리인모형, 권력의존모형은 엘코크의 동반자모형, 그리고 지배인모형은 엘코크의 교환모형과 일정 부분 유사한 형태이다(강용기, 2004: 7-8). 따라서 별도의 논의를 하지는 않겠다.

3) 아마카와의 모형이란 무엇인가?

아마카와는 정부간 관계를 수직적 관점에서 집권과 분권이라는 일차원적 대립으로만 보아서는 곤란하고 융합과 분리라는 다른 하나의 기준이 필요하다고 하면서 집권과 분권, 융합과 분리를 교차시키는 독특한 정부간 관계모형을 제시하였다.

최창호・강형기(2014: 740-742)는 집권과 분권의 경우 정책결정의 권한이 중앙정부에 있는지, 아니면 지방정부에 있는지를 분석하려는 개념이고, 융합과 분리는 중앙정부가 결정한 정책을 중앙정부의 특별지방행정기관에서 집행하도록 하는 것인지, 아니면 지방정부가 집행하는 것인지를 분석하려는 개념이라고 한다. 상식적인 선에서도 알 수 있듯이 영미계 국가는 분리의 경향이 강한 반면, 지방정부를 중앙의 집행기관으로써 이용하는 대륙계 국가의 정부간 관계는 융합의 경향이 크다. 즉, 영미계 국가는 지방정부의 권한이 큰 반면, 대륙계 국가는 중앙정부의 권한이 상대적으로 더 크다는 것을 의미한다.

아마카와와 제시한 집권과 분권, 융합과 분리를 교차시키면 네 가지의 유형이 나타난다. 1사분면에 있는 집권·분리는 중앙정부가 강한 권한을 가지고, 중앙정부와 지방정부의 관심 영역은 서로 중복되지는 않는다. 관심 영역이 정부간에 존재하지 않기 때문에, 협력 또는 대립현상이 많이 생기지는 않지만 만약 정부간에 대립하는 현상이 있다면 중앙정부에 유리한 형태로 해결된다. 2사분면에 있는 집권·융합은 중앙정부가 강한 권한을 가지고 있으면서 중앙정부와 지방정부의 관심 영역이 중복되는 유형이다. 중앙정부와 지방정부는 협력하면서도 분쟁과 대립을 하기도 한다. 만약 대립현상이 생기면 중앙정부에 유리하게 결정된다. 3사분면에 있는 분권·융합은 지방정부가 강한 권한을 가지고 있고, 중앙정부와 지방정부의 관심 영역이 중복되는 유형이다. 중앙정부와 지방정부는 수시로 협력하고 있지만 동시에 분쟁하기도 하고 대립도 하는 횟수가 적지 않다. 만약 대립현상이 발생하면 지방정부에 유리하게 결정된다. 4사분면에 있는 분권·분리는 지방정부에게 강한 권한이 주어져 있지만, 중앙정부와 지방정부의 관심 영역이 중복되지는 않는다. 협력 또는 대립현상이 많지 않지만 만약 대립하는 현상이 발생한다면 지방정부에 유리한 형태로 해결된다(최창호·강형기, 2014: 740-742).

그림 2-2 아마카와의 모형

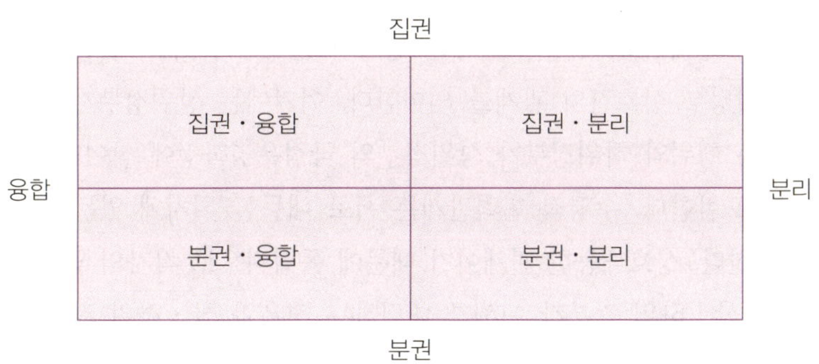

자료: 최창호·강형기(2014: 740-742).

4) 기타에는 어떤 것들이 있는가?

정부간 관계에 대해서는 정말 많은 학자들이 자신들의 모형을 제시하고 있다. 던시어(Dunsire, 1981)는 하향식모형, 지방자치모형, 정치체제모형을 제시하고 있다. 하향식모형(top-down model)은 지방정부를 중앙정부의 하위기관 또는 대리기관으로 간주하는 모형이다. 지방자치모형(local authority model)은 지방정부를 중앙정부와 대등한 관계로 간주하고 있고, 따라서 지방정부는 많은 자율성을 가지고 있다. 정치체제모형(political system model)에서의 중앙-지방관계는 선거를 전제로 중앙정부와 지방정치집단간의 관계를 파악하는 모형이다.

또한 윌다브스키(Wildavsky, 1979)는 협조-강제모형, 갈등-합의모형을 제시하기도 하였다. 협조-강제모형에서의 지방정부는 중앙정부의 감독 하에 중앙정부가 결정한 정책을 집행하는 대리자로서 역할을 수행한다. 따라서 지방정부는 자율성과 재량이 없거나, 매우 작은 수준에서 주어져 있다고 보아야 할 것이다. 갈등-합의모형(conflict-consent model)에서의 중앙정부와 지방정부간 관계는 전략적 게임을 벌이는 협상관계이고, 서로 자신이 가지고 있는 자원을 동원하여 우위를 점하려고 노력하는 관계이다.

2. 국내학자가 주장한 모형에는 어떤 것들이 있는가?

외국학자들만 정부간 관계모형을 제시하고 있는 것은 아니다. 한국의 학자들도 정부간 관계에 대해 다양한 모형을 제시하고 있다. 모든 모형을 전부 살펴볼 수는 없기 때문에, 여기에서는 김병준(1997)과 이달곤(2005)의 모형만을 이야기하고자 한다.

김병준(1997)은 정부간 관계를 수직적 관계와 수평적 관계로 구분한다. 수직적 관계는 통제·감독의 관계이고, 수평적 관계는 협력의 관계이다. 수직적 통제·감독관계는 상위정부와 하위정부 상호간의 관계를 의미한다. 여기에는 상위정부가 하위정부를 통제하고 감독하는 행위와 하위정부가 상위정부의 국정운영과정에 참여하거나 영향력을 행사하는 것을 포함한다. 수평적 협력관계는 서로 대등한 위치에 있는 상·하위 정부간 관계를 의미한다. 상호대등한 관계이기 때문에 독립적으로 각자의 업무를 수행한다. 다만, 여기에는 상·하위 정부간 이해가 대립하는 경우와 상·하위 정부간 동일 목표를 위하여 상호협력하는 경우가 모두 포함(김병준, 1997: 29, 39)되어 있다.

이달곤(2005)은 하나의 모형이나 이론으로 정부간 관계를 이야기하는 것은 어렵다고 하면서 대리인모형, 동반자모형, 그리고 상호의존모형을 제안하고 있다. 대리인모형과 동반자모형은 양 극단에 위치하고 있기 때문에, 절충모형으로서 상호의존모형을 제시한 것이다. 대리인 모형은 지방정부를 중앙정부의 대리인으로 간주하는 모형이다. 따라서 대리인모형에서의 중앙정부는 지방정부를 통제하는 데 관심이 있다고 한다. 중앙정부는 기능이나 사무를 추진 또는 이양하는 과정, 중앙재정의 지방정부로의 이전과정, 그리고 지방정부의 기구와 인력의 운영과정 등에서 감독하고 통제하려고 한다는 것이다. 대리인모형에서의 지방정부는 자원, 재원 등 다양한 측면에서 역량이 부족하기 때문에, 중앙정부에 의존할 수밖에 없다고 간주한다. 동반자모형에서는 중앙정부와 지방정부가 대등한 관계라는 것을 전제한다. 지방정부는 중앙정부가 위임한 사무를 처리하기도 하지만 고유권한도 가지고 있으면서 업무를 수행한다. 동반자모형에서의 정부간 관계는 기본적으로 상호협력적 관계라고 보아야 한다. 때로는 갈등관계이기도 하지만 국정의 동반자로서 대등한 권한과 의무를 가지고 있다. 상호의존모형은 대리인모형이나 동반자모형이 이상적인 모형이라고 비판받고 있다는 점을 고려하여 제시한 모형이다. 즉, 현실에 근거한 모형이라고 보아야 할 것이다. 상호의존모형에서의 정부간 관계는 상호의존적이고, 각자가 가지고 있는 자원을 교환한다는 측면에서 교환모형으로 지칭되기도 한다(이달곤, 2005: 339-340).

제3절 최근의 정부간 관계모형

최근의 정부간 관계에 대해서는 많은 학자들이 자신의 의견을 피력하고 있다. 짐머만(Zimmerman, 1995: 203-204)은 중앙정부와 지방정부간의 관계가 전통적 가부장적 관계로부터 동반자적 관계로 전환되어야 한다고 주장하고 있다. 그 이유는 다가올 미래의 경우, 지방정부가 가지고 있는 문제가 지방정부의 역량만을 가지고는 해결할 수 없는 바 중앙정부의 협조가 필요하기 때문이다. 동시에 중앙정부도 결정한 정책을 추진하기 위해서는 지방정부의 협력이 필요하다는 것이다. 즉, 정부간 관계는 상호의존적 관계, 동반자적 관계로 전환되어야 한다는 것이다(강용기, 2004: 8).

또한 라이트(Wright, 1988: 39-55)는 중첩적 권위모형을 중심으로 현재의 정부간 관계를 보고 있다. 각 정부들은 독립된 법인체이기 때문에 제한된 범위 내에서 서로 권한을 가지고 있으면서 필요에 따라 협력과 경쟁을 하는 관계에 놓여 있다고 보면서, 미래에는 정부간 관리가 필요하다는 것을 강조하고 있다. 그가 말하는 정부간 관리는 정부간 관계를 기반으로 하되, 비계층적 연결망, 네트워크, 공공·민간부문의 혼합, 문제의 처리, 거래·협상·토론 등을 강조한다(강용기, 2004: 8).

심익섭(2007: 109-110)은 최근의 정부간 관계가 정부간 협력관계를 형성하는 방향으로 나아가고 있다고 한다. 특히, 한국의 경우 기초지방정부의 능력을 촉진하기 위해 필요한 제도적 지원을 통해 대등한, 그리고 협력적인 정부간 관계를 형성하고 있다는 것이다. 그는 21세기 지방자치가 정부간 협력관계 하에 정부간 갈등문제를 공동으로 대응하여, 이를 해결하여야 한다고 주장하고 있다. 그러면서 터너(R. S. Turner)의 정부간 동반자모형과 엘리슨(B. A. Ellison)의 창도적 연합모형을 제시하고 있다.

학자들이 생각하는 미래의 정부간 관계는 수직적 관계보다는 수평적 관계를 강조하고 있는 것으로 보인다. 명령과 통제에 의하여 중앙정부의 일을 대신하는 대리인이 아니라 국정의 동반자로서 지방정부가 대우받아야 한다는 것이다.

지금까지 살펴본 정부간 관계, 최근의 정부간 관계에 대한 학자들의 견해를 종합하면 다음과 같은 결론을 도출할 수 있다. 정부간 관계를 설명할 수 있는 많은 모형들을 다수의 학자들이 제시하였다. 정부간 관계는 많은 요인들에 의하여 영향을 받는다. 따라서 특정의 모형만 가지고는 현상을 설명하는 데 어려움이 있다. 또한 시대가 변화하면서 정부간 관계가 달라질 수 있다. 따라서 학자들은 많은 모형을 제시할 수밖에 없었을 것이다. 그런데 현재 제시하고 있는 정부간 관계모형으로 한국에서 나타나고 있는 현상을 모두 설명할 수 있는지에 대해서는 의문이 든다. 정부간 관계를 중앙정부와 지방정부, 광역지방정부와 기초지방정부, 지방정부간에 한정하여 논의하는 것이 맞는 것인지 의문이 든다. 예를 들어, 중앙정부가 수행하고 있었던 기능을 지방정부로 이양할 것인지, 아니면 이양하지 않을 것인지를 결정하여야 한다고 가정하자. 이때 고려하는 것은 중앙정부가 잘할 수 있는 일인지, 아니면 지방정부가 잘할 수 있는지가 된다. 그런데 여기에서 잊지 않아야 할 것은 중앙정부가 지방정부로 이양하려고 하는 기능이 누구를 위한 것인지에 대한 고려이다. 중앙정부가 일을 하든 지방정부가 일을 하든 그 수혜자는 지역의 주민과 기업 등일 것이다. 그런데 기능의 이양 여부를 결정할 때 지역의 주민과 기업 등을 위해서는 중앙정부에서 그 일을 수행하는 것이 좋은지, 아니면 지방정부에서 수행하는 것이 좋은지를 생각하고 있지는 않은 것으로 보인다. 지금까지 제시된 모형은 거의 모두 정부간 관계에서만 논의하고 있지, 정부간 관계가 어떻게 정해지느냐에 따라 수혜의 정도가 달라지는 지역의 주민과 기업 등에 대한 고려가 없다는 것이다.

이러한 점을 토대로 하면 미래의 정부간 관계모형은 기존의 정부간 관계모형의 한계를 극복할 수 있어야 할 것이다. 새로운 정부간 관계모형은 중앙정부와 지방정부간의 관계에만 초점을 맞출 것이 아니라, 광역지방정부와 광역지방정부, 광역지방정부와 기초지방정부, 기초지방정부와 기초지방정부간의 관계로 논의가 확대되어야만 하고, 지역의 주민과 기업 등을 논의에 포함시킬 수 있어야 할 것이다. 보다 나아가서는 지역의 주민과 기업 등을 위한 정부간 관계가 형성될 수 있어야 할 것이다.

제3장 국가이론의 의의와 유형

제1절 국가이론의 의의

1. 국가이론이란 무엇인가?

1) 국가이론은 어떤 의미인가?

우리는 살아나가면서 잘 알지 못하면서도 자주 사용하는 말들이 있다. 이 책에서 다루고자 하는 국가, 정부 등과 관련된 용어도 그 중에 일부일 것이다. 국가, 정부 등과 같은 용어는 사실 알고 보면 쉽지 않은 말인데, 사람들은 별 두려움 없이 그 용어를 사용하면서 이야기를 하곤 한다. 놀라운 것은 내가 그 말을 할 때 대화의 상대방이 알아듣고 함께 이야기를 하고 있다는 것이다. 그러면서 국가가 뭐 저래, 정부는 도대체 뭐 하고 있는거야 등과 같은 이야기를 한참 동안 나눈다. 때로는 국가라는 말을 쓰고 때로는 정부라는 말을 쓰기도 한다. 그러면서 특정 현상에 대해 어떤 사람은 국가나 정부를 비난하고 어떤 사람은 잘하고 있다고 편을 들기도 한다. 도대체 뭐지? 국가와 정부가 동일한 의미를 가진 말인가? 왜 특정 현상에 대해 이 사람은 국가나 정부를 비난하고 저 사람은 옹호하고 있는 걸까? 이는 모두가 함께 고민해 볼 문제일 것이다.

이 책에서는 그동안 정부간 관계가 제1장, 제2장에서 살펴본 것처럼 라이트(D. S. Wright), 엘코크(H. Elcock), 로즈(R. A. W. Rhodes) 등과 같은 학자들이 제시한 모형에 대해서만 관심을 가지고 있었는데, 이를 국가이론으로 가져오려고 하는 것이다. 그러기 위해서는 먼저, 국가이론이 무엇이고 왜 중요한지에 대해 살펴볼 필요가 있을 것이다.

국가이론은 국가와 이론의 합성어(국가+이론=국가이론)이다. 따라서 국가와 이론을 각각 살펴본 후 이를 합치는 방식으로 국가이론을 이야기하려고 한다.

(1) 국가란 무엇인가?

국가가 무엇일까라는 질문에 답을 하는 것은 쉬운 일이 아니다. 그 이유는 국가가 사람들의 눈에 보이는 것이 아니기 때문이다. 국가는 존재하지만 눈에 보이지는 않는다는 것이다. 우리는 우리가 볼 수 없다고 하여 존재하지 않는다고 이야기하지는 않는다. 공기를 예로 들어보자. 일상생활을 하면서 공기를 볼 수 있는가? 물론, 첨단의 과학장비를 동원하면 공기의 실체를 확인할 수 있겠지만 일상생활에서 쉽게 볼 수는 없다. 우리가 일상생활을 하면서 공기를 볼 수 없다고 하여 공기가 없다고 이야기하지는 않는다. 이처럼 사람들은 국가가 눈에 보이지 않는다고 하여 국가가 없다고 하지는 않는다. 다만, 눈에 보이지 않을 뿐이다.

그러면 우리는 국가가 있다는 것을 어떻게 알 수 있을까? 이 질문에 대한 답은 할 수 있을 것 같다. 우리는 국가를 볼 수는 없으나 국가가 가지고 있는 특징을 통하여 국가의 존재 여부를 알 수 있는 것이다. 그러면 국가는 어떤 특징을 가지고 있을까?

던리비와 드라이젝(Dryzek & Dunleavy, 2009; 김욱 역, 2018: 2-9)이라는 학자들에 의하면 국가는 12가지의 특징을 가지고 있다. 그들은 국가는 "어떤 영토에 대한 정치적 권위를 행사함에 있어서 단일의 통합된 권위의 원천이 있어야 한다는 생각에 근거하고 있으며, 이 권위체는 국민들의 완전한 충성심에 의존하여 잘 조직되고 영구적인 방법으

표 3-1 국가의 핵심적 특징과 연관된 특징

핵심적 특징	연관된 특징
국가는 • 일련의 통합된 제도이다. • 주어진 영토와 특정한 사회를 통제한다. • 집단적으로 구속력을 가지는 결정을 내리고 집행한다. • 물리적 힘에 대한 정당한 사용을 독점하고 있다. • 주권을 추구한다. • 다른 사회와 구분되는 공적 영역에서 작동한다. • 시민권을 결정하고 출입을 통제한다.	국가는 • 공동의 이익을 추구한다고 주장한다. • 중요한 집단에 의해 정당성을 갖는다고 인정된다. • 발전된 관료제와 조세제도를 가지고 있다. • 헌법과 법률체계를 가지고 작동한다. • 다른 국가들에 의해 국가로 인정받는다.

자료: Dryzek & Dunleavy(2009), 김욱 역(2018: 2).

로 작동하면서 사회 전체의 이익을 도모하고 있는 것"이라고 정의하면서 핵심적인 특징으로 7가지, 연관된 특징으로 5가지를 도출하여 제시하고 있다(〈표 3-1〉 참조). 그러면서 적어도 7가지의 핵심적 특징은 모두 갖추어야 국가라고 할 수 있다고 한다. 즉, 만약 이 중에서 어떤 하나라도 갖추지 못하면 국가라고 보기 어렵다는 것이다.

12가지의 특징을 좀 더 길게 이야기하여 이해도를 높이고자 한다. ① 국가가 일련의 통합된 제도라는 의미는 국가를 운영하는 데 필요한 제도, 조직, 법과 규칙 등이 조화롭게 작동하여야 한다는 것이다. 마치 각각의 요소들이 오케스트라의 연주처럼 서로 연계되어 있으면서 하나의 행동을 할 수 있을 정도의 응집성을 가져야 한다는 것이다. 국가이론에서 보면 단일성과 조화를 강조하는 이론이 있고 다양성, 그리고 갈등을 강조하는 이론도 있다. ② 국가가 주어진 영토와 특정한 사회를 통제하는 특징을 가진다는 의미는 국가는 영토를 가지고 있어야 하고, 국가는 영토 내에 있는 국민들을 관리하면서 살아갈 수 있도록 하여야 한다는 것이다. 이때의 국민은 사회를 만들 수 있을 정도로 잘 조직화되어 있다. ③ 국가가 집단적으로 구속력을 가지는 결정을 내리고 집행하고 있다는 특징은 국가는 특정 정책을 결정하고 국가가 결정한 특정정책은 국가가 지배하는 영토 안에 살고 있는 모든 사람들이 준수할 수 있도록 하는 역할을 수행한다는 것이다. ④ 국가가 물리적 힘에 대한 정당한 사용을 독점하고 있다는 의미는 주어진 영토 내에서 물리적 힘을 사용할 수 있는 독점적 권한을 가지고 있다는 의미이다. ⑤ 국가가 주권을 추구하고 있다는 의미는 영토 내에서 자신이 가지고 있는 권한을 큰 제약없이 사용할 수 있다는 것이다. ⑥ 국가가 다른 사회와 구분되는 공적 영역에서 작동하고 있다는 의미는 단순히 개인이나 조직의 관심사인 사적 영역이 아니라 정부활동, 국가제도와 사회의 작동방식에 변화를 주려는 모든 활동을 포함하는 공적 영역에 적용되는 원리이다. ⑦ 국가가 시민권을 결정하고 출입을 통제하고 있다의 의미는 국가는 구성원인 시민이 누구인지를 명확하게 구분할 수 있어야 하고, 시민과 그 이외의 사람들이 영토에 출입하는 것을 통제할 수 있어야 한다는 것이다. ⑧ 국가가 공동의 이익을 추구한다고 주장하는 것은 국가는 자연적으로 만들어진 것이 아니라 인위적으로 만들었기 때문에, 존립의 정당성을 확보하여야 하고 이를 위해서 공동의 이익을 추구한다고 주장하는 것이다. ⑨ 국가가 중요한 집단에 의해 정당성을 갖는다고 인정된다는 의미는 국가가 생존하기 위해서는 국가를 지지하는 실질적인 기반을 만들어야 한다는 것이다. ⑩ 국가가 발전된 관료제와 조세제도를 가지고 있다는 의미는 국가를 운영하기 위하여 필요한 관료제를 가지고 있어야 하고, 국가를 운영하는 데 필요한 돈을 징수할 수 있는 조세제도를 가지고 있어야 한다는 의미이다. 민간 영역은 물건을 판매하고 그 대금을 받아 운영하지만, 국가는 물건을 파는 기업이 아니기 때문에 잘 만들어진 제도가 있어야 할 것이다. ⑪ 국가가 헌법과 법률체계를 가지고 작동한다는 의미는 국민의 사회적 활동과 정부의 활동을 통제하기 위하여 필요한 헌법과 법률체계를 보유하고 있어야 한다는 것이다. 마지막으로, ⑫ 다른 국가들에 의해 국가로 인정받는다는 의미는 다른 국가들이 해당 국가의 주권을 인정한다는 의미이다. 이는 국제관계에서 있어 매우 중요하다(Dryzek & Dunleavy, 2009; 김욱 역, 2018: 2-9).

지금까지 국가는 무엇인지에 대해 살펴보았다. 그런데도 여전히 국가가 무엇인지 알기 어렵다. 앞에서도 이야기했듯이 눈에 보이지 않기 때문에, 국가가 가지고 있는 특징을 통해 추상적인 국가의 개념을 정립하여야 하기 때문이다. 국가에 대한 이해를 위하여 좀 더 다양한 논의를 하려고 한다.

국가의 개념은 몇 가지의 시각으로부터 정리할 수 있을 것이다. 대표적인 것이 기능주의, 이상주의, 그리고 제도주의이다. 먼저, 기능주의 시각에서 국가를 보면 국가는 사회질서의 유지 기능을 수행하는 것이라고 볼 수 있다. 기능주의에서는 국가의 행위목적 또는 의도에 초점을 두고 국가를 정의하고 있기 때문에 국가가 행위를 하는 목적이나 의도가 사회질서 유지 기능에 있다고 정의하는 것이다. 역사를 거치면서 국가의 기능이 변화되어 왔다. 국가는 16세기에 있었던 르네상스를 통하여 상공업의 발달이라는 성과를 얻을 수 있었다. 이때의 국가는 세금 징수와 같은 중앙집권적이고 제도적인 권위를 가지고 있었다. 17세기 중반 이후에는 관방학이 등장하였고, 이로 인해 국가의 내부조직으로서 관료제를 연구하기 시작하였다. 그리고 18세기에는 시민혁명이 있었고, 시민혁명을 통하여 시민의 권리가 강화된 바, 이를 보장하기 위한 법치국가의 개념이 나타났다. 19세기 후반부터는 '복지국가'의 기능이 강조되기 시작했고, 20세기에는 점점 복잡해져가고 있는 사회문제의 해결을 위한 정부의 적극적 개입을 요구하는 '행정국가'로 변화하였다(정용덕 외, 2021).

다음으로, 이상주의 시각에서 국가를 보면 국가는 상호적 공감, 즉 '보편적 이타주의'가 작동하는 윤리공동체이다. 이 윤리공동체를 통해 개인들은 각자의 특수성을 초월하고 자유를 획득할 수 있게 된다(정용덕, 2001: 187). 이와 같은 정의는 국가를 사회적 유기체로 생각하고 있는 헤겔(Georg W. F. Hegel)에 의하여 이루어졌다. 헤겔은 국가를 구성기관의 단순한 합(입법, 사법, 행정의 3권 분립을 비판) 이상의 절대적 존재로 보았다(Hegel, 1821). 헤겔은 사회를 구성하고 있는 요소들을 가족, 시민사회, 국가로 구분하면서 자신이 생각하고 있는 국가의 모습을 제시하고 있다. 즉, 국가는 가족, 시민사회와는 다른 특성을 보유하고 있다는 것이다. 가족은 가족구성원간에 '특수한 이타심'을 가지고 있기 때문에, 자기의 개인 이익을 초월하는 헌신적인 행동을 한다고 하였다. 시민사회는 가족과는 달리 '보편적 이기주의'를 가지고 있기 때문에, 남보다는 자신의 이익을 옹호한다고 보았다. 그러나 국가는 보편적 이타주의가 적용되는 윤리공동체라고 보았다. 국가라는 윤리공동체 내에서 개인들은 각자의 특수성을 초월하고 자유를 획득할 수 있게 된다고 보았다. 매우 이상적인 수준에서 국가에 대한 정의를 하고 있다.

마지막으로, 제도주의 시각에서 국가를 보면 국가는 "정부의 제도 및 기구들의 집합"이다. 일반적으로 국가 제도의 범위에는 입법부, 행정부, 사법부의 모든 제도들이 포함된다. 또한 중앙정부뿐만 아니라, 광역지방정부, 기초지방정부의 모든 기관들이 포함된다. 따라서 정치집행부, 의회, 사법부, 관료제, 군대, 경찰, 지방 및 지역제도 등을 모두 포괄하는 개념이다(Ham & Hill, 1984: 23-26; 정용덕, 2001: 188-189).

국가의 개념을 알아보기 위하여 많은 이야기를 해보았다. 국가의 개념을 직접적으로 정의하려고도 했고, 우회적인 접근방법을 통하여 정의하려고도 하였다. 그럼에도 불구하고 하나의 문장으로 국가를 정의하는 것은 쉽지 않다. 따라서 이 책에서는 하나의 문장으로 국가를 정의하지는 않겠다. 이는 너무 어려운 과정일 뿐만 아니라 맞지 않을 수도 있기 때문이다. 차라리 지금까지 살펴본 국가의 정의를 읽어 본 후 자신의 생각과 유사하거나 동일하다고 생각하는 국가의 의미를 활용하는 것이 더 좋을 것이다. 어떤 사람은 국가를 헤겔이 제시한 이상적인 수준의 국가, 즉 윤리공동체로 볼 것이고, 어떤 사람은 제도의 합이라고 볼 것이다. 어떤 의미로 국가의 개념을 사용하여도 좋다.

이 책에서는 국가를 구성하고 있는 중요한 용어, 즉 핵심주제어를 나열하는 작업과 기존 학자들이 생각하고 있는 국가의 개념을 소개하고자 한다. 앞에서 살펴본 국가에 대한 핵심주제어로 뽑아낼 수 있는 것은 영토, 시민(국민), 주권, 관리 또는 통제, 각종 제도(관료제, 조세제도 등), 헌법적 · 법적 질서, 연계성, 응집성, 권한, 다른 국가의 인정, 기능, 윤리공동체 등 너무나 많다. 다음으로는 기존 학자들의 국가에 대한 개념을 소개하고자 한다. 많은 학자들이 국가의 개념을 정의하고 있지만, 여기에서는 그래도 필자가 보기에 보편적으로 인정되고 있다고 판단되는 개념을 소개하고자 한다. 스키너(Skinner, 1978), 홀과 이켄베리(Hall & Ikenberry, 1989)가 바라보는 국가이다. 먼저, 스키너(Skinner, 1978)는 국가를 "해당 영토를 관리 및 통제하는 권한을 가지고 있는 비인격적이고, 특권적인 헌법적 또는 법적 질서"로 보았다. 그리고 홀과 이켄베리(Hall &

Ikenberry, 1989)는 “자체적이고 응집력이 있는 제도들의 집합, 지리적으로 경계가 지어진 영역, 그 영역 내에서의 규칙 제정”(Hall & Ikenberry, 1989)과 같이 국가를 정의하고 있다.

(2) 이론이란 무엇인가?

국가이론이란 무엇인지를 알아보기 위하여 먼저 국가에 대하여 이야기하였다. 지금부터는 이론에 대해 이야기하고자 한다. 이론이 무엇인지를 밝히는 것이 이 연구에서 차지하는 비중이 크지는 않기 때문에, 국가가 무엇인지를 이야기하는 것보다는 간단하게 언급하고자 한다. 사실 이론이 무엇인지를 말하는 것 역시 쉽지는 않다.

이론이 무엇이라고 이야기한 학자들은 많다. 만약 이론은 ○○○이라고 모든 학자들이 이야기했다면 이 책에서도 이론은 ○○○이라고 쉽게 말할 수 있었을 것이다. 그러나 불행하게도 이론이 무엇인지에 대해 통일된 이야기를 하고 있지는 않다.

카플란(Kaplan, 1964: 295-297)은 이론이란 “습관을 고치거나 새로운 것으로 대체시키는 데, 좀 더 효과적이 되도록 난처한 상황을 의미있게 만드는 하나의 방법”이라고 하면서 실제와는 대비되는 상징적인 것으로 보았다. 즉, 이론은 추측적이며 가상적인 특성을 갖는다는 것이다(김태룡, 2007: 34). 또한 컬링거(Kerlinger, 1973: 9)는 이론을 “어떤 현상을 설명하고 예측할 목적으로 그 현상을 구성하는 변수들간의 관계를 구체적으로 밝힘으로써, 현상에 대한 체계적인 관점을 제시하는 일련의 상호 관련된 구성, 개념, 정의 및 명제”라고 하였다. 또한 코헨(Cohen, 1980: 171)은 이론이란 “서로 관련된 일련의 보편적인 진술들로서 그 중 어떤 것은 단순한 개념구성이나 정의들이고, 또 어떤 것은 참이라고 규정하는 관계적 진술들”이라고 한다.

윤재풍(2014: 30)은 컬링거(Fred N. Kerlinger)와 코헨(B. P. Cohen)이 정의한 이론의 개념을 종합하여 “우리가 연구하는 대상 및 현상을 설명하거나 예측하기 위해 제시하는 일련의 체계적으로 상호 관련된 개념 · 명제 · 가설 · 원리 및 법칙 등을 말한다”라고 하였다. 이들은 경험적으로 검증되지 않은 단순한 진술(예: 가설)과 경험적 검증을 거쳐 확립된 진술들(예: 원리와 법칙들)로 구분된다. 경험적 검증을 거쳐 확립된 원리와 법칙이야말로 일반화와 보편적인 수준이 높은 이론에 해당한다. 김태룡(2007: 34)은 남궁근(2003: 120-121)이 정의한 개념을 토대로 이론이란 “상호 관련된 개념(사실)들의 연결관계 또는 규칙성을 나타내는 일반적 진술로 구성되는데, 이는 사회현상을 설명하고 예측하는 데 전제로 쓰이며, 또한 구체적인 가설을 도출할 수 있는 근거로써 경험적 연구의 지침이 된다"고 하였다. 즉, 이론은 현상을 분석하고 규칙성을 설명하고 이해시키며, 미래를 예언하고 통제하는 역할을 하는 데 지침이 된다고 할 수 있다.

이론이 무엇인지에 대한 질문에 다수의 국내·외 학자들이 답을 하였다. 그런데 쉽게 와닿지가 않는다. 이론이 실재성보다는 추상성을 가지고 있는 말이기 때문이다. 이 책에서는 이론의 의미를 모두 포괄할 수는 없으나 좀 더 쉽고 간결하게 표현하려고 한다. 그러한 과정이 있어야 그나마 이론이 무엇인지가 그려질 수 있을 것으로 생각되기 때문이다. 이 책에서는 이론이란 "경험적으로 검증가능하고 어느 정도의 법칙적인 일반성을 포함하는 체계적으로 연관성을 가진 일련의 진술"이라고 정의하려고 한다. 이론이 무엇인지는 모르지만 적어도 그것이 이론이라면 "① 이론은 경험적으로 적용될 수 있어야 한다. ② 어느 정도 법칙적인 일반성을 가지고 있어야 한다. ③ 그 구조가 체계적으로 상호연결된 일련의 진술 또는 명제라고 할 수 있다"의 요건을 충족하여야 한다는 것이다.

이론이 무엇인지에 대해 이해도를 높이기 위하여 유사한 의미로 자주 사용되고 있는 용어와 비교하고자 한다. 이러한 과정을 통하여 이론이 무엇인지 좀 더 명확하게 드러나지 않을까 생각한다. 먼저, 우리는 이론을 이야기하면서 명제(proposition)라는 용어를 자주 사용하고 있다. 명제는 실제 세계에 대한 하나의 진술을 말하는 데 경험적 근거가 확인된 가설이라고 할 수 있다. 명제는 하나 이상의 개념을 포함하는 것으로 개념간의 관계에 의하여 실제 세계를 표현한다. 가설(hypothesis)은 확인 또는 검증되지 않은 두 개 이상의 변수간의 관계에 대한 논술을 말한다. 즉, 경험적으로 입증가능한 명제이다. 또 많이 사용하는 것 중에 하나가 법칙(laws)이다. 법칙은 보다 넓은 범위에서, 그리고 보다 높은 수준에서 확증을 얻은 명제를 말한다. 종종 이론과 동일시되고 있다. 그리고 정리(theorem)라는 용어가 있다. 정리는 사회과학에서는 잘 사용하지 않고 수학이나 논리학에서 사용하는 용어이다. 이는 사회과학의 명제와 의미가 유사하다.

이론이 무엇인지를 보다 명확하게 하기 위하여 다양한 시도를 하였다. 그럼에도 잘 드러나지는 않는다. 이해도를 높이기 위하여 이론과 유사한 개념들간의 관계를 그림으로 표현하면 [그림 3-1]과 같다.

그 이외에도 모형, 패러다임 등과 같은 용어도 이론과 유사하게 사용되고 있다. 이때 모형은 현실세계의 본질적 특성을 부각시키면서 현실세계를 질서있게 정돈하고 단순화한 것이다. 예를 들면, 자동차 모형을 생각할 수 있을 것이다. 패러다임은 토마스 쿤(Thomas S. Kuhn)에 의하여 제시되었는데, 두 가지의 의미로 사용된다. 하나는 과학공

그림 3-1 개념, 명제, 가설, 법칙, 이론의 관계

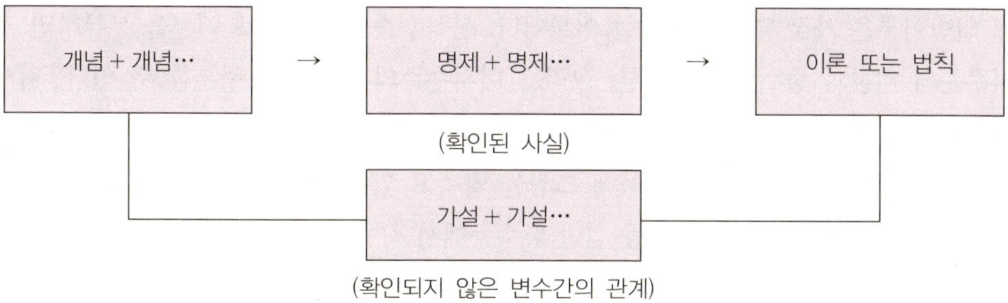

동체의 구성원들이 공유하고 있는 믿음, 가치, 기술 등과 같은 것들을 의미한다. 다른 하나는 과학의 연구와 교육에서 범례로 제시되고 있는 퍼즐놀이로 정의하고 있다.

통상적으로 우리가 알고 있는 이론은 연역법과 귀납법을 통하여 도출된다. 이를 연역적 접근방법과 귀납적 접근방법이라고 한다. 연역법이란 일정한 이론적 전제를 수립해 놓고, 그에 따라 구체적인 사실을 수집하여 검증함으로써 이론적 결론을 유도하는 것을 말한다. 그리고 귀납법은 구체적인 사실로부터 일반원리를 도출하는 것을 의미한다.

이와 같은 이론은 몇 가지의 기능을 수행한다. ① 과학적인 조사연구에 대한 기본적인 토대를 제공한다. 즉, 어떤 과학적인 조사연구를 할 때, 이론에 의하여 사실들에 대한 질서를 알게 될 때 연구 범위와 방향을 알 수 있다. 다시 말해, 이론은 조사연구하려는 현상에 대한 개념적인 준거 틀의 역할을 하여 그 현상에 대한 관찰, 자료 수집, 분석, 그리고 결과의 처리에 이르기까지 기본적인 지침의 역할을 한다. ② 이론은 조사하고 있는 현상을 설명해주며 또한 새로운 사실을 예측하게 해준다. ③ 이론은 과학적 지식을 간단명료하게 표현해 줄 뿐만 아니라, 과학적 지식의 근원이라 할 수 있는 불확실한 명제, 가설 등에 대한 판단의 기준이 된다. ④ 이론은 기존 지식간의 간격을 메워주는 역할을 하고, 또 다른 경험적 연구를 하지 않고서도 관련된 새로운 다른 이론의 도출을 가능하게 한다.

이론의 유형은 적용 범위와 분석의 수준, 그리고 추상성의 정도에 따라 여러 가지로 구분할 수 있을 것이다. 먼저, 적용 범위를 기준으로 구분할 수 있을 것이다. 여기에는 소범위이론, 중범위이론, 일반이론 등 세 가지로 구분된다. 소범위이론이란 해당 이론이 좁은 범위의 이론에만 적용된다는 의미이다. 소범위이론이 다른 이론과 결합하면서 중범위이론으로 성장한다. 중범위이론은 한정된 사회현상에만 적용되는 이론이다. 그리고 일반이론은 가장 넓게 적용되는 이론이다. 분석수준을 기준으로 이론을 분류하면 거시수준의 이론과 중위수준의 이론, 그리고 미시수준의 이론으로 구분할 수 있다. 거시수준의 이론은 국가나 사회 등과 같이 거시수준에서 작용하는 과정에 관한 이론이다. 미시수준의 이론은 개개인의 행동에 초점을 맞추고 있는 이론이다. 그리고 중위수준의 이론은 정부기관이나 이익집단 등 집단의 수준에서 작용하는 과정에 관한 이론이다. 추상성의 정도에 따른 분류는 메타이론, 규범적 이론, 그리고 경험적 이론으로 구분할 수 있다. 메타이론은 과학의 기본적 가정과 선행 조건 등에 관한 이론이다. 고도의 추상성을 띠는 이론이다. 규범적 이론은 사회에서 무엇이 어떻게 되어야만 하는가에 관한 다양한 생각들을 검토하고, 이를 지지하는 이론적 언어와 논쟁으로 이루어진 것을 말한다. 경험적 이론은 사회적 현실과 관련된 좀 더 근본적인 특성, 구조, 내부적 관계, 메커니즘 등을 지칭한다(김태룡, 2007: 36-39).

(3) 그러면 국가이론이란 무엇인가?

지금까지 국가와 이론에 대하여 살펴보았다. 다만, 국가라는 개념이 다수의 학자들에 의하여 정의되고 있어서 하나의 문장으로 제시하지는 못하였다. 물론, 이론 역시도 마찬가지이다. 따라서 국가이론이 무엇인지를 이야기하는 것은 매우 조심스럽다.

그럼에도 불구하고 이 책에서는 국가를 "해당 영토를 관리 및 통제하는 권한을 가지고 있는 비인격적이고 특권적인 헌법적 또는 법적 질서"(Skinner, 1978), 그리고 "자체적이고 응집력이 있는 제도들의 집합, 지리적으로 경계가 지어진 영역, 그 영역 내에서의 규칙 제정"(Hall & Ikenberry, 1989)이라고 하였다. 그리고 이론은 여러 학자들의 개념을 종합하여 "경험적으로 검증가능하고 어느 정도의 법칙적인 일반성을 포함하는 체계적으로 연관성을 가진 일련의 진술"이라고 정의하였다.

이를 종합하여 이 책에서는 국가이론을 "국가라는 대상이나 현상을 설명하거나 예측하기 위해 제시하는 일련의 체계적으로 상호 관련된 개념, 정의, 명제, 가설, 원리 및 법칙을 말한다"고 할 수 있다. 즉, 국가이론은 "국가라는 대상이나 국가가 발생시키는 다양한 현상에 대해 경험적으로 적용될 수 있어야 하고, ② 어느 정도 법칙적인 일반성을 가지고 있어야 하며, ③ 그 구조가 체계적으로 상호연결된 일련의 진술 또는 명제이어야 한다"라고 정의하고자 한다. 이때의 국가는 "해당 영토를 관리 및 통제하는 권한을 가지고 있는 비인격적이고 특권적인 헌법적 또는 법적 질서"(Skinner, 1978), 그리고 "자체적이고 응집력이 있는 제도들의 집합, 지리적으로 경계가 지어진 영역, 그 영역 내에서의 규칙 제정"(Hall & Ikenberry, 1989)이라고 본다.

2) 국가와 정부는 다른가?

우리는 일상생활에서 다른 뜻을 가진 단어인데도 불구하고 동일한 뜻을 가지고 있다고 생각하여 통상적으로 사용하는 용어들이 있다. 이러한 용어들은 사람마다 다 다를 것이다. 이 책에서 다루고자 하는 '국가'와 '정부'라는 용어도 그 중에 하나일 것이다.

앞에서 이야기한 것처럼 국가와 정부는 일상생활에서 동일한 의미라고 생각하여 사용하고 있는 경우가 많다. 중복되는 부분들도 있지만 엄밀하게 말하면 분명한 차이를 가지고 있다. 국가와 정부를 구분할 때에는 일정한 기준이 있어야 하는데, 이 책에서는 범위, 영속(지속)성, 기능, 가치의 네 가지 측면에서 차이를 살펴볼 수 있다. 범위란 국가의 범위가 넓은지 아니면 정부의 범위가 넓은지를 비교해 보겠다는 의미한다. 영속성은 국가와 정부 모두 일정시간 이상 지속되는지를 기준으로 판단하겠다는 것이다. 또는 국가와 정부 중 누가 더 오랫동안 지속되는지를 보겠다는 의미이다. 그리고 기능은 국가와 정부가 수행하는 기능에 있어 계층관계가 형성되는지를 보겠다는 의미이다. 마지막으로, 가치는 국가가 추구하는 가치와 정부가 추구하는 가치간의 관계를 보겠다는 의미이다. 국가와 정부 중 누가 더 상위의 가치를 추구하는가를 기준으로 차이를 보겠다는 의미가 된다.

그림 3-2 국가와 정부의 관계(범위기준)

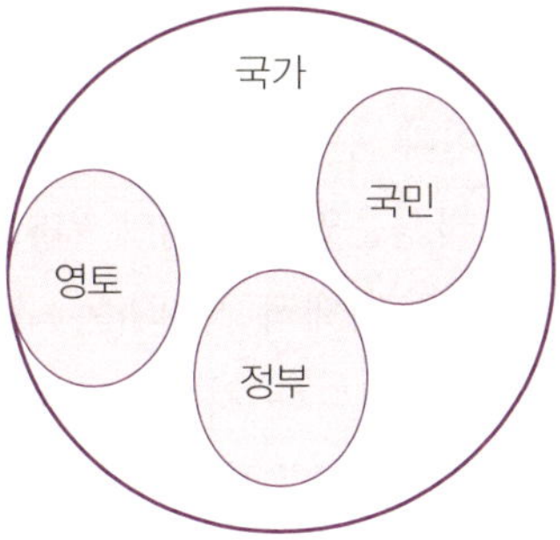

첫째, 먼저, 범위의 문제이다. 범위를 기준으로 보면 국가가 정부보다 더 넓다고 보아야 할 것이다. 국가는 하드웨어적 측면에서 영토, 국민, 그리고 정당성을 지닌 제도로서 정부를 포함하고 있다. 따라서 정부는 국가의 일부분으로 보아야 한다. 이러한 점에서 국가와 정부는 차이가 있다([그림 3-2] 참조).

둘째, 영속의 문제이다. 영속성을 기준으로 보면 국가는 정부에 비하여 더 많은 지속성을 가진다. 대한민국이라는 국가는 그대로 있으면서 박근혜 정부, 문재인 정부처럼 정부는 변화되는 것이다. 즉, 정부는 시간이 지나면서 변화하지만 국가는 그대로 있는 것이다. 한 국가 내에서 복수의 정권이 대립·항쟁하는 경우 각각 실효적 지배를 행사하는 한도에서 대항력 있는 권력을 가지지만, 정부가 전면적으로 교체되는 경우 새로운 정부가 타국으로부터 정부 승인을 받음으로써 종래의 정부와 교체되어 그 국가를 대표하는 지위를 취득하게 된다(이한기, 2000: 221-222).

셋째, 수행하는 기능의 문제이다. 기능을 중심으로 보면 정부는 국가정책을 수립하고 집행하는 데 있어서 국가의 두뇌에 해당하며, 국가의 존재를 영속시키는 기능을 한다(정용덕, 2001: 190-191).

넷째, 추구하는 가치의 문제이다. 국가가 정부에 비하여 보다 상위의 가치를 추구한다고 볼 수 있다. 적어도 이론상으로 국가란 사회의 영속적인 이익-즉, 공동선 혹은 총의-을 추구하는 반면, 정부는 특정한 시기에 집권하게 된 사람들의 파당적 정서를 대표한다(정용덕, 2001: 191). 예를 들면, 현재 문재인 정부에서는 사회적 가치를 국정운영의 중심에 두고 있다. 사회적 가치를 국정철학으로 두게 된 이유는 1980년대 서구사회를 지배한 신자유주의와 그로 인한 부정적 영향에서 찾을 수 있다. 1980년대 이후 서구 사회 뿐만 아니라 한국의 경우에도 신자유주의의 물결과 함께 시장에 대한 정부개입을 반대하였고, 이는 결국 사회의 불평등을 심화시키는 현상을 초래하였다. 경제성과 효율성, 그리고 능률성 등을 중시하면서 민주성과 형평성 등의 문제를 충분히 고려하지 않았기 때문에 발생한 현상이다. 문재인 정부는 사회에 만연해 있는 이러한 문제의 해소를 위하여 사회적 가치를 국정운영의 중심에 위치시킨다. 사회적 가치는 학자에 따라 다르게 정의되지만 분명한 것은 경제적 가치와는 구별되는 용어이고, 공동체의 구성원이 합의한 가치이며, 적어도 개인보다는 지속가능한 공동체를 위한 가치라고 볼 수 있을 것이다. 이와 같은 사회적 가치는 공동체의 유형에 따라 차이가 있을 수 있다. 국정운영을 위해서는 통일된 가치를 정립할 필요가 있는 바 이것이 바로 공적 가치라고 볼 수 있을 것이다. 공적 가치의 정립을 위해서는 사회의 합의가 매우 중요하기 때문에,

무엇보다 절차적 정당성을 확보하기 위한 노력이 있어야 할 것이다. 공적 가치는 정부별로 변화될 수 있다. 현재 문재인 정부는 인권, 안전, 건강, 복지, 노동, 일자리, 사회적 약자지원, 상생협력, 공동체 복원, 지역경제, 책임・윤리, 환경, 참여 등 12가지의 영역을 사회적 가치라 명명하고 있는데, 이는 이론적인 의미에서 공적 가치의 영역에 가깝다고 보아야 할 것이다. 문재인 정부에서 부르는 사회적 가치가 국정운영의 중심이기 때문에, 이의 실현을 위하여 다양한 노력을 기울이고 있다. 중앙정부와 지방정부의 예산안 편성 지침에 사회적 가치를 반영해 인권, 안전, 환경, 사회적 약자 배려 등에 대한 재정투자를 확대할 수 있도록 하였다. 또한 각종 공공사업을 심의할 때 실시하는 예비타당성조사의 평가 항목에도 기존의 경제성・정책성・지역균형발전에 더해 사회영향평가 요소를 도입해 사회적 가치 구현 사업을 우대하고자 하였다(아시아경제, 2018. 3.19). 그리고 한국에서 실시하는 거의 대다수의 평가에 사회적 가치를 평가할 수 있는 요소를 반영하였다. 사회적 가치와 공적 가치의 상위에는 헌법적 가치가 있다. 헌법적 가치는 공적 가치와 달리 정부의 변동에 따라 변화하지는 않는다. 즉, 사회적 가치, 공적 가치, 그리고 헌법적 가치가 있고, 이를 계층화한다면 사회적 가치는 가장 하위에 위치하는 각 집단들이 공유하는 합의된 가치들이다. 각 집단들이 공유하고 있는 사회적 가치는 각기 다를 수도 있고 동일할 수도 있을 것이다. 즉, 하나의 사회에 대립 가능한 가치가 공존하고 있다는 것을 의미한다. 정부는 다양한 사회적 가치 중 절차적 정당성을 확보한 합의과정을 통하여 수렴하여 하나의 가치를 창출한다. 이것이 공적 가치이다. 공적 가치는 정부와 운명을 같이한다고 보아야 할 것이다. 한국을 기준으로 하면 5

표 3-2 공공기관 사회적 가치

구분	목표
일자리	공공기관 서비스 제고 및 산업경쟁력 강화 등을 위해 '22년까지 6만 명 수준의 공공기관 일자리 창출
안전	'22년까지 공공기관 사망 사고자수 60% 감축을 목표로 하고, 안전 책임성 확보를 위한 제도 강화
윤리・공정	'22년까지 채용실태조사 결과 채용비위 건수를 80% 감축하고, 공직유관단체 청렴도 조사(권익위원회) 지수를 8.8 이상 달성
사회적 형평성	'22년까지 여성임원 비율을 2배 확대하고, '21년까지 장애인고용 비율 법정의무수준(3.4%), '23년까지 고졸인재 신규채용 비율 10% 달성
지역상생	'22년까지 혁신도시 입주기업수를 1,800개로 확대하고, 이전공공기관의 지역인재 채용 비율 30% 및 지역물품 우선구매 비율 20% 달성

년 동안 존재하는 것이 될 것이다. 가장 상위에는 이를 초월하는 가치가 있고, 우리는 이것을 헌법적 가치라고 명명하고 있다. 헌법적 가치는 정부의 변화와 관계없이 장기간 존재하는 가치이다. 이러한 점을 토대로 하면 공적 가치는 정부가 추구하는 가치이고, 상위에 있는 헌법적 가치가 국가의 가치가 아닐까 생각해볼 수 있다(〈표 3-2〉 참조).

살펴본 것처럼 국가와 정부는 차이가 있기 때문에 구분하여 사용하는 것이 보다 바람직할 것으로 보인다.

2. 국가는 어떤 근거에서 만들어지는가?

국가의 기원에 대해서는 많은 학설들이 존재하고 있다. 이 책에서는 어떤 학설이 맞고 어떤 학설은 틀리다는 논의를 하려는 것이 아니라 각 학설들을 객관적으로 소개하고자 한다. 국가의 기원에 대해서도 많은 학자들이 이야기하고 있기 때문에 모두를 소개할 수는 없다. 여기에서는 바라다트(Baradat, 1984)가 제시하고 있는 네 가지 유형을 소개하고자 한다. 바라다트(Leon P. Baradat)는 국가자연설, 국가신의설, 사회계약설, 그리고 국가실력설 등을 제시하고 있다.

1) 국가자연설: 국가는 자연적으로 만들어진 것인가?

국가자연설의 선구자는 아리스토텔레스(Aristotle)이다. 아리스토텔레스는 인간을 사회적 존재로 간주하고 있다. 즉, 인간은 자연스럽게 함께 모여서 상호작용하고 공동체를 형성한다고 보았다. 그리고 공동체의 형식적 조직을 국가라고 간주하였다. 결국 국가라는 것은 사람들이 자연적으로 모여서 상호작용하는 과정에서 만들어졌다고 보아야 한다는 것이다. 아리스토텔레스에 의하면, 국가는 사회의 자연적 환경이기 때문에 사람은 국가 내에서만 인간다울 수 있다고 한다. 즉, 국가는 인간을 인간답게 할 수 있는 유일한 환경이라고 보고 있는 것이다.

아리스토텔레스에게서 국가는 단순히 상호작용하는 개인들로 구성되어 있는 것만이 아니라, 어떠한 개인이나 집단보다도 강력하다고 간주하고 있다. 국가는 자체적으로 실체를 가진 존재가 되었다는 것이다. 이를 국가 유기체설이라고 한다(Baradat, 1984; 신복룡 외, 1986: 47-48).

2) 국가신의설: 국가는 신의 뜻에 따라 만들어진 것인가?

국가신의설에 의하면, 국가의 존립 근거나 권력의 근원이 신의 뜻에 있다는 것이다. 즉, 국가는 신의 뜻에 따라 만들어졌다는 것이다. 신은 국민들을 선택하고 많은 문화를 선택한다. 그리고 선택된 문화를 통치하는 국가가 신의 눈에는 모든 국가들 가운데 최상으로 비춰진다는 것이다. 이는 뒤에서 이야기할 왕권신수설과 연계된다(Baradat, 1984; 신복룡 외, 1986: 48-51).

3) 사회계약설: 국가는 개인과의 계약을 통해 만들어진 것인가?

국가가 계약에 의하여 만들어졌다고 보는 이론이다. 아주 쉽게 설명하면 개인은 자연 상태에서 자유와 평등을 누리고 있다가 자신의 의지 하에 계약을 맺어 사회를 만든다는 이론이다. 개인은 계약에 의거하여 자신의 모든 자유권을 국가에 위임하고 대신 생명과 재산 등의 보호를 받는다. 그러나 항상 인민은 혁명권을 가지고 있다고 주장하는 학설이다.

이를 좀 더 구체적으로 살펴보면 다음과 같다. 17~18세기에 발전한 사회계약설은 국가 권력의 궁극적 근원이 국민이라는 인민주권설의 개념에 근거를 두고 있다. 전능한 힘을 지녔거나 주권을 지닌 국민들이 동의를 하여 국가를 창설하고 통치자에게 어떤 권한을 주었을 때 계약이 성립되었다고 주장했다. 그러나 사회계약설의 이론가들은 계약에 의하여 이루어지는 정확한 정부형태와 주권 국민들의 통치력에 대해서 정해 놓은 한계에 관해서는 의견의 일치를 보지 못한다. 사회계약에 관해서는 기본적으로 세 가지 갈래의 사상이 있다. 첫째, 실질적으로 모든 통치력이 사회질서를 유지할 수 있도록 군주에게 주어졌다는 주장이다. 둘째, 국민들이 거의 모든 자유를 지니고 있으며, 통치는 단지 그들의 권리를 보호하기 위하여 삼가서 사용하여야 한다는 주장이다. 셋째, 국민이 직접 통치해야 하며, 그들의 집단의사에는 제한이 없다고 주장한다. 그러나 이들 개개이론의 근본적 가정은 같다. 국민은 국가와 그 권리의 궁극적 근원이라는 점이다. 그러므로 그들은 정부와 국가가 더 이상 그들의 목적에 적합하지 못할 때에는 이들을 해체시킬 수 있다(Baradat, 1984; 신복룡 외, 1986: 51-52).

4) 국가실력설: 국가는 정복과 힘에 의하여 만들어진 것인가?

국가실력설을 간단하게 말하면, 국가는 강자가 약자를 정복하거나 지배하는 것에서 만들어졌다고 보는 것이다. 국가실력설은 국가는 정복과 힘에 의하여 만들어진다고 보는 학설이다. 즉, 강자가 약자에게 막대한 부담을 주는 방식으로 성장한다는 것이다.(Baradat, 1984; 신복룡 외, 1986: 52-53).

제 2 절

국가이론의 유형

1. 국가이론은 어떻게 분류되는가?

국가에 대한 이론은 경쟁적으로 발전해 오고 있다. 모든 이론을 전부 이야기할 수는 없기 때문에, 몇 개의 기준을 가지고 유형화한 후 그 중에 일부를 기준으로 살펴보는 것이 일반적인 접근이다. 이 책에서도 이런 접근방법을 따르고자 한다. 학자에 따라 다르게 구분하고 있지만 몇 개를 기준으로 나누고 있는지에 따라 유형을 제시해 볼 수 있을 것이다.

국가이론을 가장 적은 유형으로 분류하고 있는 것이 세 가지이고, 가장 많은 기준으로 분류하고 있는 것이 다섯 가지 정도이다. 물론, 최근에는 드라이젝과 던리비(Dryzeck & Dunleavy, 2009)에 의할 경우 이보다 더 많은 분류를 하고 있기도 하다. 그러나 전통적인 분류기준을 적용할 때 다섯 가지 정도이다.

첫째, 국가이론을 세 가지로 분류하면 자유주의, 현실주의, 마르크시즘(Marxism)으로 분류하는 경우(Hall & Ikenberry, 1989)와 다원주의, 관리주의, 계급으로 분류하는 경우(Alford & Friedland, 1985) 등이 있다. 또한 신정치경제론, 정치주의, 마르크시즘으로 구분하기도 한다(Staniland, 1985). 둘째, 국가이론을 네 가지로 분류하는 경우이다. 개인주의, 다원주의, 조합주의, 관료주의로 구분하는 학자(Self, 1985), 다원주의, 자본주의, 리바이던, 가부장주의로 분류하는 학자(Heywood, 1997)도 있다. 셋째, 다섯 가지로 구분하는 경우를 보면 다원주의, 신다원주의, 신우파, 엘리트론, 마르크시즘으로 구분하는 학자(Dunleavy & O'Leary, 1987)가 있다(정용덕, 2001: 195).

살펴본 것과 같이 다수의 국가이론이 있고, 이들을 유형화할 경우 각기 다르게 묶이고 있다. 국가이론이 살펴본 것과 같이 다양한 이유는 국가의 본질과 역할에 대한 기본가정이 다르고, 그에 따라 국가-사회 관계, 국가 역할과 범위, 그리고 문제 해결을 위한 처방이 각각 다를 수 있기 때문이다. 또한 국가이론의 유형이 다양한 이유는 국가이론 중 유사성을 기준으로 유형화하는 기준이 조금씩 다르기 때문이다.

제시된 국가이론을 종합하면, 다원주의, 신다원주의, 신우파, 개인주의, 리바이던이론은 자유주의 계열의 국가론이다. 그 중에서도 신우파, 개인주의, 리바이던, 신정치경제론, 신보수주의 또는 신자유주의 등은 별도의 계열이 될 수 있다. 다음으로, 엘리트이론, 신중상주의, 베버주의, 조합주의, 정치주의, 관리주의, 가부장주의 등의 국가이론은 현실주의 국가론으로 분류할 수 있다. 마지막으로, 자본주의 국가론, 계급 국가론 등은 마르크시즘으로 분류가능하다(정용덕, 2001: 196).

2. 국가이론은 어떻게 발전되어 왔는가?

서구에서 국가에 대한 연구는 그리스의 소크라테스(Socrates), 플라톤(Plato), 아리스토텔레스(Aristotle)가 도시국가인 폴리스(polis)에 대하여 연구함으로써 시작되었다. 로마의 키케로(Marcus T. Cicero)는 공화국에서 공적인 일을 다룰 수 있는 능력을 갖는 사람들이 시민적 의무(civic duty)로서 정치에 참여해야 하고, 육체적인 힘보다 정신적 명예를 강조(Shafritz & Hyde, 2017: 23-27)하는 등 국가에 대한 연구를 하였다. 동양에서는 공자, 맹자 등이 군주의 통치윤리로써 국가에 대한 연구를 하였다.

그리스와 로마의 국가에 대한 정치철학적 논의는 중세시대에는 사장되어 있다가 르네상스를 통하여 부활하게 되었다. 16세기 이후 군주와 귀족 간의 권한 갈등, 농민들의 조세에 대한 저항, 통상의 확대, 왕권 강화와 주권국가의 출현, 전통적 가톨릭 교회에 대한 저항 등의 과정에서 개인과 국가간의 관계를 어떻게 설정할 것인지의 문제로부터 시작되었다(Held, 1989: 12-13). 이는 결국 국가로부터 독립된 사적 영역을 정함으로써 국가 자체를 재정의하고, 국가의 정치적 개입으로부터 개인, 가족, 경제활동 등 시민사회의 영역을 자유롭게 하는 것으로 자유주의(liberalism)의 형성과 밀접한 관련이 있다. 즉, 국가와 개인간의 사회적 계약을 통하여 개인이 국가의 권위에 복종하고, 그 대가로 국가로부터 개인의 생명과 신체, 안전을 보호받고자 하는 것이다. 특히, 홉스(Thomas Hobbes)는 인간과 사회를 '만인에 대한 만인의 투쟁'으로 가정하기 때문에, 개인을 보호하기 위하여 국가에 강력한 권한을 부여하고, 무질서를 바로잡기 위하여 국가가 불가분의 권력을 행사하며, 이러한 권력행사는 정당한 것으로 간주되어야 한다고 보았다

(Hobbes, 1651). 그러나 로크(John Locke)는 자연상태에서 인간의 자유와 권리를 강조하고, 인간의 불완전성 때문에 발생하는 불편을 처리하기 위하여 개인의 동의에 따라 자신의 권리를 정부에 양도하는 대신에, 정부는 개인의 자유와 권리를 보호하기 위하여 제한적으로 권한을 행사하여야 한다고 보았다(Locke, 1688-1690).

로크의 제한 정부론은 영국에서 벤담(Jeremy Bentham)이나 밀(J. S. Mill) 등에 의하여 대의민주주의, 입헌적 제한정부, 언론과 사상의 자유 최대한 보장, 소수자의 보호 등 정치적 자유민주주의로 발전하게 되었다(Bentham, 1789; Mill, 1859). 프랑스에서는 몽테스키외(Charles-Louis de Montesquieu)가 영국의 입헌정부를 분석하면서 입법, 사법, 행정 간의 권력분립과 상호 견제와 균형을 제시하였다(Montesquieu, 1748). 미국에서는 중앙집권적인 국가행정 대신에 민주주의에 기반하여 분권화되고, 자치적인 연방정부로 발전하게 되었다(Tocqueville, 2000[1835]). 애덤 스미스(Adam Smith)에 의해 국가가 개인의 경제활동에 개입하는 것을 억제하고, 사익을 추구하면서도 도덕적 감정을 갖춘 경제 주체들이 시장에서 자유롭게 경제활동을 통해 국가의 부를 창출할 수 있다는 시장 자유주의로 발전하게 되었다(Smith, 1791[1776]).

그러나 자유주의 사상은 서구 자본주의 사회의 발전을 뒷받침하였지만 산업화와 도시화로 인하여 노동계급의 성장과 생활수준의 악화, 빈부 격차 등의 문제에 대하여 적극적인 대책을 제시하지 못하였고, 마르크스(Karl Marx)와 엥겔스(Friedrich Engels)로부터 부르주아 계급의 이익을 대변하는 이데올로기로 비판을 받게 된다. 자본주의 사회에서 국가는 지배계급의 이익을 수호하기 위한 위원회에 지나지 않으며(Marx & Engels, 1848), 군대와 관료제를 통해 사회를 억압하고 기생하는(parasitic) 존재이고, 사회주의 혁명을 통해 계급갈등이 없어지면 소멸될 것으로 보았다. 그러나 서구 자본주의 국가에서 사회주의 혁명은 일어나지 않았고, 오히려 폭력 혁명 대신에 자본주의를 수용하면서 점진적 개혁을 추구하는 사회민주주의로 수정되었고, 자본주의가 발전하지 않은 농업국가인 러시아나 중국에서 사회주의 혁명이 일어나 공산주의 체제가 성립되었다. 그러나 마르크스주의에 의한 자본주의 체제 비판은 자본주의가 자기 수정을 하게 된 계기를 마련하였으며, 자유민주주의에 대응하는 이론으로서 사회과학의 중요한 연구 방법이 되었다.

전통적 자유주의 사상은 국가와 개인의 관계에 초점을 두고 있지만, 19세기 후반부터 산업화와 도시화가 진행됨에 따라 국가와 개인의 관계를 넘어 개인이 소속한 집단과 공동체에 관심을 기울이게 되었고, 집단간의 경쟁을 통한 정치적 해결을 추구하는 다원주의(pluralism)가 나타났다. 미국에서는 유럽이나 아시아로부터 새로운 이민자 집단들이 증가하게 되자 다양한 인종, 계급, 집단 등의 용광로(melting pot)라는 개념이 제시되었고(Dewey, 1917), 유럽에서는 국가와 개인을 매개하는 교회, 자선단체, 노조 등의 집단의 역할에 대하여 관심을 기울이게 되었다(Dryzek & Dunleavy, 2009: 38).

한편, 자유주의와 사회주의가 대립하는 20세기 초에 이탈리아와 독일에서는 사회를 지배하는 것이 누구인지에 대한 연구가 이루어졌고, 자유주의나 사회주의 체제에서 모두 소수 엘리트가 지배하는 사실을 확인하고 비판하는 엘리트이론이 등장하였다(Pareto, 1916[1935]; Mosca, 1939). 또한 베버(Max Weber)는 국가가 지배계급의 도구라는 마르크스의 관료제에 대한 비판을 재비판하면서 유럽 대륙의 자유민주주의와 독일의 엘리트 국가 관료제의 조화를 모색하는 관료제이론을 제안하였다. 근대 국가는 전투적인 분파들로부터 어려움에 처해 있기 때문에, 주어진 영역에서 합법적인 폭력의 행사를 독점하는 능력을 지니고 있으며, 이에 따라 중앙집권적인 관료제가 불가피하다는 것이다(Weber, 1978[1921]). 자본주의 사회에서 계급갈등이 존재하지만 경제적 관계로만 환원할 수 없으며, 정당과 국가라는 지위 집단도 중요하다고 보았다. 이러한 베버의 국가이론은 자유민주주의 하에서 선출된 권력과 국가 관료제라는 엘리트의 지배를 조화롭게 통합한 국가이론이며, 현대 미국의 다원주의의 발달에도 영향을 미치게 된다(Held, 1989: 44-45).

1960년대 이후에는 환경, 여성, 인권, 소수자 보호 등 현대 사회의 복잡한 문제에 대해 기존의 국가이론의 한계를 지적하는 이론적 시각들이 발달하고 있다. 국가의 기능과 역할에 대해 비판적인 시각에서 접근하는 환경주의, 여성주의, 민주적 비판 및 재생, 신보수주의, 그리고 기존 국가개념을 초월하는 탈근대주의 등이 그것이다. 이처럼 각각의 국가이론들은 정치사회 현상에 대하여 고유한 이론체계와 처방을 제시하고 다른 이론들과 상호 영향을 주고받으면서 발달되었다(정용덕 외, 2021).

3. 이 책에서는 어떤 국가이론을 어떻게 보려고 하는가?

앞에서 살펴본 것처럼 다양한 국가이론들이 존재하고 있다. 모든 이론들을 살펴보는 것은 불가능하다. 따라서 이 책에서는 특정 이론들을 선정하여야 한다. 이때 활용할 수 있는 기준은 이 책의 목적을 달성할 수 있어야 한다는 것이다. 즉, 이 책의 목적은 정부간 관계를 살펴보는 것이기 때문에 목적달성에 용이한 이론을 선정하여야 한다.

그동안의 연구결과들을 볼 때 정부간 관계를 보다 잘 설명할 수 있는 국가이론은 던리비와 오리어리(Dunleavy & O'Leary, 1987)의 분류로 판단된다. 그들은 고전적 국가이론으로 다원주의, 신우익, 엘리트이론, 마르크스주의, 그리고 신다원주의의 다섯 가지를 제시하고 있다. 물론, 그들은 추후 연구를 통하여 국가이론을 환경주의, 여성주의, 민주적 비판 및 재생, 신보수주의, 그리고 기존 국가개념을 초월하는 탈근대주의 등으로 확대하기도 하였다.

이 책에서는 고전적 국가이론 중 신다원주의를 제외한 나머지 네 가지의 이론, 즉 다원주의, 신우익, 엘리트이론, 마르크스주의만을 적용하고자 한다. 각 국가이론이 적용방법은 첫째, 개별 국가이론의 기초 개념을 살펴본 후 해당 이론에서 바라보는 정부간 관계의 내용을 도출한다. 이 책의 핵심이 정부간 관계를 알아보는 데 있기 때문에 기초개념은 최대한 간단하게 살펴보고, 정부간 관계의 핵심내용을 중점으로 살펴보고자 한다. 둘째, 각 국가이론에서 정부간 관계를 판단하는 세부적인 대표 모형들이 있다. 예를 들면, 신우익론의 대표이론인 피터슨(Paul E. Peterson)의 정책유형론, 엘리트이론의 대표이론인 손더스(P. Saunders)의 이원국가론 등이 그것이다. 국가이론을 살펴보면서 실제 한국의 여건을 경험적으로 검증하고자 한다. 물론, 모든 국가이론에 대표적인 모형이 있는 것은 아니다. 따라서 경험적 검증이 가능한 부분에 대해서만 살펴보고자 한다.

그림 3-3 국가이론의 적용을 위한 접근방법

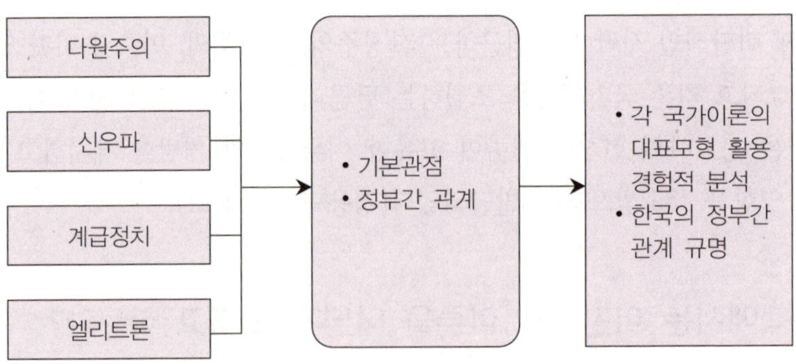

제4장 다원주의

제1절 기본개념과 정부간 관계

1. 다원주의란 무엇인가?

다원주의는 군주제 또는 일원적 권력에 대항하여 발생하였으며, 이에 대한 기초를 제공한 인물로는 로크(John Locke), 몽테스키외(Charles-Louis de Montesquieu), 매디슨(James Madison), 밀(J. S. Mill), 벤틀리(A. Bentley) 등이 있다. 다원주의(Pluralism)는 개인의 자유와 권리를 보장하기 위하여 권력이 분산되고 제한되는 입헌정부를 기본적 가정으로 한다. 따라서 자유주의와 기본적 가정을 공유하며, 개인이 아니라 집단에 초점을 둔다는 점에서 차이가 있다. 다원주의는 정책결정과정에서 나타나는 이익집단이나 선거과정에서 나타나는 유권자의 선호와 같이 다양한 개인이나 집단의 영향력을 강조한다. 이러한 다양한 집단들간의 경쟁을 통하여 사회적 균형에 도달할 수 있으며, 여기서 정부는 조정자의 역할에 지나지 않는다. 한편, 철학적 다원주의는 국가가 사회의 모든 영역에 개입하고, 선전을 확대하며, 테러에 의하여 위협을 가하는 전체주의에 반대한다(Arendt, 1951).

이러한 다원주의는 다섯 가지 특성을 가지고 있다. ① 국가일원주의에 대한 반격이다. ② 집단과 조직의 자치, 활동, 다양성에 가치를 두고 있다. ③ 어떠한 복잡한 사회에서도 왕성한 집단의 갈등이 존재한다는 관점이다. ④ 국가일원주의를 막는 메커니즘으로 제도적 사회적 견제와 균형의 상대적인 유용성을 강조한다. ⑤ 정치적 개인주의를 인정하나 이기주의가 지배적인 동기이며, 전통적 사회유대가 부재한 사회의 유용성을 인식한다.

다원주의자는 논리적 실증주의의 영향을 받아 경험적 관찰을 통하여 검증될 수 있는 정치에 관한 일반적인 법칙을 구축하려고 하였으며, 따라서 계량적인 형식을 선호하였다. 이는 결국 행태주의적 관점을 초래하게 되었으며, 따라서 다원주의자들의 분석 단위는 개인(또는 압력집단)이 된다. 또한 다원주의자는 방법론적 개인주의를 채택하고 있는데, 이는 인간공동체에 관한 모든 가설은 개인에 관한 진술로 축소될 수 있고 축소되어야만 한다는 주장이다. 그리고 일부 다원주의자는 파슨즈(Talcott Parsons)의 기능주의에 영향을 받아 기능주의적인 관점을 가지기도 한다. 이는 모든 사회는 잘 통합되는 영속적이고 안정적인 요소의 구조이며, 그 요소의 각각은 기능을 가진다는 가설이다. 다원주의자에게서의 가치문제는 사실과 분리할 수 있다는 입장을 취한다.

다원주의자는 대의제정부를 주장하기도 하나 달(Robert A. Dahl)에 의하면 어떤 대의제제도도 그 자체로 효과적인 다두제를 보증하기에 충분치는 않다고 한다. 이러한 다원주의자에게서 문화는 중요하다. 다원주의자는 각각의 사회들은 독특한 문화를 가지고 있다고 전제한다. 그러나 이때의 문화는 공유된 가치라고 주장한다.

다원주의 관점에서는 국가(즉, 정부)를 자율적이고 중립적인 것으로 가정한다. 정부는 사회에서의 상충하는 여러 이해관계자들간의 경쟁을 공정하게 판단하여 대응할 능력을 지니고 있다고 보는 것이다. 정부제도들이 시민의 요구에 대해 긴밀한 대응을 할 수 있는 것은 각종의 대의제도(예: 선거경쟁, 이익집단과정 등)와 공익추구를 전제로 한 공직자들의 충원 및 사회화 등의 제 장치에 의해 가능해진다. 이처럼 모든 정치행정문제에 있어서 투입정치문제가 중요한 것으로 된다. 이러한 투입정치의 강조는 반면에, 정책결정의 결과에 관해서는 경험적으로 인식할 수 없다는 입장을 취하게끔 만든다. 물론, 정책과정의 결과가 모든 사람들에게 공정한 혜택을 보장해 주는 것으로 보는 경우는 드물지만, 그럼에도 불구하고 정책결과의 혜택이 시민들간에 어떻게 배분되는가에 관한 확인에는 소홀한 것이다(정용덕, 1994). 또한 다원주의자들은 정책결정에서 점증주의를 선호한다. 그리고 국가구조는 집권화된 형태를 싫어하고 분권화된 구조를 선호한다. 이는 분권화가 민주적 독재주의의 출현을 방지하며 압력집단의 활동을 수용하기가 용이하고, 시민참여의식이 고양되고 정치가에 대한 통제가 용이하기 때문이다. 이러한 이유 때문에 지방정부를 하나의 독립된 주체로 인정하고 있다.

다원론자들은 다두제에 대한 일반적인 낙관론에도 불구하고, 그들은 가능한 위기경향에 대하여 설명하고 있다. 이는 불충분한 분열로부터 위기가 올 수 있으며, 이에 대한 위협요인으로 인종, 종교, 언어분열을 들고 있다. 또한 과도한 집권화에서도 위기가 발생할 수 있으며, 국가의 조정력과 효과성을 손상시키는 과도한 부담 등에 의해서도 위기가 올 수 있다.

결론적으로, 다원주의를 다음과 같이 종합할 수 있을 것이다. 다원주의 관점에서 국가-사회간의 핵심은 전통적인 국가주권 대신 민간정부개념을 제시한 것이다(Dickman, 1987: 187-192). 분화되지 않은 단일국가주권개념은 현대 분화된 산업사회에는 비현실적인 개념이고, 자유로이 자기규율이 되는 사회에 부응하지 못한다. 따라서 경제 영역의 계약자유의 원칙처럼 국가권력은 일원적이 아니고 다원적이어야 하고, 사회 내 경쟁적 이익집단에 분산·분화되어야 한다는 것이다(차만재 외, 1991: 64). 다원주의는 다양성, 복수성을 인정하고 있을 뿐만 아니라 이들 사이에는 우열이 없다는 것을 강조하고 있다(Walzer, 1983: 29; 김석수, 2003: 165). 따라서 다원주의는 불일치를 해결하거나 제거해야 하는 갈등이 아니라 서로 다르기 때문에 나타나는 차이로 보고 있다. 따라서 불일치를 제거하기 위하여 통일된 체계를 만드는 것을 반대한다. 이는 각자의 진정성이 최선의 가치라고 보는 것이다(허라금, 2003: 60-61).

2. 다원주의에서는 정부간 관계를 어떻게 보고 있는가?

다원주의에서는 지방정부의 존재의의를 두 가지 점에서 찾고 있다. 하나는 우리가 일반적으로 알고 있는 것처럼 지역의 주민들에게 정부에 참여할 수 있는 기회를 제공할 뿐만 아니라 정치에 참여할 수 있는 폭을 넓혀 줄 수 있기 때문에 민주주의의 발전에 기여할 수 있다는 점이다. 다음은 지방에서도 이익집단들에게는 높은 수준의 경쟁성이 보장되어 있기 때문에, 특정 계급이 특정한 목적으로 지방정부의 정책을 결정하지는 못한다는 것이다. 즉, 모든 개인이나 집단들에게는 공정한 경기운영규칙이 적용되고 정부 결정에 동등한 자격으로 참여할 수 있는 기회가 보장(Dearlove, 1979)되어 있기 때문에, 때로는 소수집단이 가지고 있는 선호가 지방정부의 정책으로 반영될 수 있어야 한다는 것이다(Dahl & Tufte, 1974). 다수결에 의해서만 정책이 결정되지는 않아야 한다는 것이다. 그러나 지방정부의 정책은 다양한 집단들의 영향으로 결정되기 때문에, 계급에 의하여 특정 경제세력을 위한 정책이 만들어지는 일은 없다고 보아야 한다(Cox et al., 1985).

달(Dahl, 1961)은 헌터(F. Hunter) 등 사회학자들의 연구가 권력의 실제적 현상을 대상으로 한 것이 아니라 사용되지 않을 수도 있는 권력의 평판만을 조사한 것으로 방법론상의 근본적인 한계가 있음을 지적하였다. 그러면서 뉴헤븐(New Heaven)에서의 정책결정에 대한 연구를 통하여 권력은 소수 엘리트집단에 누적적으로 집중되어 있지 않고, 유동적이며 다양한 집단에 분산되어 있다고 주장하였다. 기본적으로 다원론에 있어서 정책결정의 장은 개인과 집단에 열려 있으며, 정치인은 이들간의 교호작용을 중재하는 유의미한 행위자로 이해되었다. 아울러 다원론자들은 권력이 불균등하게 배분되어 있는 것은 사실이지만 엘리트론이 주장하는 바와 같이 특정 집단에 누적적으로 집중되어 있지는 않다고 지적하였다. 기본적으로 다원론은 지역사회의 권력이 일부 계층에 의하여 독점되어 있지 않고 다양한 집단에 분산되어 있음을 강조한다. 이와 동시에 다원론은 정치인의 독립변수적 역할에도 주목한다. 즉, 선거를 통하여 공직에 취임한 정책결정자(정치인)는 대개의 정책결정에 관여하여 유권자의 이익을 대변하고 조정하는 기능을 한다는 것이다. 다만, 정치인의 중심적 역할을 강조하면서도 정치인의 의사결정이 선거기제를 매개로 하여 지역사회의 다양한 집단의 이익에 수동적이라는 점을 제시하기 때문에, 결과적으로 누가 통치하는가의 문제에 명백하게 대답하지 못하는 모호성을 보이기도 한다. 요컨대, 다원론은 한편으로는 시민집단의 주도적 권력을, 다른 한편으로는 선출직 공무원의 독립적 권력을 강조하는 이중성을 보인다(이승종, 2014: 391-392).

다원주의에서는 특정 국가의 정부간 관계를 오랜 시간을 거치면서 제도화된 것으로 보고 있다. 정부간 관계는 공동체 구성원들의 선호가 상호작용을 거치면서 합의된 형태로, 그 공동체에 고유한 정치문화와 제도로 자리잡는 것이다. 이와 같은 정치문화와 제도의 형성에는 그 시대를 살아가는 공동체 구성원들의 기능적 필요를 충족시키기 위한 나름대로의 합리적인 기준이 배경을 이룬다(정용덕, 2003: 180). 전통적 다원주의 시각은 지방분권을 객관적으로, 그리고 주관적으로 모두 옹호하고 있다. 객관적인 사실로서 지방분권화는 불가피한 현상이고, 규범적으로도 지방분권은 바람직하다고 보고 있다(정용덕 외, 2021).

다원주의는 앞에서 살펴본 것과 같이 투입정치과정에서 편향된 관심을 가지고 있는 바 정부간 관계에 있어서도 불균형적인 입장을 취한다. 다원주의는 주로 시민과 대의제 정부와의 관계에 관심이 있기 때문에, 국가 내부에서 행해지는 정부간 관계에 대해서는 큰 관심을 가지고 있지는 않는다. 정부간 관계는 합리적 · 기술적 해결이 가능한 비정치적인 문제로 간주하고 있을 뿐이다. 정부간 관계가 중요한 문제로 대두되는 경우는 민주주의 정통성과 대의제 정부의 투입정치기제와 관련되어 문제가 발생할 때에 한정되어 있다.

제 2 절

정부간 관계에 대한 경험적 분석

1. 한국은 다원주의에서 보는 정부간 관계 현상이 나타나는가?

1) 무엇을 분석할 것인가?

다원주의는 지방분권을 지지하고 있다. 즉, 정부간 관계에서 지방정부를 강압적으로 관리 및 통제하려고 하지는 않는다. 이러한 점을 고려하면 앞의 제2장에서 살펴본 모형 중에서 엘코크(H. Elcok)에 의하여 제시된 동반자모형, 교환모형과 관련되어 있다고 볼 수 있을 것이다.

지방분권이 지지되기 위해서는 기본적으로 지방정부가 역량을 갖추고 있어야 할 것이다. 이를 위해서는 지방정부의 두 가지 존재의의를 생각해보아야 할 것이다. 하나는 지역주민들이 정부와 정치과정에 참여하는 것이다. 다른 하나는 공정한 경쟁의 보장으로 다양한 이해관계자의 의견이 반영될 수 있어야 한다.

이러한 점을 고려하면 경험적으로 분석하여야 하는 것은 지역주민의 정치참여와 지역주민과 다양한 이해관계자의 정책결정과정에의 참여라고 보아야 할 것이다. 전자는 각종 지방정부의 선거과정에 어느 정도나 참여하고 있는지를 통하여 파악할 수 있을 것이다. 즉, 투표율을 봄으로써 참여 정도를 파악할 수 있을 것이다. 후자는 정부의 정책결정과정에 참여할 수 있는 다양한 기제들이 만들어져 있는지를 파악하는 것이다. 실제로는 특정 계층의 의견이 반영되고 있지는 않은지를 살펴보아야 하나 현실적으로 분석하기 어렵다. 따라서 모든 이해관계자들이 지방정부의 정책결정과정에 참여할 수 있는 공정한 기회가 주어져 있는지를 살펴보고자 하는 것이다.

2) 분석결과는 어떠한가?

먼저, 지역주민의 정치참여가 잘 되고 있는지를 알아보자. 이를 위하여 한국의 대통령, 국회의원, 그리고 4대 지방선거의 투표율을 분석하였다. 대통령과 국회의원 선거는 중앙정치를 의미하고, 4대 지방선거는 지방정치를 말하는 것이기 때문에 투표율을 통하여 비교하고자 한다.

먼저, 〈표 4-1〉에서 보는 것처럼 대통령선거의 투표율은 가장 낮았을 때 64.0%이고, 가장 높았을 때가 97.0%의 수준이다. 평균 82.0%를 보이고 있다. 지방자치제의 재실시를 1991년 지방의회의원선거부터라고 하는 학자도 있고, 1995년 제1회 전국동시지방선거가 실시되었을 때부터라고 하는 학자들도 있다. 명시적으로 1991년 또는 1995년이라고 말하는 학자는 거의 없으나 지방자치의 경험을 이야기할 때 간접적으로 나타난다. 즉, 지방자치 부활 30년이라든지 곧 30년이 된다든지를 이야기할 때 나타나는 것이다. 이 책에서는 두 가지 의견을 모두 존중하여 1991년 이후와 1995년 이후로 구분하여 비교하려고 한다. 1991년을 기점으로 하면 대통령선거는 1992년(김영삼), 1997년(김대중), 2002년(노무현), 2007년(이명박), 2012년(박근혜), 2017년(문재인), 그리고 2022년(윤석열) 등 7회가 실시되었다. 가장 높은 투표율은 1992년의 81.9%이고, 가장 낮은 투표율은 2007년의 63.0%이다. 평균 75.2%의 수준을 보이고 있다. 1995년을 기준으로 하면 1992년이 제외되기 때문에 6회가 실시되었다. 평균 74.1%의 투표율을 보이고 있다.

표 4-1 한국의 역대 대통령선거 투표율

(단위: %)

대별	선거일	선출방법	투표율
초대	1948.7.20(화)	국회선출	
제2대	1952.8.5(화)	직접선출	88.1
제3대	1956.5.15(화)	직접선출	94.4
제4대	1960.3.15(화)	직접선출	97.0
제4대	1960.8.12(금)	국회선출	
제5대	1963.10.15(화)	직접선출	85.0
제6대	1967.5.3(수)	직접선출	83.6
제7대	1971.4.27(화)	직접선출	79.8
제8대	1972.12.23(토)	통일주체국민회의선출	
제9대	1978.7.6(목)	통일주체국민회의선출	
제10대	1979.12.6(목)	통일주체국민회의선출	
제11대	1980.8.27(수)	통일주체국민회의선출	
제12대	1981.2.25(수)	대통령선거인단선출	

제13대	1987.12.16(수)	직접선출	89.2
제14대	1992.12.18(금)	직접선출	81.9
제15대	1997.12.18(목)	직접선출	80.7
제16대	2002.12.19(목)	직접선출	70.8
제17대	2007.12.19(수)	직접선출	63.0
제18대	2012.12.19(수)	직접선출	75.8
제19대	2017.5.9(화)	직접선출	77.2
제20대	2022.3.9(수)	직접선출	77.1

자료: http://info.nec.go.kr/electioninfo

다음은 국회의원선거이다. 가장 높은 투표율을 보인 선거는 1948년 초대 국회의원선거이다. 그 당시의 투표율은 95.5%이다. 가장 낮은 투표율은 2012년에 실시된 제18대 선거이다. 46.1%의 수준을 보이고 있다. 지방자치가 재실시된 1991년 이후에는 8회의 선거가 있었다. 평균투표율은 59.8%의 수준을 보인다. 1995년을 기준으로 하면 7회의 선거가 있었고 평균투표율은 58.0%이다.

표 4-2 한국의 역대 국회의원선거 투표율

(단위: %)

대별	선거일	투표율	비고
초대(제헌)	1948.5.10(월)	95.5	
제2대	1950.5.30(화)	–	
제3대	1954.5.20(목)	91.1	
제4대	1958.5.02(금)	87.8	
제5대(민의원)	1960.7.29(금)	84.3	국가재건최고회의 (1961.5.26~1963.12.16)
제5대(참의원)	1960.7.29(금)	72.1	
제6대	1963.11.26(화)	76.1	
제7대	1967.6.8(목)	73.2	
제8대	1971.5.25(화)	71.4	비상국무회의(1972.10.18~1973.3.11)
제9대	1973.2.27(화)	77.1	
제10대	1978.12.12(화)	77.7	국가보위입법회의(1980.10.26~1981.4.10)
제11대	1981.3.25(수)	84.6	
제12대	1985.2.12(화)	75.8	
제13대	1988.4.26(화)	71.9	
제14대	1992.3.24(화)	63.9	

제15대	1996.4.11(목)	57.2	
제16대	2000.4.13(목)	60.6	
제17대	2004.4.15(목)	46.1	
제18대	2008.4.9(수)	54.2	
제19대	2012.4.11(수)	58.0	
제20대	2016.4.13(수)	66.2	
제21대	2020.4.15(수)		

자료: http://info.nec.go.kr/electioninfo

다음으로는 지방선거이다. 지방선거는 총 19회가 실시되었다. 가장 높은 투표율은 1952년에 실시된 시·읍·면의회의원선거이다. 90.7%의 투표율을 보였다. 가장 낮은 투표율은 1960년 실시된 서울시장 및 도지사선거이다. 투표율이 38.8%의 수준에 지나지 않았다. 한국에서 실시된 모든 선거를 통 털어 가장 낮은 투표율이라고 볼 수 있다.

1991년 이후 실시된 선거는 총 10회가 있었다. 1991년 3월 26일 구·시·군의회의원선거와 1991년 6월 20일 시·도의회의원선거가 있었다. 그리고 1995년 제1회 전국동시지방선거를 시작으로 1998년 제2회, 2002년 제3회, 2006년 제4회, 2010년 제5회, 2014년 제6회, 2018년 제7회, 그리고 2022년 제8회 전국동시지방선거가 있었다. 1991년을 기준으로 지방자치제가 부활하였다고 보는 의미는 의회의원선거를 지방자치의 부활로 본다는 의미이다. 그리고 1995년부터 지방자치제의 부활을 이야기하는 것은 지방정부의 장을 선거로 선출하는 시점을 기준으로 한다는 의미가 된다.

전체 지방선거의 평균투표율은 65.4%이고, 1991년을 기준으로 하면 55.8%, 1995년을 기준으로 하면 55.5%로 나타난다. 1991년을 기준으로 하든 1995년을 기준으로 하는 큰 차이가 없는 것을 알 수 있다.

표 4-3 한국의 역대 지방선거 투표율

(단위: %)

선거명	선거일	투표율	정수
시·읍·면의회의원선거	1952.4.25(금)	90.7	17,559
시·도의회의원선거	1952.5.10(토)	81.2	306
시·읍·면의회의원선거	1956.8.8(수)	79.6	16,961
시·읍·면장선거	1956.8.8(수)	86.7	582
시·도의회의원선거	1956.8.13(월)	85.8	437

시·도의회의원선거	1960.12.12(월)	67.4	487
시·읍·면의회의원선거	1960.12.19(월)	78.9	16,909
시·읍·면장선거	1960.12.26(월)	75.4	1,468
서울시장 및 도지사선거	1960.12.29(목)	38.8	10
구·시·군의회의원선거	1991.3.26(화)	55.0	4,304
시·도의회의원선거	1991.6.20(목)	58.9	866
제1회 전국동시지방선거	1995.6.27(화)	68.4	5,758
제2회 전국동시지방선거	1998.6.4(목)	52.7	4,428
제3회 전국동시지방선거	2002.6.13(목)	48.9	4,414
제4회 전국동시지방선거	2006.5.31(수)	51.6	3,872
제5회 전국동시지방선거	2010.6.2(수)	54.5	3,991
제6회 전국동시지방선거	2014.6.4(수)	56.8	3,952
제7회 전국동시지방선거	2018.6.13(수)	60.2	4,016
제8회 전국동시지방선거	2022.6.1(수)	50.9	4,125

자료: http://info.nec.go.kr/electioninfo

평균투표율을 기준으로 대통령선거, 국회의원선거, 그리고 지방선거를 살펴보면 〈표 4-4〉와 같다. 지방선거의 평균투표율이 가장 낮은 수준이고, 대통령선거가 가장 높은 수준을 보이고 있다. 공통적인 현상은 최근으로 올수록 평균투표율이 낮아지고 있다는 것이다. 그 만큼 정치참여에 대한 관심이 줄어들고 있다는 것을 의미한다.

표 4-4 한국의 선거 투표율

(단위: %)

구분	전체 투표율	1991년 이후	1995년 이후
대통령선거	81.7	75.2	74.1
국회의원선거	72.2	59.8	58.0
지방선거	65.4	55.8	55.5

다음은 지역주민과 다양한 이해관계자의 지방정부 정책결정과정에의 참여수준을 파악하고자 한다. 실제로는 특정 계층의 의견이 반영되고 있지는 않은지를 살펴보아야 하나 현실적으로 분석하기 어렵기 때문에, 여기에서는 정부의 정책결정과정에 참여할 수 있는 다양한 참여방법들이 만들어져 있는지를 파악하고자 한다.

국가이론을 적용한 연구는 아니나 주민의 참여기제의 성격을 분석한 라소영 외(2020)

의 연구에 의하면 현재 한국의 지방정부에 주민들이 참여할 수 있는 방법은 〈표 4-5〉와 같다. 광역지방정부를 대상으로 한 것이기는 하나 현재 53개의 참여기제가 있다.

라소영 외(2020)는 53개의 참여기제를 스켈처(Skelcher)모형을 활용하여 성격을 분석한 후 참여의 정도를 파악하고 있다([그림 4-1] 참조). 스켈처(Skelcher, 1992)가 분류하고 있는 기준을 변형하여 행정의 대응성과 참여주민의 힘으로 구분한 후 전문가 설문조사를 통하여 결론을 도출하고 있는 것이다. Ⅰ유형에 해당하는 참여형은 두 가지의 기준 모두에 관심을 가지는 유형이다. 주민들이 정부정책과정에 참여하는 수준이 높다고 볼 수 있는 근거가 된다. Ⅱ유형에 해당하는 주민지배형은 참여주민의 힘이 강하지만 주민들의 쉽게 참여할 수 있도록 하기 위한 노력은 부족한 유형이다. 예를 들면, 물리적인 접근이 쉽지는 않다는 것이다. Ⅲ유형에 해당하는 무관심형은 두 가지 기준 모두에 별 관심이 없는 유형이다. 제도를 만들어 놓기는 하였으나 관심은 없는 유형이다. Ⅳ유형은 주민배려형인데, 이는 주민의 힘을 반영하려는 노력은 부족하나 참여기제에 대한 접근은 매우 용이한 유형이다.

연구결과에 의하면, 한국의 주민참여기제들은 수동적 참여유형에 집중되어 있음을 알 수 있다. 수동적 참여란 주민들이 자발적으로 참여하는 것이 아니라 지방정부에 의하여 주도되는 주민참여유형을 의미한다. 즉, 이는 관주도형 주민참여를 의미하는 것으로, 여전히 한국에는 지방정부가 주민의 참여를 유도하는 문화가 존재하고 있다는 것을 알 수 있게 한다. 또한 정책과정으로 구분하여 연구한 결과를 보면, 정책설계 단계와 정책집행 단계에 대다수의 참여기제가 집중되어 있고, 정책평가 단계에는 거의 없는 것으로 나타났다. 정책설계와 정책집행 단계에 주민참여기제가 있는 것은 바람직하다고 볼 수 있으나, 정책평가 단계에 주민의 참여기제가 많지 않은 점은 문제가 있는 부분이다. 특정 정책의 성과가 있었는지, 없었는지를 알지 못한다면 앞으로 그 정책을 계속 추진할 것인지 아니지 폐지하여야 하는지를 결정할 수 없게 될 것이다. 마지막으로는 주민참여기제의 성격을 분석한 결과를 보여주고 있다. 분석결과 무관심형이 가장 많았고 그 다음이 참여형이다. 무관심형의 경우, 행정대응성과 주민의 힘이 낮은 수준이라는 것을 의미하는 유형이다. 이는 주민참여의 기제는 만들어 놓았으나 운영에는 별로 관심이 없다는 것을 의미한다(라소영 외, 2020). 즉, 이와 같은 분석결과는 다양한 이해관계를 가진 주민들이 참여할 수 있는 통로는 마련하였으나, 실제 운영을 통해 정책에 반영하는 수준에는 이르지 못하였다는 것을 의미한다.

표 4-5 주민참여기제에 대한 참여유형별 · 정책과정별 분류결과

구분	정책설계(24개)	정책집행(23개)	정책평가(6개)
수동적 참여 (26개)	결재문서공개방 공공데이터포털 민원처리 소식지 주민사랑방 지역소식 (6개)	SNS 긴급메시지 공익제보신고 공지사항 뉴스포털 도정신문 문자알림서비스 민생토닥토닥 부조리신고 시문시답 시정운영상황공개 신고센터 신문고 온라인법률상담실 인권아카이브 정보공개 정보제공 주민상담(17개)	감사결과공개 평가결과 공개 행정서비스헌장 평가결과 (3개)
교호적 참여 (11개)	공론화위원회 공모전 여론조사 원탁회의 정책토론회 정책포럼 주민과의 대화 주민참여예산(8개)	정책자문단 칭찬합니다(2개)	주민모니터단 (1개)
적극적 참여 (16개)	기관장에 바란다 명예기자단 소셜락커(블로그기자단) 온라인투표 자유게시판 전자공청회 주민감사청구제 주민발안 주민제안 주민청원(10개)	도민리포터 민간자원봉사자 생활안전지킴이 정책서포터즈(4개)	감사옴부즈만위원회 도민평가단 (2개)

자료: 라소영 외(2020).

그림 4-1 주민참여기제의 성격분류 유형

자료: 라소영 외(2020).

2. 분석결과를 어떻게 해석하여야 하는가?

다원주의에서 바라보는 정부간 관계를 기준으로 한국을 분석하고자 하였으나, 다원주의가 정부간 관계에 대한 관심보다는 시민과 대의정부간의 관계에 주된 관심을 가지고 있기 때문에, 특정 세부모형을 제시하지는 않고 있다. 따라서 여기에서는 다원주의가 바라보는 정부간 관계를 분석하지는 않았다. 다만, 다원주의의 기본철학이 지방분권을 옹호하는 데 있기 때문에, 다원주의에서 바라보는 지방정부의 요건을 충족하고 있는지를 분석하였다. 다원주의에서는 주민의 정치참여와 정부 정책결정과정의 참여에 관심을 가지고 있다. 물론, 이 과정에서 공정한 기회가 부여되어 있어야 하고, 특정 계층이 지방정부의 정책을 결정할 수 있도록 하여서는 안 된다.

이 책에서는 대통령선거, 국회의원선거, 그리고 지방선거에 대한 투표율을 통하여 주민의 정치참여수준을 파악하고자 하였다. 분석결과를 보면 지방선거의 평균투표율이 가장 낮은 수준이고, 가장 높은 것은 대통령선거인 것으로 나타났다. 즉, 중앙정치에 비하여 지방정치에 대한 참여수준이 높지 않다는 것이다. 다만, 평균투표율을 기준으로 할 때 그 격차가 점차 좁혀지고 있다는 점은 긍정적으로 해석된다.

다음으로, 살펴본 것은 공정한 게임규칙 하에 다양한 이해관계자들이 지방정부의 정책결정과정에 참여하고 있는지를 파악하였다. 연구결과를 보면 지방정부는 주민들이 참여할 수 있는 많은 기제를 가지고 있었다. 그런데 정책과정에서 보면 정책설계와 집행과정, 참여의 성격을 기준으로 하면 수동적 참여, 그리고 참여의 성격을 보면 무관심형이 절대 다수를 차지하고 있는 것으로 나타났다. 이는 주민들이 참여할 수 있는 기제는 만들어져 있으나 실제 참여를 환영하는지, 그리고 지방정부의 정책에 반영하려고 하는지 등에 대해서는 의문이 든다. 보다 적실한 제도의 설계가 필요한 부분이다.

지금까지의 논의를 종합하면 한국의 지방정부는 다원주의에서 제시하고 있는 지방정부의 요건을 충족하였다고 보기에는 어려움이 있다. 지방정부의 요건을 충족하기 위하여 만들어가고 있는 진행과정이라고 보아야 할 것이다. 각종 참여기제를 만드는 등 노력을 하고 있는 것으로 보인다. 주민의 정치참여를 위한 노력, 그리고 주민의 지방정부 정책결정과정에 참여할 수 있는 각종 기제들의 재설계 노력이 있어야 할 것이다.

제5장 신우파론

제1절

기본개념과 정부간 관계

1. 신우파란 무엇인가?

신우파는 1960년 중반 이후 전통적 다원주의가 가지고 있는 한계를 비판하고, 또한 민주정치제도가 발생시킨 병리적인 결과를 설명하고 있다. 신우파는 기본적으로 고전적 사고인 자유주의를 현대화하는 시도라고 볼 수 있다. 자유주의는 자연 상태에서 자유롭고 평등한 개인을 전제로 생명과 신체, 안전을 위하여 자신의 권리의 일부를 국가에 양도하는 사회적 계약을 체결하는 대신에, 국가는 개인의 자유와 권리, 평등을 보장하기 위하여 사회에 대한 최소한의 개입만을 허용하는 국가이론이다(Held, 1989: 13; Pateman, 1979). 17세기 사회계약론에 기초한 근대 국가 형성의 기초가 되는 이론으로서, 입헌적 제한정부, 대의민주주의, 법의 지배와 법 앞의 평등, 권력의 분립, 사상 및 표현의 자유 보장을 특징으로 한다. 고전적 자유주의는 모든 인간 삶의 근본적 이유로서 개인의 번성과 발전을 제1순위로 두었으며, 국가에 대한 개인의 권리를 정당화하였다.

그림 5-1 1880년대부터 1939년 사이 기간 동안 경쟁하던 철학적 사상들

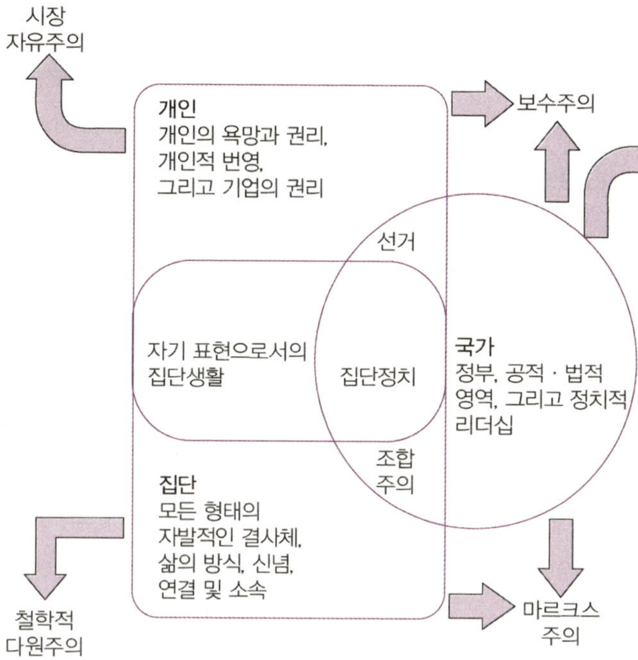

자료: Dryzek & Dunleavy(2009: 38), 김욱 역(2018: 48).

이 이론은 두 가지의 가정으로부터 출발하고 있다. 첫째는 인간을 효용극대자로 보고 있고, 따라서 자기 이익을 위해서 상호간에 협동하는 존재로 간주한다. 둘째는 정치적 시장과 경제적 시장을 구분한 후 정치적 시장은 좋지 않은 것이고, 경제적 시장은 좋은 것이라고 생각한다. 자발적으로 교환이 이루어지고 있는 경제적 시장은 인간의 이기적인 충동이 자신이 가지고 있는 자원의 양 등과 같이 각종 제약에 의하여 통제된다. 또한 자신이 가지고 있는 지식이나 능력의 한계를 교정해주고 보완해 준다. 애덤 스미스(Adam Smith)는 인간의 본성은 사익을 추구하면서도 타인에 대한 공감, 적절성에 대한 인식 등의 도덕적 감정이 있기 때문에, 개인이 자유롭게 사익추구적인 경제활동을 하게 되면 행위 주체가 의도하지 않더라도 보이지 않는 손에 의하여 가장 효율적인 자원배분이 일어나게 된다고 주장한다(Smith, 2009). 그러나 정치적 시장에서는 자발적이지 않은 강제적인 수단에 의하여 갈등, 지배, 동조현상이 발생한다. 이는 정치적 시장에 존재하고 있는 이기적인 보이지 않는 손의 작동 때문이다. 이기적인 보이지 않는 손을

통제하는 것은 쉽지 않다. 이러한 이유 때문에 경제적 시장은 항상 효율적이나 정치적 시장은 실패할 뿐만 아니라 인간의 자유를 해칠 수 있다고 가정한다. 즉, 정부는 경제적 시장이 가지고 있는 통제의 테두리를 벗어나 있는 바 매우 자유로운 상태이고, 이 과정에서 자신의 효용을 극대화 하려고 한다면, 자기 이익을 위해 착취적인 행위를 할 뿐만 아니라 공익을 해칠 것이다(Hayek, 1937: 9). 이와 같은 주장을 할 수 있었던 이유는 왈리고스키(Waligoski, 1990)가 이야기하는 정부실패론이 있었기 때문이다. 그는 정부실패의 근거로 네 가지를 제시하고 있다. 첫째, 정부가 행하는 모든 행동은 이기적이기 때문에 정부가 총이익을 위해서 활동하지는 않을 것이다. 둘째, 정부는 경제적 시장이 가지고 있는 각종 견제장치로부터 벗어나 자유롭기 때문에 이기적인 행동을 할 것이고 이는 결국 부패하게 된다. 셋째, 이와 같은 상황 하에서 정부가 개입하게 되면, 자발적으로 운영되고 있는 시장기구의 토대가 훼손된다. 넷째, 정부가 개입한다는 것은 개인의 자유를 침해하는 것이기 때문에 정부의 개입은 비효율적이라고 볼 수 있고, 따라서 정부는 실패할 수밖에 없다(Waligoski, 1990: 153-159; 차만재 외, 1991: 69-70).

이러한 신우파에는 1970년대 미국의 공공선택학파와 하이에크(Friedrich Hayek) 등의 오스트리아학파, 그리고 영국의 신우파 대처(Margaret Thatcher) 정부, 미국의 레이건(Ronald Reagan) 정부, 그리고 2000년대 워싱턴 컨센서스에 의한 신자유주의 등으로 발전하며 정부개혁안을 제시해 왔다. 구체적으로 보면 1980년대와 1990년대 초반 전 세계적인 영향력의 정점에 도달했는데, 특히 영미계 정부에서 그 현상이 두드러졌다. 영국에서는 신우파 또는 대처주의, 호주에서는 경제적 합리주의, 다른 곳에서는 신자유주의라고 부르기도 하였다(Dryzek & Dunleavy, 2009; 김욱 역, 2018: 134).

공공선택학파는 경험적으로 당위를 검증할 수 있는 일반법칙이나 가설을 형성하려고 노력하였다. 사실과 가치의 문제는 분리가능하고 사실은 실증적 공공선택이론의 영역이고, 가치는 규범적 공공선택의 접근대상이라고 보았다. 그리고 귀납적 논리에 반대하고 연역적 논증의 형태를 주장하였다. 반면, 오스트리아학파는 검증가능한 일반법칙의 수립을 거절하였으며, 반행태주의자로서 직접적 개인행태를 조사·관찰하는 것을 반대하였다. 이들은 인간의 행동이란 비결정적이며 예측할 수 없다는 주의주의의 입장을 취한다. 또한 공공선택이론가들이나 오스트리아학파는 어떤 특징을 나누어 갖는 개인들을 언급하는 단편적인 방법으로 집단을 서술하는 방법론적 개인주의를 주장한다. 그리고 이들은 탈가치적이라고 주장하나 원천적으로는 그들의 이론에 가치를 포함하고 있다.

신우파는 민주절차를 정치시장으로 보고 투입정치에 회의적 시각을 가지고 있다. 이러한 신우익론자의 투입정치에 대한 주장을 세 가지로 나누어 설명할 수 있다. 그것은 누가 국가에 요구하는가? 요구는 무엇인가? 요구가 만들어지는 과정은 무엇인가?이다. 신우익론적 관점에서 각기 이익을 가진 사람들은 자신들의 이익을 투표, 정당간의 경쟁 등을 통하여 요구하는데, 이들은 자기 이익에 부합될 경우 다른 이익집단과 협력하여 투표를 한다. 결국 이러한 현상은 우세한 이익집단의 연합이 각종 정책결정회의를 지배하며 소수집단에 비용을 부과한다. 결국 이러한 신우익론의 관점은 규모가 커질수록 다수결원리에 의하여 결정된 정책은 비효율적이라는 의미를 함축하게 되며, 따라서 규모를 줄이는 것이 중요하다. 이를 위하여 그들은 분권화와 최소(작은)정부를 주장한다. 이는 자유민주주의는 결국 좋지 않다는 의미를 내포한다.

신우익론의 위기는 경제적 측면과 도덕적 측면에서 나타날 수 있다. 경제적 측면의 위기는 공공선택론자들의 주장으로서 민간기업과 비교하여 정부기관은 비능률적이기 때문에 국가가 개입하는 것은 좋지 않다. 예를 들면, 국가가 국채에 의하여 성장을 한다면 인플레이션이 일어나고 조세가 증가하며 소득이 감소하여 결국 경제성장이 저해된다는 것이다. 도덕적 측면에서의 위기는 오스트리아학파의 주장으로서, 국가의 성장이 자유민주주의의 윤리적 · 경제적 기반을 위협한다고 주장한다. 결국 이러한 두 가지 위기를 해소하기 위해서는 정부의 개입을 줄이는 최소정부를 주장한다.

2. 신우파에서는 정부간 관계를 어떻게 보고 있는가?

1) 신우파에서 보는 정부간 관계는 무엇인가?

신우파에서의 국가는 시장실패를 보완하는 차원에서만 그 활동의 정당성이 인정된다. 그 이외에 국가가 활동하게 되면 관료들의 예산극대화 또는 과잉공급 행동을 통해 비효율이 초래되고, 개인의 자유를 훼손할 수 있다고 보고 있다. 개인에게 선택 범위를 넓혀주고 자유를 주는 것이 개인뿐만 아니라 사회의 번영을 보장하는 것이라고 간주한다. 이를 위해서는 분권이 필요하다고 한다. 정용덕(2001)은 분권화는 개인의 자율성을 증진시켜 주고, 시장경쟁자들간의 권력을 분할시킴으로써 국가로의 권력집중을 방지하여 궁극적으로는 독재방지에 기여한다고 보고 있다.

살펴본 것처럼 신우파는 국가를 단지 시장실패를 보완하는 차원에서만 활동하는 존재로 간주하고 국가(정치적 시장)보다는 시장(경제적 시장)을 더 선호하고 있는 바 분권을 강조하고 있다. 분권은 개인에게 가장 효율적인 방식이고, 개인의 선택 범위를 넓혀준다. 이는 개인의 자율성 증진뿐만 아니라 시장경쟁자들의 권력 분산에도 기여할 수 있을 것이다. 이러한 과정을 통하여 국가에게 집중될 권력이 방지되고, 따라서 개인들의 자유권을 방어할 수 있다. 이러한 전제들을 고려하면 분권화를 지향한다고 볼 수 있다.

살펴본 것처럼 합리적 인간관, 그리고 방법론적 개체주의의 관점을 가지고 있는 공공선택론은 정부간 관계 역시 개인후생을 극대화하는 방향에서 이루어진다고 가정한다. 즉, 공직자와 시민 각각의 합리적 선택행동을 통해 정부간 관계가 만들어진다는 것이다. 개개의 시민들은 (중앙 또는 지방)정부에 지불하는 비용(예: 세금)에 비해, 부여받는 편익(예: 행정서비스)의 비율이 극대화되는 방식을 추구하는 '합리적' 행동가들이며, (중앙 또는 지방)정부 당국도 해당 관할 지역 내에서의 세입원을 극대화하려는 기업가적(즉, 합리적) 관리자들에 의해 운영되는 것으로 가정하는 것이다. 이러한 가정 위에서 다음은 원초적 상황(즉, 백지상태)에서 이들 합리적 행동가들이 정부간의 권한과 기능배분에 관한 어떠한 방식에 동의할 것인가를 연역적으로 추론한다(정용덕, 2001).

2) 대표적인 모형에는 어떤 것이 있는가?

(1) 티부가설(Tiebout Hypothesis)

대표적인 모형으로는 티부(Tiebout, 1956: 416-424)가 제시한 티부가설과 피터슨(Peterson, 1981)이 제시한 도시한계론을 들 수 있다.

먼저, 티부가설(Tiebout Hypothesis)에 대해 살펴보고자 한다. 티부(Tiebout, 1924~1968)는 사무엘슨(P. A. Samuelson)과 머스그레이브(Richard A. Musgrave)가 주장한 순수공공재는 시장메커니즘을 통해서는 효율적으로 배분될 수 없다는 주장을 반박한다. 즉, 지방공공재는 순수공공재가 아니기 때문에 다수의 지방정부가 존재하고 있는 대도시권에서는 지방메커니즘을 통하여 배분될 수도 있다고 주장한다(김석태, 2016: 412). 티부(C. M. Tiebout)는 자신의 가설을 검증하기 위하여 주민들이 공간적으로 이동한다는 사실에 주목하고 있다. 주민들의 공간적 이동은 소비자가 시장에서 자기가 좋아하는 물건을 고르는 행위와 유사하기 때문에, 지방공공재 역시 시장에서의 배분과 유사하게 효율적일 수 있다는 것이다. 즉, 티부는 완전경쟁시장에서 효율적인 자원배분이 이루어지는 것과 동일하게 광역정부 내에 다양성을 가진, 즉 각기 다른 조세와 공공서비스 패키지를 제공하고 있는 지방정부가 있을 경우 주민들이 '발에 의한 투표(voting with the feet)'를 통해 지방공공재 공급이 효율적으로 된다고 한다(김석태, 2016: 413). 좀 더 쉽게 정리하면, 사람들이 어떤 제약도 없이 자유롭게 이동할 수 있다면 사람들은 자신이 가장 선호하는 재화와 서비스를 제공할 뿐만 아니라 그들이 가장 바람직하다고 생각하는 조세가 존재하는 지역에서 거주하게 될 것이라고 한다. 즉, 각 개인은 자신이 원치 않는 재정정책이 실시되는 지역에서는 더 이상 살지 않으려고 할 것이며, 자신의 선호에 가장 부합하는 재정정책이 실시되는 지역으로 이동함으로써 자신의 후생수준을 극대화하려 할 것이다. 이를 발에 의한 투표라고 표현한다(하연섭, 1996: 422-423).

티부모형은 다수 마을의 존재, 완전한 정보, 완전한 이동성, 규모수익불변의 생산기술, 외부성의 미발생 등과 같은 기본가정을 가지고 있다. 첫째, 다수 마을의 존재란 상이한 재정프로그램을 가지고 있는 다수의 마을이 존재한다는 의미이다. 마을의 수가 많으나 재정프로그램이 유사하다면 발에 의한 투표의 의미가 크지 않을 것이다. 둘째, 완전한 정보란 각 마을에서 제공하고 있는 재정프로그램에 대한 정보를 완벽하게 알고 있다는 가정이다. 즉, 각 마을에서 제공하고 있는 다른 재정프로그램의 차이를 명확하게 알고 있어야 한다는 것이다. 어떤 재화와 서비스를 공급하는지, 그때 소요되는 비용의 충당방법은 무엇인지 등 충분한 정보를 알고 있어야 한다는 것이다. 셋째, 완전한 이동성은 별 제약 없이 지방정부를 자유롭게 옮겨 살 수 있는 분위기가 마련되어 있어야 한다는 것이다. 특히, 티부모형에서 강조하고 있는 것은 고용기회가 거주지역의 결정에 영향을 미치지 않아야 한다는 것이다. 고용기회가 영향을 미치게 될 경우 지방정부의 선택에 제약이 있을 수밖에 없다. 넷째, 규모수익불변의 생산기술이란 공공재를 생산하는 데 소요되는 단위당 비용이 불변으로 유지된다는 가정이다. 즉, 규모의 경제가 존재하지 않아야 한다는 것이다. 지방정부가 재화나 서비스의 양을 늘리면 늘리는 만큼 비용도 비례하여 증가하여야 한다는 것이다. 규모의 경제가 존재하게 되면 한 지역에 거주하는 사람의 수가 많아질 경우 재화나 서비스를 공급하는 비용이 감소하게 되고, 따라서 개인이 선택할 수 있는 지방정부의 수에 제약이 따를 수밖에 없게 된다. 마지막으로 다섯째, 외부성이 존재하지 않아야 한다는 것이다. 특정 지방정부가 제공하는 프로그램은 해당 지방정부에 귀속되어야 한다는 것이다. 특정한 지방정부가 제공하는 재화나 서비스는 그 지역에 거주하는 주민들의 후생에만 영향을 미칠 뿐 다른 지역에 살고 있는 사람들의 후생에는 어떠한 영향도 미치지 않아야 한다는 것이다(하연섭, 1996: 425). 특정 지방정부가 제공하는 프로그램을 다른 지방정부의 주민들이 이용한다고 하면 재정프로그램의 차별성이 존재하지 않는다(이준구, 1993: 684-685).

티부모형은 현실성이 떨어진다는 비판이 존재한다. 티부모형은 다수의 마을 존재, 완전한 정보, 완전한 이동성, 규모수익불변의 생산기술, 외부성의 미발생 등과 같은 가정을 하고 있는데, 현실적으로 이를 충족시키기 어렵다는 것이다. 다수의 마을이 존재한다는 의미는 생산 주체가 다수이어야 한다는 의미이고, 여기에 완전한 정보를 가정하고 있다면 이는 완전경쟁시장을 의미한다고 볼 수 있을 것이다. 현실 속에서 완전경쟁시장의 존재가 쉽지 않다는 것은 이미 알고 있다. 또한 고용의 기회가 이동의 제약요인으로 작용하지 않는다는 가정을 하고 있는데, 현실에서는 고용의 기회가 매우 중요한 이동의 이유가 된다는 점에서 달성하기 쉽지 않은 가정이라고 볼 수 있다(라휘문, 2021).

티부가설은 기본적으로 분권적인 체제를 선호한다. 그 이유는 선호도가 유사한 사람끼리 지방정부를 선택 또는 구성할 수 있어야 하기 때문이다. 그리고 티부가설은 단일의 대도시정부보다는 다수의 작은정부를 선호하는데, 그 이유는 그것이 더 효율적이고 민주적이기 때문이라고 한다. 공공선택론에서는 작은 지방정부 체제를 적실한 거버넌스로 보고 있다. 또한 공공선택론에서는 대도시권의 지방정부는 기업과 유사하게 볼 수 있고, 이들간의 경쟁은 '시장에서의 보이지 않는 손'의 효과와 유사한 효과를 가져 올 수 있다고 한다(김석태, 2016: 414-415).

(2) 피터슨의 도시한계론

피터슨(Peterson, 1981: 20)의 도시한계론은 도시정부가 추구하는 최고의 가치를 경제성장에 두고 있다. 지역경제가 활성화되면 지방정부의 세원이 확대되고 정부서비스가 개선되며, 고용창출 및 부동산 가치의 상승으로 이어지고 이를 통해 전반적인 삶의 질이 향상되기 때문에, 지역경제의 활성화는 도시 전체의 이익일 뿐만 아니라 도시정부의 지상목표이다.

도시한계론은 다른 이론들과 마찬가지로 상호연계되어 있는 몇 가지의 가정 위에 정립된 것이다. 도시한계론이 담고 있는 핵심 가정을 보면 크게 네 가지이다. 첫째, 도시의 정책을 결정하는 사람들은 개발정책, 재분배정책, 그리고 배당정책으로 모든 정책을 분류하고 있다. 둘째, 개발정책은 지역경제에 긍정적인 영향을 미치고, 재분배정책은 부정적인 영향을 미치며, 배당정책은 중립적이라고 볼 수 있다. 셋째, 도시의 정책을 결정하는 사람들에게 가장 선호도가 높은 정책은 개발정책이고, 그 다음은 배당정책, 그리고 가장 낮은 선호도를 보이는 것이 재분배정책이다. 넷째, 도시의 정책을 결정하는 사람들은 해당 정책이 지역경제를 성장시키는 데 도움이 되는지를 기준으로 정책선호도를 보인다. 도시의 정책을 결정하는 사람들이 개발정책을 가장 선호하는 이유는 개발정책의 경우 생산적 노동과 자본을 관내로 유입시킴으로써 도시의 경제적 지위를 높이는 데 기여하기 때문이다. 반면, 재분배정책은 자원을 유출시키고 빈민을 유입하는 데 도움을 주기 때문에 선호하지 않는 정책이다(유재원, 2011: 101-104).

피터슨(Paul E. Peterson)은 살펴본 것처럼 지역경제에 미치는 영향을 기준으로 모든 정책을 개발정책, 재분배정책, 그리고 배당정책으로 구분한다. 개발정책이란 지역공동체 서비스 수요는 감소시키고 대신에 세원확보에는 도움이 되는 정책이나 고소득 주민을 유치하는 정책 등과 같이 지역경제성장을 촉진시킬 수 있는 정책을 의미한다(정용덕, 2001). 즉, 다른 도시와의 경쟁에서 해당 지역의 경제적 지위를 향상시킬 수 있는 정책을 의미한다. 개발정책은 역외의 생산적 자원을 역내로 유입하는 것을 도와줌으로써, 지역경제를 건실하게 만들며, 지방세원을 확대시키고, 납세자의 편익-과세 비율을 높여주는 데 기여한다. 이러한 이유 때문에 개발정책은 지방정부에서 담당한다. 재분배정책이란 특정 집단이 보유하고 있는 편익을 다른 특정 집단에게 이전시키는 정책이다. 즉, 소득이 많은 주민이 납부한 세금을 통해 소득이 낮은 주민의 편익을 향상시키는 데 활용하는 정책을 말한다. 재분배정책을 추진하게 되면 생산적 자원들은 역외유출되고 가난한 사람들이 역내유입되는 현상이 발생할 수 있다. 재분배정책은 앞에서 살펴본 개발정책과는 반대의 현상이 나타난다. 즉, 지역경제에 부정적인 효과를 미치며, 이는 도시의 경제적 지위를 약화시킨다(유재원, 2011: 105). 따라서 중앙정부에서 담당하는 것이 바람직하다. 마지막으로, 배당정책은 모든 주민에게 편익을 제공하고, 그 비용은 특정인이나 집단에게 부담시키는 것이 아니라 일반 재정수입으로 충당하는 정책이다. 통상적으로는 도시의 현상유지를 위해 필요한 정책, 즉 소방, 쓰레기·오물 수거 등을 의미한다. 배당정책은 긍정적이지도 부정적이지도 않은 정책이다. 그럼에도 배당정책은 지방정부에서 수행한다. 그 이유는 다수의 지방정부들이 경쟁함으로써 사업의 효율성이 증대될 뿐만 아니라 주민들의 선호에 따라 정책사업들을 재배치할 가능성이 커서 사회후생을 높일 수 있기 때문이다.

따라서 도시의 정책을 결정하는 사람들의 선호도는 개발정책과 재분배정책의 중간 위치이다. 즉 개발정책 > 배당정책 > 재분배정책의 선호도를 보인다.

제2절

정부간 관계에 대한 경험적 분석

1. 한국은 신우파에서 보는 정부간 관계 현상이 나타나는가?

1) 무엇을 분석할 것인가?

신우파는 최소정부를 지향하고 있으며 분권화를 옹호하고 있다. 신우파의 경우, 분권화는 개인의 자율성을 증진시켜 주고, 시장경쟁자들간의 권력을 분할시킴으로써 국가로의 권력집중을 방지하여, 궁극적으로는 독재방지에 기여하기 때문에 분권이 필요하다고 보고 있는 것이다. 그리고 신우파에서는 개인후생을 극대화하는 방향으로 정부간 관계가 결정된다고 보고 있다. 주민들은 자신이 납부하는 세금에 비해 자신이 수혜하고 있는 이익의 비율이 극대화될 수 있도록 노력하는 합리적 행위자이다. 반면, 지방정부는 해당 관할 지역 내에서의 세입원을 극대화하려는 기업가에 의하여 관리된다고 가정하고 있다.

신우파를 대표하는 이론적 모형으로는 티부(Tiebout)가설과 피터슨(Paul E. Peterson)의 도시한계론이 있다. 티부가설은 사람들이 어떤 제약도 존재하지 않은 상태에서 자유롭게 이동할 수 있다면 가장 선호하는 재화와 서비스를 공급해주면서도 가장 적은 지방세를 납부할 수 있는 지역에 거주하게 될 것이라고 한다. 물론, 이러한 티부가설이 성립하려면 다수 마을의 존재, 완전한 정보, 완전한 이동성, 규모수익불변의 생산기술, 외부성의 미발생 등과 같은 요건을 충족시켜야 한다. 다음은 피터슨의 도시한계론이다. 피터슨은 도시정부는 경제성장을 최고의 가치로 두고 있다고 하였다. 그 이유는 지역경제성장→지방정부의 세원 확대→지방정부의 서비스 개선, 고용창출 및 부동산 가치상승→전반적인 삶의 질 향상으로 연계되어서 도시 전체의 이익이 된다고 보았기 때문이다. 도시한계론은 모든 정책을 개발정책, 재분배정책, 그리고 배당정책으로 구분한 후 개발정책 > 배당정책 > 재분배정책과 같은 선호도를 가지고 있다고 한다. 이때의 선호기준은 지역경제성장에 어떤 정책이 더 많이 기여하는지이다.

지금까지 살펴본 내용을 토대로 경험적인 분석을 하여야 한다. 특히, 신우파를 대표하는 이론인 티부가설과 도시한계론에 대한 경험적 분석이 있어야 할 것이다. 먼저, 티부가설의 분석은 다섯 가지를 기준으로 하고자 한다. 첫째, 다수 마을의 존재는 이주할 수 있을 정도로 충분한 양의 지방정부가 있는지를 파악하고자 한다. 즉, 한국 지방정부의 수를 중심으로 하고자 한다. 특히, 최근 추진되고 있는 부산-울산-경남의 통합논의, 그동안 있었던 시 · 군통합 등에 대해서도 논의하고자 한다. 둘째, 주민의 이동성은 자신이 선호하는 지역으로 이동하고 있는지를 파악하고자 한다. 개인의 선호와 이주를 연계하여 분석할 수 있다면 가장 바람직한 분석이 될 수 있으나, 이를 파악하는 것은 현실적으로 어려움이 있다. 가장 좋은 방법은 아마도 이주한 사람을 대상으로 설문조사를 하는 방법일 것이다. 그러나 이는 불가능하기 때문에 여기에서는 개인이 자신의 선호도에 따라 다양한 지역으로 이동하고 있는지를 파악하고자 한다. 혹시 도시지역으로만 이동하고 있는 것이 아닌지를 파악하고자 하였다. 셋째, 외부성은 해당 지방정부가 제공하는 서비스가 지역의 주민에게만 국한되고 있는지, 아니면 외부인이 수혜를 받을 수 있는지를 파악하고자 하였다. 이 역시 경험적으로 측정하는 것은 어렵기 때문에 간접적으로 확인하였다. 예를 들면, 과거 군이 시를 둘러싸고 있는 유형의 지방정부가 다수 존재하였다. 청주시와 청원군이 통합 전에 이와 같은 형태였다. 혹시 현재에도 이와 같은 지방정부의 유형이 존재하는지를 살펴보았다. 특히, 광역시와 도, 시와 군간의 관계를 중점적으로 파악하였다. 넷째, 조세에 대한 완전한 정보는 세입 · 세출형태에 대한 정보로 변경하여 파악하였다. 세출의 혜택을 고정할 수 있어야 한다는 의미이고, 이는 특정 지방정부가 세출의 형태를 통해 제공하는 서비스는 해당 지역의 주민들만 공유할 수 있어야 한다는 것이다. 여기에서는 세 번째와 통합하여 살펴보고자 한다. 다섯째, 규모수익불변의 생산기술의 문제는 기존 시설의 이용자가 유지되고 있는지를 중심으로 파악하고자 하였다. 특히, 생활에 필요한 기본시설인 상 · 하수도 시설과 인구 규모의 관계를 파악하였다. 상 · 하수도 시설의 경우, 일정 규모를 전제하고 설치하였는데, 해당 지역의 인구가 감소되면 비효율성이 초래될 수 있다는 것이다. 즉, 공공재를 생산하는 데 소요되는 단위당 비용이 변하지 않아야 하는데, 인구가 감소하면 주민이 부담하여야 하는 규모가 증가한다는 것이다.

다음은 도시한계론이다. 도시한계론은 비교적 명확하게 분석할 수 있다. 도시한계론에서는 개발정책, 배당정책, 재분배정책으로 정책유형을 분류하고 있다. 도시에서는 개발정책 > 배당정책 > 재분배정책을 선호하는 것으로 나타났다. 따라서 지방정부의 예산서를 토대로 분석을 할 수 있을 것이다.

2) 분석결과는 어떠한가?

(1) 티부가설

먼저, 이주할 충분한 수의 지방정부가 존재하는지를 살펴보고자 한다. 1949년부터 2020년까지 한국 지방정부의 수와 읍·면·동의 수를 살펴본 결과 몇 가지의 특성을 발견할 수 있다. 첫째, 지방정부의 규모가 1989년부터 지속적으로 감소하고 있다는 점이다. 둘째, 지방정부의 규모가 감소하면서도 광역지방정부인 특별시, 광역시, 도의 규모가 증가하였다는 것이다. 이는 행정구역이 커지고 있다는 것을 의미한다. 셋째, 기초지방정부에서는 시의 규모는 증가하였고, 군의 규모는 감소되었다는 것이다. 그리고 구의 규모는 확대되었다가 다시 감소하였다. 지방정부는 아니지만 읍의 수는 증가하였고, 면의 수가 감소하였으며 동은 크게 변동되지는 않았다. 게다가 최근에는 부산, 울산, 경남의 통합논의가 있다. 이러한 사실은 지방정부가 광역화·도시화되고 있다는 것을 의미한다. 티부가설의 지방정부의 수와 연계하면 해당 조건을 충족시키고 있지 못함을 알 수 있다(〈표 5-1〉 참조).

표 5-1 한국 지방정부의 수

(단위: 개)

구분	특별시	광역시	도	시	군	구	읍	면	동
1949	1		9	19	134	9	75	1,448	
1953	1		9	19	135	9	75	1,448	
1954	1		9	19	140	9	78	1,444	
1955	1		9	24	140	15	73	1,436	
1956	1		9	26	140	15	70	1,426	
1957	1		9	26	140	15	80	1,412	
1960	1		9	26	140	15	85	1,407	
1963	1	1	9	30	139	20	91	1,382	
1967	1	1	9	30	139	24	91	1,382	
1969	1	1	9	33	140	24	91	1,382	
1973	1	1	9	33	138	28	122	1,349	
1974	1	1	9	33	138	28	122	1,348	
1975	1	1	9	33	138	30	122	1,346	
1977	1	1	9	33	138	33	122	1,346	
1978	1	1	9	34	138	34	120	1,344	

1979	1	1	9	34	138	36	173	1,291	
1980	1	1	9	38	139	41	204	1,256	
1981	1	3	9	46	139	41	188	1,253	
1983	1	3	9	46	139	42	187	1,266	
1984	1	3	9	46	139	42	187	1,266	
1985	1	3	9	46	139	44	200	1,255	
1986	1	4	9	57	139	44	190	1,274	
1987	1	4	9	57	139	44	189	1,274	
1988	1	4	9	56	138	58	189	1,265	
1989	1	5	9	67	137	63	179	1,260	2,059
1990	1	5	9	67	137	67	180	1,261	2,104
1991	1	5	9	67	137	70	183	1,258	2,120
1992	1	5	9	68	136	72	178	1,257	2,182
1993	1	5	9	68	136	74	178	1,257	2,233
1994	1	5	9	68	136	74	178	1,257	2,257
1995	1	5	9	67	98	88	193	1,240	2,317
1996	1	5	9	72	93	90	193	1,236	2,354
1997	1	6	9	71	94	90	196	1,231	2,346
1998	1	6	9	72	91	90	195	1,230	2,293
1999	1	6	9	72	91	90	195	1,230	2,091
2000	1	6	9	72	91	90	196	1,229	2,086
2001	1	6	9	74	89	88	200	1,223	2,089
2002	1	6	9	74	89	88	205	1,217	2,097
2003	1	6	9	74	89	90	208	1,214	2,105
2004	1	6	9	77	88	91	209	1,211	2,151
2005	1	6	9	77	88	91	211	1,209	2,153
2006	1	6	9	77	88	95	209	1,208	2,168
2007	1	6	8	75	86	69	212	1,206	2,166
2008	1	6	8	75	86	69	212	1,205	2,145
2009	1	6	8	75	86	69	211	1,205	2,071
2010	1	6	8	75	86	69	214	1,202	2,058
2011	1	6	8	73	86	69	215	1,201	2,061
2012	1	6	8	74	85	69	216	1,198	2,068
2013	1	6	8	74	84	69	216	1,198	2,071
2014	1	6	8	75	83	69	216	1,196	2,076
2015	1	6	8	75	82	69	218	1,195	2,083

2016	1	6	8	75	82	69	220	1,193	2,089
2017	1	6	8	75	82	69	221	1,192	2,090
2018	1	6	8	75	82	69	224	1,189	2,087
2019	1	6	8	75	82	69	228	1,184	2,098
2020	1	6	8	75	82	69	230	1,182	2,079

주: 2013년부터 세종특별자치시 별도, 2007년부터 제주특별자치도 별도, 2007년부터 제주시, 서귀포시 별도, 자치구가 아닌 구의 경우 2007년과 2008년 26개, 2009년과 2010년 28개, 2011~2014년 33개, 2015년과 2016년 35개, 2017~2020년 32개 별도.
자료: 행정안전부(2020).

다음은 주민의 이동성으로 자신이 선호하는 지역으로 이동하고 있는지를 파악하고자 한다. 다만, 선호도와 이동지역을 파악하는 것은 현실적으로 어렵기 때문에, 시·도간 이동 정도를 통해 간접적으로 파악하고자 한다. 분석결과를 보면, 2020년 10월 이동자수는 60만 4천 명이다. 총 이동자 중 시·도내 이동자는 69.6%, 시·도간 이동자는 30.4%를 차지하고 있다(〈표 5-2〉 참조). 좀 더 구체적으로 분석하기 위하여 시·도별로 살펴본 결과는 〈표 5-3〉, [그림 5-2]와 같다. 2020년 10월 기준 시·도별 순이동(전입-전출)은 경기도(10,985명), 세종특별자치시(2,844명), 강원도(1,111명) 등 9개 시·도는 순유입, 서울특별시(-10,312명), 대구광역시(-2,351명), 대전광역시(-1,494명) 등 8개 시·도는 순유출된 것으로 나타난다. 2020년 10월 시·도별 순이동률은 세종특별자치시(9.6%), 제주특별자치도(1.3%), 경기도(1.0%) 등 순유입, 서울특별시(-1.3%), 대전광역시, 대구광역시(-1.2%) 등은 순유출된 것으로 나타났다. 분석결과를 종합하면, 도시

표 5-2 한국의 2020년 10월 인구이동현황

(단위: 천 명, %)

구분		9월	2020년 10월	
			규모	구성비
이동자수 (천 명, %)	계	621	604	100.0
	시·도내	431	420	69.6
	시·도간	190	184	30.4
이동률 (%, %p)	계	14.8	13.9	–
	시·도내	10.2	9.7	–
	시·도간	4.5	4.2	–

주: 이동자수는 증감률(%), 이동률은 증감(%p). 월별 이동률은 연간수준으로 환산한 수치.
자료: 통계청(2020).

표 5-3 시・도별 이동자수 및 이동률(2020년 10월)

구분	이동자수(명)				이동률*(%)			
	총전입	총전출	순이동	전년동월	총전입	총전출	순이동	전년동월
전국	604,412	604,412	0	0	13.9	13.9	0.0	0.0
서울	126,788	137,100	−10,312	−5,060	15.7	17.0	−1.3	−0.6
부산	38,388	39,716	−1,328	−2,230	13.5	13.9	−0.5	−0.8
대구	26,952	29,303	−2,351	−1,764	13.2	14.4	−1.2	−0.9
인천	33,955	34,225	−270	−204	13.8	13.9	−0.1	−0.1
광주	17,106	17,942	−836	−330	14.0	14.7	−0.7	−0.3
대전	18,794	20,288	−1,494	−1,242	15.2	16.4	−1.2	−1.0
울산	9,940	10,813	−873	−704	10.4	11.3	−0.9	−0.7
세종	9,401	6,557	2,844	2,403	31.9	22.2	9.6	8.5
경기	168,521	157,536	10,985	9,319	15.0	14.0	1.0	0.8
강원	17,277	16,166	1,111	491	13.3	12.5	0.9	0.4
충북	18,901	18,006	895	353	14.0	13.4	0.7	0.3
충남	20,897	20,623	274	−52	11.7	11.6	0.2	−0.0
전북	19,251	19,181	70	−606	12.7	12.6	0.0	−0.4
전남	17,909	17,681	228	−374	11.5	11.4	0.1	−0.2
경북	23,839	23,274	565	−81	10.7	10.5	0.3	−0.0
경남	29,480	29,710	−230	−2	10.5	10.6	−0.1	−0.0
제주	7,013	6,291	722	83	12.4	11.1	1.3	0.1

주: 월별 이동률은 연간수준으로 환산한 수치임.
자료: 통계청(2020).

그림 5-2 시・도별 순이동률(2020년 10월)

(단위: %)

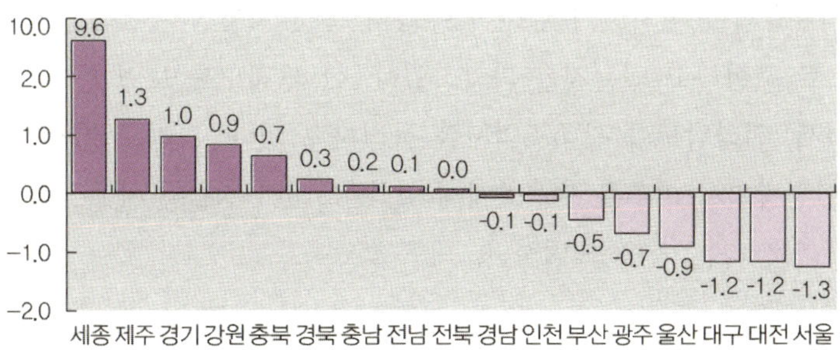

자료: 통계청(2020).

지역으로만 이동하고 있지는 않은 것으로 나타났다. 특히, 서울특별시, 인천광역시는 순유출되고 있고, 경기도만 순유입되고 있는 바 수도권으로의 집중현상이 있었던 것은 아님을 알 수 있다. 일정 수준 과거의 형태와는 다른 모습을 보이고 있다고 볼 수 있다. 선호에 따라 이동하고 있는지는 명확하지 않으나 전국적으로 분포되고 있음을 알 수 있다.

다만, 인구이동의 특성을 좀 더 구체적으로 살펴보면 다른 해석도 가능해진다. 먼저, 서울특별시의 인구는 감소하고 있고, 경기도 북부의 인구는 소폭 증가하고 있다. 경기도 북부의 면적은 서울의 약 8배 정도이다. 서울특별시에서 주로 은퇴계층이 택지개발지구 또는 전원주택으로 이동하고 있다고 보여진다. 따라서 경기도 북부의 인구는 소폭 증가하는 반면, 젊은 인구는 감소하고 있음을 알 수 있다. 즉, 젊은층은 서울특별시 등 도시지역으로 빠져나가고, 연령대가 높은 서울특별시의 은퇴인구가 유입되는 것이라고 보아야 할 것이다. 특히, 경기도 북부지역 중에서는 양평군, 가평군 등이 선호지역이고, 최근에는 하남시도 선호세가 증가하고 있다. 그리고 경기도 남부의 인구는 대폭 증가하고 있다. 경기도 남부의 면적 역시 서울특별시의 약 8배 정도이다. 현재 서울특별시를 벗어나는 인구의 상당수는 베이비붐세대(1955~1963년 출생)라고 볼 수 있으며, 약 700만 명으로 추산된다. 2010년부터 본격적으로 은퇴가 시작되었다. 귀농·귀촌인구 중 영농에 종사하지 않는 귀촌인구(전체의 약 95%)는 주로 경기도와 충청북도로 이동하고 있다. 귀농인구(전체의 약 5%)는 전국으로 이동하고 있는 형태를 보이고 있다. 한국 인구이동의 특징을 종합하면, 연령, 소득 등에 따라 천차만별이다. 예를 들면, 미혼, 젊은층, 취학 전 아동이 있는 가정은 새로 생기는 직업을 찾아서 이동하고, 취학 아동이 있는 가정은 교육환경, 그리고 노령층은 쾌적한 환경, 병원 등 문화·복지시설이 풍부한 지역으로 이동한다고 볼 수 있을 것이다.

다음은 외부효과를 파악하기 위하여 동급의 특정 지방정부가 동급의 다른 지방정부를 공간적으로 포함하고 있는지를 파악하였다. 한국 지도를 보면 공간적으로 충청남도가 대전광역시, 전라남도가 광주광역시를 둘러싸고 있다. 그리고 인천광역시의 옹진군은 군청이 인천광역시 미추홀구에 소재해 있다. 이러한 점들은 세출효과가 해당 관내에만 미치지는 않는다는 것을 의미한다.

그림 5-3 한국의 행정구역 지도

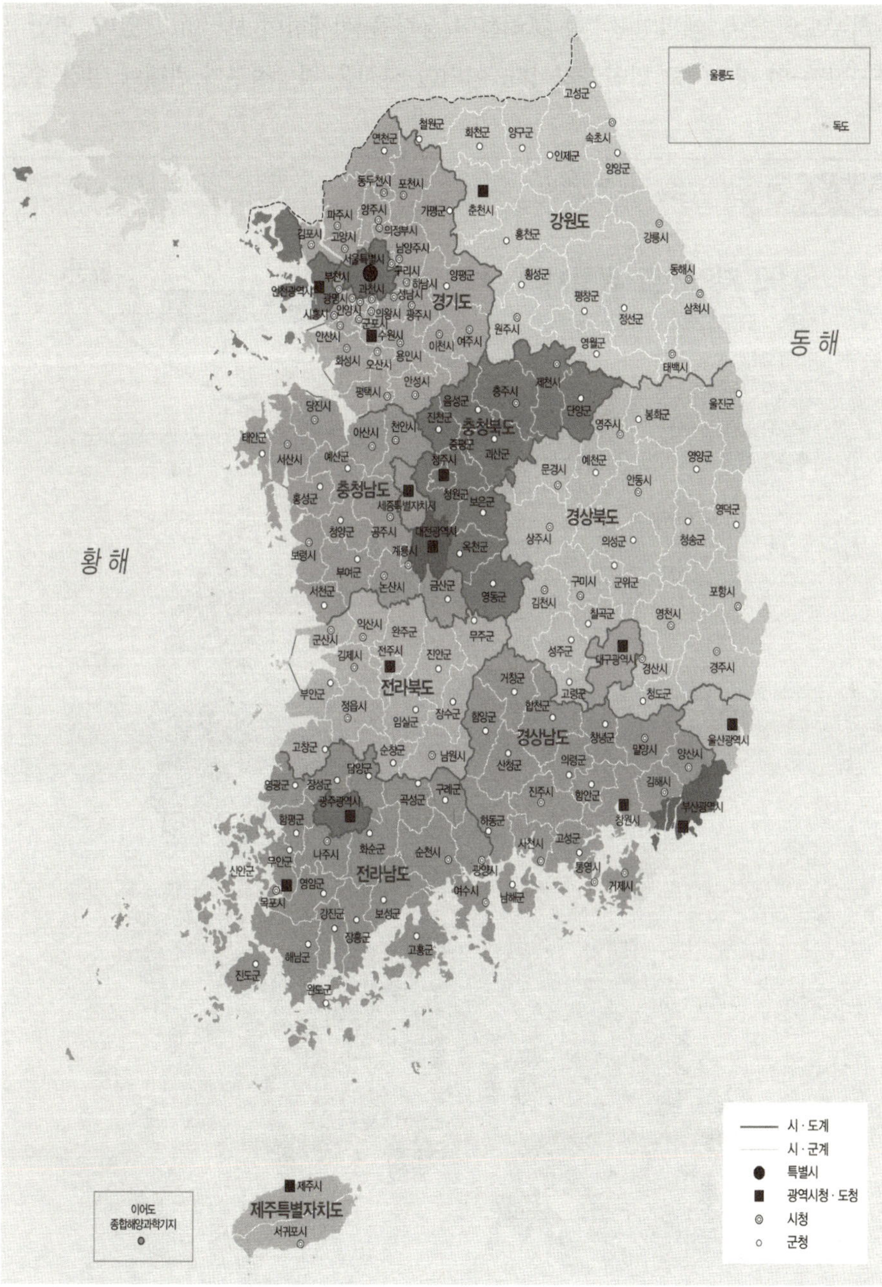

다음으로, 규모수익불변의 생산기술은 인구감소의 문제를 기준으로 파악하고자 하였다. 지방정부는 적정인구수를 계획한 후 다양한 시설들을 설치하고 있다. 예를 들면, 상・하수도의 경우 계획인구수를 고려하여 용량을 설계하여 보급하고 있다. 또한 각종 문화시설 등의 경우에도 마찬가지이다. 이러한 사실은 지방정부가 관내에 일정 수준 이

그림 5-4 한국의 인구소멸위험지역

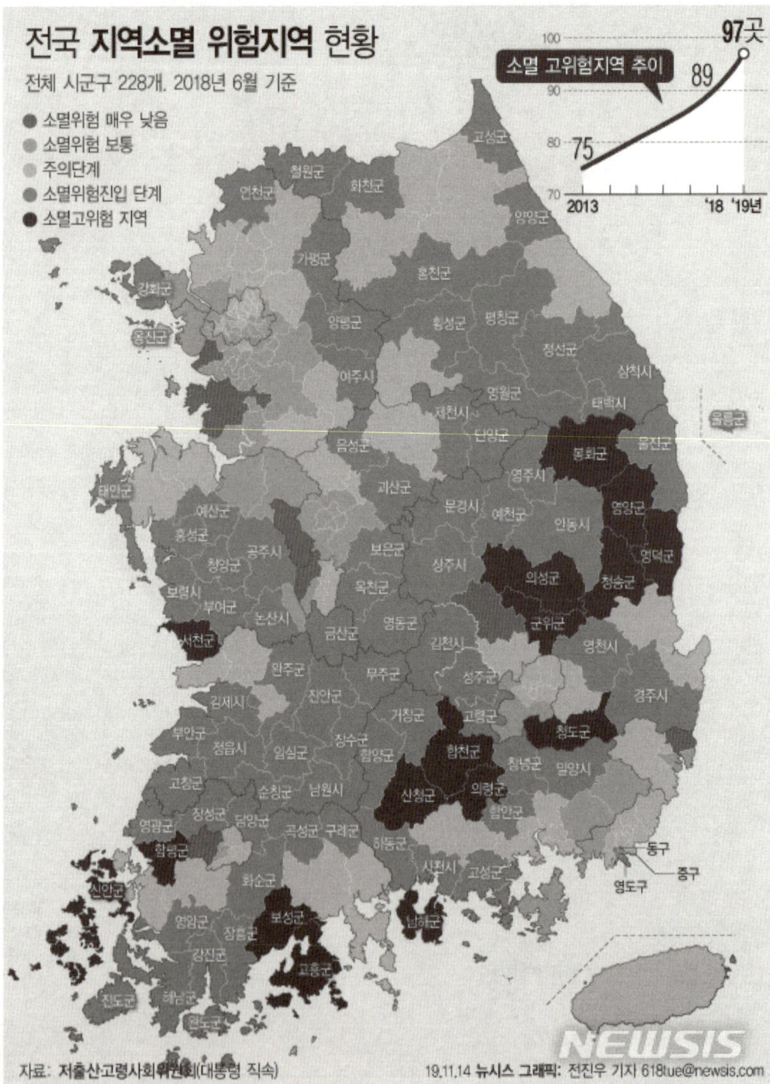

상의 재정지출이 수반되는 재정투자사업을 하고자 할 때에는 중앙투자심사위원회의 투자심사를 받아야 하고, 투자심사를 받기 위해서는 지방재정투자사업 타당성조사를 받아야 하는데, 그때 인구수준을 고려하고 있다는 것에서 알 수 있다. 즉, 투자심사를 통과하여 해당 지역에 시설을 설치하였는데, 인구가 감소하게 되면 매우 비효율적이 될 수 있다는 것이다. 따라서 인구감소로 인하여 인구소멸위험지역이 있는지를 살펴보는 것은 의미가 있다. 지역별 인구소멸지수를 적용하여 산출한 결과 2020년 5월 기준 인구소멸위험지역은 105곳으로 나타났다. 인구소멸위험지수는 20~39세 여성인구수를 65세 이상 고령인구수로 나누어 산출한다. 산출결과 0.5 이하로 나타나면 인구소멸위험지역으로 간주한다. 105곳의 인구소멸위험지역 중에서 92.4%인 97곳이 비수도권지역에 집중되어 있다. 2018년 89개에서 2020년 16곳이 늘어난 105개이다. 증가속도 역시 매우 빠르다. 2014년에서 2016년과 2016년에서 2018년에는 각각 5곳씩 늘어난 것에 비해, 2018년에서 2020년에는 16곳이 증가한 것은 매우 빠른 속도임을 알 수 있다. 이러한 현상은 결국 규모수익불변의 생산기술의 요건을 충족할 수 없다는 것을 의미한다([그림 5-4] 참조).

(2) 도시한계론

도시한계론에서는 한국의 중앙정부와 지방정부에서 피터슨(Paul E. Peterson)이 주장하고 있는 현상이 나타나는지를 파악하고자 한다. 피터슨의 도시한계론에서는 모든 정책을 개발정책, 재분배정책, 그리고 배당정책으로 구분한 후 개발정책 > 배당정책 > 재분배정책과 같은 선호도를 가지고 있다고 주장하고 있다. 지방정부에서 결정하여 집행하고 있는 모든 정책을 개발정책, 배당정책, 재분배정책으로 구분하여 분석하기는 쉽지 않다. 그 이유는 243개 지방정부가 지역의 특성에 맞는 정책을 개발하여 집행하고 있기 때문이다. 그 대안으로 접근하고 있는 방법이 예산을 분석하는 것이다. 예산은 각 지방정부가 결정하여 집행하고 있는 정책을 일정한 기준에 의거하여 분류한 후 총계를 제시하고 있기 때문이다. 즉, 전국적으로 합산된 예산 규모의 파악이 가능하다는 것이다. 이러한 점을 고려하여 이 책에서도 예산을 중심으로 분석하고자 한다.

지방정부의 기능별 세출예산을 피터슨이 제시한 정책유형별로 분류하여 분석하였다(〈표 5-4〉 참조).

분석결과를 보면 2010년에는 개발정책이 가장 많은 비중을 차지하고 있었고, 그 다음이 배당정책, 그리고 재분배정책의 순서로 나타났다. 즉, 피터슨이 주장하고 있는 개

표 5-4	피터슨의 정책분류와 기능별 예산항목

구분	개발정책	배당정책	재분배정책	기타
예산항목	• 산업중소기업 및 에너지 • 교통 및 물류 • 국토 및 지역개발 • 과학기술	• 일반공공행정 • 공공질서 및 안정 • 문화 및 관광 • 환경	• 사회복지 • 보건	• 교육 • 예비비 • 인력운영비 • 기본경비 등

발정책 > 배당정책 > 재분배정책를 준수하고 있었다고 볼 수 있다. 2011년 배당정책이 개발정책의 비중을 초과하면서 변화하기 시작한다. 그러다가 2013년부터는 매우 다른 형태를 보인다. 즉, 재분배정책이 가장 많은 29.1%를 차지하고 있고, 그 다음이 배당정책의 28.6%, 그리고 개발정책의 27.3%로 나타난다. 시간이 지나면서 개발정책의 비율은 감소되면서 재분배정책의 비율이 높아진다. 2020년 결산기준으로 볼 때 재분배정책이 39.3%를 넘어섰고, 개발정책은 23.5%의 수준을 보인다. 즉, 피터슨에 의하면, 지방정부의 정책결정자들이 선호하는 정책유형의 순서가 개발정책 > 배당정책 > 재분배정책이나 실제 분석결과는 재분배정책 > 배당정책 > 개발정책으로 나타났다는 것이다. 재분배정책과 개발정책의 위치가 완전히 바뀐 것이다(〈표 5-5〉 참조).

표 5-5	한국 지방정부의 정책유형별 예산비중

(단위: %)

구분	개발정책	배당정책	재분배정책	기타	계	교육
2010	31.0	28.9	25.3	14.9	100.0	4.5
2011	29.2	29.4	25.8	15.6	100.0	5.0
2012	28.9	29.1	26.6	15.4	100.0	5.0
2013	27.3	28.6	29.1	15.0	100.0	4.8
2014	25.7	27.5	31.5	15.4	100.0	4.8
2015	24.8	27.8	32.3	15.1	100.0	4.9
2016	25.0	28.8	31.7	14.5	100.0	4.6
2017	24.9	27.7	32.5	14.9	100.0	4.9
2018	24.5	31.2	33.9	10.3	100.0	4.8
2019	24.5	26.7	35.2	13.6	100.0	4.3
2020	23.5	25.5	39.3	11.7	100.0	3.6

주: 2020년 결산기준.

이런 형태를 보다 가시적으로 보여주기 위하여 그래프로 표현하면 [그림 5-5]와 같다. 그래프에서 보는 것과 같이 재분배정책과 개발정책의 간극은 더욱더 커지고 있는 것으로 나타났다.

또한 한국은 교육자치를 실시하고 있다. 재정 규모를 중앙정부, 지방정부, 그리고 교육재정으로 구분하여 분석한 결과를 보면 교육정책에 지출되는 규모의 비율이 크게 변화하지 않고 있다는 것을 알 수 있다.

그림 5-5 한국 지방정부의 정책유형별 예산비중의 변화

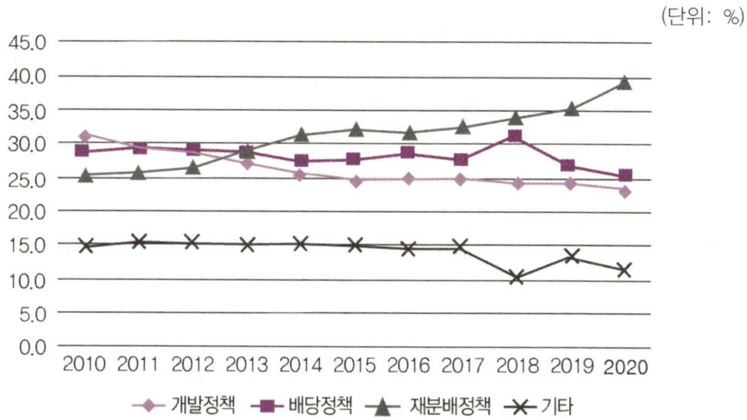

표 5-6 한국의 재정 규모(세입기준)

(단위: 억 원, %)

구분		2015	2016	2017	2018	2019	2020	2021	2022
중앙정부		2,862,938	2,957,207	3,031,432	3,308,414	3,617,859	3,862,379	4,174,201	4,558,366
		55.71	55.13	54.58	54.44	54.54	54.14	55.48	55.13
지방정부		1,732,590	1,845,825	1,931,532	2,106,784	2,310,152	2,532,263	2,630,917	2,883,083
		33.72	34.41	34.78	34.67	34.82	35.50	34.97	34.87
지방교육		543,341	561,349	590,660	662,216	705,960	739,013	718,605	826,902
		10.57	10.46	10.64	10.90	10.64	10.36	9.55	10.00
계		5,138,869	5,364,381	5,553,624	6,077,414	6,633,971	7,133,655	7,523,723	8,268,351
		100.00	100.00	100.00	100.00	100.00	100.00	100.00	100.00

주: 순계예산규모.

자료: 행정안전부(2022). 『2022년도 지방자치단체 통합재정개요(상)』.

2. 분석결과를 어떻게 해석하여야 하는가?

신우파는 최소정부를 주장하면서 지방분권을 지지하고 있다. 지방분권이 개인의 자율성을 증진시켜 주고, 시장경쟁자들간의 권력을 분할시킴으로써 국가로의 권력집중을 방지하여 궁극적으로는 독재방지에 기여한다고 볼 수 있기 때문이다. 따라서 국가는 시장실패를 보완하는 차원에서만 활동하는 존재로 보아야 한다.

신우파와 관련되어 있는 티부가설과 피터슨(Paul E. Peterson)의 도시한계론을 좀 더 구체적으로 살펴보았다. 티부가설은 사람들이 어떤 제약도 없이 자유롭게 이동할 수 있다면 사람들은 자신이 가장 선호하는 재화와 서비스를 제공할 뿐만 아니라, 그들이 가장 바람직하다고 생각하는 조세가 존재하는 지역에서 거주하게 된다는 것이다. 즉, 각 개인은 자신이 원치 않는 재정정책이 실시되는 지역에서는 더 이상 살지 않으려고 할 것이며, 자신의 선호에 가장 부합하는 재정정책이 실시되는 지역으로 이동함으로써, 자신의 후생수준을 극대화하려 한다는 가정이다. 이 책에서는 이를 검증하기 위하여 네 가지의 접근을 하였다. 첫째, 주민이 자유롭게 이주할 수 있을 정도로 충분한 양의 지방정부가 존재하고 있는지를 파악하였다. 둘째, 자신이 선호하는 지역으로 이동하고 있는지를 파악하였다. 셋째, 해당 지방정부가 제공하는 서비스가 지역의 주민에게만 국한되고 있는지, 아니면 외부인이 수혜를 받을 수 있는지를 파악하고자 하였다. 넷째, 규모수익불변의 생산기술의 요건이 충족되고 있는지를 파악하였다.

피터슨의 도시한계론은 지역경제가 활성화되면 지방정부의 세원이 확대되고 정부서비스가 개선되며, 고용창출 및 부동산 가치의 상승으로 이어지고 이를 통해 전반적인 삶의 질이 향상되기 때문에, 지역경제의 활성화는 도시 전체의 이익일 뿐만 아니라 도시정부의 지상목표가 되어야 한다고 보고 있다. 그러면서 그는 모든 정책을 개발정책, 배당정책, 재분배정책으로 구분하고 지방정부의 정책결정자들은 개발정책 > 배당정책 > 재분배정책의 순서로 정책선호도를 가지고 있다고 한다. 이를 검증하기 위하여 지방정부의 기능별 세출예산을 가지고 정책유형별로 분류한 후 분석하였다.

먼저, 티부가설과 관련된 분석결과이다. 지방정부의 수를 분석한 결과 지방정부의 수는 감소하고 있었으나 광역지방정부는 증가하였고, 군은 감소하고 시와 구는 증가하는 현상이 발생하였다. 이는 지방정부의 광역화, 도시화를 의미한다고 볼 수 있을 것이다. 이러한 현상은 주민의 이동성을 볼 때 더욱 명확하게 드러난다. 인구이동경로를 보면 서울특별시와 인천광역시의 인구가 줄고 경기도의 인구가 증가하였으며, 전국적으로 유입과 유출이 있었다는 점을 고려하면 약하지만 자신들이 선호하는 지역으로 이동한다고도 볼 수도 있을 것이다. 최선의 선택을 할 수 없다면 차선의 선택을 통하여 지방정부에 거주함으로써 동질성을 확보하고 있다고 볼 수도 있을 것이다. 다음으로 살펴본 것은 특정지방정부의 세출효과가 지역의 주민에 한정되는지이다. 도가 광역시를 포함하고 있는 등 세출효과를 공유하고 있음을 알 수 있었다. 그리고 규모수익불변의 생산기술 요건을 살펴본 결과 인구소멸지역이 지속적으로 증가하고 있는 현상을 고려할 때 적어도 해당 지역에서는 규모수익 불변의 요건이 충족되지 않는다고 볼 수 있다. 결국 한국의 지방정부에서는 티부의 가설이 검증되지는 않는다고 볼 수 있을 것이다.

피터슨의 도시한계론을 적용하여 분석한 결과를 보면 2010년에는 피터슨(Peterson)이 주장한 개발정책 > 배당정책 > 재분배정책의 순서가 맞았으나, 2011년에는 배당정책 > 개발정책 > 재분배정책으로 변화하다가, 2013년부터는 재분배정책 > 배당정책 > 개발정책으로 변화되었다. 시간이 지나면서 재분배정책과 개발정책의 간극은 더욱 벌어지고 있는 형태를 보이고 있다. 이는 피터슨이 제시하고 있는 도시한계론의 주장이 한국에는 맞지 않다는 것을 의미한다.

지금까지의 분석결과를 토대로 하면 신우파에서 지지하고 있는 분권의 경향보다는 집권의 경향이 더 크게 나타나고 있다는 것을 알 수 있다. 티부모형은 티부가 제시하고 있는 다양한 가정을 토대로 할 때 매우 분권적인 체제에서만 성립될 수 있다. 그런데 한국에 적용한 결과를 보면 조건을 충족시키고 있지 못하기 때문에, 분권적인 여건이 마련되어 있지는 않았다고 볼 수 있을 것이다. 또한 피터슨의 도시한계론은 개발정책을 통하여 지역경제를 활성화시키고, 이는 세원의 확보로 연계될 뿐만 아니라 지방정부의 위상을 강화시키는 데에도 기여하게 된다. 결국 지역주민의 삶의 질을 높일 수 있다는 것이다. 따라서 개발정책 > 배당정책 > 재분배정책의 순서로 선호하고 있으나, 실제 분석결과는 재분배정책 > 배당정책 > 개발정책의 순으로 나타났다. 이러한 현상은 피터슨의 도시한계론이 한국에는 적용되지 않는다는 것을 의미한다. 동시에 지방정부로의 분권을 위한 기반구축이 이루어지지 않음을 의미한다. 지방정부는 중앙정부가 담당하여야 할 재분배정책을 대신하여 처리하는 역할을 수행하는 기구로 전락될 수 있는 것이다. 즉, 지방정부는 중앙정부의 하위기구로서의 역할을 수행하는 데 초점이 맞추어 진다고 볼 수 있다.

제6장 마르크시즘

제 1 절

기본개념과 정부간 관계

1. 마르크시즘이란 무엇인가?

마르크시즘(Marxism)은 마르크스(Karl Marx)와 엥겔스(Friedrich Engels)가 19세기 초 영국의 고전경제학, 독일철학, 그리고 프랑스혁명에 대한 경험의 세 가지 요소에 영향을 받아 이를 비판, 재구성하여 종합한 것이다. 국가에 대한 이들의 견해는 도구주의적 모형, 조정자모형, 기능적 모형의 세 모형에서 발견할 수 있다. 도구주의적 모형에서 국가는 부르주아의 도구이며, 이들의 이익을 대변하는 위원회에 지나지 않는다는 입장이다. 설사 단기적으로는 부르주아의 이익에 반할 수 있으나, 장기적으로는 부르주아의 이익에 일치된다는 주장이다. 조정자모형에서 국가는 계급투쟁이 균형을 이룰 때 나타나는 것으로, 이때 부르주아로부터 좀 더 자유롭게 되어 양자를 조정할 수 있다는 것이다. 기능적 모형에서 국가는 자본의 축적기능을 하기 위하여 만들어진 것이다.

이러한 마르크시즘은 유럽과 스탈린주의(Stalinism), 그리고 레닌주의(Leninism)에 영향을 미쳤다. 이후 1960년대와 1970년대에 그람시(Antonio Gramsci), 프랑크푸르트학파, 그리고 사르트르(Jean Paul Sartre) 등의 신마르크시즘(Neo Marxism)이 출현하였다.

마르크시즘은 경험과 실제를 구분하였다. 이는 실제는 경험적 관찰에 의하여 파악될 수 없다는 독일철학의 영향이다. 그리고 마르크시즘은 알튀세르(Louis Althusser)의 의미에서는 그렇지 않지만 어느 정도 구조주의이다. 개인이 역사를 만들기는 하나 개인은 그 사회의 구조 속에서 움직인다는 것이다. 그리고 마르크시즘에서의 가치문제는 논란의 여지가 있기는 하나 핵심적인 가치는 착취, 다른 사람의 강제로부터의 자유이다. 이것이 가능한 사회를 그들은 국가와 민주주의가 필요 없는 사회로 보고 있다.

마르크시즘에서 국가는 사회 내에서의 계급관계이다. 그리고 관료나 정치가는 그들의 출신배경이 자본가이기 때문에, 결국 이들의 이익을 위하여 운영되어야 한다. 따라서 자본가, 즉 부르주아들이 그들과 출신배경을 같이하는 정치가나 관료에게 그들의 이익을 위하여 정책을 결정해주도록 요구하며, 이들은 압력이나 로비를 통해 이익을 관철시키기 위하여 사용한다.

마르크시즘에서의 위기는 경제적 위기, 합리성 위기, 정당성 위기, 그리고 동기부여 위기로 나누어볼 수 있다. 경제적 위기에는 이윤 하락, 불균형, 저소비주의 등의 이유 때문에 나타난다. 자본가의 경쟁적 잉여가치추구는 노동자의 노동일수가 제한된 상태에서 생산의 기술적 효용성을 증대하기 위하여, 노동비용에 대한 고정자본비를 증가하면 이윤율의 하락을 초래한다. 그리고 상품을 생산하는 경제부문과 다른 경제부문간의 불일치는 불균형의 위기를 나타낸다. 또한 자본가의 이윤추구경쟁이 노동계급의 저임금을 초래하여 저소비가 발생하므로 위기가 발생한다. 합리성의 위기는 경제체제에서 유래된 모순을 국가가 관리할 수 없을 때 나타나는 위기이다. 이는 합리성의 결여 때문에 발생한다. 정당성의 위기는 국가가 개입・간섭하는 것이 많아질 때 나타나는 위기이다. 국가개입으로 시장경제의 토대가 훼손되고, 공평성을 추구하면서도 자본축적에 필요한 유인책을 보존하려는 성향을 보이기 때문에 발생한다. 동기부여의 위기는 부르주아의 사적 소유와 성취원칙의 불안정으로 나타나는 위기이다(Dunleay & O'Leary, 1987).

마르크시즘을 요약하면, 마르크시즘은 모든 정치사회 현상('상부구조')은 경제적인 문제('하부구조')로 환원될 수 있다고 보고, 자본주의 체제 및 자본가계급의 특성과 이익에 주목한다. 마르크스(Karl Marx)는 개인이 자유로운 선택을 할 수 있는 존재라는 것을 부정하지는 않지만, 개인이 속한 사회의 계급구조에 의하여 영향을 받기 때문에 자유로운 존재가 될 수 없다고 본다. 개인의 자유와 권리를 강조하는 자유주의는 자본을 가진 부르주아 계급의 계급적 이익을 위한 이데올로기에 지나지 않으며(Marx & Engels, 1848), 자본가계급의 이익을 대변하는 위원회로서 국가는 사회에 기생하는 존재이며, 제도적 장치를 통해 자율성을 지니고 있으나 현상 유지를 위협하는 사회운동을 억압하는 방향으로 사용한다고 본다(Marx, 1963[1852]). 따라서 이러한 계급갈등을 극복하기 위해서는 노동자와 농민들이 혁명을 통하여 사유재산이 없는 공산사회를 실현하게 되면 억압적 도구인 국가도 사라질 것으로 본다(정용덕, 2021).

2. 마르크시즘에서는 정부간 관계를 어떻게 보고 있는가?

1) 마르크시즘에서 보는 정부간 관계는 무엇인가?

전통적인 마르크시즘에서는 지방정부나 분권화 등에 대해 관심이 별로 없었다. 집권화를 공유와 평등과 동의어로 보았기 때문에, 지방정부나 분권화에 대해 관심을 가질 이유가 크지 않았다. 그러다가 코크번(C. Cockburn)이 『지방국가론』이라는 책을 저술하면서 지방정부에 관심을 가지게 된다(이종수, 1993: 108-109). 코크번은 국가의 역할이 계급적 구조가 기반이 된 사회에서 자본축적에 필요한 여건을 지속적으로 확보하는 데 있는 바, 지방국가의 경우 거대한 총체의 일부분으로 보아야 한다는 것이다(Cochrane & Anderson, 1989). 이러한 점을 고려할 때 지방정부는 전체 사회구조 속에서 지방정부가 수행하고 있는 기능을 중심으로 설명되어야 한다. 또한 지방정부 내에서의 정책결정은 지역사회 속에서 작동하고 있는 사회관계와 이익중개의 측면에서 분석되어야 했다고 보았다(이종수, 1993: 109).

마르크시즘은 도구주의적 견해와 구조주의적 견해로 구분하여 설명할 수 있다. 정부간 관계와 지방정부를 바라보는 시각에 있어서도 도구주의와 구조주의는 차이를 보이고 있다.

(1) 도구주의적 견해

도구주의는 국가를 전체로서만 보고 있기 때문에 지방정부를 별개의 대상으로 인정하는데 별로 관심이 없다. 관심을 갖지 않는 이유는 지방정부를 별도로 인정하게 되면 자본주의의 발달과정에서의 국가역할을 규명하는 데 있어 별로 도움이 되지 않기 때문이다. 다만, 앞에 제시한 것처럼 코크번이 『지방국가론』이라는 책을 통하여 도구주의적 관점과 제도적 측면을 통합하려는 시도를 하기는 하였으나, 구조의 문제를 가지고 옴으로써 다원주의자와 이원국가론자들에게 비판을 받게 된다.

도구주의에서는 분권이나 집권으로의 재조직화를 전국수준 자본가들의 의지를 반영하는 것으로 본다. 그나마 지방자본들이 전국수준으로 조직화되었기 때문에 지방정부의 필요성은 점점 약해지고 있다. 이 경우, 지방정부는 지방자본가들의 이익을 대변하기 위한 집행위원회로서의 역할을 수행하는 것이다. 도구주의에 있어 지방분권은 단지 외견상의 겉치레일 뿐이다. 만약 지방분권이 실제로 이루어진다면 그것은 피지배계급의 혁명, 개혁의식축적 등과 같이 국가에 이롭지 않은 현상이 발생할 것을 염려하여, 이를 분산시키려는 전략이라고 보아야 할 것이다. 따라서 지방분권이 있었다고 하더라도 중앙정부에 위험이 있다고 판단되면 언제든지 재집권화를 추진한다. 정부간 갈등이 있다면 무조건 중앙정부가 유리한 방향으로 결정하여 문제를 해결하고, 정부간 갈등이 없을 경우에 지방정부는 지방자본가를 위하여 봉사하는 역할을 수행하여야 한다(정용덕, 1994: 28-29[1406-1407]).

(2) 구조주의적 견해

자본주의의 발전에 따라 도시화가 진전되면 그로부터 많은 도시문제들이 발생한다. 이와 같은 도시문제로부터 발생하는 사회갈등은 대개 집합소비과정과 연계되는데, 이는 지방수준의 문제로 귀결된다. 자연히 지방수준의 국가는 집합소비를 제공하는 기능을 통해 자본주의 체제를 지원하는 역할을 수행한다(이종수, 1993; 정용덕, 2003: 191). 국가역할을 생산과 소비로 구분할 때 소비와 연계하여 접근하고자 하는 시도이다.

구조주의의 시각을 가지고 분권과 집권의 문제를 보면, 이는 단지 계급투쟁의 역사적 산물이다. 예를 들면, 피지배계급에 의하여 국가조직이 포획된다면 자본의 장기적 이익을 위하여 분권화를 도모하는 방향으로 조직개편을 할 것이다. 반면, 자본의 장기적 이익을 위하여 필요하다면 집권을 추진하는 방향으로 조직을 재구조화한다. 살펴본 것처럼 구조주의에서의 지방분권은 계급투쟁의 분산을 목적으로 추진하는 것이다. 즉, 집권이 가속화되면 피지배계급이 장악하기에도 수월한 구조가 되기 때문에 분권을 추진하게 된다는 것이다. 또한 투쟁에서 반대에게 권력을 넘겨주었을 때 기존 정책을 급진적으로 변경하지 못하도록 분권화를 추진하기도 한다. 그리고 중앙정부는 지방분권화를 통해 복지정책에 대한 부담을 완화시키려는 시도를 하기도 한다(Castles, 1985: 120).

2) 대표적인 모형에는 어떤 것이 있는가?

마르크시즘을 분석할 수 있는 유사한 모형으로 생각해 볼 수 있는 것은 자본주의 국가론이다. 자본주의 국가론은 국가기구의 변화를 자본가계급과 비자본가계급과의 이익갈등의 산물로 보거나, 국가가 자본주의의 유지 및 발전을 위하여 수행하여야 할 기능적 필요성에 따라 결정되는 것으로 보는 것이다. 계급갈등의 관점에서 국가를 보면 계급투쟁의 특이한 사항과 자본가계급의 이익추구에 의해 발전한다. 반면, 기능주의 관점에서 보면 자본주의의 유지와 발전을 위해 국가가 수행할 것으로 요구되는 기능적 필요에 따라 결정된다(정용덕, 2003: 257-258).

자본주의 국가론이 적용되기 위해서는, 먼저 분석의 대상이 자본주의 국가인지를 결정하여야 한다. 한국이 자본주의 국가라는 점에서는 이견이 많지는 않을 것이다. 지방정부 역시 마찬가지로 볼 수 있을 것이다. 그 다음은 자본주의 국가가 수행하는 기능에 대한 분류가 있어야 한다. 클락과 디어(Clark & Dear, 1984)는 합의기능, 생산기능, 통합기능, 집행기능으로 구분하고 있다.

합의기능이란 모든 사회 구성원 또는 집단들이 기존의 사회계약을 받아들이도록 사회적 합의를 확보하는 기능을 말한다. 국가의 가장 기본적인 기능이라고 볼 수 있을 것이다. 여기에는 정치, 법, 억압과 관련된 기구들이 포함된다. 생산기능은 생산의 증대를 위해 생산의 조건을 확보하는 기능이다. 공공재를 직접 생산하는 공적 생산의 영역과 공공재를 간접 생산하는 공적 제공, 그리고 재정 및 금융정책을 의미하는 국고 관련 기구들이 포함된다. 통합기능은 집단들의 후생을 보장하여 사회적 통합을 이루려고 수행하는 기능을 의미한다. 여기에는 보건, 복지, 이데올로기 등과 관련된 기구들이 포함된다. 마지막으로, 집행기능은 지금까지 살펴본 기능들이 잘 수행될 수 있도록 조정하고 집행하는 일을 수행하는 것을 말한다. 여기에는 관료제, 준정부기관, 각종 위원회 등과 관련된 기구들이 포함된다.

제 2 절

정부간 관계에 대한 경험적 분석

1. 한국은 마르크시즘에서 보는 정부간 관계 현상이 나타나는가?

1) 무엇을 분석할 것인가?

도구주의에 관점에서 보면 지방정부는 전체 국가기구의 일부인 지방국가이다. 국가의 역할이 지속적으로 자본축적의 여건을 조성하는 것이므로, 지방정부 역시 이러한 역할을 수행하여야 한다. 물론, 구조주의에서는 자본축적 기능 이외에 집합소비를 제공하는 기능을 수행하는 것으로 보기도 한다. 그리고 지방정부는 이러한 집합소비를 제공하는 기능을 수행하여야 한다.

여기에서는 좀 더 구체적으로 기능을 분류하여 접근하고 있는 클락과 디어(Clark & Dear, 1984)가 제시한 기준을 적용하여 분석하려고 한다. 클락과 디어(Clark & Dear, 1984)는 기능을 합의기능, 생산기능, 통합기능, 그리고 집행기능으로 구분하였다. 합의기능은 모든 사람이나 집단이 기존의 사회계약을 받아들이도록 사회적 합의를 확보하는 것이고, 생산기능은 생산의 증대를 위해 생산 조건을 지속적으로 확보하는 기능을 의미한다. 통합기능은 집단들의 후생을 보장하여 사회적 통합을 이루려고 수행하는 기능이고, 집행기능은 앞의 세 가지 기능이 잘 추진될 수 있도록 조정 및 관리하는 역할을 수행한다.

클락과 디어(Clark & Dear, 1984)가 제시한 기능들을 토대로 수행한 연구는 대다수가 중앙정부를 대상으로 하고 있다. 현재까지 지방정부를 대상으로 분석한 연구는 없다. 이는 중앙정부와 달리 243개의 지방정부가 있고, 각 지방정부의 내부자료를 모두 수집하여 분석하는 것이 현실적으로 불가능하기 때문이다. 그러나 지방정부에 클락과 디어(Clark & Dear, 1984)가 분류하고 있는 기능별로 분석을 해보는 것은 중앙정부와 지방정부간 차이가 있는지를 파악할 수 있다는 점에서 의의가 있다. 즉, 마르크시즘에서는 지방정부를 국가라는 전체 기구 중 일부분으로 보고 있고, 따라서 국가가 수행하는 기능과 유사 또는 동일한 기능을 수행하여야 한다고 가정하고 있다. 지방정부에 대한 분석을 통하여 차이를 규명하는 것은 이런 점에서 매우 큰 의미가 있을 것으로 보인다.

문제는 자료 수집의 어려움이다. 이 책에서는 기구, 인력, 예산 등 모두를 분석하는 데에는 한계가 있을 것으로 판단되어 예산에 집중하여 분석하고자 한다. 예산을 분석하려면 각 지방정부별 예산자료가 있어야 한다. 모든 지방정부의 예산을 취합하여 적어도 소기능을 중심으로 예산이 코딩되어야 한다. 이 역시 불가능하다. 이러한 점을 고려하여 이 책에서는 기능별 세출예산을 중심으로 클락과 디어(Clark & Dear, 1984)가 제시하고 있는 기능과 연계하여 분류하였다(〈표 6-1〉 참조).

표 6-1 기능별 세출예산과 클락과 디어(Clark & Dea)의 기능간 연계

합의기능	생산기능	통합기능	집행기능
• 입법 및 선거관리 • 지방행정 · 재정지원 • 경찰 • 재난방재 · 민방위 • 소방	• 재정 · 금융 • 농업 · 농촌 • 임업 · 산촌 • 해양수산 · 어촌 • 산업금융지원 • 산업기술지원 • 무역 및 투자유치 • 산업진흥 · 고도화 • 에너지 및 자원개발 • 산업 · 중소기업일반 • 도로 • 도시철도 • 해운 · 항만 • 항공 · 공항 • 대중교통 · 물류 등 기타 • 수자원 • 지역 및 도시 • 산업단지 • 기술개발 • 과학기술연구지원 • 과학기술일반	• 유아 · 초중등교육 • 고등교육 • 평생 · 직업교육 • 문화예술 • 관광 • 체육 • 문화재 • 문화 및 관광일반 • 상 · 하수도 · 수질 • 폐기물 • 대기 • 자연 • 해양 • 환경보호일반 • 기초생활보장 • 취약계층지원 • 보육 · 가족 및 여성 • 노인 · 청소년 • 노동 • 보훈 • 주택 • 사회복지일반 • 보건의료 • 식품의약안전	• 일반행정 • 인력운영비 • 기본경비

또한 한국의 지방자치법에 의할 경우 광역지방정부와 기초지방정부는 수행하여야 하는 기능에 차이가 있다(〈표 6-2〉 참조). 따라서 광역지방정부와 기초지방정부를 구분하지 않고 통합하여 분석하면 결과를 왜곡시킬 수 있다. 이러한 점을 고려하여 이 책에서는 지방정부 전체, 광역지방정부, 그리고 기초지방정부로 구분하여 분석하였다. 특히, 지방정부는 도시와 지방간 차이가 있을 수 있기 때문에, 이 역시 시 · 군 · 구로 구분하여 분석하였다.

표 6-2 지방정부 종류별 사무배분기준

중앙정부	광역지방정부	기초지방정부
1. 외교, 국방, 사법(司法), 국세 등 국가의 존립에 필요한 사무 2. 물가정책, 금융정책, 수출입정책 등 전국적으로 통일적 처리를 할 필요가 있는 사무 3. 농산물·임산물·축산물·수산물 및 양곡의 수급조절과 수출입 등 전국적 규모의 사무 4. 국가종합경제개발계획, 국가하천, 국유림, 국토종합개발계획, 지정항만, 고속국도·일반국도, 국립공원 등 전국적 규모나 이와 비슷한 규모의 사무 5. 근로기준, 측량 단위 등 전국적으로 기준을 통일하고 조정하여야 할 필요가 있는 사무 6. 우편, 철도 등 전국적 규모나 이와 비슷한 규모의 사무 7. 고도의 기술이 필요한 검사·시험·연구, 항공관리, 기상행정, 원자력개발 등 지방자치단체의 기술과 재정능력으로 감당하기 어려운 사무	1. 행정처리 결과가 2개 이상의 시·군 및 자치구에 미치는 광역적 사무 2. 시·도 단위로 동일한 기준에 따라 처리되어야 할 성질의 사무 3. 지역적 특성을 살리면서 시·도 단위로 통일성을 유지할 필요가 있는 사무 4. 국가와 시·군 및 자치구 사이의 연락·조정 등의 사무 5. 시·군 및 자치구가 독자적으로 처리하기 어려운 사무 6. 2개 이상의 시·군 및 자치구가 공동으로 설치하는 것이 적당하다고 인정되는 규모의 시설을 설치하고 관리하는 사무	시·도가 처리하는 것으로 되어 있는 사무를 제외한 사무. 다만, 인구 50만 명 이상의 시에 대해서는 도가 처리하는 사무의 일부를 직접 처리하게 할 수 있다.

2) 분석결과는 어떠한가?

지방정부 종류별로 수행하고 있는 기능을 분석한 결과는 〈표 6-3〉과 같다. 통합된 표를 제시하였기 때문에 매우 복잡하다.

표 6-3 한국의 지방정부 계층별 · 기능별 분류

(단위: %)

구분		계	광역지방정부	기초지방정부		
				시	군	자치구
2010	합의	7.0	10.9	2.6	3.8	2.2
	생산	32.5	32.7	34.6	41.1	14.2
	통합	44.6	44.9	44.5	37.5	53.6
	집행	15.9	11.5	18.4	17.6	30.0
	소계	100.0	100.0	100.0	100.0	100.0
2011	합의	6.9	10.6	2.7	3.9	1.9
	생산	31.2	31.6	32.9	40.0	11.7
	통합	45.6	45.2	46.5	38.0	55.9
	집행	16.4	12.6	18.0	18.1	30.5
	소계	100.0	100.0	100.0	100.0	100.0
2012	합의	7.5	11.3	3.1	5.2	1.9
	생산	30.4	29.9	33.6	39.9	11.2
	통합	46.0	46.4	45.5	36.9	57.7
	집행	16.1	12.4	17.8	17.9	29.2
	소계	100.0	100.0	100.0	100.0	100.0
2013	합의	7.1	10.9	2.9	4.2	1.6
	생산	29.6	29.9	31.0	40.4	10.7
	통합	47.9	48.0	47.9	37.4	60.6
	집행	15.4	11.2	18.2	17.9	27.1
	소계	100.0	100.0	100.0	100.0	100.0
2014	합의	6.6	10.3	2.7	3.4	1.7
	생산	27.4	27.6	28.6	39.0	9.2
	통합	49.9	49.7	50.7	38.7	62.8
	집행	16.1	12.4	18.0	18.9	26.3
	소계	100.0	100.0	100.0	100.0	100.0
2015	합의	7.1	11.3	2.5	3.3	1.5
	생산	26.7	26.1	29.8	37.9	9.0
	통합	50.6	50.3	50.4	40.4	64.4
	집행	15.6	12.3	17.3	18.4	25.1
	소계	100.0	100.0	100.0	100.0	100.0

2016	합의	8.2	13.4	2.5	3.7	1.6
	생산	26.7	25.8	30.2	37.9	9.8
	통합	49.8	48.9	50.1	40.5	63.9
	집행	15.3	11.9	17.2	17.9	24.7
	소계	100.0	100.0	100.0	100.0	100.0
2017	합의	7.8	12.9	2.5	3.6	1.7
	생산	25.9	24.1	29.9	38.3	10.4
	통합	51.1	51.7	49.7	40.3	63.2
	집행	15.3	11.3	17.9	17.9	24.6
	소계	100.0	100.0	100.0	100.0	100.0
2018	합의	7.8	12.7	2.7	3.4	1.9
	생산	25.3	24.1	28.4	37.7	9.9
	통합	52.0	52.0	51.5	41.2	64.4
	집행	15.0	11.1	17.4	17.7	23.8
	소계	100.0	100.0	100.0	100.0	100.0
2019	합의	7.7	12.4	3.1	4.2	1.8
	생산	25.6	23.7	29.6	37.4	10.7
	통합	52.4	53.4	50.6	40.2	65.7
	집행	14.4	10.4	16.7	18.3	21.8
	소계	100.0	100.0	100.0	100.0	100.0

명확한 의미의 전달을 위하여 좀 더 구분하여 살펴보고자 한다. 먼저, 이 책에서 분석한 10년간의 평균을 보면 〈표 6-4〉, [그림 6-1]과 같다. 한국의 전체 지방정부를 기준으로 보면 한국의 지방정부는 통합기능을 수행하기 위하여 가장 많은 예산을 지출하고 있는 것으로 나타났다. 거의 절반(49.0%)에 가까운 예산을 통합기능을 수행하는 데 지출하고 있는 것이다. 이러한 현상은 지방정부가 수행하여야 하는 복지기능이 증가함으로써 발생한 현상으로 보인다. 다음으로는 생산기능을 수행하기 위하여 예산을 지출하고 있는 것으로 나타났다. 이는 전체의 28.1%이다. 특이한 것은 생산기능을 통하여 재원을 확보하여야 통합기능에 지출할 수 있는데, 통합기능에 지출된 예산이 생산기능에 지출된 예산보다 많다는 것이다. 이는 적은 예산을 투입하여 생산여건을 조성한 후 충분한 재원을 확보하여 통합기능을 수행하는 데 지출하였거나, 중앙정부에 의하여 이전되는 재원(지방교부세, 국고보조금 등)을 통하여 통합기능을 수행하는 데 지출하였을 것이다. 한국의 재정구조를 고려할 때 후자의 접근이 타당할 것으로 보인다.

표 6-4 한국 지방정부 계층별 · 기능별 분류: 10년 평균

(단위: %)

구분	계	시 · 도본청	시	군	자치구
합의	7.4	11.7	2.7	3.9	1.8
생산	28.1	27.6	30.9	38.9	10.7
통합	49.0	49.1	48.7	39.1	61.2
집행	15.5	11.7	17.7	18.1	26.3
계	100.0	100.0	100.0	100.0	100.0

그림 6-1 한국 지방정부 계층별 · 기능별 분류: 10년 평균 누적그래프

(단위: %)

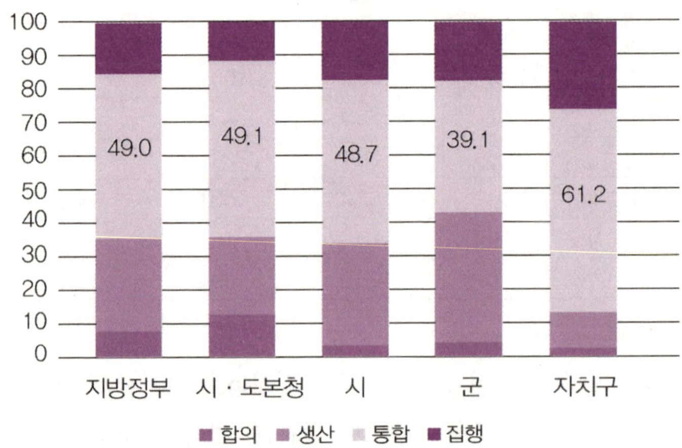

또한 〈표 6-5〉에서 보는 것처럼 한국 지방정부의 세입원을 보면 지방교부세와 보조금이 차지하는 비중이 2020년 예산기준 43.5%의 수준을 보이고 있다. 이는 지방정부가 통합기능을 수행하는 데 필요한 재원을 생산기능을 통해 확보하는 것이 아니라, 중앙정부의 이전재원에 의하여 확충하고 있다고 볼 수 있는 증거가 된다. 이 과정에서 지방정부는 중앙정부에 종속될 가능성이 커진다.

다음으로, 광역지방정부인 시 · 도본청을 기준으로 보면 한국의 전체 지방정부를 대상으로 분석한 결과와 거의 차이가 없는 것으로 나타난다. 그러나 기초지방정부를 대상으로 분석한 결과를 보면 수행기능에 차이가 발생한다. 시의 경우, 통합기능에 지출하

표 6-5 지방재정 세입원별 규모

(단위: 억 원, %)

구분	2015	2016	2017	2018	2019	2020
지방세	594,523 (34.3)	648,401 (35.1)	711,891 (36.9)	779,140 (37.0)	818,267 (35.4)	909,501 (35.9)
세외수입	202,489 (11.7)	218,326 (11.8)	223,362 (11.6)	226,917 (10.8)	225,837 (9.8)	240,541 (9.5)
지방교부세	315,849 (18.2)	319,527 (17.3)	337,384 (17.5)	378,699 (18.0)	432,954 (18.7)	493,705 (19.5)
보조금	417,917 (24.1)	430,191 (23.3)	440,673 (22.8)	480,061 (22.8)	549,698 (23.8)	607,488 (24.0)
지방채	48,207 (2.8)	37,766 (2.0)	22,757 (1.2)	19,905 (0.9)	37,287 (1.6)	55,605 (2.2)
보전수입 등 및 내부거래	153,605 (8.9)	191,615 (10.4)	195,465 (10.1)	222,062 (10.5)	246,108 (10.7)	225,423 (8.9)
계	1,732,590 (100.0)	1,845,826 (100.0)	1,931,532 (100.0)	2,106,784 (100.0)	2,310,151 (100.0)	2,532,263 (100.0)

주: 순계예산 규모.
자료: 행정안전부(2020). 『2020년도 지방자치단체 통합재정개요(상)』.

는 예산비중에는 지방정부 전체와 광역지방정부에 대한 분석결과와 큰 차이를 보이고 있지는 않다. 그러나 합의기능이 매우 적은 비중을 차지하고 있고, 집행기능이 증가한다. 그렇지만 전반적인 흐름은 지방정부 전체, 광역지방정부에 대한 분석결과와 크게 차이가 있다고 보여지지는 않는다. 군으로 가면 통합기능이 감소하고 생산기능이 증가하며, 집행기능 역시 시와 유사한 수준을 보인다. 자치구는 통합기능이 61.2%로 다른 지방정부의 종류와 비교할 때 매우 높은 수준임을 알 수 있다. 대신에 생산기능이 10.7%의 수준에 지나지 않는다. 반면, 집행기능이 26.3%로 다른 지방정부 종류에 비하여 매우 높은 수준이다.

다음으로는 이를 기능별 연도별로 변화추이를 보면 다음과 같다. 먼저, 합의기능의 변화추이를 보면 〈표 6-6〉, [그림 6-2]와 같다. 합의기능을 보면 연도별로 큰 변화를 보이고 있지는 않다. 지방정부는 안정적으로 합의기능을 수행하고 있음을 알 수 있다.

표 6-6 합의기능의 연도별 변화추이

(단위: %)

구분	지방정부	시·도본청	시	군	자치구
2010	7.0	10.9	2.6	3.8	2.2
2011	6.9	10.6	2.7	3.9	1.9
2012	7.5	11.3	3.1	5.2	1.9
2013	7.1	10.9	2.9	4.2	1.6
2014	6.6	10.3	2.7	3.4	1.7
2015	7.1	11.3	2.5	3.3	1.5
2016	8.2	13.4	2.5	3.7	1.6
2017	7.8	12.9	2.5	3.6	1.7
2018	7.8	12.7	2.7	3.4	1.9
2019	7.7	12.4	3.1	4.2	1.8

그림 6-2 합의기능의 연도별 변화추이 그래프

(단위: %)

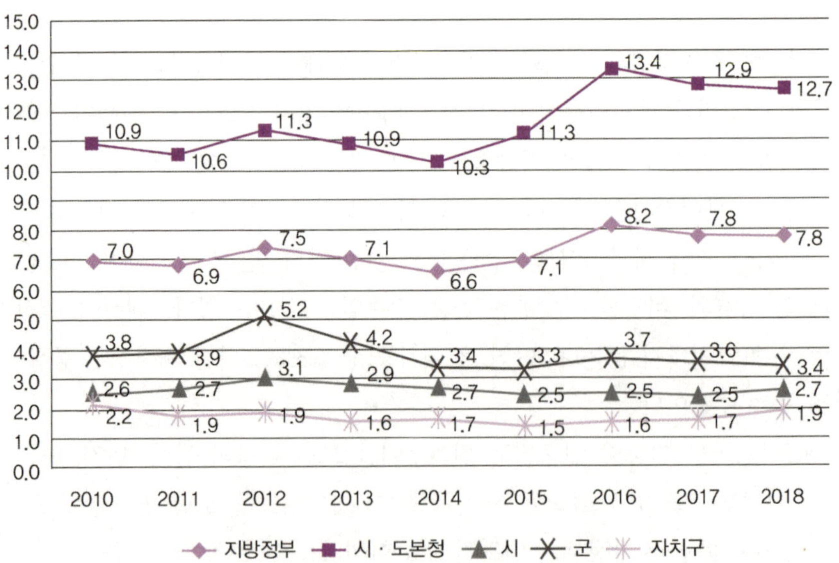

다음으로는 생산기능의 변화추이를 보면 〈표 6-7〉, [그림 6-3]과 같다. 생산기능을 보면 모든 지방정부 유형에서 비율이 감소하고 있는 것으로 나타났다. 즉, 생산기능이 줄어들고 있다는 것을 의미한다.

표 6-7 생산기능의 연도별 변화추이

(단위: %)

구분	지방정부	시 · 도본청	시	군	자치구
2010	32.5	32.7	34.6	41.1	14.2
2011	31.2	31.6	32.9	40.0	11.7
2012	30.4	29.9	33.6	39.9	11.2
2013	29.6	29.9	31.0	40.4	10.7
2014	27.4	27.6	28.6	39.0	9.2
2015	26.7	26.1	29.8	37.9	9.0
2016	26.7	25.8	30.2	37.9	9.8
2017	25.9	24.1	29.9	38.3	10.4
2018	25.3	24.1	28.4	37.7	9.9
2019	25.6	23.7	29.6	37.4	10.7

그림 6-3 생산기능의 연도별 변화추이 그래프

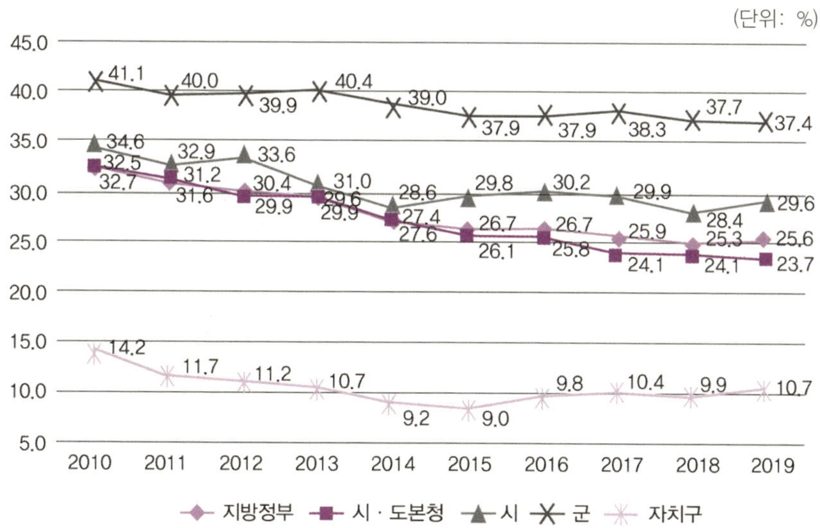

다음으로는 통합기능의 변화추이를 보면 〈표 6-8〉, [그림 6-4]와 같다. 통합기능을 보면 모든 지방정부의 유형에서 증가하고 있는 것으로 나타났다. 즉, 통합기능이 확대되고 있다는 것을 의미한다. 특히, 복지관련 기능이 증가한 것으로 나타난다. 자치구

표 6-8 통합기능의 연도별 변화추이

(단위: %)

구분	지방정부	시 · 도본청	시	군	자치구
2010	44.6	44.9	44.5	37.5	53.6
2011	45.6	45.2	46.5	38.0	55.9
2012	46.0	46.4	45.5	36.9	57.7
2013	47.9	48.0	47.9	37.4	60.6
2014	49.9	49.7	50.7	38.7	62.8
2015	50.6	50.3	50.4	40.4	64.4
2016	49.8	48.9	50.1	40.5	63.9
2017	51.1	51.7	49.7	40.3	63.2
2018	52.0	52.0	51.5	41.2	64.4
2019	52.4	53.4	50.6	40.2	65.7

그림 6-4 통합기능의 연도별 변화추이 그래프

(단위: %)

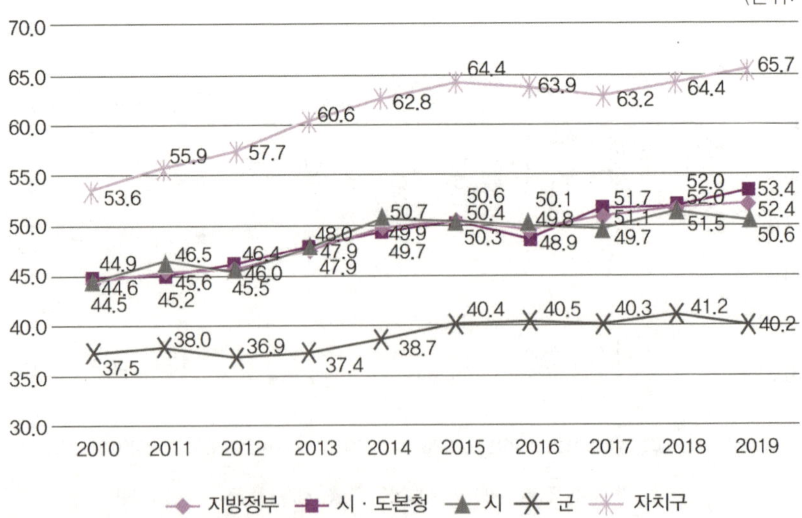

의 경우에는 10년 사이에 12.1%p가 증가한 것으로 나타났다.

다음으로는 집행기능의 변화추이를 보면 〈표 6-9〉, [그림 6-5]와 같다. 집행기능을 보면 크게 변화되지 않은 채 10년 동안 유지되고 있음을 알 수 있다. 다만, 자치구의

표 6-9 집행기능의 연도별 변화추이

(단위: %)

구분	지방정부	시 · 도본청	시	군	자치구
2010	15.9	11.5	18.4	17.6	30.0
2011	16.4	12.6	18.0	18.1	30.5
2012	16.1	12.4	17.8	17.9	29.2
2013	15.4	11.2	18.2	17.9	27.1
2014	16.1	12.4	18.0	18.9	26.3
2015	15.6	12.3	17.3	18.4	25.1
2016	15.3	11.9	17.2	17.9	24.7
2017	15.3	11.3	17.9	17.9	24.6
2018	15.0	11.1	17.4	17.7	23.8
2019	14.4	10.4	16.7	18.3	21.8

그림 6-5 집행기능의 연도별 변화추이 그래프

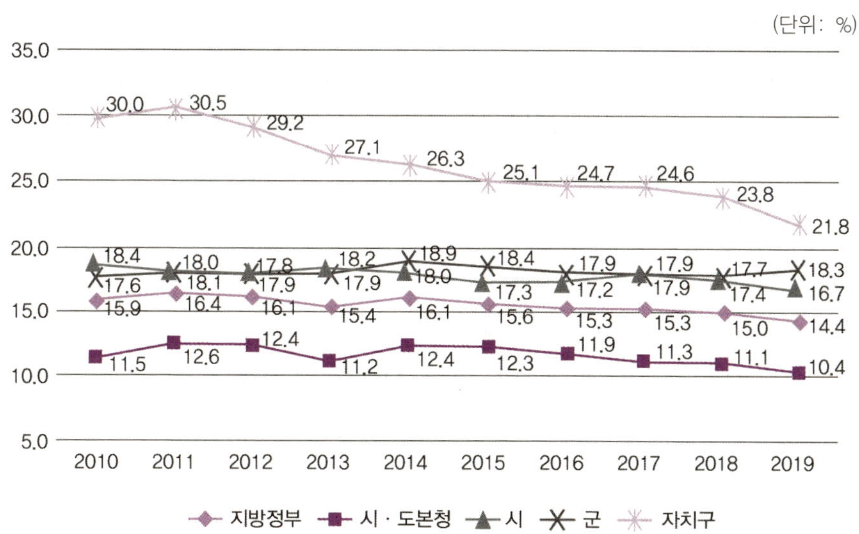

집행기능이 다른 유형의 지방정부에 비해 상대적으로 높다는 것을 알 수 있다.

2. 분석결과를 어떻게 해석하여야 하는가?

한국의 지방정부가 수행하는 기능을 클락과 디어(Clark & Dear, 1984)가 분류하고 있는 합의, 생산, 통합, 그리고 집행기능으로 분류한 후 분석한 결과를 보면 몇 가지의 시사점이 도출된다. 첫째, 한국의 지방정부는 생산기능이 아니라 통합기능을 수행하는데, 예산의 절반 정도를 사용하고 있는 것으로 나타났다. 특히, 통합기능 중 복지기능의 수행과 관련된 예산이 많은 비중을 차지하고 있다. 이러한 현상은 구조주의적 관점에서 보면 중앙정부의 복지정책에 대한 부담의 감소수단(Castles, 1985: 120)으로 지방분권정책을 추진하였다고 볼 수 있을 것이다. 둘째, 지방국가 역시 국가 전체의 일부분이기 때문에, 중앙국가가 수행하는 기능과 유사한 역할을 수행한다고 보는 도구주의 관점을 적용하기 위해서는 중앙국가에 대한 분석결과가 있어야 할 것이다. 이 책에서는 별도로 분석을 하지는 않았다. 다만, 기존 연구결과를 보면 생산기능이 전체의 43%를 차지하고 있고, 합의기능이 28%, 통합기능이 28%, 그리고 집행기능이 1%를 차지하고 있는 것으로 나타났다(정용덕, 2002: 306). 그리고 엄석진 · 배관표(2011: 343)는 1948년부터 1972년까지의 국가기구를 분석하였는데, 결과를 보면 생산기능이 50~70%, 합의기능이 20~40%, 통합기능이 1~20%, 그리고 집행기능이 0~5%를 차지하고 있는 것으로 나타난다. 가장 최근의 연구로는 정용덕 외(2021)를 들 수 있다. 가장 최근의 자료를 기준으로 할 때 통합기능 > 합의기능 > 생산기능 > 집행기능의 순으로 나타났다.

이를 앞에서 살펴본 것처럼 지방정부에 대한 분석결과와 비교하면 지방정부는 생산기능 > 합의기능 = 통합기능 > 집행기능으로 나타난다. 중앙정부는 통합기능, 지방정

표 6-10 중앙정부의 기능별 분석결과

구분	1985	1990	1995	2000	2005	2010	2016
생산기능	44.1	37.9	43.2	46.9	36.5	31.3	29.7
합의기능	33.5	34.8	31.1	27.9	34.5	34.5	33.7
통합기능	20.8	25.5	24.7	23.9	27.7	33.3	35.7
집행기능	1.5	1.8	1.0	1.3	1.3	0.9	0.8

자료: 정용덕 외(2021)의 변형.

부는 생산기능에 초점을 맞추고 있다. 즉, 지방정부는 국가가 수행하는 기능별 지출예산과는 차이가 있는 것으로 나타났다. 지방정부는 국가의 일부분이기 때문에 수행하고 있는 기능의 형태가 중앙정부 = 지방정부가 되어야 한다는 것을 지지하지는 못하고 있다.

제7장 엘리트론

제1절 기본개념과 정부간 관계

1. 엘리트론이란 무엇인가?

권력이 분산되어 있다고 주장하는 다원주의에 반대하면서 엘리트이론이 나타났다. 엘리트론에서는 다원주의 이론가들이 주장하는 다양성을 허구라고 비판한다. 국가 또는 사회를 지배하는 소수의 엘리트가 반드시 존재하는 것으로 간주하기 때문이다(정용덕 외, 2021). 엘리트는 파레토(Vilfredo Pareto, 1848~1923)에 따르면, 어떤 특별한 활동범위에서 가장 탁월한 위치를 차지하는 개인이다. 이러한 엘리트이론은 모스카(Gaetano Mosca, 1858~1941), 파레토, 미헬스(Robert Michels, 1876~1936)의 고전적 엘리트이론, 엘리트이론과 다원주의이론을 접목한 민주적 엘리트이론, 그리고 유럽에서 마르크시즘의 대항논리로 나타난 급진적 엘리트이론이 있다. 미국에서는 마르크시즘이 없었으며 따라서 다원주의의 반격을 위하여 이러한 급진적 엘리트이론이 사용되었다.

고전적 엘리트이론은 사회의 대다수를 지배하는 소수집단엘리트에 의한 정부가 필연적이라는 것을 증명하기 위한 과학적인 이론을 세우려고 노력하였으며, 여기에서 유명한 미헬스의 과두제의 철칙이 나타난다. 민주적 엘리트이론은 어떻게 대의민주주의가 운영되는지에 관한 실제적인 상을 제공하려고 노력하였다. 민주적 엘리트이론은 고전적 엘리트이론에서 엘리트의 존재를 인정하는 측면을 그대로 함축하며, 다원주의로부터 경쟁의 원리를 도입하여 엘리트간의 경쟁의 원리를 강조하였다. 이는 엘리트들간의 경쟁이 민주정부를 보호하기 때문에, 다원주의적 민주주의와 양립할 수 있다는 주장이다([그림 7-1] 참조). 급진적 엘리트이론은 헌터(Floyd Hunter)와 밀스(Wright Mills)의 연구로부터 나타난다. 헌터는 조지아주에서 지역지도자들이 권력을 획득하는 데 있어서 명성이 어떻게 작용하는가를 분석하였다. 이러한 연구는 일찍이 모스카, 미헬스 등에 의하여 주장되어 왔던 엘리트론이 지방 차원에서도 확인된 것이었다(이승종, 2014:

그림 7-1 파레토의 엘리트 순환이론

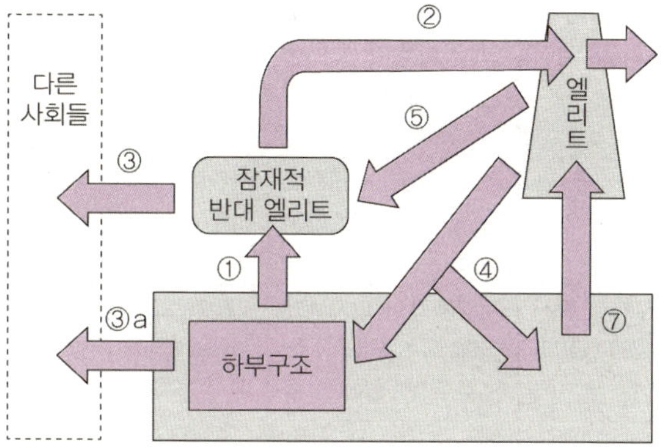

① 대중 내(주로 하부구조 영역에서) 사람들이 잠재적 반대 엘리트로 상향 이동
② 잠재적 반대 엘리트의 개별적 구성원들이 엘리트 집단의 다양한 수준으로 흡수
③ 잠재적 반대 엘리트 구성원들이 다른 사회로 이동. 이는 주로 강제유배 혹은 영구이민 등을 통해 이루어지는 현상
③a 대중 차원에서의 이민 역시 재능있는 개인들이 잠재적 반대 엘리트로 충원되는 것을 억제한다는 면에서 안정화 효과 보유
④ 엘리트는 다음의 두 목적을 위해 교활함, 이데올로기, 상징정치 등을 사용. 두 가지의 목표달성은 덜 가시적인 힘의 사용에 의해 보완
(a) 반대 엘리트가 부상하는 것을 방지(그래서 하부구조 영역에서 공격목표로 정해짐)
(b) 대중 전체를 일반적으로 조직되지 못하게 방해
⑤ 엘리트에 의한 반대 엘리트에 대한 직접적이고 공개적인 탄압(예: 투옥, 사형, 실종, 그리고 협박)
⑥ 엘리트 구성원들이 무기력으로 이동. 이는 주로 다음의 두 요인에 의해 발생
(a) 유전의 운명(능력있는 사람들이 능력이 부족한 자녀를 가짐)
(b) 엘리트의 사기와 냉혹함이 실종
⑦ 대중에 속한 개인들이 엘리트 하부 단계로 진입하는 것을 허용하는 사회적 상향 유동성(이러한 진입은 기업가정신, 승진, 결혼 등을 통해 이루어짐)

자료: Dryzek & Dunleavy(2009), 김욱 역(2018: 89).

390). 그리고 밀스는 권력엘리트의 개념을 제시하였다. 이는 군사, 사법, 정치엘리트를 이야기하며, 이러한 기관의 지도자들이 그들간의 연계를 통하여 응집력있는 권력엘리트를 형성한다고 한다. 고전적 엘리트이론과 급진적 엘리트이론의 차이점은 고전적 엘리트이론은 자유민주주의가 실현될 수 없는 유토피아적 사상이라는 것을 보여주려고 노력하나 급진적 엘리트이론은 실현가능한 생각을 집행하지 않는다고 비판한다는 데

표 7-1 고전적 엘리트이론과 민주적 엘리트이론의 비교

주요 특성	파레토	모스카	미헬스	민주적 엘리트
엘리트의 불가피성에 대한 설명	역사는 엘리트의 끝없는 순환을 보여줌	모든 사회는 소수에 의한 다수의 지배현상으로 규정됨	정당의 활동은 관료제와 과두제를 나타냄	정치는 권력투쟁의 산물이며, 국가이익이 다른 가치보다 우선함
엘리트의 속성	모든 분야에서 엘리트는 필연적임	경제적으로 우월하지는 않으나 지배계급으로 존재	조직의 속성에 의거 과두제는 필연적임	계층제를 통한 지배현상
엘리트 구조	여우와 사자의 속성에 따른 지배와 피지배 관계	지배계급의 피지배계급에 대한 정당성 확보를 위한 정치적 규제	과두지배의 철칙을 통한 구성원에 대한 지배력의 확보	엘리트가 현대 조직에 필수불가결한 요소라 하더라도 국가기관을 통한 지배력의 확보
엘리트의 순환	상위계급과 하위계급, 그리고 지배계급과 피지배계급간의 순환	순환은 전통에 따라 발생하지만 시간이 경과함에 따라 타 계급으로의 이동가능성	무능한 대중들에 의한 엘리트지배력과 엘리트 변덕에 대한 조종력의 확보	베버의 세 가지 지배유형으로부터 전혀 다른 새로운 엘리트 순환 유형의 출현
엘리트의 역할과제	진보세력과 보수세력의 존재로 진전 상황 없음	인류의 발전은 약간의 예외를 인정한 진보주의 수용	리더십구조는 민주주의의 교리와 함께 양립	베버의 카리스마적 지배는 창조적 지배형태이나 기관 조직의 출현으로 뒷전으로 물러남
수렴의 관점	마르크스주의적 경제주의와 자유주의적 민주주의의 거부	마르크스주의적 경제주의와 참여민주주의적 민주제도 거부	사회주의와 자유주의적 민주주의 거부	사회주의와 참여자유주의적 민주제도 거부
경험적 연구의 초점	조국 이탈리아에서 엘리트 지배이론의 경험 실패	과거정부에서 자발적 엘리트가 항상 존재하는 것이 아니라는 것을 보여줌	취약한 경험적 사실을 통하여 서구 정당의 엘리트 지배이론 정립 시도	제한된 정치학보다는 사회학적 관점에서 정부의 정통성 확보문제와 관료지배의 분석에 대한 연구

자료: Evans(1995: 234-235), 김종명(2002: 11).

있다(〈표 7-1〉 참조).

엘리트이론의 방법론적 접근방법은 과학적 연구방법에 초점을 맞추고 있다. 그들의 방법은 귀납적이고 논쟁적이다. 그리고 과두제의 철칙과 같이 결정론적인 신념을 가지고 있다. 권력에 대한 그들의 관점은 권력이 인간존재의 보편적인 현상이며 본래적으로 불평등한 관계라고 주장한다. 즉, 어떤 사회이든지 응집력을 가지고 있는 지배엘리트는 반드시 존재하며, 그들이 가지고 있는 권력이 거의 대다수의 정책문제에 관여되어 있기 때문에 정책결정에 결정적인 역할을 수행한다는 것이다(정용덕, 1994: 35[1413]). 그리고 엘리트이론에 있어서 가치는 이들이 가치중립적인 입장에서 연구를 수행한다고 할지라도 분석적 측면에서 결국 강한 가치입장을 취하고 있다고 볼 수 있다. 특히, 엘리트이론에서도 문화는 존재하나 이러한 문화는 국민이 따르도록 유도하는 상징적 이데올르기로서 부정적인 기능을 하는 것으로 보고 있다.

엘리트와 대중을 연결하는 장치로서 정당이나 미디어, 선거 등이 있으나 여러 가지 한계점들 때문에 대중의 요구는 전달되지 않는다. 따라서 엘리트이론에서의 정책은 국민의 요구나 민의를 반영하는 것이 아니라 엘리트집단의 이해관계나 가치관을 반영한다. 그리고 엘리트이론에서는 대중을 일반적으로 수동적이고 무관심하며 정보에 어두운 존재로 본다. 즉, 대중이란 분화되지 않은 결합물로서 조직되지 못하고 행동에 있어서 예측하기 어려운 존재(Dryzek & Dunleavy, 2009; 김욱 역, 2018: 77)로 간주한다. 따라서 엘리트와 대중간의 관계에 있어서 유권자인 대중이 엘리트에 영향을 미치는 것이 아니라 엘리트가 대중을 유도하고 영향을 미친다.

엘리트이론에서 국가는 주어진 영역 안에서 합법적인 힘의 독점을 유지하기 위한 강제적인 제도로서 정의하고 있다. 이러한 국가조직은 정치지도자로서의 역할, 권력엘리트로서의 역할, 정책방향을 제시하는 역할, 위기 시에 의사결정 역할 등을 하여야 한다. 그리고 국가는 집권적인 성향과 분권적인 성향을 함께 가지고 있다. 분권을 강조할 때는 골치 거리가 되는 문제를 지방정부에 이양함으로써 이에 대한 책임을 회피하려는데 있다. 그리고 엘리트이론에서 정책은 국민의 요구나 민의를 반영하는 것이 아니라 엘리트집단의 이해관계나 가치관을 반영한다. 이를 위하여 정치엘리트와 경제엘리트가 상호협조하기도 한다.

엘리트이론에서의 위기는 세 가지 측면에서 제시할 수 있다. 첫째는 제한되지 않은 엘리트의 경쟁인데, 이는 구체적인 상황에서 정치적 안정을 위협할 수 있다. 둘째는 엘리트의 고정화이다. 이는 고정화되면 이에 반대하는 대항엘리트가 생길 수 있기 때문이다. 셋째는 불충분한 엘리트주의에서 발생될 수 있다. 이는 대중이 정치로 들어올 때 그들은 협상과 타협의 기술이 없기 때문에, 너무 많은 대중이 정치에 들어오면 위기가 발생될 수 있다(Dunleavy & O'Leary, 1987).

결론적으로, 엘리트이론을 다음과 같이 종합할 수 있을 것이다. 엘리트주의에서 가정하는 사회는 일단의 사회적 엘리트를 정점으로 하는 피라미드와 같은 조직이다. 개개인은 정치에의 동등한 참여자가 아니고 정치권력에의 접근은 엘리트에 의해, 엘리트에게만 제한되어 있으며 대다수의 대중은 상징적 정치과정의 대상이 된다. 여기서 엘리트를 결정하는 변수는 마르크시즘에서 주장하는 계급도 하나의 변수로 포함되지만 더 넓게 지위, 권력, 직업, 소득 등 더 넓은 범주의 변수를 포괄한다(차만재 외, 1991: 73-74). 따라서 근대 사회는 엘리트에 의해 지도되고 다수대중에 의해 구성되는 대조직으로 이해된다.

2. 엘리트론에서는 정부간 관계를 어떻게 보고 있는가?

엘리트론에서의 정부간 관계는 두 가지의 이론에 의하여 대표된다고 볼 수 있다. 하나는 밀스(Wright Mills)의 권력엘리트론(Power Elite Theory)이고, 다른 하나는 헌터(Floyed Hunter)의 지역공동체권력론(Community Power Theory)이다.

1) 엘리트론에서 보는 정부간 관계는 무엇인가?

(1) 밀스의 권력엘리트론

권력엘리트론은 밀스(Mills, 1956)에 의해 발전되었다. 밀스는 사회계급현상을 설명하는 단위로서 엘리트를 본 것이 아니라, 특정 분야 내에서 영향력을 가지고 있는 사람으로 보고 있다. 밀스는 정치, 기업, 그리고 군의 3자가 권력엘리트가 되었고, 권력엘리트들이 관리하는 조직의 고위층들을 권력의 중간수준에 위치하도록 하였다고 보았다. 밀스에 있어 엘리트의 구조는 상층부에 권력엘리트가 있고, 중간에는 중간수준의 권력, 그리고 하층부에 무기력한 대중이 있다고 한다. 권력엘리트들은 경제 및 외교정책과 관련하여 역사에 남을 만한 수준의 이슈에 관여하였고, 낮은 수준의 이슈들에 대해서는 관심을 가지지 않았다. 과거에는 역사에 남을 만한 사건들을 결정할 때 지방의 정치인과 시민들이 관여하였으나, 현재의 미국은 더 이상 그런 현상이 나타나지 않는다고 하였다(Dryzek & Dunleavy, 2009; 김욱 역, 2018: 98-99).

밀스의 엘리트이론, 즉 권력엘리트이론에 의하면 지방정부는 변방적(peripheral)인 수준의 지위 이상을 가지지는 못한다. 지방정부는 단지 초기 산업사회의 잉여적 유산일 뿐이고, 그마나 현대에 들어오면서 지방정부의 적실성과 중요성이 대폭 감소되어 있을 뿐이다. 매우 중요한 정책은 권력엘리트(예: 중앙핵심행정부의 엘리트, 군의 최고 지휘자, 대기업의 주인 또는 최고경영자)가 결정한다. 지방정부수준에서 이루어지는 투입정치의 기능이 있기는 하나 중간수준의 권력에 국한된다. 이 수준에서 이루어지는 정책결정은 권력엘리트의 지배력 위장과 주의의 전환에 기여하는 기능을 수행한다. 그리고 권력엘리트들은 막대한 수준의 재량권을 가지고 있고, 이를 자신의 이익을 위해 활용한다. 중간수준의 권력은 대중의 의견과 영향력을 단지 흡수하는 장치에 지나지 않으며 여론을 전달하지는 않는다. 권력엘리트들은 지역에 있는 중간수준 권력에 의존하지 않고, 비엘리트들에 대한 규제과정에도 직접적인 관여는 하지 않는다.

그림 7-2 과거의 엘리트이론과 권력엘리트이론

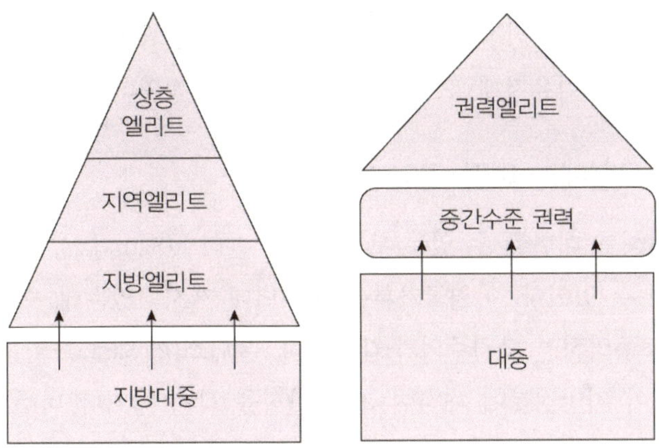

자료: Dryzek & Dunleavy(2009), 김욱 역(2018: 99).

(2) 헌터의 지역공동체권력론

밀스는 미국의 소도시를 하나의 지방사회(영역)라고 보고, 그 영역 내에서 중소기업이나 지방지도자, 그리고 다양한 공동체 집단들이 활발하게 활동하면서 중요한 이슈들을 처리하고 있다고 하였다. 이러한 성향은 대도시와는 차이가 있다. 대도시 정치는 소도시와는 달리 부유한 가정으로 구성되어 있는 사회적, 그리고 경제적 엘리트가 주도하였다는 것이다. 앞에서 살펴본 것처럼 이들을 권력엘리트라고 한 것이다.

헌터(Hunter, 1958) 역시 미국의 도시를 대상으로 공동체 권력연구를 하였으나 밀스와는 다른 결론을 도출하였다. 다원주의자들이 주장하였던 다양한 정치리더십 구조가 존재하지 않았다는 것이다. 즉, 엘리트들이 지역을 지배하고 있기 때문에, 어떠한 경우에도 다원주의자들이 주장하는 다원적 정책결정이 이루어질 수 없다는 것이다(정용덕, 1994). 헌터는 평판방식에 의거하여 분석한 결과 도시 차원에서의 권력은 전국적 엘리트의 소형판이라고 보아야 한다고 한다는 결론을 도출하였다. 즉, 지방에서 중요한 사업가(특히, 부동산업개발업자 등), 선거자금과 투자를 위해서 사업가에 의존하여야 하는 지방정치가로 구성되어 있다고 하였다(Dryzek & Dunleavy, 2009; 김욱 역, 2018: 100-101). 우리는 이를 지역공동체권력론(Community Power Theory)이라고 부른다. 이들은 지역공동체권력론에 의하면, 지역의 엘리트들이 비공식적 영향망을 통해 민주주의적 절차를 무시하고 있으며, 결정된 정책은 지역공동체 내에서 영향력이 가장 큰 집단의 이익을 반영하는 것이다. 지역의 엘리트들이 정책과정을 지배하고 있기 때문에, 흔히 무의사결정의 형태로 정책결정이 이루어진다고 보아야 할 것이다. 그들이 인정한 문제들만 정책의제로 다루어질 수 있기 때문에(Bachrach & Baratz, 1962; 1963; 1970), 지역의 엘리트들의 권력유지에 도움이 되는 것들만 상정된다.

2) 대표적인 모형에는 어떤 것이 있는가?

엘리트론을 견해를 대변할 수 있는 모형으로는 손더스(Saunders, 1984: 23)가 제시한 이원국가론을 들 수 있이다. 이원국가론은 1984년대 제시되었는데, 이때의 지방정부에 대한 연구는 기능주의적인 다원주의가 대세였다. 손더스(P. Saunders)는 전통적 다원주의와 마르크시즘이 지방정부에 대하여 거의 관심을 갖지 않거나 너무 많은 관심을 가지게 된 것이 단원론적 설명을 시도하였기 때문이라고 본다. 이러한 비판과 함께 손더스는 수평적인 측면에서는 지방정부를 정책의 유형으로 구분하였고, 수직적인 측면에서는 지방정부와 중앙정부로 구분한 후 다원주의와 마르크시즘을 대입시키는 방식으로 설명하고자 하였다(이종수, 1993: 852).

이원국가론을 설명하는 방식은 재정지출의 유형, 국가개입 및 의사결정의 양식, 정부수준간 기능배분, 그리고 사회적 함의의 4단계로 구분하는 방식(Dunleavy, 1984: 66-69)도 있고, 손더스(Saunders, 1984)가 제시한 국가기능의 유형화, 정부계층별 기능배분,

중앙정부와 지방정부의 비교의 3단계를 제시하고 있다. 이 책에서는 손더스(Saunders, 1984)의 단계에 따라 설명하고자 한다. 다만, 분석에 필요한 내용을 중심으로 살펴본다는 점에서 국가기능의 유형화와 정부계층별 기능배분에 대해서만 살펴보려고 한다. 구체적인 내용은 정용덕 외(2001), 이종수(1993) 등을 참고하면 될 것이다.

(1) 국가기능의 유형화

국가기능의 유형은 손더스(Saunders, 1984)와 코오슨(Cawson, 1978)에 의할 경우 사회투자와 사회소비로 구분된다. 손더스와 코오슨은 이원론으로 구분하면서 오코너(James O'Connor)의 사회비용, 사회투자 그리고 사회소비를 참고하였다고 한다. 이 책에서는 좀 더 세분화된 형태인 오코너의 사회비용, 사회투자, 그리고 사회소비로 구분하여 설명하고자 한다.

먼저, 사회비용은 경제활동에 필요한 기능이기는 하나 이윤촉진에 직접적으로 도움을 주지 않는 기능에 지출하는 예산이다. 여기에는 경찰, 군대 등과 같은 기능이 포함된다. 다음으로, 사회투자는 직접적으로 자본을 위해 생산수단을 제공하는 기능에 지출하는 예산이다. 여기에는 교육훈련을 통한 인적자원의 제공, 그리고 사회간접자본(예: 도로·항만·발전소 등)과 같은 물적자원의 제공과 같은 기능의 수행을 위하여 지출하는 예산이다. 마지막으로, 사회소비는 노동비용을 감축시키기 위하여 수행하는 기능에 지출하는 예산이다. 여기에는 식품구입권·공적 부조, 연금 등과 같은 집합적 소비와 사회보험 등이 포함된다(정용덕 외, 2001).

(2) 정부계층별 기능배분

국가는 중앙정부, 광역지방정부, 그리고 기초지방정부로 계층화된다. 앞에서 살펴본 사회비용, 사회투자, 그리고 사회소비를 중앙정부, 광역지방정부, 그리고 기초지방정부에 어떻게 배분하는가의 문제이다.

사회투자는 자본의 근본적 이익 보장을 위하여 시민들의 통제에서 벗어나 있는 중앙행정조직 또는 준정부기관에게 맡기는 것을 고려할 수 있다. 사회소비는 지방정부가 수행하도록 하는 것을 생각할 수 있다. 그 이유는 지방정부의 경우, 헌법상의 지위가 중앙정부에 비해 낮을 뿐만 아니라 많은 재원을 중앙정부에 의존하고 있어서, 지방정부가 시도하고자 하는 의사결정의 범위를 제한시킬 수 있기 때문이다. 즉, 사회투자는 중앙정부, 그리고 사회소비는 지방정부가 담당하도록 기능을 배분함으로써 국가제도의 이원화를 도모할 수 있다(정용덕 외, 2001).

제 2 절

정부간 관계에 대한 경험적 분석

1. 한국은 엘리트론에서 보는 정부간 관계 현상이 나타나는가?

1) 무엇을 분석할 것인가?

손더스(Saunders, 1984)의 이원국가론에 대한 경험적 검증을 하고자 한다. 즉, 정부에서 수행하고 있는 기능을 사회비용, 사회투자, 그리고 사회소비로 구분한 후 사회투자는 중앙정부가 담당하고, 사회소비는 지방정부가 담당하고 있는지를 파악하고자 하는 것이다.

이원국가론을 분석하기 위해서는 사회비용, 사회투자, 그리고 사회소비기능을 예산

표 7-2 이원국가론의 분석을 위한 기능과 예산의 분류

구분	중앙정부	지방정부
사회비용	• 일반・지방행정 • 공공질서 및 안전 • 통일외교 • 국방	• 일반공공행정 • 공공질서 및 안전
사회투자	• 농림수산 • 산업・중소기업 및 에너지 • 교통 및 물류 • 통신 • 국토 및 지역개발 • 과학기술	• 농림해양수산 • 산업・중소기업 • 수송 및 교통 • 국토 및 지역개발 • 과학기술
사회소비	• 교육 • 문화 및 관광 • 환경 • 사회복지 • 보건	• 교육 • 문화 및 관광 • 환경보호 • 사회복지 • 보건
기타	• 예비비	• 예비비 • 기타

항목과 일치시키는 작업이 있어야 한다. 여기에서는 〈표 7-2〉와 같이 분류하였다.

국가재정은 기획재정부의 열린재정(https://www.openfiscaldata.go.kr/)의 자료를 활용하였고, 지방재정은 지방재정365(https://lofin.mois.go.kr/)를 활용하여 자료를 수집하였다. 중앙재정은 추경자료를 활용하였고 지방재정은 결산자료이다.

2) 분석결과는 어떠한가?

이원국가론에서 주장하고 있는 내용이 한국에 적용되고 있는지를 검증하기 위하여 경험적으로 분석한 결과는 〈표 7-3〉과 같다. 〈표 7-3〉은 중앙정부와 지방정부를 대상으로 이원국가론에서 분류하고 있는 사회비용, 사회투자, 그리고 사회소비라는 기능으로 구분한 후 2010년부터 2019년까지 10년간을 분석한 것이다.

분석결과를 보면 2010년 중앙정부는 사회비용(43.7%) > 사회소비(34.9%) > 사회투자(20.2%) > 기타(1.2%)의 순서를 보이고 있는 것으로 나타났다. 즉, 사회비용과 관련된 기능을 수행하기 위하여 가장 많은 예산을 지출하였다고 볼 수 있다. 그 다음은 사회비용에 지출하는 예산이 많았다. 2019년을 보면 사회소비(42.8%) > 사회비용(42.1%) > 사회투자(14.2%) > 기타(0.9%)의 순서를 보이고 있는 것으로 나타났다. 즉, 2010년과 달리 사회비용기능보다 사회소비기능에 더 많은 예산을 지출한 것으로 나타났다. 사회투자는 2010년 20.2%에서 2019년 14.2%로 감소하였다. 즉, 사회소비기능에 대한 지출

표 7-3 이원국가론에 대한 중앙정부의 연도별 분석결과

구분	사회비용	사회투자	사회소비	기타
2010	43.7	20.2	34.9	1.2
2011	44.5	18.6	35.7	1.1
2012	44.7	18.1	36.1	1.1
2013	42.5	17.7	37.6	2.2
2014	42.7	16.9	38.9	1.4
2015	41.8	18.1	38.9	1.2
2016	44.5	16.5	37.8	1.2
2017	43.6	15.6	39.7	1.1
2018	42.4	15.0	41.6	1.0
2019	42.1	14.2	42.8	0.9
평균	43.3	17.1	38.4	1.2

예산의 비율이 커지고 있는 반면, 사회투자기능에 지출하는 예산의 비율은 감소하고 있다.

좀 더 명확하게 하기 위하여 그래프를 통해 보여주면 [그림 7-3]과 같다. 그래프에서 보는 것과 강이 사회소비기능에 대한 지출예산의 비중은 상향하고 있는 반면, 사회투자에 지출되는 예산의 비중은 하향하고 있다. 그리고 사회비용은 큰 변동없이 유지되고 있음을 알 수 있다.

그림 7-3 이원국가론에 대한 중앙정부의 연도별 · 기능별 분석결과

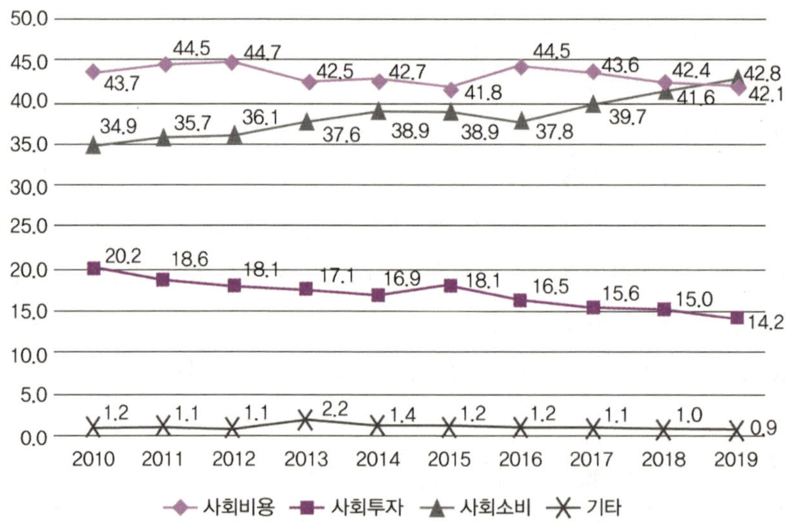

기능별 지출예산의 비중 차이를 명확하게 보여주기 위하여 누적그래프를 그린 것은 [그림 7-4]와 같다.

그림 7-4 이원국가론에 대한 중앙정부의 연도별 · 기능별 분석결과(누적분포)

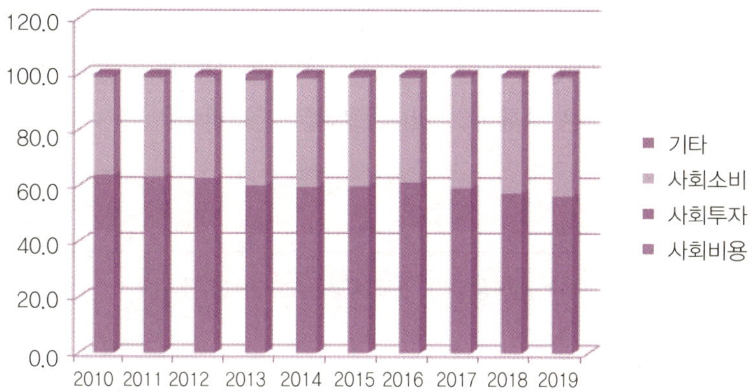

지방정부에 대한 분석결과는 〈표 7-4〉와 같다. 2010년 지방정부는 사회소비(44.6%) > 사회투자(31.0%) > 사회비용(14.0%) > 기타(10.4%)의 순서로 나타났다. 2019년에는 사회소비(52.4%) > 사회투자(24.5%) > 사회비용(13.9%) > 기타(9.3%)로 나타났다. 지출하는 예산의 규모와 비중에 차이는 있지만 각 기능에 지출하는 순서에는 변화가 없다.

표 7-4 이원국가론에 대한 지방정부의 연도별 분석결과

구분	사회비용	사회투자	사회소비	기타
2010	14.0	31.0	44.6	10.4
2011	14.6	29.2	45.6	10.6
2012	14.7	28.9	46.0	10.4
2013	14.6	27.3	47.9	10.3
2014	13.7	25.7	49.9	10.6
2015	14.4	24.8	50.6	10.2
2016	15.4	25.0	49.8	9.9
2017	14.0	24.9	51.1	10.1
2018	13.5	24.5	52.0	10.1
2019	13.9	24.5	52.4	9.3
평균	14.3	26.6	49.0	10.2

다만, 사회소비기능에 대한 지출예산의 비중이 2010년 44.6%에서 2019년 52.4%로 7.8%p가 높아진 반면, 사회투자는 2010년 31.0%에서 2019년 24.5%로 6.5%p가 낮아졌다.

좀 더 명확하게 하기 위하여 그래프를 통해 보여주면 [그림 7-5]와 같다. 그래프에서 보는 것과 같이 사회소비기능에 대한 지출예산의 비중은 상향하고 있는 반면, 사회투자에 지출되는 예산의 비중은 하향하고 있다. 그리고 사회비용은 큰 변동없이 유지되고 있음을 알 수 있다.

그림 7-5 이원국가론에 대한 지방정부의 연도별 기능별 분석결과

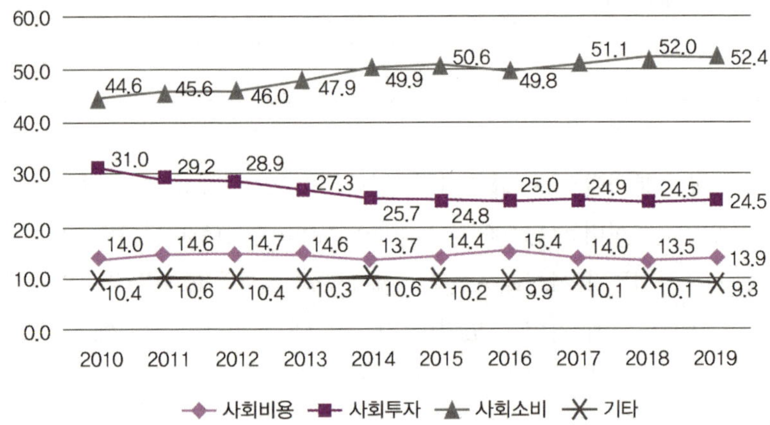

기능별 지출예산의 비중 차이를 명확하게 보여주기 위하여 누적그래프를 그린 것은 [그림 7-6]과 같다.

그림 7-6 이원국가론에 대한 지방정부의 연도별 · 기능별 분석결과(누적분포)

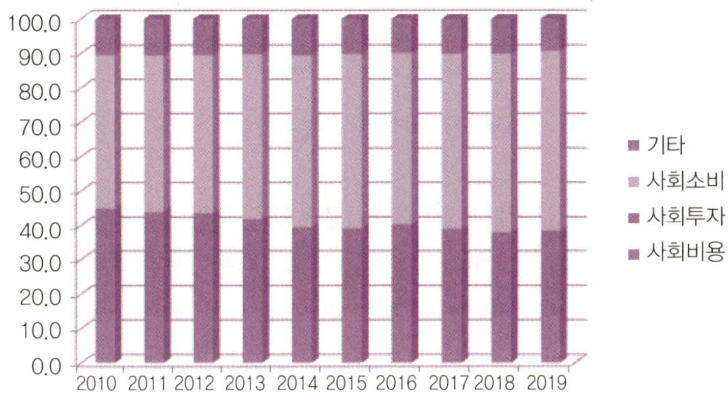

중앙정부와 지방정부를 대상으로 이원국가론에서 분류하고 있는 사회비용, 사회투자, 사회소비로 국가의 기능을 분류한 후 연도별로 분석한 결과를 종합적으로 제시하면 〈표 7-5〉와 같다.

표 7-5 이원국가론에 대한 정부계층별 연도별 분석결과

구분	사회비용		사회투자		사회소비		기타	
	중앙정부	지방정부	중앙정부	지방정부	중앙정부	지방정부	중앙정부	지방정부
2010	43.7	14.0	20.2	31.0	34.9	44.6	1.2	10.4
2011	44.5	14.6	18.6	29.2	35.7	45.6	1.1	10.6
2012	44.7	14.7	18.1	28.9	36.1	46.0	1.1	10.4
2013	42.5	14.6	17.7	27.3	37.6	47.9	2.2	10.3
2014	42.7	13.7	16.9	25.7	38.9	49.9	1.4	10.6
2015	41.8	14.4	18.1	24.8	38.9	50.6	1.2	10.2
2016	44.5	15.4	16.5	25.0	37.8	49.8	1.2	9.9
2017	43.6	14.0	15.6	24.9	39.7	51.1	1.1	10.1
2018	42.4	13.5	15.0	24.5	41.6	52.0	1.0	10.1
2019	42.1	13.9	14.2	24.5	42.8	52.4	0.9	9.3

사회투자기능과 사회소비기능을 수행하기 위하여 지출하는 예산의 비중을 보면 중앙정부에 비하여 지방정부가 더 큰 것으로 나타났다. 중앙정부의 경우, 사회비용기능에 지출하는 비용이 지방정부에 비하여 매우 높은 수준을 보이고 있다.

2. 분석결과를 어떻게 해석하여야 하는가?

이원국가론에서는 중앙정부가 사회투자를 담당하고, 지방정부는 사회소비를 담당하도록 기능을 배분하는 것을 선호한다. 경험적 분석결과를 보면 중앙정부에 비하여, 지방정부가 사회투자기능과 사회소비기능에 더 많은 예산의 비중을 지출하고 있는 것으로 나타났다. 특히, 중앙정부는 이원국가론에 의할 경우 사회투자기능에 지출하는 예산의 비중이 증가하여야 함에도 불구하고 축소하고 있는 것으로 나타났다. 지방정부는 사회소비기능을 담당하도록 배분한다는 원칙에 따라 사회소비에 대한 지출예산의 비중을 상향조정하고 있는 것으로 나타났다.

중앙정부가 사회투자에 대한 지출예산의 비중을 축소한 이유는 몇 가지로 해석이 가능하다. 첫째는 일정 수준 사회간접자본이 확충되었기 때문으로 볼 수 있다. 둘째, 지속적으로 사회간접자본의 확충을 위하여 지출 규모를 증가시키고 있으나, 예산의 증가율이 더 크기 때문으로 해석할 수 있다. 한국에서 사회간접자본의 확충과 같은 물적자원의 제공을 위한 지출예산은 줄어들지 않고 있다는 사실을 고려할 때 후자의 해석이 맞을 수 있을 것으로 보인다.

지방정부는 사회투자기능을 수행하는 데 지출하는 예산의 비중을 축소하는 대신, 사회소비기능의 수행을 위한 지출예산의 비중을 확대하고 있는 것으로 나타났는데, 이는 이원국가론에서 제시하고 있는 설명과 일치한다고 볼 수 있다. 사회소비기능에 지출하는 예산의 비중이 증가하고 있는 것은 그동안 중앙정부가 수행하였던 사회복지기능 중 상당부분이 지방의 부담으로 이양되었기 때문으로 해석할 수 있을 것이다. 실제로, 지방재정에서 사회복지비가 차지하는 비중은 전체의 1/4 수준에 달하고 있다.

지금까지의 분석결과를 토대로 하면 손더스(P. Saunders)가 제시하고 있는 이원국가론의 개념은 한국에 적실하지는 않은 것으로 보인다. 지방정부에서 수행하여야 하는 기능과 관련해서는 일정 부분 적용된다고 볼 수 있으나 중앙정부는 적용되지 않는다는 것을 알 수 있다.

제8장 국가이론의 종합

제 1 절 국가이론에 대한 논의

1. 국가란 무엇인가?

국가가 무엇인지에 대해서 통일된 개념은 존재하지 않는다. 그나마 보편적으로 인정되고 있는 개념이 있는 바 이를 소개하고자 한다. 스키너(Skinner, 1978)는 국가를 "해당 영토를 관리 및 통제하는 권한을 가지고 있는 비인격적이고 특권적인 헌법적 또는 법적 질서"로 보았다. 그리고 홀과 이켄베리(Hall & Ikenberry, 1989)는 "자체적이고 응집력이 있는 제도들의 집합, 지리적으로 경계가 지어진 영역, 그 영역 내에서의 규칙 제정"(Hall & Ikenberry, 1989)과 같이 국가를 정의하고 있다.

국가의 기원은 국가자연설, 국가신의설, 사회계약설, 국가실력설로 구분하여 제시되고 있다. 즉, 국가의 기원을 어떤 관점에서 보는 가에 따라 다르다는 것이다. 국가자연설에서는 사람들이 자연적으로 모여서 상호작용하는 과정에서 국가가 만들어졌다고 보아야 한다는 것이다. 국가신의설은 국가는 신의 뜻에 따라 만들어졌다는 것이다. 사회계약설은 개인이 계약에 의거하여 자신의 모든 자유권을 국가에 위임하고 대신 생명과 재산 등의 보호를 받는다. 그리고 국가실력설은 정복과 힘에 의하여 국가가 만들어진다고 보는 학설이다.

국가이론은 다양하게 분리가능하나 다원주의, 신우파, 마르크시즘, 그리고 엘리트론에 대해 검토하였다. 가장 고전적인 분류방식이기 때문이다. 이 책에서는 네 가지의 국가이론을 살펴보았다.

2. 다원주의, 신우파, 마르크시즘, 엘리트론이란 무엇인가?

다원주의는 군주제 또는 일원적 권력에 대항하여 발생하였으며, 이에 대한 기초를 제공한 인물로는 로크(John Locke), 몽테스키외(Charles-Lousis de Montesquieu), 매디슨(James Madison), 밀(J. S. Mill), 벤틀리(A. Bentley) 등이 있다. 다원주의(Pluralism)는 개인의 자유와 권리를 보장하기 위하여 권력이 분산되고 제한되는 입헌정부를 기본적 가정으로 한다. 따라서 자유주의와 기본적 가정을 공유하며, 개인이 아니라 집단에 초점을 둔다는 점에서 차이가 있다. 다원주의는 정책결정과정에서 나타나는 이익집단이나 선거과정에서 나타나는 유권자의 선호와 같이 다양한 개인이나 집단의 영향력을 강조한다. 이러한 다양한 집단들간의 경쟁을 통하여 사회적 균형에 도달할 수 있으며, 여기서 정부는 조정자의 역할에 지나지 않는다. 한편, 철학적 다원주의는 국가가 사회의 모든 영역에 개입하고, 선전을 확대하며, 테러에 의하여 위협을 가하는 전체주의에 반대한다(Arendt, 1951).

신우파는 전통적 다원주의가 가지고 있는 한계를 비판하고, 또한 민주정치제도가 발생시킨 병리적인 결과를 설명하고 있다. 신우파는 기본적으로 고전적 사고인 자유주의를 현대화하는 시도라고 볼 수 있다. 17세기 사회계약론에 기초한 근대 국가 형성의 기초가 되는 이론으로서, 입헌적 제한정부, 대의민주주의, 법의 지배와 법 앞의 평등, 권력의 분립, 사상 및 표현의 자유 보장을 특징으로 한다. 고전적 자유주의는 모든 인간 삶의 근본적 이유로서 개인의 번성과 발전을 제1순위로 두었으며, 국가에 대한 개인의 권리를 정당화하였다. 이 이론은 두 가지의 가정으로부터 출발하고 있다. 첫째는 인간을 효용극대자로 보고 있고, 따라서 자기 이익을 위해서 상호간에 협동하는 존재로 간주한다. 둘째는 정치적 시장과 경제적 시장을 구분한 후 정치적 시장은 좋지 않은 것이고 경제적 시장은 좋은 것이라고 생각한다. 이러한 신우파에는 1970년대 미국의 공공선택학파와 하이에크(Friedrich Hayek) 등의 오스트리아학파, 그리고 영국의 신우파 대처(Margaret Thatcher) 정부, 미국의 레이건(Ronald Reagan) 정부, 그리고 2000년대 워싱턴 컨센서스에 의한 신자유주의 등으로 발전하며 정부개혁안을 제시해 왔다. 구체적으로 보면 1980년대와 1990년대 초반 전 세계적인 영향력의 정점에 도달했는데, 특히 영미계 정부에서 그 현상이 두드러졌다. 영국에서는 신우파 또는 대처주의, 호주에서는 경제적 합리주의, 다른 곳에서는 신자유주의라고 부르기도 하였다(Dryzek & Dunleavy, 2009; 김욱, 2018: 134).

마르크시즘(Marxism)은 마르크스(Karl Marx)와 엥겔스(Friedrich Engels)가 19세기 초 영국의 고전경제학, 독일철학, 그리고 프랑스혁명에 대한 경험의 세 가지 요소에 영향을 받아 이를 비판, 재구성하여 종합한 것이다. 국가에 대한 이들의 견해는 도구주의적 모형, 조정자모형, 기능적 모형의 세 모형에서 발견할 수 있다. 도구주의적 모형에서 국가는 부르주아의 도구이며, 이들의 이익을 대변하는 위원회에 지나지 않는다는 입장이다. 설사 단기적으로는 부르주아의 이익에 반할 수 있으나, 장기적으로는 부르주아의 이익에 일치된다는 주장이다. 조정자모형에서 국가는 계급투쟁이 균형을 이룰 때 나타나는 것으로, 이때 부르주아로부터 좀 더 자유롭게 되어 양자를 조정할 수 있다는 것이다. 기능적 모형에서 국가는 자본의 축적기능을 하기 위하여 만들어진 것이다. 이러한 마르크시즘은 유럽과 스탈린주의(Stalinism), 그리고 레닌주의(Leninism)에 영향을 미쳤다. 이후 1960년대와 1970년대에 그람시(Antonio Gramsci), 프랑크푸르트학파, 그리고 사르트르(Jean Paul Sartre) 등의 신마르크시즘(Neo-Marxism)이 출현하였다.

엘리트론에서는 다원주의 이론가들이 주장하는 다양성을 허구라고 비판한다. 국가 또는 사회를 지배하는 소수의 엘리트가 반드시 존재하는 것으로 간주하기 때문이다(정용덕 외, 2021). 엘리트는 파레토(Vilfredo Pareto, 1848~1923)에 따르면, 어떤 특별한 활동 범위에서 가장 탁월한 위치를 차지하는 개인이다. 이러한 엘리트이론은 모스카(Gaetano Mosca, 1858~1941), 파레토, 미헬스(Robert Michels, 1876~1936)의 고전적 엘리트이론, 엘리트이론과 다원주의이론을 접목한 민주적 엘리트이론, 그리고 유럽에서 마르크시즘의 대항논리로 나타난 급진적 엘리트이론이 있다. 미국에서는 마르크시즘이 없었으며 따라서 다원주의의 반격을 위하여 이러한 급진적 엘리트이론이 사용되었다. 엘리트주의에서 가정하는 사회는 일단의 사회적 엘리트를 정점으로 하는 피라미드와 같은 조직이다. 개개인은 정치에의 동등한 참여자가 아니고 정치권력에의 접근은 엘리트에 의해, 엘리트에게만 제한되어 있으며 대다수의 대중은 상징적 정치과정의 대상이 된다. 여기서 엘리트를 결정하는 변수는 마르크시즘에서 주장하는 계급도 하나의 변수로 포함되지만 더 넓게 지위, 권력, 직업, 소득 등 더 넓은 범주의 변수를 포괄한다(차만재 외, 1991: 73-74). 따라서 근대 사회는 엘리트에 의해 지도되고 다수대중에 의해 구성되는 대조직으로 이해된다.

살펴본 것과 같은 국가이론은 자유주의 이론에서 시작하여 이를 비판하는 마르크시

그림 8-1 국가이론의 중복성과 배타성

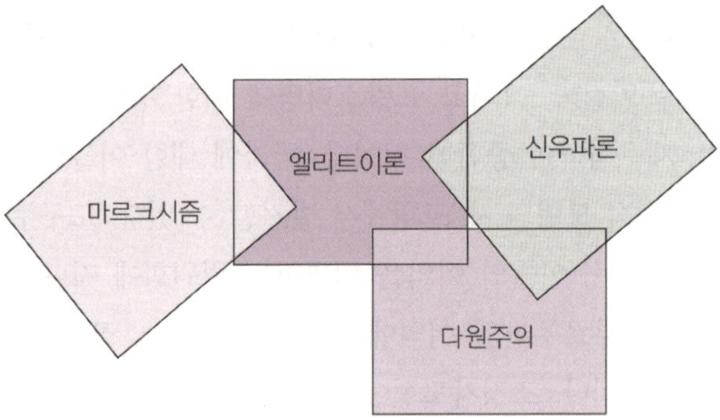

자료: Dunleavy & O'Leary(1987: 323)를 수정

즘이 나왔고, 자유주의의 분파로 시장자유주의(경제적 자유 강조)와 다원주의(집단에 초점)가 생성되었다. 엘리트론은 소수의 엘리트가 권력을 통해 지배한다는 점에서 자본계급의 지배를 비판하고 있는 마르크시즘과 중복된다. 또한 엘리트론은 엘리트간의 경쟁을 강조할 경우 다원주의와 맥락을 함께한다(Self, 1985).

제2절

국가이론과 정부간 관계에 대한 논의

1. 다원주의는 정부간 관계를 어떻게 보고 있고 실제 한국에 적용되는가?

다원주의는 지방분권을 지지하고 있다. 즉, 정부간 관계에서 지방정부를 강압적으로 관리 및 통제하려고 하지는 않는다. 지방분권이 지지되기 위해서는 기본적으로 지방정부가 역량을 갖추고 있어야 할 것이다. 이를 위해서는 지방정부의 두 가지 존재의의를 생각해보아야 할 것이다. 하나는 지역주민들이 정부와 정치과정에 참여하는 것이다. 다른 하나는 공정한 경쟁의 보장으로 다양한 이해관계자의 의견이 반영될 수 있어야 한다.

이러한 점을 고려하면 경험적으로 분석하여야 하는 것은 지역주민의 정치참여와 지역주민과 다양한 이해관계자의 지방정부 정책결정과정에의 참여라고 보아야 할 것이다. 전자는 각종 지방정부의 선거과정에 어느 정도나 참여하고 있는지를 통하여 파악할 수 있을 것이다. 즉, 투표율을 봄으로써 참여 정도를 파악할 수 있을 것이다. 후자는 정부의 정책결정과정에 참여할 수 있는 다양한 기제들이 만들어져 있는지를 파악하는 것이다. 실제로는 특정 계층의 의견이 반영되고 있지는 않은지를 살펴보아야 하나 현실적으로 분석하기 어렵다. 따라서 모든 이해관계자들이 지방정부의 정책결정과정에 참여할 수 있는 공정한 기회가 주어져 있는지를 살펴보고자 하는 것이다.

분석결과를 보면 한국의 지방정부는 다원주의에서 제시하고 있는 지방정부의 요건을 충족하였다고 보기에는 어려움이 있다. 지방정부의 요건을 충족하기 위하여 만들어 가고 있는 진행과정이라고 보아야 할 것이다. 각종 참여기제를 만드는 등 노력을 하고 있는 것으로 보인다. 주민의 정치참여를 위한 노력, 그리고 주민의 지방정부 정책결정과정에 참여할 수 있는 각종 기제들의 재설계 노력이 있어야 할 것이다.

2. 신우파는 정부간 관계를 어떻게 보고 있고 실제 한국에 적용되는가?

신우파는 최소정부를 지향하고 있으며 분권화를 옹호하고 있다. 신우파의 경우, 분권화는 개인의 자율성을 증진시켜 주고, 시장경쟁자들간의 권력을 분할시킴으로써 국가로의 권력집중을 방지하여, 궁극적으로는 독재방지에 기여하기 때문에 분권이 필요하다고 보고 있는 것이다. 그리고 신우파에서는 개인후생을 극대화하는 방향으로 정부간 관계가 결정된다고 보고 있다. 주민들은 자신이 납부하는 세금에 비해 자신이 수혜하고 있는 이익의 비율이 극대화될 수 있도록 노력하는 합리적 행위자이다. 반면, 지방정부는 해당 관할 지역 내에서의 세입원을 극대화하려는 기업가에 의하여 관리된다고 가정하고 있다.

신우파를 대표하는 이론적 모형으로는 티부(Tiebout)가설과 피터슨(Paul E. Peterson)의 도시한계론이 있다. 티부가설은 사람들이 어떤 제약도 존재하지 않은 상태에서 자유롭게 이동할 수 있다면 가장 선호하는 재화와 서비스를 공급해주면서도 가장 적은 지방세를 납부할 수 있는 지역에 거주하게 될 것이라고 한다.

피터슨에 의하면, 도시정부는 경제성장을 최고의 가치로 두고 있다고 하였다. 그 이유는 지역경제성장 → 지방정부의 세원 확대 → 지방정부의 서비스 개선, 고용창출 및 부동산 가치 상승 → 전반적인 삶의 질 향상으로 연계되어서 도시 전체의 이익이 된다고 보았기 때문이다. 도시한계론은 모든 정책을 개발정책, 재분배정책, 그리고 배당정책으로 구분한 후 개발정책 > 배당정책 > 재분배정책과 같은 선호도를 가지고 있다고 한다. 이때의 선호기준은 지역경제성장에 어떤 정책이 더 많이 기여하는지이다.

경험적인 분석결과를 보면, 신우파에서 지지하고 있는 분권의 경향보다는 집권의 경향이 더 크게 나타나고 있다는 것을 알 수 있었다. 티부모형은 티부가 제시하고 있는 다양한 가정을 토대로 할 때 매우 분권적인 체제에서만 성립될 수 있다. 그런데 한국에 적용한 결과를 보면 조건을 충족시키고 있지 못하기 때문에, 분권적인 여건이 마련되어 있지는 않았다고 볼 수 있을 것이다. 또한 피터슨의 도시한계론은 개발정책을 통하여 지역경제를 활성화시키고, 이는 세원의 확보로 연계될 뿐만 아니라 지방정부의 위상을 강화시키는 데에도 기여하게 된다. 결국 지역주민의 삶의 질을 높일 수 있다는 것이다. 따라서 개발정책 > 배당정책 > 재분배정책의 순서로 선호하고 있으나, 실제 분석결과는 재분배정책 > 배당정책 > 개발정책의 순으로 나타났다. 이러한 현상은 피터슨의 도시한계론이 한국에는 적용되지 않는다는 것을 의미한다. 동시에 지방정부로의 분권을 위한 기반구축이 이루어지지 않음을 의미한다. 지방정부는 중앙정부가 담당하여야 할 재분배정책을 대신하여 처리하는 역할을 수행하는 기구로 전락될 수 있는 것이다. 즉, 지방정부는 중앙정부의 하위기구로서의 역할을 수행하는 데 초점이 맞추어진다고 볼 수 있다.

3. 마르크시즘은 정부간 관계를 어떻게 보고 있고 실제 한국에 적용되는가?

전통적인 마르크시즘에서는 지방정부나 분권화 등에 대해 관심이 별로 없었다. 집권화를 공유와 평등과 동의어로 보았기 때문에, 지방정부나 분권화에 대해 관심을 가질 이유가 크지 않았다. 그러다가 코크번(C. Cockburn)이 『지방국가론』이라는 책을 저술하면서 지방정부에 관심을 가지게 된다(이종수, 1993: 108-109). 코크번은 국가의 역할이 계급적 구조가 기반이 된 사회에서 자본축적에 필요한 여건을 지속적으로 확보하는 데 있는 바, 지방국가의 경우 거대한 총체의 일부분으로 보아야 한다는 것이다(Cochrane & Anderson, 1989). 이러한 점을 고려할 때 지방정부는 전체 사회구조 속에서 지방정부가 수행하고 있는 기능을 중심으로 설명되어야 한다. 또한 지방정부 내에서의 정책결정은 지역사회 속에서 작동하고 있는 사회관계와 이익중개의 측면에서 분석되어야 했다고 보았다(이종수, 1993: 109).

마르크시즘의 대표적인 모형으로 볼 수 있는 것은 자본주의 국가론이다. 자본주의 국가론이 적용되기 위해서는, 먼저 분석의 대상이 자본주의 국가인지를 결정하여야 한다. 한국이 자본주의 국가라는 점에서는 이견이 많지는 않을 것이다. 지방정부 역시 마찬가지로 볼 수 있을 것이다. 그 다음은 자본주의 국가가 수행하는 기능에 대한 분류가 있어야 한다. 클락과 디어(Clark & Dear, 1984)는 합의기능, 생산기능, 통합기능, 집행기능으로 구분하고 있다.

분석결과를 보면 전체 지방정부를 대상으로 할 경우 한국의 지방정부는 통합기능을 수행하기 위하여 가장 많은 예산을 지출하고 있는 것으로 나타났다. 거의 절반(49.0%)에 가까운 예산을 통합기능을 수행하는 데 지출하고 있는 것이다. 이러한 현상은 지방정부가 수행하여야 하는 복지기능이 증가함으로써 발생한 현상으로 보인다. 광역지방정부의 경우에도 지방정부 전체를 대상으로 하였을 때와 유사한 결과가 나타난다. 그러나 기초지방정부의 경우, 통합기능에 지출하는 예산비중이 지방정부 전체와 광역지방정부에 대한 분석결과와 큰 차이를 보이고 있지는 않으나, 합의기능이 매우 적은 비중을 차지하고 있고, 집행기능이 증가한다. 그러나 전반적인 흐름은 지방정부 전체, 광역지방정부에 대한 분석결과와 크게 차이가 있다고 보여지지는 않는다. 군으로 가면 통합기능이 감소하고 생산기능이 증가하며, 집행기능 역시 시와 유사한 수준을 보인다. 자치구는 통합기능이 61.2%로 다른 지방정부의 종류와 비교할 때 매우 높은 수준임을 알 수 있다. 대신에 생산기능이 10.7%의 수준에 지나지 않는다. 반면, 집행기능이 26.3%로 다른 지방정부 종류에 비하여 매우 높은 수준이다.

분석결과를 종합하면, 몇 가지의 시사점을 도출할 수 있다. 첫째, 한국 지방정부는 생산기능이 아니라 통합기능을 수행하는 데, 예산의 절반 정도를 사용하고 있는 것으로 나타났다. 특히, 통합기능 중 복지기능의 수행과 관련된 예산이 많은 비중을 차지하고 있다. 이는 지방분권화의 현상을 구조주의적 관점에서 보면 중앙정부의 복지정책에 대한 부담의 감소수단(Castles, 1985: 120)이라는 점을 경험적으로 검증함으로써, 이를 지지한다고 볼 수 있을 것이다. 둘째, 지방국가 역시 국가 전체의 일부분이기 때문에, 중앙국가가 수행하는 기능과 유사한 역할을 수행한다고 보는 도구주의 관점을 적용하기 위해서는 중앙국가에 대한 분석결과가 있어야 할 것이다. 이 책에서는 별도로 분석을 하지는 않았고, 대신 기존 연구 중 중앙정부에 대한 분석결과를 활용하였다. 분석결과 지방정부와는 다른 형태가 발견되었다. 결국 중앙정부와 지방정부의 흐름이 다른 방향으로 나타나고 있는 바 도구주의적 관점이 지지되지 않는다고 볼 수 있다. 이러한 점을 토대로 하면 한국의 정부간 관계는 마르크시즘에서 바라보는 관점이 적용되지 않음을 알 수 있다.

4. 엘리트론은 정부간 관계를 어떻게 보고 있고 실제 한국에 적용되는가?

엘리트론에서의 정부간 관계는 두 가지의 이론에 의하여 대표된다고 볼 수 있다. 하나는 밀스(Wright Mills)의 권력엘리트론(Power Elite Theory)이고, 다른 하나는 헌터(Floyed Hunter)의 지역공동체권력론(Community Power Theory)이다.

권력엘리트론은 밀스(Mills, 1956)에 의해 발전되었다. 밀스는 사회계급현상을 설명하는 단위로서 엘리트를 본 것이 아니라, 특정 분야 내에서 영향력을 가지고 있는 사람으로 보고 있다. 밀스에 있어 엘리트의 구조는 상층부에 권력엘리트가 있고, 중간에는 중간수준의 권력, 그리고 하층부에 무기력한 대중이 있다고 한다. 권력엘리트들은 경제 및 외교정책과 관련하여 역사에 남을 만한 수준의 이슈에 관여하였고, 낮은 수준의 이슈들에 대해서는 관심을 가지지 않았다. 과거에는 역사에 남을 만한 사건들을 결정할 때 지방의 정치인과 시민들이 관여하였으나, 현재의 미국은 더 이상 그런 현상이 나타나지 않는다고 하였다(Dryzek & Dunleavy, 2009; 김욱 역, 2018: 98-99).

밀스의 엘리트이론, 즉 권력엘리트이론에 의하면 지방정부는 변방적(peripheral)인 수준의 지위 이상을 가지지는 못한다. 지방정부는 단지 초기 산업사회의 잉여적 유산일 뿐이고, 그마나 현대에 들어오면서 지방정부의 적실성과 중요성이 대폭 감소되어 있을 뿐이다. 매우 중요한 정책은 권력엘리트(예: 중앙핵심행정부의 엘리트, 군의 최고 지휘자, 대기업의 주인 또는 최고경영자)가 결정한다. 지방정부수준에서 이루어지는 투입정치의 기능이 있기는 하나 중간수준의 권력에 국한된다.

지역공동체권력론은 헌터에 의하여 연구되었다. 헌터는 평판방식에 의거하여 분석한 결과 도시 차원에서의 권력은 전국적 엘리트의 소형판이라고 보아야 한다는 결론을 도출하였다. 즉, 도시 차원에서의 권력은 지방에서 중요한 사업가(특히, 부동산업개발업자 등), 선거자금과 투자를 위해서 사업가에 의존하여야 하는 지방정치가로 구성되어 있다고 하였다(Dryzek & Dunleavy, 2009; 김욱 역, 2018: 100-101).

지역공동체권력론에 의하면, 지역의 엘리트들이 비공식적 영향망을 통해 민주주의적

절차를 무시하고 있으며, 결정된 정책은 지역공동체 내에서 영향력이 가장 큰 집단의 이익을 반영하는 것이다. 지역의 엘리트들이 정책과정을 지배하고 있기 때문에, 흔히 무의사결정의 형태로 정책결정이 이루어진다고 보아야 할 것이다. 그들이 인정한 문제들만 정책의제로 다루어질 수 있기 때문에(Bachrach & Baratz, 1962; 1963; 1970), 지역의 엘리트들의 권력유지에 도움이 되는 것들만 상정된다.

엘리트론의 견해를 대변할 수 있는 모형으로는 손더스(Saunders, 1984: 23)가 제시한 이원국가론을 들 수 있다. 이원국가론에서는 국가기능을 사회투자와 사회소비로 구분하면서 오코너(James O'Connor)의 사회비용, 사회투자, 그리고 사회소비를 참고하였다고 한다. 이 책에서는 좀 더 세분화된 형태인 오코너의 사회비용, 사회투자, 그리고 사회소비로 구분하여 설명하였다. 사회투자는 자본의 근본적 이익 보장을 위하여 시민들의 통제에서 벗어나 있는 중앙행정조직 또는 준정부기관에게 맡기는 것이 좋다고 하였고, 사회소비는 지방정부가 수행하는 것이 바람직하다고 보았다.

경험적 분석결과를 보면 중앙정부에 비하여, 지방정부가 사회투자기능과 사회소비기능에 더 많은 예산의 비중을 지출하고 있는 것으로 나타났다. 특히, 중앙정부는 이원국가론에 의할 경우 사회투자기능에 지출하는 예산의 비중이 증가하여야 함에도 불구하고 축소하고 있는 것으로 나타났다. 지방정부는 사회소비기능을 담당하도록 배분한다는 원칙에 따라 사회소비에 대한 지출예산의 비중을 상향조정하고 있는 것으로 나타났다.

지금까지의 분석결과를 토대로 하면 손더스(P. Saunders)가 제시하고 있는 이원국가론의 개념은 한국에 적실하지는 않은 것으로 보인다. 지방정부에서 수행하여야 하는 기능과 관련해서는 일정 부분 적용된다고 볼 수 있으나 중앙정부는 적용되지 않는다는 것을 알 수 있다.

제9장 정부간 관계모형의 통합

제1절

기존의 정부간 관계

1. 기존의 정부간 관계모형에서는 정부간 관계를 어떻게 유형화하는가?

이 책에서는 지금까지 기존의 정부간 관계모형으로 라이트(D. S. Wright), 로즈(R. A. W. Rhodes), 엘코크(H. Elcock), 윌슨과 게임(Wilson & Game), 던시어(Andrew Dunsire), 윌다브스키(Aron B. Wildavsky), 그리고 김병준(1997)과 이달곤(2005) 등에 의하여 제시된 모형을 살펴보았다. 그리고 고전적 국가이론이라 부를 수 있는 다원주의, 신우파, 마르크시즘, 그리고 엘리트론에서 바라보는 정부간 관계에 대해 검토하였다.

기존의 정부간 관계에서 이야기하려는 모형은 중앙정부 우위형, 중앙정부와 지방정부 대등형, 지방정부 우위형 또는 기타 등으로 유형화할 수 있을 것이다. 모형의 명칭은 다르나 표현하고자 하는 의미는 유사성을 가지고 있다. 물론, 일부의 모형에서는 어디에도 속하지 않는 유형을 제시하기도 한다.

이와 같은 점을 고려하여 여기에서는 〈표 9-1〉과 유형으로 분류하고자 한다. 이와 같은 분류를 통하여 유사점과 차이점이 구분될 수 있을 것으로 보인다. 중앙정부가 중심이 되면서 지방정부를 지배하는 형태의 정부간 관계를 설명하고 있는 모형과 중앙정부와 지방정부가 동등한 관계라는 것을 의미하는 모형이 있다. 그리고 지방정부에게 보다 많은 권한을 부여하는 모형과 일정 수준의 자율성을 보장해주는 모형, 그리고 자원의 교환과 같이 일정한 조건 하에서 정부간 관계가 결정된다고 보는 모형도 있다.

표 9-1 기존의 정부간 관계모형의 종합

구분	중앙우위형	중앙-지방 대등형	기타
Wright	포괄적 권위모형	중첩적 권위모형	조정적 권위모형
Rhodes	-	권력의존모형	-
Elcock	대리인모형	동반자모형	교환모형
Wilson & Game	대리인모형	권력의존모형	지배인모형
Dunsire	하향식모형	지방자치모형	정치체제모형
Wildavsky	협조강제모형	갈등합의모형	-
김병준	수직적 관계	수평적 관계	-
이달곤	대리인모형	동반자모형	상호의존모형

2. 기존의 정부간 관계모형은 무엇이 문제인가?

앞에서 살펴본 것처럼 많은 학자들이 정부간 관계에 대해 관심을 가지고 있다는 것을 알 수 있었다. 다른 이름의 모형을 제시하고는 있지만, 이를 종합하면 중앙정부가 우위에 있으면서 지방정부를 관리·통제하는 유형과 중앙정부와 지방정부를 대등한 관계로 간주하는 유형이 있다. 그리고 그 이외의 모형으로서 지방정부에게 자율성을 부여하되 현 상태에서는 정부간 관계가 어떠한지를 이야기할 수 없다는 모형이 기타에 제시되어 있다. 이는 중앙정부와 지방정부간의 상호관계를 통하여 정부간 관계의 형태가 결정된다고 보는 유형이다.

살펴본 내용을 토대로 하면 기존의 정부간 관계모형으로부터 몇 가지의 특징을 발견할 수 있다. 첫째, 정부간 관계는 중앙정부와 지방정부, 광역지방정부와 광역지방정부, 광역지방정부와 기초지방정부, 기초지방정부간 관계 등을 모두 포함한 논의가 되어야 하는데, 중앙정부와 지방정부간의 관계에 대해서만 논의하고 있다. 즉, 논의의 범위가 한정되어 있다는 특징을 발견할 수 있다. 둘째, 정부간 관계에 대한 논의가 국가 내부의 문제에 국한되어 있다는 것이다. 즉, 중앙정부와 지방정부간의 관계에 집중하고 있다는 것이다. 우리가 정부간 관계모형을 알아야 하는 이유는 중앙정부와 지방정부간 관계가 어떠한지에 있는 것만은 아니다. 어떤 정부간 관계가 주민과 기업(경제계)에 더 바람직한지를 판단하기 위해서이다. 이러한 점을 고려하면 주민과 기업(경제계)에 대한 논의가 정부간 관계에 포함되어야 할 것이다. 기존의 정부간 관계모형에서는 이와 같은 점을 다루고 있지 않다. 즉, 정부간 관계에서 다루고 있는 영역이 제한되어 있다는 특징을 발견할 수 있다.

이와 같은 특징을 종합하면, 기존의 정부간 관계는 현재 존재하고 있는 정부간 관계의 유형을 좁은 범위에서 판단할 수 있도록 할 뿐 바람직한 정부간 관계의 설정을 통하여 얻고자 하는 주민과 기업(경제계)의 관점이 포함되어 있지 않다는 문제점을 지적할 수 있을 것이다. 특히, 주민과 기업(경제계)에 대한 논의가 포함되지 않을 경우, 정부간 관계를 결정하는 데 있어 포괄적인 기준을 활용하고 있다고 말하기 어렵다. 예를 들면, 건축사 업무신고라는 사무가 있다고 하자. 중앙정부의 사무인지 아니면 지방정부의 사무를 결정한다고 할 때 누가 더 잘할 수 있는가를 기준으로 판단한다는 것이다. 누가 더 잘할 수 있는가가 사무배분의 판단기준이 되는 것도 나쁘지는 않다. 그러나 보다 본질적인 것은 수혜자의 입장에서 이 사무의 수행 주체가 누구인지를 결정하여야 한다는 것이다. 그럼에도 불구하고 기존의 정부간 관계모형은 수혜자에 대한 고려가 부족하다고 볼 수 있을 것이다. 즉, 주민과 기업(경제계) 등과 같은 수혜자의 관점에서 정부간 관계를 판단하고자 하는 노력이 부족하다는 것이다. 기존의 정부간 관계모형은 중앙정부가 현재 수행하고 있는 특정 사무를 넘길 때 이 사무가 중앙정부에서 하는 것이 좋은지, 아니면 지방정부에서 하는 것이 좋은지를 결정하게 되는데, 이때 중앙정부가 지방정부를 대리인으로 생각해서 핵심적인 기능보다는 귀찮고 하찮은 일을 넘기고 있다는 등의 논의를 하고 있다. 이러한 논의가 불필요하다는 의미는 아니다. 반드시 필요하다. 다만, 주민과 기업(경제계)을 위하여 해당 사무를 이양하는 것이 긍정적인지를 함께 판단할 수 있도록 하여야 한다는 것이다. 향후 정부간 관계를 해석할 수 있는 새로운 모형을 설계하려고 한다면 기존의 정부간 관계모형이 설명하지 못하는 부분에 대한 설명

그림 9-1 기존의 정부간 관계모형의 한계와 향후 방향

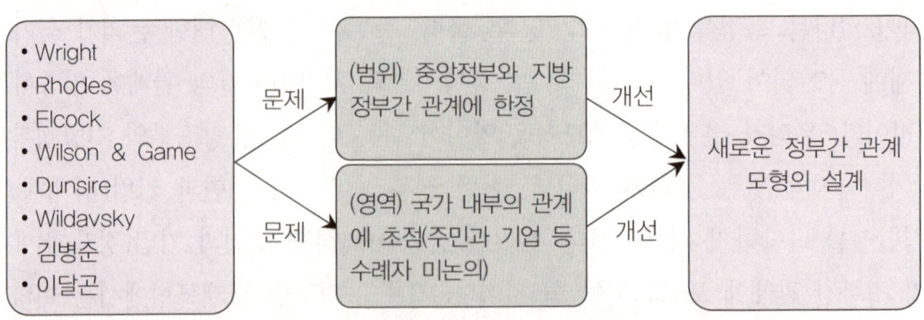

이 있어야 할 것이다.

제 2 절

국가이론에 의한 정부간 관계

1. 국가이론에서는 정부간 관계를 어떻게 바라보고 있는가?

국가이론은 "국가라는 대상이나 국가가 발생시키는 다양한 현상에 대해 경험적으로 적용될 수 있어야 하고, 어느 정도 법칙적인 일반성을 가지고 있어야 하며, 그 구조가 체계적으로 상호연결된 일련의 진술 또는 명제이어야 한다." 이때의 국가는 "해당 영토를 관리 및 통제하는 권한을 가지고 있는 비인격적이고 특권적인 헌법적 또는 법적 질서"(Skinner, 1978), 그리고 "자체적이고 응집력이 있는 제도들의 집합, 지리적으로 경계가 지어진 영역, 그 영역 내에서의 규칙 제정"(Hall & Ikenberry, 1989) 등이 가능해야 한다.

이 책에서는 많은 학자들이 분류하고 있는 국가이론 중 던리비와 오리어리(Dunleavy & O'Leary, 1987)가 분류한 고전주의 국가이론을 중심으로 하였다. 던리비와 오리어리(Dunleavy & O'Leary, 1987)는 국가이론을 다원주의, 신우파, 마르크시즘, 엘리트론, 그리고 신다원주의로 구분하였으나, 이 책에서는 신다원주의를 제외한 나머지 네 가지의 이론을 살펴보았다.

네 가지의 국가이론은 분권을 허용하고 있는 이론도 있고 지지하지 않는 이론도 있다. 후자의 경우, 분권을 지지하지는 않고 있지만 예외적인 수준에서 지방정부를 인정하고 있다는 점에서 기존의 정부간 관계모형에서 제시한 중앙우위형을 견지하고 있다고 보아야 할 것이다.

각 국가이론에서 바라보는 정부간 관계는 〈표 9-2〉와 같다. 〈표 9-2〉에서 보는 것과 같이 다원주의와 신우파는 일정 수준의 지방분권을 인정하고 있는 것으로 보이나 마르크시즘과 엘리트론에서는 원칙적으로는 분권을 허용하지 않는다고 볼 수 있다. 즉, 전자는 정부간 관계에서 지방정부의 위상을 일정 부분 인정하나, 후자는 지방정부의 위상을 인정하려 들지 않는다는 것이다. 만약 분권을 허용한다면 그것은 지역자본가의 이익이나 지역 엘리트들의 수요충족을 위해서일 것이다.

표 9-2 국가이론과 정부간 관계

구분	정부간 관계에 대한 관점
다원주의	지방분권을 객관적으로, 그리고 주관적으로 모두 옹호. 객관적인 사실로서 지방분권화는 불가피한 현상이고, 규범적으로도 지방분권은 바람직하다고 간주
신우파	개인후생을 극대화하는 방향에서 이루어진다고 가정. 즉, 공직자와 시민 각각의 합리적 선택행동을 통해 정부간 관계가 만들어진다고 간주
마르크시즘	도구주의는 국가를 전체로서만 보고 있기 때문에 지방정부를 별개의 대상으로 인정하는 데 별로 관심이 없고, 구조주의의 시각에서는 분권과 집권을 단지 계급투쟁의 역사적 산물로 간주. 만약 도구주의에 있어 지방분권이 있다면, 그것은 피지배계급의 혁명, 개혁의 식축적 등과 같이 국가에 이롭지 않은 현상이 발생할 것을 염려하여 이를 분산시키려는 전략으로 보는 것이 타당
엘리트론	권력엘리트이론에 의하면, 지방정부는 변방적(peripheral)인 수준의 지위를 보유하고 있으며, 지방정부는 단지 초기 산업사회의 잉여적 유산일 뿐이고, 그나마 현대에 들어오면서 지방정부의 적실성과 중요성이 대폭 감소. 지역공동체권력론에 의하면, 지역의 엘리트들이 비공식적 영향망을 통해 민주주의적 절차를 무시하고 있으며, 결정된 정책은 지역공동체 내에서 영향력이 가장 큰 집단의 이익 반영

2. 국가이론에서 보고 있는 정부간 관계모형은 무엇이 문제인가?

앞에서는 국가이론별로 제시하고 있는 지방분권에 대한 관점을 살펴보았다. 지방분권에 긍정적인지 아니면 부정적인지를 살펴보았다. 지방분권을 허용한다는 의미는 지방정부의 존재를 일정 수준에서 존중한다고 볼 수 있기 때문이다. 그리고 지방분권을 지지하지는 않으나 예외적으로 허용하고 있을 경우 그 이유가 무엇인지를 살펴보았다. 이러한 시도를 한 이유는 지방분권의 예외적 허용이 어떤 의미인지를 알아야 그 다음의 논의가 가능하기 때문이다.

살펴본 내용을 토대로 하면 국가이론에서 바라보는 정부간 관계에 대한 몇 가지의 특징을 발견할 수 있다. 첫째, 국가이론에서 바라보는 정부간 관계 역시 기존의 정부간 관계모형과 마찬가지로 중앙정부와 지방정부간의 관계에 초점을 맞추고 있다. 즉, 지방정부간의 관계에 대한 내용 등은 포함하고 있지 않다. 여전히 범위가 제한되어 있다는 문제점이 존재한다. 둘째, 국가이론에서 바라보는 정부간 관계에 대한 논의는 기존의 정부간 관계모형과는 달리 기업, 군, 정치가 등과 같은 엘리트의 참여, 그리고 지역자본가, 관료 등 개인의 상호작용까지 논의에 포함하고 있다. 논의의 영역을 정부 내부의 관계에서 정부 외부인 지역의 구성원으로까지 확대하고 있다. 이러한 점을 종합하면,

국가이론에서 바라보는 정부간 관계는 매우 다양한 정보를 제공하고 있는 바 긍정적이라고 볼 수 있다. 다만, 기존의 정부간 관계모형과 유사하게 국가이론에서 바라보는 정부간 관계의 지향점이 주민이나 기업(경제계)을 위해서가 아니라 주로 이해관계자를 중심으로 하고 있다는 점에서 아쉬움이 있다. 셋째, 정부간 관계를 논의하면서 많은 부분이 기능에 집중되어 있다는 한계를 가진다. 즉, 특정 기능을 중앙정부와 지방정부 중 어디에 배분하여야 하는가에 초점이 맞추어져 있다는 것이다.

그림 9-2 국가이론에서 바라보는 정부간 관계모형의 한계와 향후 방향

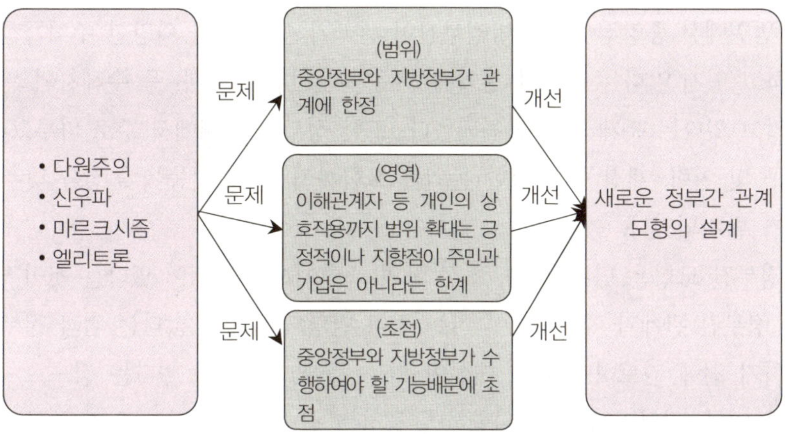

제 3 절

통합적 정부간 관계모형: 세발자전거모형

1. 왜 새로운 모형이 필요한가?

기존의 정부간 관계모형과 국가이론에서의 정부간 관계 논의를 살펴보았다. 많은 학자들이 정부간 관계를 설명하기 위하여 각각의 모형을 제시하고 있다는 것을 알 수 있다. 각 모형들을 종합하면, 원칙적으로 지방정부의 존재 자체를 인정하지 않으려는 모형, 지방정부의 존재를 인정하기는 하나 지방정부에게 자율성을 부여하지 않으려는 모

형, 중앙정부와 지방정부가 대등한 관계라고 주장하는 모형, 그리고 중앙정부와 지방정부가 가지고 있는 자원 등을 상호간에 교환하는 과정에서 정부간 관계가 형성된다고 보는 모형 등이다.

현행 모형들은 각 국가의 정부간 관계를 밝혀낼 수 있다는 점에서 유용하다고 볼 수 있다. 연방제국가인 미국의 정부간 관계를 설명하고자 했던 라이트(D. S. Wright)의 모형, 단일국가인 영국의 정부간 관계를 설명하고자 했던 엘코크(H. Elcock)모형 등 다수가 있다. 그리고 국가이론은 정부간 관계에서 왜 지방분권이 필요한지 또는 필요하지 않은지 등을 설명할 수 있다는 점에서 정부간 관계가 만들어진 이유를 알 수 있도록 한다는 점에서 유용하다.

다만, 범위에서 중앙정부와 지방정부간이 관계가 아닌 보다 다양한 주체들간의 관계를 파악하고 있지 않다는 문제와 영역에서 주민과 기업(경제계) 등 수혜자의 관점이 반영되지 않고 있다는 문제 등이 발견되었다. 또한 정부간 관계에서 주로 다루고 있는 문제가 기구 및 인력, 재정 등 다양한 논의를 포함하지 않고, 기능에 초점을 맞추고 있다는 문제가 발견되었다.

현행 정부간 모형은 범위, 영역, 초점 등의 측면에서 제한점이 있다는 것이 발견되었다. 이는 정부간 관계가 지향하여야 하는 점이 반영되어 있지 않다는 점과 정부간 관계를 결정하기 전에 검토하여야 할 대상이 기능 등에 한정되어 있다는 점으로 구분하여 논의할 수 있다. 정부간 관계가 지향하여야 하는 점이 반영되지 않으면 중앙정부 우위형이 좋은 유형인지, 대등형 또는 지방정부 우위형이 좋은 것인지를 판단할 수 없게 한다. 그리고 정부간 관계를 결정하기 전에 검토하여야 할 대상이 한정되어 있으면 현재의 정부간 관계가 중앙정부 우위형인지, 아니면 대등형 또는 지방정부 우위형인지를 판단할 수 없게 된다. 현행 모형들은 현재의 정부간 관계가 어떤 형태이라는 것을 이야기하고 있을 뿐이고, 그나마도 제한적인 범위에서 결정한 것으로 볼 수 있다.

실제로, 특정 현상이 나타나고 있는 것이 운영상의 문제일 수 있다는 것이다. 법・제도적으로는 중앙정부와 지방정부간 관계를 대등한 형태로 보고 설계하였으나 운영과정에서 중앙정부 우위형으로 잘못 운영하여 발생한 현상일 수 있다는 것이다. 이 경우, 중앙정부 우위형이라고 판단하는 것이 적절한 것인지 의문이 든다. 예를 들면, 사회소비가 증가한 것은 지방정부에서 담당하여야 할 기능이 증가한 것이기 때문에 바람직하다고 볼 수 있으나, 실제로는 중앙정부가 해야 할 일을 국고보조금의 형태로 지방정부에 이양하여 대행시키려는 전략이었다는 것을 고려하면, 지방정부가 담당하는 것이 바람직하다고 판단하는 것이 맞는지 의문이 들 수 있다. 따라서 다양한 측면에서 분석한 후 정부간 관계 유형을 결정하여야 할 것이다.

이러한 점들은 현행 정부간 모형으로는 파악할 수 없다. 따라서 새로운 모형이 대두될 필요가 있을 것이다.

2. 새로운 모형에는 어떤 것들이 담겨야 하는가?

정부간 관계에 대한 새로운 모형의 필요성을 살펴보았다. 새로운 정부간 관계모형에서는 적어도 기존의 정부간 관계모형이 가지고 있는 한계, 그리고 국가이론에서 바라본 정부간 관계에서 나타난 한계를 보완할 수 있어야 할 것이다. 앞에서 살펴본 분류기준을 토대로 할 때 범위의 문제, 영역의 문제, 초점의 문제, 그리고 대상의 문제를 해소할 수 있어야 할 것이다.

먼저, 범위에서 문제로 지적한 것은 기존의 정부간 관계모형이든 국가이론에서의 정부간 관계이든 정부간 관계를 중앙정부와 지방정부간의 관계로만 보고 있다는 것이다. 정부간 관계는 앞에서 살펴본 것처럼 중앙정부와 지방정부간의 관계를 기본으로 하되, 광역지방정부와 광역지방정부의 관계, 광역지방정부와 기초지방정부의 관계, 기초지방정부간 관계가 포함된 용어이다. 이러한 점을 고려하면 새로운 정부간 관계모형은 중앙정부와 지방정부간의 관계 이외에 지방정부간 관계에 대한 논의가 추가될 수 있도록 설계되어야 할 것이다.

다음으로, 영역에서 문제로 지적한 것은 현행 정부간 관계와 관련된 다양한 모형의 경우 정부 내부의 정부간 관계만을 다루고 있다는 점이다. 기존의 연구결과들을 보면 한국의 과거 정부간 관계는 어떠한지, 그리고 현재는 어떠한지를 분석하고 바람직한 정부간 관계는 어떻게 되어야 하는지를 제언하고 있다. 미래의 정부간 관계가 바람직하여야 하는 이유가 어디에 있는지를 생각해보아야 한다. 중앙정부 또는 지방정부를 위해서 바람직한 정부간 관계를 만들어야 하는 것이 아니다. 바람직한 수준의 정부간 관계를 만들어야 하는 이유는 구축된 정부간 관계를 통해 수혜를 받는 주민과 기업(경제계)이 현재보다 더 나은 공공서비스를 제공받을 수 있어야 하기 때문이다. 이를 위해서는 주민과 기업(경제계)에 대한 논의가 정부간 관계에 포함되어야 할 것이다. 따라서 새로운 정부간 관계모형에서는 수혜자 등 다양한 이해관계자에 대한 관점이 반영될 수 있어야 할 것이다.

다음으로, 초점에서 문제로 지적한 것은 현행 정부간 관계의 경우 정책결정, 정부 계층별로 수행하여야 하는 기능에 대한 배분문제 등을 중심으로 논의가 진행되고 있다는 점이다. 정부간 관계에서는 중앙정부와 지방정부가 각각 어떤 기능을 수행하는 것이 바람직한지를 살펴보는 것도 매우 중요하다. 그러나 지방정부의 입장에서 정부간 관계를 보면 지방정부를 운영하는 데 필요한 기구와 인력, 그리고 재정 등에 대한 권한이 부여되어 있는지 역시 매우 중요하다고 볼 수 있다. 또한 중앙정부의 지방정부에 대한 관여, 기구와 인력, 그리고 재정은 지방정부를 운영하는 데 필요한 필수적인 요소이기 때문이다. 따라서 새로운 정부간 관계모형에서는 관여, 기능과 사무, 기구와 인력, 그리고 재정문제 등이 동시에 고려될 필요가 있을 것이다.

다음으로, 대상의 문제에서 지적한 것은 법·제도적인 측면과 실제 운영의 차이를 설명하고 있지 못하다는 점이다. 특정 현상이 법·제도에 의하여 설계되어 있는 데로 운영되는 것이 아니라 다르게 운영되고 있다고 가정하자. 분석과정에서 이러한 차이가 드러나지 않은 채 정부간 관계가 어떠하다고 결정하였다면 우리는 이러한 결정을 신뢰할 수 있을지 의문이 든다. 사실 특정현상에 대한 경험적인 분석을 하게 되면 법·제도가 어떻게 설계되어 있는지에 대한 분석보다는 현 상태가 어떠한지를 분석한 후 정부간 관계가 어떠하다고 결정하는 것이 일반적이다. 이 경우, 정부간 관계가 어떠한지를 정확하게 판단하지 못하였다고 볼 수도 있을 것이다. 따라서 새로운 정부간 관계모형에서는 현상뿐만 아니라 법·제도가 어떻게 설계되어 있는지에 대한 고려가 필요하다. 즉, 다양한 요소들에 대한 분석(포괄적 분석)을 통해 현재의 정부간 관계가 어떠한지에 대한 결론을 도출하여야 할 것이다.

마지막으로, 현행 정부간 관계모형에서는 경험적으로 분석할 수 있는 구체적인 기준을 제시하고 있지는 않다. 따라서 동일한 모형을 적용하였음에도 불구하고 다른 결과가 도출될 수도 있을 것이다. 따라서 새로운 정부간 관계모형에서는 구체적인 분석의 기준을 제시할 수 있어야 할 것이다.

그림 9-3 새로운 정부간 관계모형에 포함되어야 하는 요소

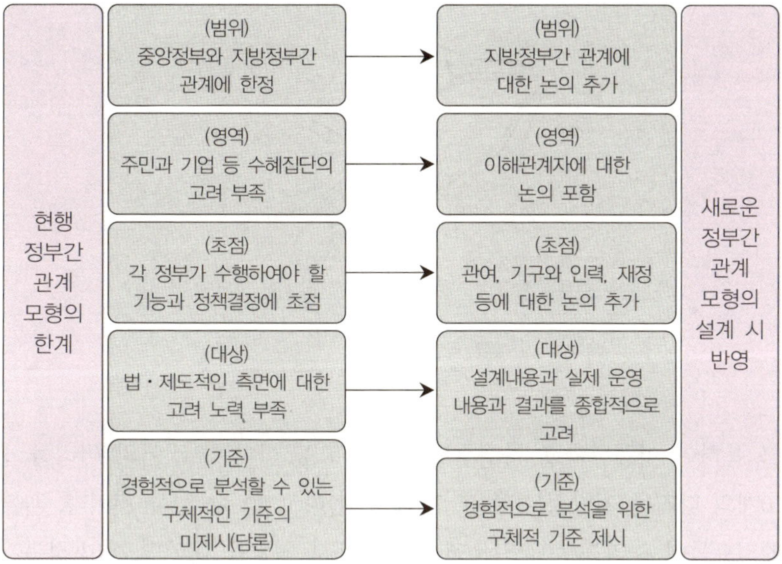

3. 새로운 모형은 무엇인가?

한국의 정부간 관계를 분석하기 위한 모형으로서 새로운 모형을 제안하고자 한다. 새로운 모형을 제안하기 전에 먼저 과거 한국의 국정운영형태를 살펴보고자 한다. 특히, 지방자치제가 재실시되기 이전의 한국은 지방정부의 장을 중앙정부에서 임명하는 방식이었고 지방의회는 없었다. 중앙정부로부터 임명을 받은 지방정부의 장은 지역주민의 수요에 맞는 일을 하려고 하기보다는 임명권자인 중앙정부의 명령을 집행하는 기능을 수행하였다고 볼 수 있다. 즉, 중앙정부의 하위기구로서의 역할을 수행하였다고 볼 수 있다. 물론, 지방정부의 장이 지역의 발전을 위하여 노력도 하였을 것이다. 이러한 점에 대해서는 크게 이견이 존재하지는 않을 것이다. 이러한 국가운영모형을 은유적으로 표현하면 오징어모형이라고 볼 수 있을 것이다.

오징어는 머리, 몸통, 그리고 다리의 세 부분으로 되어 있다. 필자가 가지고 있는 지적 능력의 한계로 생물학적으로 볼 때 오징어 머리에서 직접 명령을 내리면 오징어 다리가 움직이는지는 알 수 없다. 다만, 이 책에서는 오징어 머리가 명령을 내리면 10개

그림 9-4 오징어모형

의 다리를 통하여 이동한다고 가정하고 설명하고자 한다. 오징어의 머리를 중앙정부, 그리고 10개의 다리를 지방정부(주민, 기업 포함)라고 볼 수 있을 것이다. 과거 한국은 소수의 엘리트들이 중앙정부에 있으면서 여기에서 명령을 내리면, 지방정부가 집행하는 기능을 수행하였다고 볼 수 있을 것이다. 이러한 점에서 과거 한국의 정부간 관계는 오징어모형에 의해 설명이 가능하다. 즉, 중앙정부 우위형의 정부간 관계를 가지고 있었다고 볼 수 있을 것이다.

현대에 들어오면서 한국을 둘러싸고 있는 환경이 변화하였다. 특히, 세계화, 정보화, 그리고 지방화라는 흐름이 있었다. 특히, 지방화는 한국의 정부간 관계에서 시사하는 바가 매우 크다고 보아야 할 것이다. 1991년 지방의회의원 선거, 1995년 제1회 전국동시지방선거가 있었다. 1995년 전국동시지방선거는 광역지방정부의 장, 기초지방정부의 장, 광역지방의회의원, 기초지방의회의원을 지역의 주민들이 선거를 통하여 선출한다는 의미이다. 주민들의 선거를 통하여 선출된 지방정부의 장과 지방의회의원들은 과거와 달리 중앙정부를 바라보고 행정을 하는 것이 아니라 자신을 선출해준 주민과 기업(경제계)을 위하여 행정을 하여야 한다. 그 이유는 다음 선거에서 당선되기 위해서는 지역의 주민과 기업(경제계)의 수요를 충족시켜주어야 하기 때문이다. 그렇다면 과거 오징어모형으로 설명할 수 있었던 정부간 관계에 변화가 있어야 할 것이다. 즉, 오징어모형으로는 설명할 수 없는 환경의 변화가 있었다는 것이다.

새로운 환경에 맞는 정부간 관계는 행위 주체들이 과거와 달라졌기 때문에—즉, 과거에는 중앙정부와 지방정부였으나 새로운 환경에서는 주민, 기업(경제계), 중앙정부,

지방정부들로 확대되었기 때문에-이를 포함할 수 있는 모형이 만들어져야 할 것이다. 또한 주민과 기업이 정부간 관계를 이야기할 때 논의의 영역에 포함되었기 때문에, 광역지방정부와 기초지방정부, 기초지방정부간의 논의로 범위가 확대되어야 할 것이다. 주민이나 기업(경제계)에게 가까이 있는 기초지방정부에게 어떤 기능을 주어야 하는지 등에 대한 논의가 포함되어야 한다는 것이다. 또한 주민과 기업(경제계)이 정부간 관계를 논의하는 영역에 포함되게 되면, 이들이 참여할 수 있는 방법을 어떻게 할 것인지에 대한 이야기가 있어야 할 것이다. 그리고 법·제도적인 설계가 어떻게 되어 있는지, 그리고 실제로는 어떻게 작동되고 있는지가 논의되어야 할 것이다. 동시에 이러한 사실을 확인하기 위해서는 구체적으로 어떤 점을 살펴보아야 하고 결과가 나오면 어떻게 해석하여야 하는지에 대한 기준이 만들어져야 할 것이다.

이러한 점들을 종합적으로 고려하여 새로운 모형으로 세발자전거모형을 제안하고자 한다. 세발자전거모형에서는 크게 두 가지를 이야기하고자 한다. 첫째, 한국의 정부간 관계가 어떤 형태인지를 결정할 때 성급하게 결론을 내리지 말자는 것이다. 세발자전거는 현대 사회에서 이동수단으로 주로 활용하고 있는 자가용, 버스, 지하철, 택시, 그리고 기차, 비행기 등과는 속도 측면에서 많은 차이가 있다. 특히, 어린이용 세발자전거는 상대적으로 매우 느리다고 보아야 할 것이다. 그리고 동력의 전달방법이 안장에 앉아 있는 어린아이의 다리 힘이라고 보아야 한다. 그렇다면 속도도 느리지만 쉬지 않고 끊임없이 움직일 수 없다는 것이다. 세발자전거는 일반적으로 평지에서 타는 것을 전제로 설계되어 있기 때문에, 별도의 브레이크 장치를 가지고 있지는 않은 것이 일반적이다. 조금 쉽게, 그리고 빨리 달리고 싶어서 내리막 경사가 있는 곳에서 타게 되면 매우 위험해질 수 있다는 특성을 가지고 있다. 한국의 현재 정부간 관계가 어떠한지, 그리고 앞으로 어디로 가야 하는지를 결정할 때 비행기 타는 속도로 결정하지 말자는 것이다. 천천히 둘러보면서 때로는 쉬어가면서 볼 것을 다 보고 난 후에 결정하자는 것이다.

둘째, 세발자전거의 원리를 정부간 관계에 적용하자는 것이다. 세발자전거는 바퀴가 세 개 달린 자전거를 말한다. 세발자전거는 두 개의 점이 평면에 존재하는 것이 아니라 세 개의 점이 있기 때문에, 두발자전거와 비교할 때 안정성이 매우 높다고 볼 수 있다. 우리가 통상적으로 알고 있는 세발자전거는 앞바퀴 한 개에, 뒷바퀴가 두 개인 델타(delta)형의 자전거이다. 반대로 세발자전거에는 앞바퀴가 두 개이고, 뒷바퀴가 한 개인 올챙이(tadpole)형도 있다. 여기에서는 일반적으로 알고 있는 델타형으로 표현하고자 한다. 세발자전거는 앞바퀴에 페달, 구동, 조향의 기능이 부여되어 있고, 뒷바퀴에 두 개의 바퀴가 있어 안정성을 유지시켜준다. 그리고 세발자전거가 움직이기 위해서는 안장에 있는 사람이 앞바퀴에 있는 페달을 밟아주어야 한다. 즉, 안장에 앉아 있는 사람이 앞바퀴의 페달에 동력을 전달해 주어야 세발자전거가 움직인다는 것이다. 이와 같은 세발자전거의 원리를 적용하면 가장 중요하다고 할 수 있는 동력전달기능을 수행하는 안장에는 주민이 앉아야 한다는 것이다. 지방자치제는 지역의 문제를 자기부담에 의하여 스스로 또는 대표자를 뽑아서 해결하는 것이기 때문에, 주민들이 가장 중요하다고 볼 수 있다. 따라서 지방정부가 결정하여야 하는 정책은 주민의 수요를 반영하여야 한다는 것이다. 다음으로는 앞바퀴이다. 앞바퀴는 안장에 앉아 있는 사람이 동력을 전달해주면 세발자전거를 끌고 나가는 역할을 하는 것이다. 여기에 기업(경제계)이 위치한다는 의미이다. 기업(경제계)은 지역의 발전을 위하여 중요한 역할을 수행하고 있기 때문에, 지방정부를 끌고 나가는 역할을 하여야 한다는 것이다. 이제는 뒷바퀴 두 개가 남아 있다. 여기에서 특징적인 것은 뒷바퀴 두 개의 크기가 동일하다는 것이다. 어떤 한쪽의 바퀴가 크면 그만큼 안정성을 해치게 된다. 뒷바퀴에는 중앙정부와 지방정부가 위치한다. 뒷바퀴의 기능은 세발자전거의 중심을 잡아주는 역할을 수행하는 것이다. 중앙정부와 지방정부는 주민이 행복하고, 기업(경제계)이 제 기능을 다할 수 있도록 중심을 잡아주는 역할을 수행하여야 한다. 주민과 기업(경제계)의 수요를 반영한 정책을 만들어내고, 이것이 잘 집행될 수 있도록 노력하여야 한다는 것이다. 이때의 중앙정부와 지방정부는 대등한 관계가 되어야 한다. 그래야 지역주민과 기업(경제계)이 행복해질 수 있기 때문이다.

그림 9-5 세발자전거모형 개요

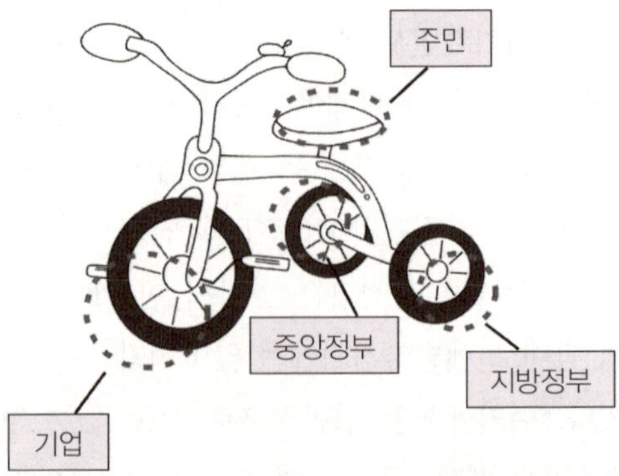

살펴본 것과 같은 두 가지의 의미를 가지고 있는 세발자전거모형을 새로운 정부간 관계모형으로 제안하였다. 세발자전거모형은 앞에서 제시한 현행 정부간 관계모형이 가지고 있는 한계를 극복할 수 있을 것이다. 첫째, 주민과 기업(경제계)과 같은 수혜자들이 논의의 핵심으로 포함된다는 점이다(영역의 문제 해소). 둘째, 세발자전거는 천천히 이동하고 때로는 쉬었다가 갈 수 있는 모형이기 때문에, 다양한 측면을 천천히 둘러볼 수 있을 것이다(대상의 문제 해소). 셋째, 지역의 주민과 기업(경제계)이 명령을 내리고 앞에서 끌고 가는 역할을 수행하고 있기 때문에, 주민・기업(경제계)과 가까이 있는 지방정부에 대한 논의가 구체화될 수밖에 없을 것이다(범위의 문제 해소). 넷째, 세발자전거를 타고 가면서 지방정부를 차분하게 살펴본다는 것은 지방정부가 가지고 있는 다양한 측면들, 즉 관여, 기구와 인력, 기능과 사무, 재정 등의 문제를 살펴본다는 것을 의미한다(초점의 문제 해소), 다섯째, 특정 측면만을 분석하는 것이 아니라 다차원적 분석을 하여야 하기 때문에, 구체적인 분석기준과 결과해석에 대한 지침이 제시되어야 할 것이다(기준의 문제 해소).

지금까지의 논의를 종합하면, 세발자전거모형은 [그림 9-6]과 같다.

그림 9-6 세발자전거모형

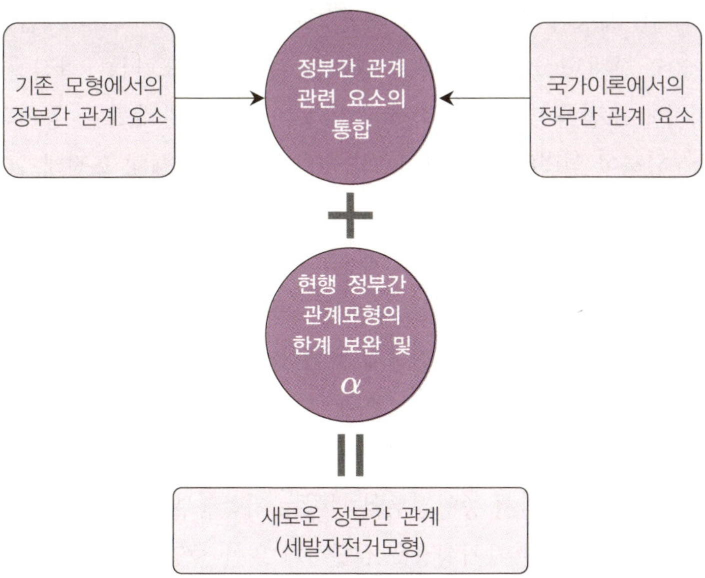

제10장 세발자전거모형의 적용을 위한 접근방법

제1절 세발자전거모형의 적용대상

1. 기존의 정부간 관계모형은 어디에 적용하고 있는가?

정부간 관계를 구성하는 주요 내용에 대해서는 학자들마다 다양한 측면에서 설명이 이루어지고 있다. 가장 일반적으로는 정부역할의 분야별로 정부간 관계를 검토하는 것으로 기능적 측면, 재정적 측면, 인사적 측면으로 분류하여 정부간 관계를 설명하고 있다(이달곤, 2005; 강재호, 2004). 정부간 관계를 설명하는 또 다른 관점에서는 정부간 관계를 그 성격에 초점을 맞추어 권력적 관계와 비권력적 관계 또는 통제적 관계와 협력적 관계로 분류하여 설명하고 있다(원구환, 2004; 최창수, 2004; 조정래, 2007; Kincaid, 1990, 1993).

기존 연구에서 정부간 관계를 연구할 때 적용하는 분야는 일정 수준의 한계를 가지고 있다. 첫째, 중앙정부가 지방정부를 통제하는 중요한 기제인 관여의 부분이 생략되어 있다는 것이다. 관여는 과거 중앙집권제 하에서 상위의 중앙정부가 하급의 지방행정기관을 감독하는 관계를 떠올리게 하는 통제 대신에, 중앙정부의 권력적 강제작용뿐만 아니라 지도, 지원, 협조, 조정과 같은 비권력적 관여작용을 포괄하는 용어로 사용한 것이다(최유성, 2000: 13). 따라서 중앙정부의 관여는 지방정부의 적법한 행정을 보장하고 행정능력을 보완하여 건전한 자치행정을 실현하기 위한 중앙정부의 행정활동이라고 정의(김성호, 2000: 62)할 수 있을 것이다(홍준현, 2007: 5-55).[1] 이와 같은 관여를 분석의 대상에서 제외하면 한국의 정부간 관계를 정확하게 해석하지 못할 수도 있을 것이다. 둘째, 기능적 측면을 살펴보는 것으로 되어 있는데, 기능의 이양과정을 보면 단위사무 중심의 이양이 이루어지고 있기 때문에, 사무와 기능을 동시에 분석하여야 정확한 관계를 파악할 수 있을 것이다. 셋째, 인사적 측면만 다루고 있는데, 한국 지방자치단체의 행정기구 및 정원 등에 관한 규정에는 기구와 인력이 포함되어 있기 때문에, 기구와 인력의 문제를 동시에 다루어야 한다. 또 다른 관점에서 접근하고 있는 권력적, 비권력적 관계 등의 내용은 관여를 중심으로 살펴보는 것이기 때문에, 이 역시 포괄성의 원칙을 충족시키지는 못하는 것으로 보인다.

이러한 점을 고려하여 이 책에서는 관여, 기능과 사무, 기구와 인력, 그리고 재정에 적용하는 것을 고려하여야 할 것이다.

2. 이 책에서는 세발자전거모형을 어디에 적용하려고 하는가?

이 책에서는 기존의 정부간 관계모형에서 적용하고 있는 대상이 가지고 있는 한계를 극복하기 위하여 적용대상을 보다 확대하고자 한다. 이를 위하여 관여, 기능과 사무, 기구와 인력, 그리고 재정에 적용하는 것을 고려할 필요가 있을 것이다.

1) 관여에 세발자전거모형을 적용하여야 하는 이유는 무엇인가?

관여는 특정 계층의 정부가 수행하고 있는 적법한 행정을 보장하고 행정능력을 보완하여 건전한 자치행정을 실현하기 위한 중앙정부의 행정활동이라고 정의(김성호, 2000: 62)할 수 있다. 관여에 대해 분석하게 되면 정부간 관계의 성격을 포괄적으로 파악할 수 있다는 장점을 가진다. 관여는 통상적으로 상위정부가 하위정부를 대상으로 하는 것이라고 생각할 수 있다. 그러나 영국처럼 지방정부가 자기 지역에만 적용되는 특정한 행정사무 또는 권한을 확보하려고 청원서 형식으로 개별 법률안을 국회에 제출하는 제도를 운영하고 있기도 하다. 미국의 경우에도 의견상신이나 의견표명 등의 형식을 통해 지방정부가 주정부와 연방정부에 관여하기도 한다. 예를 들면, 장관이 결정하여야 하는 개발계획에 관한 승인의 경우 반드시 지방정부의 의견을 듣도록 되어 있기도 하다(김기진, 2013: 770-780). 즉, 상위정부가 하위정부에 관여하는 것이 아니라 하위정부가 상

1) 국가의 관여보다는 중앙정부의 관여가 보다 정확한 표현이라고 생각되어, 여기에서는 국가의 관여를 중앙정부의 관여로 변경하였다.

위정부에 관여하는 제도를 운영하고 있는 국가도 있다.

이 책에서는 정부간 관계를 관여라는 대상을 통해 분석하되 상위정부가 하위정부, 하위정부가 상위정부에 관여하는 수단들을 살펴보고자 한다. 특히, 관여는 법·제도적인 측면에 대한 검토가 매우 중요하기 때문에, 이 부분을 중점적으로 살펴보고자 한다.

관여는 중앙정부와 광역지방정부 및 기초지방정부의 관계, 광역지방정부와 기초지방정부간의 관계를 파악할 수 있다는 점에서 유용한 분석의 대상이다. 다만, 전반적인 관여의 흐름을 파악할 수는 있으나 구체적인 대상에 대한 관여의 정도를 파악하는 데에는 한계가 있다. 예를 들면, 기능과 사무배분에 어떻게 관여하고 있는지 등은 기능과 사무를 대상으로 파악하여야 할 것이다.

관여를 대상으로 세발자전거모형을 적용하려면 구체적으로 무엇을 살펴볼 것인지를 제시하여야 할 것이다.

2) 기능과 사무에 세발자전거모형을 적용하여야 하는 이유는 무엇인가?

기능과 사무를 대상으로 세발자전거모형을 적용한다는 의미는 매우 중요하다. 여러 가지 측면에서 정부간 관계를 파악할 수 있는 데 유용하기 때문이다. 예를 들면, 중앙정부에서 수행하는 기능은 주로 정책결정기능이고, 지방정부에서 수행하는 기능은 중앙정부에서 결정한 정책을 단순하게 집행하는 것이라면 정부간 관계는 대리인관계로 볼 가능성이 높다는 것이다.

기능과 사무에 대한 논의는 정부간 행정관계를 대표하는 대상이다. 행정의 권한이 중앙정부에 있는 것인지, 아니면 지방정부에 있는 것인지를 파악하는 행위로 볼 수 있다. 즉, 행정권한이 중앙정부에 있는 것인지, 아니면 지방정부에 있는지를 파악할 수 있게 함으로써 책임소재를 규명하는 데 기여하기도 한다.

정부간 기능배분은 모든 국가에 적용할 수 있는 하나의 형태가 정해져 있지는 않다. 국가의 형태, 지방자치의 역사, 사무배분의 원칙과 기준 등에 따라 다르게 나타날 수 있다. 한국의 경우에도 마찬가지이다. 한국에 적용되는 기준이 지방자치법에 정해져 있다. 이는 시간적 흐름에 따라, 그리고 환경적인 변화에 따라 조금씩 변화되고 있다.

구체적인 내용은 실제 분석과정에서 나타나겠지만 사무는 국가사무, 지방사무, 그리고 공동사무로 구분가능하다.[2] 국가사무의 책임은 국가가, 그리고 지방사무에 대한 책

2) 중앙정부와 지방정부라는 명칭을 사용한다면 국가사무가 아니라 중앙정부의 사무 또는 중앙사무가 되어야 한다. 다만, 공식적인 명칭이 국가사무이기 때문에 그대로 사용하고자 한다.

임은 지방정부가 부담하여야 한다. 그리고 공동사무는 중앙정부와 지방정부에 중복되어 있는 부담이라고 볼 수 있을 것이다. 물론, 지방사무는 고유사무, 기관위임사무, 단체위임사무로 구분할 수 있는 바 책임소재는 매우 불분명해진다. 특히, 기관위임사무와 단체위임사무의 경우에는 더욱 그러하다. 기관위임사무와 단체위임사무에 대한 규모가 어느 정도인지, 처리비용은 중앙정부가 이전해 주고 있는지 등에 따라 달라질 수 있기 때문이다.

3) 기구와 인력에 세발자전거모형을 적용하여야 하는 이유는 무엇인가?

정부간 관계는 필연적으로 인적자원 측면에서 공무원들이 나타내는 행태와 그들간의 관계라는 맥락에서 형성되게 된다(Cho & Wright, 2004: 451). 공무원들의 행태를 파악하려면 동시에 고려하여야 하는 것이 기구이다. 기구는 공무원수와 관련되어 있고, 기구수를 누가 결정하는지는 정부간 관계를 규명하는 데 매우 중요한 요소이다. 지방정부의 기구수를 지방정부가 결정하는지, 아니면 중앙정부의 허락을 받아야 하는지는 정부간 관계를 결정하는 데 중요한 요소이다. 또한 상위정부의 공무원이 하위정부가 수행하여야 할 전문성이 있는 업무를 관장하고 있는 것인지, 이를 위하여 인적교류를 하는 것인지 등 다양한 측면을 파악하는 것은 정부간 관계를 결정하는 데 매우 중요한 요소이다. 즉, 인적교류가 상호협력을 위한 것인지 아니면 관리 및 통제 차원에서 이루어진 것인지를 파악한다는 의미이다. 상호협력관계라면 대등형이라고 볼 수 있으나 관리 및 통제 차원이라면 중앙정부 우위형이라고 말할 수 있을 것이다.

기구와 인력을 대상으로 세발자전거모형을 적용하고자 한다면 주민, 기업, 중앙정부, 지방정부 등의 요소들을 검토하여야 한다. 기구와 인력을 상위정부와 하위정부간의 관계에서 특히 유용할 것으로 보인다.

4) 재정에 세발자전거모형을 적용하여야 하는 이유는 무엇인가?

세발자전거모형은 주민, 기업, 중앙정부, 지방정부라는 구성요소를 가지고 있다. 정부간 재정은 일정 부분 정치적 과정을 통해서 결정되는 경향이 있다. 따라서 이러한 요소들을 종합하여 정부간 재정관계를 파악할 필요가 있을 것이다. 이러한 맥락에서 정부간 재정관계를 세발자전거모형으로 살펴보는 것은 의미가 있을 것이다.

특히, 정부간 재정관계는 결정의 과정도 중요하지만 정부간 재정관계의 결과 어떤 재정여건이 나타났는지를 파악하는 것 역시 살펴보아야 할 요소이다. 정부간 정치적 과정을 통하여 재정이전이 이루어졌다면 그 결과가 지방정부를 위한 것이었는지, 아니면 중앙정부를 위한 것이었는지, 그리고 주민과 기업(경제계)을 위한 것이었는지를 파악하여야 할 것이다.

지방정부의 재정자립도는 향상되었는지, 국세와 지방세의 비중에서 지방세의 비중이 높아졌는지 등을 살펴봄으로써 정부간 재정관계를 파악할수 있을 것이다. 법·제도적인 측면에서 자율성이 보장되어 있는지, 실제 운영과정과 결과에서 바람직한 수준이 도출되었는지를 파악하는 것은 매우 중요하다.

그림 10-1 세발자전거모형의 적용대상

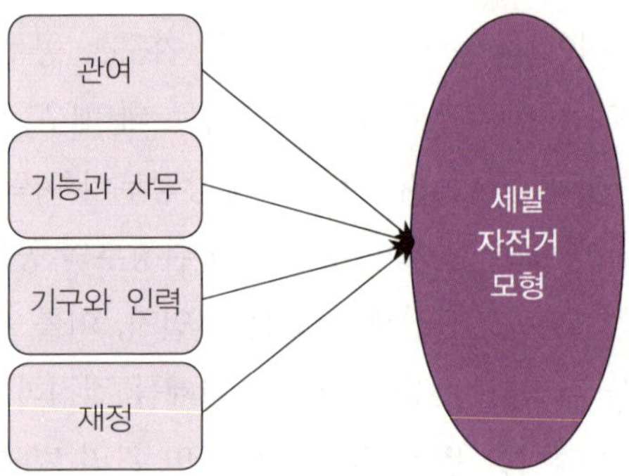

제 2 절 세발자전거모형의 접근방법

1. 세발자전거모형은 어떻게 구성되는가?

세발자전거모형은 앞에서 살펴본 것처럼 두 가지의 의미를 가지고 있다. 하나는 천천히 쉬면서 둘러보자는 의미이다. 다른 하나는 지방자치 이전과 이후를 구분할 때 이전은 오징어모형에 의하여 설명할 수 있고, 이후는 세발자전거모형에 의거하여 설명할 수 있다는 것이다. 구체적으로 살펴보면, 세발자전거모형은 네 개의 구성요소를 가지고 있다. 안장, 앞바퀴 한 개, 뒷바퀴 두 개가 그것이다. 세발자전거는 앞바퀴에 부착되어 있는 페달에 동력을 가함으로써 이동을 하게 되고, 뒷바퀴 두 개는 넘어지지 않게 중심을 잡아주는 역할을 수행한다. 따라서 뒷바퀴 두 개의 크기는 동일하여야 한다. 가장 중요한 것이 어디인지 물어보면 공학적인 지식이 부족한 필자로서는 답을 할 수가 없다. 다만, 은유적으로 표현한다면 이동명령을 내리는 부분인 안장에 사람이 앉아 있기 때문에 가장 중요하다고 생각한다. 여기에 주민이 위치한다. 다음으로는 앞바퀴에 누가 있느냐이다. 앞바퀴의 역할은 세발자전거를 끌고 나가는 기능을 수행한다. 지역경제를 활성화하기 위하여 노력하고 있는 기업 등 경제계가 위치하는 것이 바람직할 것이다. 그리고 뒷바퀴는 두 개가 있고, 크기는 동일한 바 여기에는 중앙정부와 지방정부가 위치할 것이다. 뒷바퀴의 크기가 동일하다는 의미는 중앙정부와 지방정부간의 관계가 대등한 관계라는 것을 의미한다. 물론, 논의를 확장하면 상급정부와 하급정부가 대등한 관계라는 것이다.

이와 같은 원리를 적용하면 세발자전거모형은 [그림 10-2]와 같다. 수평축은 정부 내부의 문제이고, 수직축은 정부 외부의 문제이다. 정부 내부의 문제는 중앙정부와 지방정부, 지방정부간 관계를 이야기한다. 주로 하위정부의 참여 정도와 자율성의 정도를 측정하는 복합적인 의미를 가진 분류기준이라고 보아야 한다. 단순히 집권과 분권의 문제가 아니다. 상위정부와 하위정부 중 누가 많은 권한을 가지고 있는지, 의사결정을 누가 하는 것인지, 의사결정과정에서 상호협력할 수 있는 기제가 포함되어 있는지, 갈등이 생기면 누가 결정하는지, 공정한 게임규칙에 의하여 운영되고 있는지, 결정된 내용이 누구의 이익을 지향한 것인지, 분권의 이유가 무엇인지 등 다양한 내용이 포함되어 있다. 따라서 매우 세부적인 내용을 다루고 있다는 점을 염두에 두어야 할 것이다.

다음은 정부 외부의 문제이다. 이 책에서 말하는 정부 외부의 문제는 주민과 기업으로 로 논의를 확장한다는 의미이다. 의사결정과정에 주민과 기업의 참여가 있었는지, 결정된 내용이 주민과 기업을 위하여 기여하는 부분인지 등을 검토하는 것이다. 즉, 참여기제와 지향가치 등 다양한 내용을 포함하는 분류이다.

수평축과 수직축을 종합하면, 네 개 유형의 정부간 관계모형이 제시된다. 제1유형은 지방정부의 참여 정도가 높고, 주민과 기업(경제계)의 참여 및 그들을 위한 결정 정도가 높은 유형이다. 즉, 지방정부가 자율성을 가지고 주민과 기업(경제계)을 위하여 노력할 수 있도록 한다는 것이다. 따라서 지방정부의 자율성이 매우 높다고 볼 수 있다. 따라서 이를 '지방정부 자율형'이라고 명명하고자 한다. 지방정부를 중심으로 한다면 가장 이상적인 유형일 것이다. 제2유형은 지방정부의 참여 정도가 낮은 수준이고, 주민과 기업(경제계)의 참여 정도는 높은 유형이다. 지방정부의 참여를 고려하지 않은 채 지역의 문제를 결정하는 유형이다. 국가운영을 중앙정부가 주도한다고 볼 수 있다. 따라서 '중앙정부 주도형'이라고 명명하였다. 제3유형은 지방정부의 참여 정도가 낮은 수준이고, 주민과 기업(경제계) 등의 참여도 없고, 그들을 위해 정책을 결정하지도 않는 유형이다. 즉, 분권 자체를 인정하려고 하지 않는 유형이라고 볼 수 있다. 중앙정부의 이익, 전국수준의 자본가 등의 이익을 위하여 정책을 결정한다고 보아야 할 것이다. 따라서 '중앙정부 지배형'이라고 명명하였다. 마지막으로, 제4유형은 지방정부의 참여 정도는 높으나, 주민과 기업(경제계) 등의 참여 정도, 그리고 결정된 정책의 내용 등이 주민과 기업(경제계)을 위한 것이 아닐 수 있는 유형이다. 지방정부가 주도한다는 차원에서 '지방정부 주도형'이라고 명명하였다.

그림 10-2 세발자전거모형의 구성요소

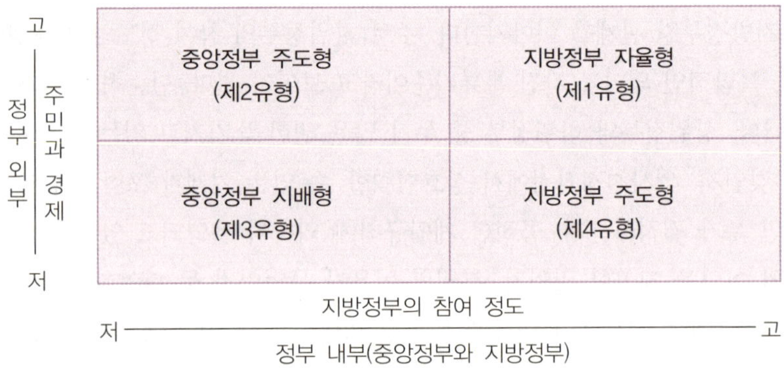

2. 세발자전거모형을 현실에 어떻게 적용할 것인가?

앞에서 살펴본 세발자전거모형을 현실에 적용하려면 좀 더 구체적인 기준이 마련되어야 하고, 해당 기준이 충족되면 어떻게 해석할 수 있는지에 대한 내용을 명확하게 제시하여야 할 것이다. 즉, 현행 정부간 관계모형들이 이러한 기준을 명확하게 제시하지 않으므로 분석결과에 차이가 나타나고 경험적 분석을 어렵게 하고 있기 때문에, 새롭게 제시하는 세발자전거모형에서는 좀 더 구체적인 기준을 제시할 필요가 있을 것이다.

세발자전거모형은 기존 정부간 모형의 각종 요소들과 국가이론에서 제시된 정부간 관계 관련 각종 요소들을 통합하고, 각 모형에서 도출된 문제점을 개선할 수 있는 내용을 포함하였으며 거기에 새로운 내용을 포함하고 있다. 따라서 분석에 활용할 기준은 매우 광범위하고 포괄적으로 제시되어야 할 것이다.

이 책에서는 다음과 같은 42개의 기준을 제시하고자 한다. 42개의 기준을 어디에 적용할 것인지를 결정하여야 한다. 국가이론에서 바라보는 정부간 관계에 대해서는 앞의 국가이론을 논의하면서 경험적으로 분석하였다. 특히, 각 국가이론을 대표하는 이론 중에서 정부간 관계를 설명할 수 있다고 판단되는 이론을 중심으로 해당 이론을 검증하는 작업은 수행하였다. 이 책의 나머지 부분에서는 앞에서 다루지 않은 내용을 중심으로 살펴보아야 할 것이다. 중앙정부가 지방정부에 관여하는 수단과 운영 정도, 기능과 사무의 배분과정과 이양된 사무의 성질, 기구와 인력 규모의 결정과정과 결정 후의 문제, 그리고 재정문제 등을 다루어야 할 것이다. 이러한 내용을 다룰 때에는 법·제도적인 문제, 실제 운영과정, 그리고 결과와 같이 소위 말하는 체제이론적 접근을 하여야 할 것이다. 이 책에서는 앞에서 살펴본 것처럼 관여, 기능과 사무, 기구와 인력, 그리고 재정 등을 대상으로 분석할 때 적용 가능한 기준을 만든다는 의미이다.

먼저, 관여이다. 관여에 적용할 수 있는 기준은 총 6가지이다. 중앙정부가 지방정부에 관여할 수 있는 법·제도적 장치가 있는가? 중앙정부는 실제로 지방정부에 관여하고 있는가? 광역지방정부와 기초지방정부에 대한 논의가 포함되어 있는가? 관여과정에 정부간에 상호협력 및 협의를 위한 기제가 마련되어 있는가? 중앙정부 등 상위정부와 하위정부간 갈등 발생 시 누구의 이익을 반영하는가? 관여의 목적은 무엇인가?(주민과 기업을 위해서인지, 아니면 지방정부 또는 중앙정부를 위해서인가?) 등이다.

다음은 기능과 사무에 적용할 수 있는 기준이다. 여기에는 총 13가지의 기준을 적용할 수 있을 것이다. 기능과 사무를 배분하는 공정한 규칙(법·제도)을 가지고 있는가? 공정한 규칙이 실제로 적용되고 있는가? 기능과 사무의 배분과정 또는 중앙정부의 기능과 사무의 지방이양과정에 지방정부가 참여할 수 있는가? 광역지방정부와 기초지방정부에 대한 논의가 포함되어 있는가? 기능과 사무의 배분과정 또는 중앙정부의 기능과 사무의 지방이양과정에 주민과 기업이 참여할 수 있는가? 기능과 사무의 배분과정 또는 중앙정부의 기능과 사무의 지방이양을 누가 결정하는가? 기능과 사무를 누가 더 많이 가지고 있는가? 중앙정부 등 상위정부와 하위정부간 갈등 발생 시 누구의 이익을 반영하는가? 권한이양의 수준이 완전한 자율성을 지향하는가? 아니면 중앙정부의 이익을 해치지 않는 범위 내에서 이루어지는가? 권한이양의 배경은 어디에 있는가? 혹시 계급투쟁의 산물인가? 기능과 사무를 배분하는 목적이 어디에 있는가?(주민과 기업을 위해서인지, 아니면 지방정부 또는 중앙정부를 위해서인가?) 지방정부로 이양되는 기능과 사무의 성격은 무엇인가?(정책결정기능? 정책집행기능?) 분권을 통하여 복지기능을 지방으로 이양하는가?

다음은 기구와 인력에 적용할 수 있는 기준이며, 여기에는 11가지의 기준이 있을 수 있다. 지방정부의 기구와 인력을 결정하기 위한 법·제도적 요건이 구비되어 있는가? 실제로, 기구와 인력의 규모를 누가 결정하는가? 기구와 인력을 결정하는 과정에 지방정부가 참여할 수 있는 기제가 마련되어 있는가? 광역지방정부와 기초지방정부에 대한 논의가 포함되어 있는가? 기구와 인력을 결정할 때 지방정부의 의견이 반영되는가? 기구와 인력을 결정하는 과정에 주민과 기업이 참여할 수 있는 기제가 마련되어 있는가? 기구와 인력을 결정할 때 주민과 기업의 의견은 반영되고 있는가? 중앙정부 등 상위정부와 하위정부간 갈등 발생 시 누구의 이익을 반영하는가? 권한이양의 수준이 완전한 자율성을 지향하는가? 아니면 중앙정부의 이익을 해치지 않는 범위 내에서 이루어지는가? 권한이양의 배경은 어디에 있는가? 혹시 계급투쟁의 산물인가? 기구와 인력 규모는 누구를 위하여 결정하는 것인가?(주민과 기업을 위해서인지, 아니면 지방정부 또는 중앙정부를 위해서인가?)

마지막으로, 재정에 적용할 수 있는 기준이다. 여기에는 12가지의 기준이 있을 수 있다. 재정을 배분하기 위한 법·제도적 요건은 구비되어 있는가? 법·제도적 요건에 따라 재정분권이 이루어지고 있는가? 재정관계를 결정하는 데 있어 지방정부의 참여가 보장되어 있는가? 광역지방정부와 기초지방정부에 대한 논의가 포함되어 있는가? 재정관계를 결정할 때 지방정부의 의견이 반영되는가? 재정관계를 결정하는 데 있어 주민과 기업의 참여가 보장되어 있는가? 재정관계를 결정할 때 주민과 기업의 의견이 반영되는가? 중앙정부 등 상위정부와 하위정부간 갈등 발생 시 누구의 이익을 반영하는가? 재정이양의 수준이 완전한 자율성을 지향하는가? 아니면 중앙정부의 이익을 해치지 않는 범위 내에서 이루어지는가? 재정이양의 배경은 어디에 있는가? 혹시 계급투쟁의 산물인가? 재정의 배분목적은 어디에 있는가?(주민과 기업을 위해서인지, 아니면 지방정부 또는 중앙정부를 위해서인가?) 분권을 통하여 복지비용을 지방정부에 전가하는가?

이를 종합적으로 정리하면 〈표 10-1〉과 같다. 이 중에서 일부는 기존의 정부간 관계모형에서 도출한 요소이고, 일부는 국가이론의 정부간 관계요소이다.

표 10-1 세발자전거모형을 적용하여 현실을 분석하기 위한 기준들

기준		도출 근거		
		기존모형	국가이론	세발자전거 모형
관여 (6)	중앙정부가 지방정부에 관여할 수 있는 법·제도적 장치가 있는가?	○		○
	중앙정부는 실제로 지방정부에 관여하고 있는가?	○		○
	광역지방정부와 기초지방정부에 대한 논의가 포함되어 있는가?			○
	관여과정에 정부간에 상호협력 및 협의를 위한 기제가 마련되어 있는가?			○
	중앙정부 등 상위정부와 하위정부간 갈등 발생 시 누구의 이익을 반영하는가?		○	○
	관여의 목적은 무엇인가?(주민과 기업을 위해서인지, 아니면 지방정부 또는 중앙정부를 위해서인가?)		○	○
기능 사무 (13)	기능과 사무를 배분하는 공정한 규칙(법·제도)을 가지고 있는가?	○	○	○
	공정한 규칙이 실제로 적용되고 있는가?	○	○	○
	기능과 사무의 배분과정 또는 중앙정부의 기능과 사무의 지방이양과정에 지방정부가 참여할 수 있는가?			○
	광역지방정부와 기초지방정부에 대한 논의가 포함되어 있는가?			○
	기능과 사무의 배분과정 또는 중앙정부의 기능과 사무의 지방이양과정에 주민과 기업이 참여할 수 있는가?			○
	기능과 사무의 배분과정 또는 중앙정부의 기능과 사무의 지방이양을 누가 결정하는가?	○		○
	기능과 사무를 누가 더 많이 가지고 있는가?	○	○	○
	중앙정부 등 상위정부와 하위정부간 갈등 발생 시 누구의 이익을 반영하는가?		○	○
	권한이양의 수준이 완전한 자율성을 지향하는가? 아니면 중앙정부의 이익을 해치지 않는 범위 내에서 이루어지는가?		○	○
	권한이양의 배경은 어디에 있는가? 혹시 계급투쟁의 산물인가?		○	○
	기능과 사무를 배분하는 목적이 어디에 있는가?(주민과 기업을 위해서인지, 아니면 지방정부 또는 중앙정부를 위해서인가?)		○	○
	지방정부로 이양되는 기능과 사무의 성격은 무엇인가?(정책결정기능? 정책집행기능?)	○		○
	분권을 통하여 복지기능을 지방으로 이양하는가?		○	

기구 인력 (9)	지방정부의 기구와 인력을 결정하기 위한 법·제도적 요건이 구비되어 있는가?	○		○
	실제로, 기구와 인력의 규모를 누가 결정하는가?	○		○
	기구와 인력을 결정하는 과정에 지방정부가 참여할 수 있는 기제가 마련되어 있는가?			○
	광역지방정부와 기초지방정부에 대한 논의가 포함되어 있는가?			○
	기구와 인력을 결정할 때 지방정부의 의견이 반영되는가?			○
	기구와 인력을 결정하는 과정에 주민과 기업이 참여할 수 있는 기제가 마련되어 있는가?			○
	기구와 인력을 결정할 때 주민과 기업의 의견은 반영되고 있는가?			○
	중앙정부 등 상위정부와 하위정부간 갈등 발생 시 누구의 이익을 반영하는가?		○	○
	기구와 인력 규모는 누구를 위하여 결정하는 것인가?(주민과 기업을 위해서인지 아니면, 지방정부 또는 중앙정부를 위해서인가?)		○	○
재정 (12)	재정을 배분하기 위한 법·제도적 요건은 구비되어 있는가?	○		○
	법·제도적 요건에 따라 재정분권이 이루어지고 있는가?	○		○
	재정관계를 결정하는 데 있어 지방정부의 참여가 보장되어 있는가?			○
	광역지방정부와 기초지방정부에 대한 논의가 포함되어 있는가?			○
	재정관계를 결정할 때 지방정부의 의견이 반영되는가?			○
	재정관계를 결정하는 데 있어 주민과 기업의 참여가 보장되어 있는가?			○
	재정관계를 결정할 때 주민과 기업의 의견이 반영되는가?			○
	중앙정부 등 상위정부와 하위정부간 갈등 발생 시 누구의 이익을 반영하는가?		○	○
	재정이양의 수준이 완전한 자율성을 지향하는가? 아니면 중앙정부의 이익을 해치지 않는 범위 내에서 이루어지는가?		○	○
	재정이양의 배경은 어디에 있는가? 혹시 계급투쟁의 산물인가?		○	○
	재정의 배분목적은 어디에 있는가?(주민과 기업을 위해서인지, 아니면 지방정부 또는 중앙정부를 위해서인가?)		○	○
	분권을 통하여 복지비용을 지방정부에 전가하는가?		○	○

3. 현행 정부간 관계모형과 세발자전거모형의 차이점을 보여줄 것인가?

지금까지 기존의 정부간 관계모형과 국가이론에서 바라보는 정부간 관계, 그리고 새로운 모형으로서 세발자전거모형을 살펴보았다. 이 책에서는 42개의 기준을 관여, 기능과 사무, 기구와 인력, 그리고 재정에 적용한 후 어떤 유형에 해당되는지를 판단하고자 한다.

42개의 기준 중에는 자료수입의 여건을 고려할 때 적용할 수 있는 것도 있고 그렇지 못한 것도 있을 수 있다. 존재하고 있는 자료를 수집하여 요건별로 충족 여부를 확인하고자 한다. 42개의 기준을 적용한 후에는 기존의 모형으로부터 도출된 기준을 적용하여 유형을 판단하고, 국가이론의 정부간 관계로부터 도출된 기준을 적용하여 유형을 판단하고자 한다. 그리고 42개 기준의 적용결과를 토대로 세발자전거모형에서 제시하고 있는 유형을 판단하고자 한다. 이와 같은 과정을 거치면서 기존의 정부간 관계 유형, 국가이론의 정부간 관계 유형, 그리고 세발자전거모형의 정부간 관계 유형의 차이가 드러날 것이다.

그림 10-3 정부간 관계에 대한 분석 후 판단절차

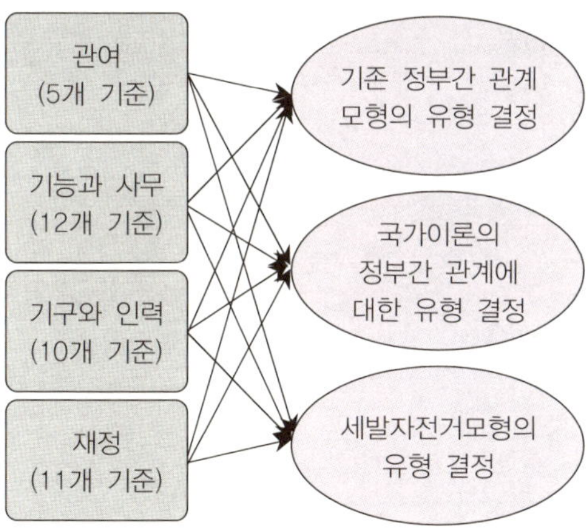

제2편

정부간 관계 유형별 분석

제11장 관여

제1절

관여의 의의

1. 관여란 무엇인가?

한국은 1991년 지방의회의원 선거, 그리고 1995년 제1회 전국동시지방선거를 통하여 지방자치제를 재실시하였다. 지방자치제의 재실시는 다양한 의미를 함축하고 있지만, 그 중에 하나는 그동안 행해져 왔던 지방정부에 대한 중앙정부의 간섭과 통제가 축소된다는 것이다. 그 이유는 지방자치제란 해당 지역이 가지고 있는 문제를 주민 스스로 또는 대표자를 뽑아서 자기의 부담에 의하여 처리함으로써 지역의 발전과 주민의 복리증진을 도모하는 데 있는 바 지방정부의 자율성이 높아질 수밖에 없을 것으로 기대하였기 때문이다. 특히, 지방자치제의 재실시 이후 모든 정부는 지방분권을 이야기했고 적극적으로 추진하겠다는 약속을 하였다. 지방정부에게 행정적, 그리고 재정적 자율성을 최대한 보장하겠다는 약속을 한 것이다.

그러면 실제로, 지방정부에 대한 중앙정부의 통제가 줄어들었을까? 지방분권은 실제로 추진되었을까? 지방분권의 성과가 지방정부의 행정적, 그리고 재정적 자율성 증가로 연계되었을까? 많은 궁금증이 있을 것이다. 이 중에서 여기에서는 관여란 무엇인지를 살펴보고자 한다.

관여가 무엇인지에 대해서는 일치된 개념이 존재하지는 않는다. 많은 학자들이 관여가 무엇인지에 대해 이야기하고 있다. 김성호(2000: 62)는 중앙정부의 관여란 용어 대신에 국가의 관여(central participation)라는 용어를 사용하면서 관여를 지방정부가 수행하는 적법한 행정활동을 보장하고, 지방정부의 부족한 행정능력을 보완하여 줌으로써 바람직한 수준으로 자치행정이 이루어질 수 있도록 지원하는 국가의 행정활동이라고 정의하고 있다. 아마도 비권력적 관여의 성격이 더 크다고 볼 수 있을 것이다. 최유성 외(2000: 11-14)는 김성호(2000: 62)와 마찬가지로 중앙정부의 관여라는 용어 대신에 국가의 관여란 용어를 사용하고 있다. 그들에 의하면, 국가는 지방정부가 자신이 가지고 있는 권능을 행사하여 정책방향의 결정 및 다양한 행정활동을 하고 있는데, 이것이 국가이익 또는 국정목표 등과 일치하는지를 판단하고, 만일 일치하지 않을 경우 그것을 교정할 책임과 권리가 있다. 국가는 이 과정에서 조정 · 접촉 · 교섭 · 감독 · 지도 · 원조 · 협력 등과 같은 많은 활동을 하게 되는 바 이를 관여라고 정의하고 있다. 또한 최유성 외(2000: 11-14)는 행정적 관여를 중심으로 관여를 개념화하고 있다. 행정적 관여는 행정부가 지방정부를 대상으로 행정절차를 활용한 관여이다. 즉, 행정적 관여는 국가전체의 발전에 도움이 될 수 있도록 지방정부의 활동 방향을 설정하고, 집행할 수 있도록 한 후 그 결과를 확인하는 과정을 의미한다. 이와 같은 행정적 관여는 중앙정부와 지방정부 모두가 처리하여야 할 행정기능이 양적으로 확대, 그리고 질적으로 복잡화 · 고도화되고 있기 때문에 점점 중요해지고 있다.

살펴본 것처럼 관여의 의미는 중앙정부가 지방정부에 관여하는 것을 전제하고 개념화하고 있다. 이를 종합한 것이 아마도 다음과 같은 개념일 것이다. 관여는 중앙정부가 우월한 지위를 가지고 지방정부를 통제(지배 · 압박 · 강요)하는 것이 아니라, 중앙정부는 지방정부가 능력을 충분히 발휘할 수 있도록, 그리고 지방정부는 독립성을 가지되 필요할 경우 중앙정부와 서로 보완 및 협력하여 국가 전체의 발전을 도모할 수 있도록 하는 것을 의미한다(최유성 외, 2000: 12; 최창호, 2001: 755-756; 홍준현, 2007: 53-71).[1]

---

1) 가장 흔하게 사용되고 있는 관여라는 개념은 중앙정부가 지방정부를 간섭 또는 통제하는 경우이다. 중앙정부가 지방정부에 관여한다는 의미는 협의와 광의로 구분하여 이야기할 수 있다. 협의(좁은 의미의 관여)로 개념화하면 중앙정부가 지방정부에 비해, 상대적으로 우월한 지위를 가지고 지방정부의 기구와 인력, 재정 등을 지배, 규제, 그리고 통제하는 것을 말한다. 관여의 종류를 권력적 관여와 비권력적 관여로 구분한다고 가정하면, 아마도 권력적 관여가 여기에 해당될 것이다. 광의(넓은 의미의 관여)로 개념화하면 좁은 의미로 관여를 정의한 협의의 개념에다가 지도, 지원하는 역할을 포함할 수 있을 것이다. 관여의 종류를 권력적 관여와 비권력적 관여로 구분한다고 가정하면 권력적 관여와 비권력적 관여 모두를 포함하는 개념이라고 볼 수 있을 것이다(최유성 외, 2000: 11-14).

관여에 대한 이와 같은 의미는 권력적 관여와 비권력적 관여 중 비권력적 관여의 관점에서 개념화한 것이라고 볼 수 있다. 중앙정부의 지방정부에 대한 관여는 과거의 경우 통제의 성격이 강하였으나, 최근에는 지방분권화를 전제로 한 개념으로 이해되어야 한다. 즉, 중앙집권체제 하에서 볼 수 있는 중앙정부의 지방정부에 대한 지휘감독이 아니라 지방정부간에 발생할 수 있는 업무상의 갈등 해결, 지역균형발전 등의 관점에서 지방정부를 동반자로 보아야 한다는 것이다(최유성 외, 2000: 11-14).

그러나 이들이 이야기하는 것은 몇 가지 점에서 의문이 들 수 있다. 첫째, 중앙정부가 지방정부에 대해 관여하는 것을 전제로 하고 있다는 점에서 아쉬움이 있다. 1991년 지방의회의원선거와 1995년 제1회 전국동시지방선거를 통하여 지방자치제가 재실시되었음에도 불구하고, 여전히 중앙정부가 지방정부를 통제하는 의미로 관여라는 용어가 사용되는 것은 바람직하지 않다고 보아야 할 것이다.

둘째, 다른 관점에서 보면 앞에서 살펴본 관여의 개념은 행정적 관여를 전제로 하고 있다. 행정적 관여 이외에도 입법적 관여, 사법적 관여 등이 있음에도 불구하고, 행정적 관여를 중심으로 개념화하고 있다는 점이 아쉬운 점이다. 물론, 입법적 관여와 사법적 관여는 통상적으로 이야기하는 관여가 아니라는 주장도 있다. 최유성 외(2000: 11-14)는 입법적 통제의 경우 지방정부의 활동에 직접적으로 관여를 하는 것이 아니기 때문에 제외하고 있다. 입법적 통제는 단지 국가 관여의 전제조건인 기준을 정하는 역할을 수행한다는 것이다. 또한 사법적 통제는 지방정부가 국가의 사법권에 복종하는 것이기 때문에, 실제적인 관여행위라고 볼 수 없다는 것이다. 또한 사법적 관여와 입법적 관여의 경우 사후 통제적 성격이 강하여 환경변화에 적극적으로 대응하는 데 한계가 있기 때문에, 지방정부의 행정활동에 관여하는 데 한계가 있을 수 있다는 것이다. 그러나 지방자치법에 보면 사법부에 의하여 문제가 해결되는 경우 등이 존재하고 있기 때문에, 제외하는 것은 바람직하지 않을 것으로 보인다.

셋째, 지금까지의 관여에 대한 정의는 중앙정부가 지방정부에 관여하는 것을 전제로 하고 있다. 이론적으로는 중앙정부가 지방정부에 대해 관여하는 것 말고도 지방정부가 중앙정부, 그리고 광역지방정부가 기초지방정부, 기초지방정부가 광역지방정부 등에 관여하는 경우도 존재할 수 있기 때문에 범위가 제한되어 있다고 볼 수 있다.

이러한 점을 종합하면, 관여는 지휘·감독과 같은 통제적 개념이 아니라 중앙정부와 지방정부(광역지방정부와 기초지방정부)가 국가 및 지역의 발전에 기여할 수 있도록 정부간 관계를 지원·협조의 동반자 관점으로 전환한 후 상호교류하는 것을 의미한다.

2. 관여는 필요한가?

그러면 관여는 필요한 것인가? 지방자치제가 재실시되었고, 모든 정부가 지방분권을 전면에 내세우고 있는 상황을 고려할 때 권력적 관여 또는 비권력적 관여가 필요한 것인지 고민이 되는 부분이다. 특히, 권력적 관여가 필요한지에 대해서는 의문이 드는 부분이다. 그럼에도 불구하고 학자들은 관여의 필요성에 대해 몇 가지를 이야기하고 있다.

첫째, 지방정부는 독립된 법인체이기는 하나 국가의 구성요소라고 보아야 하기 때문에, 국정의 통일성 등을 위하여 협조하여야 한다는 것이다(김기진, 1997: 78). 특히, 지방정부가 수행하는 일들은 지역의 주민, 더 나아가 국민의 이해관계와 직접적인 관계를 맺고 있기 때문에, 국정운영에 많은 영향을 미칠 수 있다. 따라서 지방정부에게 완벽한 자율성을 보장하는 것은 쉬운 일이 아니다(이동수, 1993: 7). 이러한 문제 때문에 중앙정부가 지방정부에게 필요한 조치를 취할 수 있어야 하는 바 이때 관여가 필요하다는 입장이다. 즉, 공통적으로 적용하여야 하는 법률 등이 존재하는 바 중앙정부의 지방정부에 대한 관여는 필연적이라는 것이다. 그렇다고 하여 중앙정부가 지방정부에 무제한적인 관여를 할 수 있다는 것은 아니다. 지방정부에 대한 국가의 관여는 국정의 통일성 유지에 필요한 범위 내에서, 그리고 지방정부에게 부여된 헌법상의 지위를 훼손하지 않는 범위 내에서 관여하여야 한다. 물론, 이 경우에도 법적 근거와 법적 절차에 따라 관여가 이루어져야 한다(최창호, 2001: 757-758). 즉, 지방정부의 독자성(자율성)과 국정의 통일성간의 조화가 필요하다. 중앙정부의 과다한 감독이나 통제는 지방정부의 존립을 어렵게 하고(김기진, 1997: 78), 과다한 방임은 국정의 통일성을 확보할 수 없을 뿐만 아니라, 무정부 상태를 발생시킬 수 있기 때문에 양자의 균형이 매우 중요하다(이기우, 1997: 29-30; 홍준현, 2007: 55-56).

둘째, 지방정부는 주민의 복리증진과 지역발전을 위하여 노력하여야 하는데, 이 과정에서 부족한 점들이 존재하는 바 이를 보완할 수 있도록 중앙정부의 관여가 필요하다는 입장이다. 지방정부가 해당 지역을 위하여 행정을 수행하려면 다양한 지식과 기술, 그리고 자원이 필요한데, 만약 특정 부분에 제약이 있다면 이를 지원 보충해 주어야 한다는 것이다. 또한 중앙정부가 가지고 있는 경험과 전문성을 활용하여 지방행정을 수행하면서 발생할 수 있는 실패나 잘못을 사전에 방지할 수 있도록 한다는 것이다. 예를 들면, 한국의 발전과정에서 발생한 도시화 · 산업화로 인한 인구의 도시집중화 현상, 그리고 이로 인한 주택 · 상하수도 · 도로 · 공해 등과 같은 도시문제를 해소하려면 막대한 재정이 요구되는데, 이때 재정부족현상이 발생하면 이를 지원할 수 있어야 한다는 것이다(설계경, 2008: 118-119). 또한 특정 지방정부가 복합청사를 건축하여야 하는데, 건축비가 부족할 경우 중앙정부가 특별교부세, 보조금 등을 통해 지원할 수 있기 때문에, 관여의 통로를 만들어 놓아야 한다는 것이다(김철용, 1990: 78-79; 정세욱, 2000: 244-245; 최창호, 2001: 756-757; 이달곤, 2004: 359; 안용식 외, 2006: 518).

셋째, 한국은 현재 243개의 지방정부가 존재하고 있는데 지방정부별로 행정역량에 차이가 있고, 이러한 차이는 국가 전체적으로 보면 비효율성을 초래할 수 있다. 한국의 모든 국민이라면 적어도 일정 수준 이상의 행정서비스를 받을 수 있어야 한다. 그런데 지방정부의 행정역량의 차이로 인하여 이러한 수준의 서비스를 제공받을 수 없다면 문제가 된다. 모든 지방정부가 국민이 생활하는 데 필요한 최소한의 서비스에 있어서는 균형을 달성할 수 있도록 지도·감독이 필요하다는 것이다(설계경, 2008: 118-119).

지금까지 관여의 필요성에 대하여 살펴보았다. 살펴본 것처럼 다양한 이유 때문에 관여가 필요하다. 그러나 몇 가지의 원칙 하에 관여가 이루어질 필요가 있을 것이다. 첫째, 중앙정부의 지방정부에 대한 관여는 어떤 수준에서 행해지는 것이 바람직하다는 것을 정하지 않아야 한다. 너무 집권적이어도 안 되고 지나치게 분권적이어도 안 된다는 것에는 모두 동의할 것이다. 중앙정부와 지방정부를 둘러싸고 있는 환경은 지속적으로 변화하고 있다. 그리고 중앙정부와 지방정부를 바라보는 국민의 시각은 점점 높아지고 있다. 특정 시점에서 맞는 관여의 수준을 정하였다고 하여 고정시킬 것이 아니라, 보다 좋은 방향을 만들어낼 수 있도록 끊임없이 연구하여야 할 것이다. 즉, 중앙정부와 지방정부의 역량을 고려하여 가장 효율적인 관여수단이 무엇인지를 고민하여 현재의 관여수준을 개선 및 보완하기 위하여 노력하여야 하고(김기진, 2003: 32), 이를 위해서는 중앙정부와 지방정부간 관계가 상호존중의 태도, 그리고 신뢰성을 가질 수 있는 여건이 조성될 필요가 있다(설계경, 2008: 118-119).

제 2 절

관여의 주요 내용

1. 관여는 어떤 기준으로 유형화할 수 있는가?

관여는 다양한 형태로 나타나고 있다. 구체적인 내용은 다음 절인 '관여에 대한 경험적 분석과 해석'에서 다룰 것이다. 따라서 여기에서는 실태를 정확하게 논의하지는 않겠다. 다만, 이론적인 측면에서 볼 때 관여에는 어떤 유형이 있을 수 있는지를 파악하고자 한다.

관여를 어떻게 구분하는 것이 바람직한 분류인지에 대해서는 일치된 견해가 존재하지는 않는다. 예를 들면, 정세욱(2000: 264-273)은 중앙정부의 지방정부에 대한 관여(통제)를 행정 전반에 관한 통제, 인사에 관한 통제, 재정에 관한 통제, 감사에 의한 통제로 구분하고 있다. 반면, 어떤 학자는 권력적 관여와 비권력적 관여로 구분하는가 하면, 어떤 학자는 입법적 관여, 사법적 관여, 행정적 관여로 구분하기도 한다. 이와 같은 유형의 차이는 각 학자가 채택하고 있는 분류의 기준이 다르기 때문에 나타나는 것이다. 여기에서는 이론적인 측면에서 분류가능한 기준을 살펴보는 것이기 때문에 보다 다양하게 살펴보고자 한다.

관여는 첫째, 관여의 영역이 무엇인지를 기준으로 구분할 수 있다. 관여의 영역을 기준으로 유형화를 하면 입법적 관여, 사법적 관여, 그리고 행정적 관여로 구분할 수 있을 것이다. 즉, 입법과 관련한 내용에 관여하는 것인지, 아니면 사법과 관련된 내용 또는 행정영역에 관여하는 것인지를 파악하는 것이다. 둘째, 다음으로 고려할 수 있는 것은 관여의 방법에 의한 구분이 될 것이다. 관여의 방법을 기준으로 유형화하면 권력적 관여와 비권력적 관여로 구분할 수 있을 것이다. 즉, 권력이라는 수단을 통하여 관여하는 것인지 아닌지를 파악하고자 하는 것이다. 셋째, 마지막으로는 관여의 영향 범위를 기준으로 구분하는 것이다. 관여의 영향 범위를 기준으로 유형화하면 행정 전반에 미치는 관여와 특정 부문에 미치는 관여로 구분할 수 있을 것이다. 특정 부문에 미치는 영향을 기준으로 구분하면 인사부문, 재정부문, 감사부문 등일 수 있다(〈표 11-1〉 참조).

표 11-1 관여의 유형 분류기준

분류기준	분류결과
관여의 영역	입법적 관여, 사법적 관여, 행정적 관여
관여의 방법	권력적 관여, 비권력적 관여
관여의 영향	행정 전반에 미치는 관여, 특정 부문에 미치는 관여(인사, 재정, 감사)

2. 관여를 영역기준으로 유형화하면 그 결과는?

관여의 영역을 기준으로 관여의 유형을 구분하면 입법적 관여, 사법적 관여, 그리고 행정적 관여로 구분할 수 있다. 이와 같이 구분하여야 하는 이유는 중앙정부를 구성하고 있는 입법부인 국회, 사법부인 법원, 그리고 행정부는 지방정부가 수행하고 있는 기능과 사무 중 자신의 소관 업무와 관련되어 있는 것에 대해 각각 관리 및 감독하려고 하기 때문이다. 입법부의 소관 업무와 관련한 관여를 입법적 관여(legislative participation), 사법부의 소관 업무와 관련한 관여를 사법적 관여(judicial participation), 그리고 행정부의 소관 업무와 관련한 관여를 행정적 관여(administrative participation)라고 하는 것이다(김영종, 2000: 378).

1) 입법적 관여는 무엇인가?

입법적 관여는 국회가 법률을 제정하여 지방정부의 권한행사에 관여하는 것을 의미한다. 구체적으로는 국가가 지방정부에 관여하고자 할 때 입법기관인 국회가 법률을 제정한 후 이를 근거로 지방정부에 관여하는 것을 의미한다. 가장 일반적인 관여방법 중 하나라고 볼 수 있을 것이다(김선정, 2013).

지방자치제를 실시하고 있음에도 불구하고 국가가 입법적 관여를 할 수 있는 근거는 대한민국헌법에서 찾을 수 있다. 대한민국헌법 제117조와 제118조를 보면 지방자치단체에 대한 관여의 근거가 제시되어 있다. 제117조에 의하면 법령의 범위 안에서 자치에 관한 규정을 제정하여야 하고, 지방정부의 종류도 법률로 정하도록 되어 있다. 그리고 제118조에는 지방의회의 조직·권한·의원선거를 법률로 정하도록 되어 있고, 지방정부의 장의 선임방법, 조직과 운영 등에 대해서도 법률로 정하도록 되어 있다. 법률이란 국회를 통과한 것을 의미한다. 즉, 국회는 입법과정을 통하여 법률을 제정하고 해당 법률을 통하여 지방정부에 관여할 수 있는 것이다(조창현, 2005: 117).

입법적 관여는 사전적 관여의 성격을 가지고 있다고 볼 수 있다. 이는 입법적 관여가 국가관여의 전제조건인 기준을 정하는 행위를 한다는 것을 의미한다. 입법적 관여는 지방정부의 활동에 직접적으로 관여를 하지는 않는다. 즉, 법률에 의하여 특정 행위를 못하게 하거나 특정 행위를 하도록 강요하는 성격이 강하다고 볼 수 있을 것이다.

2) 사법적 관여는 무엇인가?

사법적 관여는 법원이 쟁송절차를 통하여 지방정부에 관여하는 것을 의미한다. 구체적으로는 지방정부의 특정한 행위가 법률에 의해 부여된 권한을 벗어났을 때 사법부가 쟁송절차를 통하여 적법성 여부를 판단하는 방식으로 지방정부에 관여한다는 것을 의미한다. 사법적 관여의 근거 역시 헌법에 마련되어 있다(김선정, 2013).

대한민국헌법 제107조를 보면 지방정부가 발하는 명령이나 규칙 또는 처분 등이 헌법이나 법률에 위반되는지를 최종적으로 판단하는 기관으로 대법원을 지정하고 있다. 즉, 대법원이 헌법이나 법률에 위반하는지를 최종적으로 판단하는 기관이라는 것이다(이규환, 2002: 144).

사법적 관여는 사전적 관여가 아니라 사후적 관여의 성격이 강하다. 사법적 관여는 지방정부가 사법권에 복종하는 의미를 가지는 것으로, 사법부가 실제로 관여를 하는 것은 아니다. 특정 행위를 한 결과가 헌법이나 법률을 위반한 것인지를 대법원이 최종적으로 판단하는 것이다. 이러한 점에서 사후적 성격을 가진 관여라고 볼 수 있다는 것이다. 사법적으로 관여하기 위해서는 특정 행위가 전제되어야 한다는 것이다.

3) 행정적 관여는 무엇인가?

행정적 관여는 중앙정부가 행정절차를 통하여 지방정부에 대하여 관여하는 것을 의미한다. 아마도 행정적 관여가 입법적 관여와 사법적 관여와 비교할 때 가장 광범위한 관여라고 볼 수 있을 것이다. 또한 양적으로도 가장 많을 것이고, 질적으로도 가장 중요한 관여라고 보아야 할 것이다(김선정, 2013).

행정을 둘러싸고 있는 환경이 급격하게 변화하고 있고 미래에는 더욱 빠르게 변화할 것으로 예상되는 바, 중앙정부와 지방정부가 수행하여야 할 행정기능은 양적으로 확대되었고, 질적으로 복잡화 및 전문화되었으며, 향후에도 가장 중요한 관여수단이 될 수 있을 것이다. 특히, 행정적 관여는 사전적 관여와 사후적 관여의 두 가지 성격을 모두 가지고 있기 때문에, 입법적 관여와 사법적 관여에 비하여 더 중요하다고 볼 수 있을 것이다(조창현, 2005: 118-120). 행정적 관여는 지방정부의 활동이 국정의 통일적 운영에 기여할 수 있도록 방향 설정, 집행, 그리고 결과를 확인하는 활동이라는 점에서 사전적, 그리고 사후적 관여의 성격을 동시에 가지는 것이다(최봉기, 2006: 158). 또한 행정적 관여는 중앙정부가 지방정부에 직접적으로 관여하는 수단이기 때문에 심도 있는 분석 후 관여의 필요성 등에 대해 논의할 필요가 있을 것이다.

3. 관여를 방법기준으로 유형화하면 그 결과는?

관여의 방법에 의한 구분은 입법적 관여, 사법적 관여, 그리고 행정적 관여 중 주로 행정적 관여와 관련되어 있다고 볼 수 있다. 즉, 행정적 관여를 세분화하면 권력적 관여와 비권력적 관여로 구분할 수 있다는 것이다. 중앙정부의 지방정부에 대한 행정적 관여를 유형화할 때 관여의 방법을 기준으로 구분할 수 있을 것이다. 이와 같은 분류기준을 적용하면 중앙정부의 지방정부에 대한 관여는 권력적 관여와 비권력 관여로 구분할 수 있다. 다만, 실무상으로 무엇을 권력적 관여로, 그리고 무엇을 비권력적 관여로 분류할 것인지에 대해서는 학자들간에 일치된 의견이 제시되지는 않았다. 이 책에서는 이론적인 의미에서 어떻게 구분가능한지를 제시하고자 한다.

1) 권력적 관여는 무엇인가?

중앙정부의 지방정부에 대한 관여 중 권력적 관여는 중앙정부가 지방정부에 대해 일방적·명령적·강제적인 방식으로 관여하는 것을 말한다(최유성 외, 2000). 주로 인사통제, 사전승인, 명령, 감사, 대집행, 취소, 정지 등의 방법을 활용하여 중앙정부가 지방정부에 관여하는 것을 의미한다. 실정법에서의 감독기능을 의미한다고 볼 수 있다(김선정, 2013).

한국의 경우, 지방자치법 제9장 국가의 지도·감독에 제시되어 있는 각 조문의 내용 중 감독과 관련된 것들이 여기에 해당된다고 보아야 할 것이다.

2) 비권력적 관여는 무엇인가?

중앙정부의 지방정부에 대한 관여방식 중 비권력적 관여는 중앙정부가 지방정부에 대해 장려적·유도적·조성적인 방식으로 관여하는 것을 말한다(최유성 외, 2000). 주로 권고, 지도, 지원, 조언, 자료 제출, 기술지원, 재정지원, 협의조정, 그리고 보고 등과 같은 방법을 활용하여 중앙정부가 지방정부에 관여하는 것을 의미한다. 실정법상 지도기능을 의미한다고 볼 수 있다(김선정, 2013).

비권력적 관여는 중앙정부가 지방정부에 비해 조직, 경험, 재정적인 측면에서 좀 더 우월하기 때문에, 지방정부에게 도움을 주기 위하여 관여한다고 보는 관점(조창현, 2005: 117-120)이 있다. 권력적 관여에 비하여 비권력적 관여가 지방정부의 독립성과 창의성을 훼손하지 않는다는 측면에서 긍정적이라고 볼 수 있다. 그러나 비권력적 관여도 관여이기 때문에 환경의 변화를 고려하면서 관여의 수준을 조절할 필요가 있을 것이다.

4. 관여를 영향기준으로 유형화하면 그 결과는?

관여의 영향 범위를 기준으로 구분하는 것은 입법적 관여, 사법적 관여, 그리고 행정적 관여 중 주로 행정적 관여와 관련되어 있다. 관여의 영향 범위를 기준으로 구분하면 행정 전반에 대한 관여와 특정 부문에 대한 관여로 구분할 수 있을 것이다. 특정 부문에 대한 관여는 다시 인사, 재정, 감사 등으로 세분화할 수 있다.

1) 행정 전반에 대한 관여는 무엇인가?

행정 전반에 대한 관여는 인사, 재정, 감사 등과 같이 특정 부문에만 적용되는 것이 아니라 지방정부 전반에 관여되는 것을 의미한다. 실무적으로는 보고, 조언과 정보의 제공, 인가·승인·동의, 심사, 법의 적용, 직무태만에 대한 시정, 그리고 소원 등이 해당된다.

보고란 지방정부가 중앙정부에게 각종 정보와 통계자료의 제출, 예·결산과 조례규칙 등을 보고하는 것을 말한다. 보고는 지방정부의 현황을 파악하기 위한 중앙정부의 지방정부에 대한 기본적인 관여방식이라고 볼 수 있다. 조언과 정보의 제공은 지방정부에 비하여 우월한 역량을 보유하고 있는 중앙정부가 지방정부에게 필요한 정보와 자료의 제공, 기술적 조언이나 권고 또는 지도를 하는 것을 의미한다. 인가는 지방정부가 행하는 법률행위의 효력을 완성시키는 중앙정부의 행정행위를 의미한다. 중앙정부의 인가를 받아야 하는 지방정부의 법률행위에 동의를 표함으로써, 지방정부의 법률행위를 유효하게 만드는 것이다. 따라서 중앙정부의 인가를 받지 아니한 지방정부의 법률행위는 원칙적으로 무효가 된다. 이러한 이유 때문에 비권력적 관여 중 강력한 수단이라고 볼 수 있다. 인가는 승인·허가·동의 등의 용어로 사용되고 있다. 심사는 지방정부가 특정한 행위를 한 후 중앙정부 또는 상급기관이 관여하여 적절성을 판단하는 것을 의미한다. 따라서 사전적 관여방식인 인가와 달리 사후적 관여방식이라고 보아야 할 것이다. 예를 들면, 지방정부가 행한 명령이나 처분의 위법부당성에 대해 중앙정부가 심사하여 취소·정지하는 것을 말한다. 법의 적용은 중앙정부가 법규명령, 대통령령, 부령 등을 통해 지방정부의 행정을 규제하는 것을 의미한다. 직무태만에 대한 시정은 지방정부가 국가적 이해관계가 있는 사무의 처리를 태만히 하고 있을 때, 중앙정부가 관여하여 적극적으로 처리할 수 있도록 하는 것을 의미한다. 마지막으로, 소원은 지방정부의 행정행위에 대한 위법부당을 주장하는 주민의 제소를 근거로 중앙정부가 지방정부의 행정행위를 재심사하는 관여방식을 의미한다(최유성 외, 2000).

2) 특정 부문에 대한 관여는 무엇인가?

관여와 관련한 특정 부문의 범위는 분류기준에 따라 다양하게 나타날 수 있을 것이다. 논의의 편의를 위하여 여기에서는 인사, 재정, 그리고 감사에 대하여 간단하게 살펴보고자 한다. 그 이유는 다음 절부터 기능과 사무, 기구와 인력, 재정 등에 대해 별도로 논의할 것이기 때문이다. 먼저, 인사에 대한 관여이다.

(1) 인사부문

인사에 대한 관여 중 우선적으로 살펴볼 수 있는 것은 임면과 승진에의 관여이다. 즉, 지방공무원의 임면·승진에 중앙정부가 관여할 수 있는 권한을 가진다는 것을 말한다. 인사의 시행과 감독은 지방정부의 인사행정에 대해 중앙정부가 시행하거나 감독하는 것을 의미한다. 인사기준 설정은 지방정부의 인사행정을 위한 기준을 중앙정부가 설정하는 방식을 말한다. 지방자치제가 재실시되고 있고, 현재 30여 년의 기간이 경과하였다는 점을 고려하면 지방정부의 조직이나 지방공무원의 인사에 대해서는 중앙정부가 정해주는 것이 아니라, 지방정부가 자율적으로 결정하여 운영할 수 있도록 위임할 필요가 있을 것이다. 지방정부의 인사권에 중앙정부가 과도하게 관여하면 지방정부의 자주적·창의적 행정을 저해할 가능성을 배제할 수 없을 것이다.

(2) 재정부문

다음으로는 재정에 대한 관여이다. 재정에 대한 관여는 중앙정부가 지방정부에게 세입자율성 또는 세출자율성을 부여하지 않은 채 관여하는 형태를 의미한다. 예를 들면, 중앙정부가 지방정부에게 국고보조금을 보조하는 것을 들 수 있다. 국고보조금의 특성을 보면 용도가 정해져 있다는 점, 그리고 일정 수준의 지방비 부담을 전제로 하고 있다는 점 등이다. 즉, 지방정부가 국고보조금을 받은 후 원하는 사업에 자율적으로 사용할 수 없다는 것이다. 또한 다른 예로 들 수 있는 것이 지방채 발행제도이다. 지방정부가 사업에 필요한 재원을 확보하기 위하여 지방채를 발행하고자 할 때 자율성이 부족하다는 것이다. 과거에는 행정안전부가 지방정부에서 추진하고자 하는 사업별 지방채 발행 여부를 승인해 왔었다. 그러나 지방분권과 함께 재정자율성에 대한 요구가 커졌고, 이를 반영하기 위하여 총액한도를 정해주고 그 범위 안에서 자유롭게 발행하도록 하는 지방채 발행 총액한도제를 도입하여 운영하였다. 그러다가 현재에는 행정안전부가 제시한 산식에 의거하여 지방정부가 지방채 발행 총액한도를 계산 및 설정하고, 지방의회의 의결을 거쳐 지방채를 발행한 다음 행정안전부에 알려주도록 되어 있다. 지방정부의 지방채 발행 관련 자율성이 매우 높아졌음을 알 수 있다. 그러나 일정한 산식의 범위 내에서 지방채를 발행하는 등 완전한 자율성을 갖지는 못하고 있다.

(3) 감사부문

마지막으로는 감사를 통하여 관여하는 것이다. 감사에는 회계감사와 직무감사(행정감사 · 행정감찰) 등이 있다. 회계감사는 중앙정부가 지방정부의 회계기록을 확인 및 검증하는 것이다. 주로 감사원 감사를 통하여 이루어지는 것이 원칙이다. 그러나 중앙정부도 일정 수준의 감사를 할 수 있는데, 그것은 국고보조사업에 대한 지출 또는 재정활동에 대한 회계검사 등이다. 그리고 중앙정부는 지방정부가 수행한 행정활동의 적법성과 타당성을 확임 및 검증하는 방식으로 관여할 수 있다.

지금까지 살펴본 관여의 유형 중 관여의 방법과 관여의 영향을 종합하여 관여를 구분하고 있는 학자도 있다(최유성 외, 2000: 17). 그들은 권력적 관여와 비권력적 관여를 하나의 축으로 설정하고, 다른 축은 행정전반에 대한 관여와 특정 부문에 대한 관여로 구분하여 일곱 가지의 사례를 제시하고 있다.

표 11-2 관여의 방식과 관여의 영향을 종합한 관여의 구분

구분		권력적 관여	비권력적 관여
행정 전반에 대한 관여		인가 · 승인 · 동의, 법의 적용, 직무태만에 대한 시정, 소원	보고, 조언과 정보 제공
특정 부문에 대한 관여	인사부문	지방공무원의 임면 · 승진에 관여, 인사의 시행 · 감독	인사기준의 설정
	재정부문	국고보조, 지방채 발행 총액한도제 운영 등	예산과정에 관여
	감사부문	회계감사, 직무감사(행정감사, 행정감찰 등)	–

자료: 최유성 외(2000: 17)를 수정 및 보완.

제 3 절

관여에 대한 경험적 분석과 해석

1. 한국의 현행 법 · 제도는 어떤 관여들을 인정하고 있는가?

1) 어떻게 접근하려고 하는가?

관여는 행정 전반에 미치는 관여와 특정 부문에 미치는 관여로 구분되어 있다. 관여에서는 행정 전반에 미치는 관여에 대해서만 다루고 있고, 특정 부문에 미치는 관여는 다음 장에서부터 순차적으로 다루고 있다. 따라서 여기에서는 행정 전반에 미치는 관여에 대해서만 이야기하려고 한다.

한국의 현행 법 · 제도가 허용하고 있는 행정 전반에 미치는 관여는 두 가지의 접근을 통하여 확인할 수 있을 것이다. 첫째, 대한민국헌법을 통하여 중앙정부가 지방정부에 관여하는 것을 확인하는 것이다. 여기에서는 주로 정부간 관계에 대해 논의하는 것이 될 것이다. 둘째, 한국에서 시행하고 있는 지방자치제의 모법이라고 볼 수 있는 지방자치법에 제시되어 있는 관여에 대해 살펴볼 수 있을 것이다.

따라서 이 책에서는 헌법과 지방자치법에서 제시하고 있는 중앙정부의 지방정부에 대한 관여내용을 살펴보고자 한다. 세발자전거모형에 의하여 경험적으로 분석하기 전에 한국에 존재하고 있는 관여에 대해 전반적으로 살펴본다는 점에서 의의가 있을 것이다.

그림 11-1 관여에 대한 한국의 법 · 제도 분석을 위한 접근방법

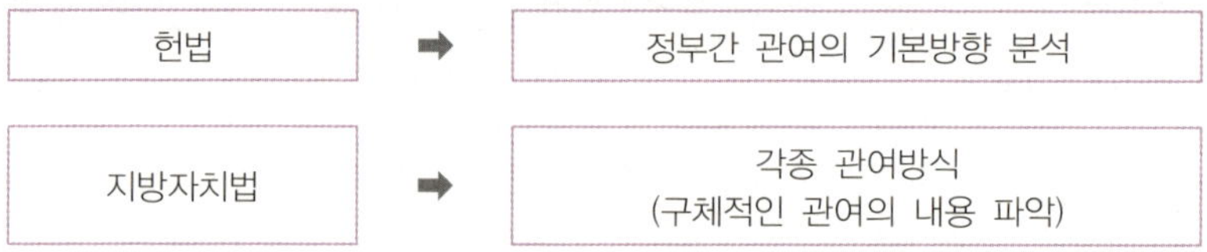

2) 헌법에 제시되어 있는 관여내용은 무엇인가?

대한민국헌법에는 제117조와 제118조에 지방자치와 관련된 내용이 제시되어 있다. 2개 조문에 4개의 항이 존재하고 있는 것이다. 구체적으로 살펴보면, 첫째, 법령의 범위 안에서 자치에 관한 규정을 제정할 수 있도록 하고 있다. 법령이라고 하면 법률과 시행령이 포함된 용어이다. 국회를 통과하여야 법률이라고 부르고, 시행령은 국회가 아니라 각 부처가 제정하는 것이다. 결국 입법적 관여와 행정적 관여가 모두 가능하다는 의미를 가지고 있는 것이다. 국회가 법률을 제정하는 입법절차를 통하여 지방정부에 관여할 수 있고, 각 중앙부처는 시행령의 제정절차를 통하여 지방정부에 관여하게 되는 것이다. 특히, 자치에 관한 규정이라는 문구에서 알 수 있듯이 지방자치제, 지방정부의 운영 등 전반적인 사항에 대해 입법적 관여와 행정적 관여가 이루어질 수 있도록 포괄적으로 규정하고 있다.

둘째, 지방정부의 종류를 법률로 정하도록 되어 있다. 국회의 입법절차를 통하여 지방정부의 종류가 결정된다는 것이다. 지방자치제의 근간이 될 수 있는 지방정부의 종류를 국회의 입법절차를 통하여 결정되는 입법적 관여가 보장되어 있다는 것이다. 이는 한국의 지방자치제가 제도적 보장설을 취하고 있다는 점과 맥락을 같이한다고 보아야 할 것이다.

셋째, 지방정부에 의회를 두도록 되어 있다. 이는 기관유형을 다양화하고자 할 때 장애요인이 될 수 있을 것이다. 예를 들면, 주민투표 등을 통하여 지방의회를 폐지한다고 하면 위헌이 되는 것이다. 이 역시 지방정부에 대한 일정 수준의 관여가 될 수 있을 것이다. 다만, 다른 조문에 비해서는 관여의 강도가 크지는 않다고 볼 수 있을 것이다.

넷째, 지방의회의 조직 · 권한 · 의원선거, 지방정부의 장의 선임방법, 그리고 지방정부의 조직과 운영에 관한 사항을 법률로 정하도록 하고 있다. 매우 강도 높은 입법적인 관여의 예시로 들 수 있을 것이다. 지방정부의 장의 선임방법을 법률로 정하도록 하고

있기 때문에 기관유형을 다양화하려면, 즉 지방의회의원이 지방정부의 장을 겸임하도록 하는 방안을 마련하여 운영하고자 할 때 법률에 근거가 있어야 한다는 것이다. 지방정부의 장을 선임하는 방식을 국회가 결정한다는 것이다. 또한 지방정부의 조직과 운영에 관한 사항 역시 법률로 정하도록 되어 있어 매우 폭넓은 수준에서 입법적 관여가 이루어질 수 있는 근거가 제시되어 있다.

지금까지의 논의를 종합하면, 대한민국헌법은 지방정부에 대한 국회의 입법적 관여와 각 부처의 행정적 관여가 광범위하게 허용되어 있음을 알 수 있다. 다만, 대한민국헌법에는 포괄적인 수준에서 관여를 제시하고 있을 뿐 구체적인 내용을 제시되어 있지 않다. 지방자치제와 관련되어 있는 구체적인 내용은 지방자치의 모법인 지방자치법에 제시되어 있다.

3) 지방자치법에 제시되어 있는 관여내용은 무엇인가?

지방자치법은 지방자치와 관련된 모법이라고 볼 수 있을 것이다. 이러한 사실은 지방자치법 제1조를 보면 명확하게 드러난다. 제1조에는 지방자치법이 지방정부의 종류와 조직 및 운영에 관한 사항을 정하고, 국가와 지방정부 사이의 기본적인 관계를 정함으로써 지방자치행정을 민주적이고 능률적으로 수행하고, 지방을 균형있게 발전시키며, 대한민국을 민주적으로 발전시키려는 것을 목적으로 하고 있다는 것을 제시한다.

지방자치법에는 중앙정부의 지방정부에 대한 관여, 광역지방정부의 기초지방정부에 대한 관여 등 다양한 관여의 내용이 제시되어 있다. 관여의 내용을 어떻게 정리하여야 이 책을 읽는 독자들이 쉽게 이해할 수 있는지를 고민해 보아야 할 것이다. 이 책에서는 별도의 구분을 하지 않은 채 법 조문을 정리하여 제시하고자 한다. 정리하는 과정에서 이것이 권력적 관여인지, 아니면 비권력 관여인지가 나타날 것이다. 하나의 조문에 권력적 관여와 비권력적 관여가 동시에 포함되어 있는 경우도 있다. 이 책에서는 지방자치법 제8장 지방정부 상호간의 관계와 제9장 국가의 지도・감독에 대해서만 다루고자 한다. 정부간의 관계와 관련된 전반적인 내용은 두 개의 장에 제시되어 있기 때문이다.

(1) 국가와 지방정부의 관계

지방자치법에는 국가와 지방정부간의 관계를 제시하고 있다. 여기에는 권력적 관계와 비권력적 관계가 모두 포함되어 있다.

첫째, 지방자치법 제184조에는 지방정부의 사무에 대한 지도와 지원에 대하여 제시하고 있다. 내용을 보면 중앙행정기관의 장이나 시 · 도지사는 지방정부의 사무에 관하여 조언, 권고, 지도를 할 수 있고, 필요하면 지방정부에게 자료 제출을 요구할 수 있다. 그리고 국가나 시 · 도는 지방정부가 지방정부의 사무를 처리하는 데 필요하다고 인정하면 재정지원이나 기술지원을 할 수 있고, 지방정부의 장은 중앙행정기관이나 시 · 도지사의 조언, 권고, 지도와 관련하여 중앙행정기관의 장이나 시 · 도지사에게 의견을 제출할 수도 있다. 전형적인 비권력적 관계를 의미한다고 볼 수 있다.

둘째, 지방자치법 제185조에는 국가사무나 시 · 도 사무처리의 지도 · 감독과 관련된 내용이 제시되어 있다. 내용을 보면 지방정부에서 수행하고 있는 사무 중 국가로부터 위임된 사무, 즉 기관위임사무와 단체위임사무는 시 · 도에서는 주무부 장관, 시 · 군 및 자치구에서는 1차로 시 · 도지사, 2차로 주무부 장관의 지도 · 감독을 받는다. 또한 기초지방정부에서 수행하고 있는 사무 중 광역지방정부로부터 위임된 사무에 관하여는 시 · 도지사의 지도 · 감독을 받는다. 주로 지도보다는 감독을 받는 경향이 있다. 권력적 관여라고 볼 수 있을 것이다.

셋째, 지방자치법 제187조에는 중앙행정기관과 지방정부간 협의 · 조정내용이 제시되어 있다. 내용을 보면 중앙행정기관의 장과 지방정부의 장이 사무를 처리할 때 의견을 달리하는 경우, 이를 협의 · 조정하기 위하여 국무총리 소속으로 행정협의조정위원회를 둔다고 되어 있다.

넷째, 지방자치법 제188조에는 위법 · 부당한 명령 · 처분에 대한 시정조치와 관련된 내용이 제시되어 있다. 내용을 보면 지방정부의 사무에 관한 지방정부의 장(또는 지방의회 의장)의 명령이나 처분이 법령에 위반되거나 현저히 부당하여 공익을 해친다고 인정되면 시 · 도에 대해서는 주무부 장관이, 시 · 군 및 자치구에 대해서는 시 · 도지사가 기간을 정하여 서면으로 시정할 것을 명하고, 그 기간에 이행하지 아니하면 이를 취소하거나 정지할 수 있다. 주무부 장관은 지방정부의 사무에 관한 시장 · 군수 및 자치구의 구청장의 명령이나 처분이 법령에 위반되거나 현저히 부당하여 공익을 해침에도 불구하고 시 · 도지사가 시정명령을 하지 아니하면, 시 · 도지사에게 기간을 정하여 시정명령을 하도록 명할 수 있다. 그리고 주무부 장관은 시 · 도지사가 시정명령을 하지 아니하면, 직접 시장 · 군수 및 자치구의 구청장에게 기간을 정하여 서면으로 시정할 것을 명하고, 그 기간에 이행하지 아니하면 주무부 장관이 시장 · 군수 및 자치구의 구청장의 명령이나 처분을 취소하거나 정지할 수 있다. 주무부 장관은 시 · 도지사가 시장·군수 및 자치구의 구청장에게 시정명령을 하였으나, 이를 이행하지 아니한 데 따른 취소·정지를 하지 아니하는 경우에는 시·도지사에게 기간을 정하여 시장·군수 및 자치구의 구청장의 명령이나 처분을 취소하거나 정지할 것을 명하고, 그 기간에 이행하지 아니하면 주무부 장관이 이를 직접 취소하거나 정지할 수 있다. 지방정부의 장은 자치사무에 관한 명령이나 처분의 취소 또는 정지에 대하여 이의가 있으면, 그 취소처분 또는 정지처분을 통보받은 날부터 15일 이내에 대법원에 소를 제기할 수 있다.

다섯째, 지방자치법 제189조에는 지방정부의 장에 대한 직무이행명령과 관련된 내용이 제시되어 있다. 내용을 보면 지방정부의 장이 법령에 따라 그 의무에 속하는 국가위임사무나 시·도 위임사무의 관리와 집행을 명백히 게을리 하고 있다고 인정되면 시·도에 대해서는 주무부 장관이, 시·군 및 자치구에 대해서는 시·도지사가 기간을 정하여 서면으로 이행할 사항을 명령할 수 있다. 주무부 장관이나 시·도지사는 해당 지방정부의 장이 기간 내에 이행명령을 이행하지 아니하면, 그 지방정부의 비용부담으로 대집행 또는 행정상·재정상 필요한 조치를 할 수 있다. 또한 주무부 장관은 시장·군수 및 자치구의 구청장이 법령에 따라 그 의무에 속하는 국가위임사무의 관리와 집행을 명백히 게을리하고 있다고 인정됨에도 불구하고 시·도지사가 이행명령을 하지 아니하는 경우, 시·도지사에게 기간을 정하여 이행명령을 하도록 명할 수 있다. 주무부 장관은 시·도지사가 기간 내에 이행명령을 하지 아니하면, 직접 시장·군수 및 자치구의 구청장에게 기간을 정하여 이행명령을 하고, 그 기간에 이행하지 아니하면 주무부 장관이 직접 대집행 등을 할 수 있다. 주무부 장관은 시·도지사가 시장·군수 및 자치구의 구청장에게 이행명령을 하였으나, 이를 이행하지 아니한 데 따른 대집행 등을 하지 아니하는 경우에는 시·도지사에게 기간을 정하여 대집행 등을 하도록 명하고, 그 기간에 대집행등을 하지 아니하면 주무부 장관이 직접 대집행 등을 할 수 있다. 지방정부의 장은 이행명령에 이의가 있으면 이행명령서를 접수한 날부터 15일 이내에 대법원에 소를 제기할 수 있다. 이 경우, 지방정부의 장은 이행명령의 집행을 정지하게 하는 집행정지결정을 신청할 수 있다.

여섯째, 지방자치법 제190조에는 지방정부의 자치사무에 대한 감사와 관련된 내용이 제시되어 있다. 내용을 보면 행정안전부 장관이나 시·도지사는 지방정부의 자치사무에 관하여 보고를 받거나 서류·장부 또는 회계를 감사할 수 있다. 이 경우, 감사는 법령 위반사항에 대해서만 한다. 행정안전부 장관 또는 시·도지사는 감사를 하기 전에 해당 사무의 처리가 법령에 위반되는지 등을 확인하여야 한다.

일곱째, 지방자치법 제191조에는 지방정부에 대한 감사절차 등이 제시되어 있다. 주무부 장관의 위임사무 감사, 행정안전부 장관의 자치사무 감사 등을 시행할 수 있는데, 이때에는 지방정부의 수감부담을 줄이고 감사의 효율성을 높이기 위하여 같은 기간 동안 함께 감사를 할 수 있다. 또한 주무부 장관, 행정안전부 장관 또는 시・도지사는 이미 감사원 감사 등이 실시된 사안에 대해서는 새로운 사실이 발견되거나 중요한 사항이 누락된 경우 등 대통령령으로 정하는 경우를 제외하고는 감사대상에서 제외하고 종전의 감사결과를 활용하여야 한다.

여덟째, 지방자치법 제192조에는 지방의회 의결의 재의와 제소에 대한 내용이 제시되어 있다. 내용을 보면 지방의회의 의결이 법령에 위반되거나 공익을 현저히 해친다고 판단되면 시・도에 대해서는 주무부 장관이, 시・군 및 자치구에 대해서는 시・도지사가 해당 지방정부의 장에게 재의를 요구하게 할 수 있고, 재의 요구 지시를 받은 지방정부의 장은 의결사항을 이송받은 날부터 20일 이내에 지방의회에 이유를 붙여 재의를 요구하여야 한다. 시・군 및 자치구의회의 의결이 법령에 위반된다고 판단됨에도 불구하고, 시・도지사가 재의를 요구하게 하지 아니한 경우, 주무부 장관이 직접 시장・군수 및 자치구의 구청장에게 재의를 요구하게 할 수 있고, 재의 요구 지시를 받은 시장・군수 및 자치구의 구청장은 의결사항을 이송받은 날부터 20일 이내에 지방의회에 이유를 붙여 재의를 요구하여야 한다. 재의 요구에 대하여 재의한 결과 재적의원 과반수의 출석과 출석의원 3분의 2 이상의 찬성으로 전과 같은 의결을 하면 그 의결사항은 확정된다. 지방정부의 장은 재의결된 사항이 법령에 위반된다고 판단되면 재의결된 날부터 20일 이내에 대법원에 소를 제기할 수 있다. 이 경우, 필요하다고 인정되면 그 의결의 집행을 정지하게 하는 집행정지결정을 신청할 수 있다. 주무부 장관이나 시・도지사는 재의결된 사항이 법령에 위반된다고 판단됨에도 불구하고 해당 지방정부의 장이 소를 제기하지 아니하면 시・도에 대해서는 주무부 장관이, 시・군 및 자치구에 대해서는 시・도지사가 그 지방정부의 장에게 제소를 지시하거나 직접 제소 및 집행정지결정을 신청할 수 있다. 주무부 장관이나 시・도지사는 직접 제소 및 집행정지결정을 신청할 수 있다. 지방의회의 의결이 법령에 위반된다고 판단되어 주무부 장관이나 시・도지사로부터 재의 요구 지시를 받은 해당 지방정부의 장이 재의를 요구하지 아니하는 경우에는 주무부 장관이나 시・도지사는 대법원에 직접 제소 및 집행정지 결정을 신청할 수 있다. 지방의회의 의결이나 재의결된 사항이 둘 이상의 부처와 관련되거나 주무부 장관이 불분명하면 행정안전부 장관이 재의 요구 또는 제소를 지시하거나 직접 제소 및 집행정지 결정을 신청할 수 있다.

(2) 지방정부간의 관계

지방자치법에는 지방정부간 권력적 관여에 대하여 몇 가지의 내용이 제시되어 있다. 첫째, 지방자치법 제165조에는 지방정부 상호간의 분쟁조정방식과 절차가 제시되어 있다. 지방정부간 분쟁이 발생하면 시·도는 행정안전부 장관, 시·군·구는 시·도지사가 당사자의 신청을 받아 조정할 수 있다. 또한 지방정부간 분쟁이 공익을 현저히 해칠 수 있고, 따라서 시급히 조정하여야 할 필요성이 있다고 인정되면 당사자가 신청하지 않아도 직권으로 조정할 수 있다. 즉, 지방정부간 분쟁해결방식이 상급기관에 의하여 이루어진다는 것이다. 상급정부에 의한 분쟁조정 결정사항은 우선적으로 추진할 수 있도록 예산이 편성되어야 하고, 연차적인 추진이 필요한 것은 연도별 추진계획을 상급정부에 보고하여야 한다. 만약 결정된 사항을 성실하게 이행하지 아니하면 지방정부의 장에 대한 직무이행명령을 통하여 이행하게 할 수 있다.

둘째, 지방자치법 제169조에는 행정협의회의 구성에 대해 제시되어 있다. 행정협의회는 2개 이상의 지방정부와 관련되어 있는 사무의 일부를 공동으로 처리하고자 구성하는 것이다. 이 경우, 지방정부의 장은 시·도가 구성원이면 행정안전부 장관과 관계 중앙행정기관의 장에게, 시·군 또는 자치구가 구성원이면 시·도지사에게 이를 보고하여야 한다. 행정안전부 장관이나 시·도지사는 공익상 필요하면 관계 지방정부에 대하여 협의회를 구성하도록 권고할 수 있다. 그리고 제173조에는 협의사항의 조정과 관련된 내용이 제시되어 있다. 협의회에서 합의가 이루어지지 아니하면, 관계 지방정부의 장이 조정을 요청한다. 이 경우, 시·도간의 협의사항이라면 행정안전부 장관, 시·군 및 자치구간의 협의사항이라면 시·도지사가 조정한다. 그러나 관련있는 시·군 및 자치구가 2개 이상의 시·도와 관련되어 있는 경우에는 행정안전부 장관이 조정한다. 행정안전부 장관이나 시·도지사는 관계 중앙행정기관의 장과 협의한 후 분쟁조정위원회의 의결에 따른다.

셋째, 지방자치법 제176조에는 지방정부조합의 설립에 대해 제시하고 있다. 지방정부조합은 2개 이상의 지방정부가 하나 또는 둘 이상의 사무를 공동으로 처리할 필요가 있을 때 규약을 정하여 지방의회의 의결을 거쳐 시·도는 행정안전부 장관의 승인, 시·군 및 자치구는 시·도지사의 승인을 받아 지방정부조합을 설립할 수 있다. 그러나 지방정부조합의 구성원인 시·군 및 자치구가 2개 이상의 시·도에 걸쳐 있는 지방정부조합은 행정안전부 장관의 승인을 받아야 한다. 지방자치법 제180조에는 지방정부조합의 지도 · 감독에 대한 내용이 제시되어 있다. 시 · 도가 구성원인 지방정부조합은 행정안전부 장관, 시 · 군 및 자치구가 구성원인 지방정부조합은 1차로 시 · 도지사, 2차로 행정안전부 장관의 지도 · 감독을 받는다. 그러나 지방정부조합의 구성원인 시 · 군 및 자치구가 2개 이상의 시 · 도에 걸쳐 있는 지방정부조합은 행정안전부 장관의 지도 · 감독을 받는다. 그리고 행정안전부 장관은 공익상 필요하면 지방정부조합의 설립이나 해산 또는 규약 변경을 명할 수 있다.

넷째, 지방자치법 제182조에는 지방정부의 장 등의 협의체에 대한 내용이 제시되어 있다. 협의체는 지방정부의 장이나 지방의회의 의장이 상호간의 교류와 협력을 증진하고, 공동의 문제를 협의하기 위하여 설립하는 것이다. 대한민국시도지사협의회, 전국시도의회의장협의회, 전국시장 · 군수 · 구청장협의회, 시 · 군 · 구의회의장협의회 등이 그것이다. 협의체나 연합체의 대표자는 협의체 또는 연합체를 설립하였을 경우 지체 없이 행정안전부 장관에게 신고하여야 한다. 협의체 또는 연합체는 지방자치에 직접적인 영향을 미치는 법령 등에 관한 의견을 행정안전부 장관에게 제출할 수 있다. 또한 협의체 또는 연합체는 지방자치와 관련된 법률의 제정 · 개정 또는 폐지가 필요하다고 인정하는 경우에는 국회에 서면으로 의견을 제출할 수 있다.

2. 어떤 기준을 가지고 분석할 것인가?

앞에서는 대한민국헌법과 지방자치법에 제시되어 있는 관여 중 행정 전반에 미치는 영향을 중심으로 살펴보았다. 지금부터는 한국의 정부간 관계를 관여의 관점에서 규명하여야 한다.

관여의 관점에서 한국의 정부간 관계를 규명하기 위해서는 기존 정부간 관계이론, 국가론에서 바라보는 정부간 관계, 그리고 이 책에서 제시한 세발자전거모형을 적용할 수 있을 것이다. 각 모형을 적용하기 위해서는 일정한 기준이 있어야 한다. 이 책에서는 기존 정부간 관계이론과 국가론에서 바라보는 정부간 관계에서 제시한 기준들을 종합하여 만든 세발자전거모형에서 제시한 기준을 적용하고자 한다.

구체적으로는 ① 중앙정부가 지방정부에 관여할 수 있는 법 · 제도적 장치가 있는가? ② 중앙정부는 실제로 지방정부에 관여하고 있는가? ③ 광역지방정부와 기초지방정부에 대한 논의가 포함되어 있는가? ④ 관여과정에 정부간에 상호협력 및 협의를 위한 기제가 마련되어 있는가? ⑤ 중앙정부 등 상위정부와 하위정부간 갈등 발생 시 누구의 이익을 반영하는가? ⑥ 관여의 목적은 무엇인가?(주민과 기업을 위해서인지, 아니면 지방정부 또는 중앙정부를 위해서인가?) 등이다.

3. 분석결과는 어떠한가?

1) 중앙정부가 지방정부에 관여할 수 있는 법 · 제도적 장치가 있는가?

중앙정부가 지방정부에 관여할 수 있는 법 · 제도적 장치는 앞에서 살펴본 것처럼 대한민국헌법, 지방자치법 등에서 쉽게 찾아볼 수 있다.

대한민국헌법 제117조 제1항 "…… 법령의 범위 안에서 자치에 관한 규정을 제정할 수 있다"고 제시되어 있는 내용과, 제118조 제2항 "…… 지방자치단체의 조직과 운영에 관한 사항은 법률로 정한다"는 내용이 대표적이라고 볼 수 있을 것이다.

또한 지방자치 관련 모법이라고 할 수 있는 지방자치법 제9장 국가의 지도 · 감독과 관련한 조문을 보면 중앙정부가 지방정부에 관여할 수 있는 다양한 장치들이 마련되어 있다. 제183조부터 제192조까지 지방정부에 대한 중앙정부의 관여기제들을 제시하고 있는 것이다. 제184조에는 지방정부의 사무에 대한 지도와 지원, 제185조에는 국가사무나 시 · 도 사무처리의 지도 · 감독, 제187조에는 중앙행정기관과 지방정부간 협의조정, 제188조에는 위법 · 부당한 명령 · 처분의 시정, 제189조에는 지방정부의 장에 대한

표 11-3 중앙정부의 지방정부에 대한 법 · 제도적 관여 근거

구분		내용
헌법	제117조	법령의 범위 안에서 자치에 관한 규정을 제정
	제118조	지방정부의 조직과 운영에 관한 사항은 법률로 정한다는 내용
지방자치법	제184조	지방정부의 사무에 대한 지도와 지원
	제185조	국가사무나 시 · 도 사무처리의 지도 · 감독
	제187조	중앙행정기관과 지방정부간 협의조정
	제188조	위법 · 부당한 명령 · 처분의 시정
	제189조	지방정부의 장에 대한 직무이행명령
	제190조	지방정부의 자치사무에 대한 감사
	제191조	지방정부에 대한 감사절차 등
	제192조	지방의회 의결의 재의와 제소

직무이행명령, 제190조에는 지방정부의 자치사무에 대한 감사, 제191조에는 지방정부에 대한 감사절차 등, 제192조에는 지방의회 의결의 재의와 제소 등이 제시되어 있다.

여기에는 권력적 관여와 비권력적 관여의 내용이 모두 포함되어 있다. 또한 입법적 관여와 사법적 관여, 그리고 행정적 관여의 내용 또한 모두 포함되어 있다고 볼 수 있다.

2) 중앙정부는 실제로 지방정부에 관여하고 있는가?

대한민국헌법과 지방자치법에는 지방정부에 대한 중앙정부의 관여기제가 마련되어 있다는 것을 확인할 수 있었다. 그러면 실제로, 중앙정부가 지방정부에 관여하고 있는지를 살펴볼 필요가 있을 것이다.

대한민국헌법 제117조에 제시되어 있는 법령의 범위 안에서 자치에 관한 규정을 제정할 수 있도록 되어 있다. 그리고 지방자치법 제28조는 지방정부의 경우 법령의 범위에서 그 사무에 관하여 조례를 제정할 수 있고, 특히 주민의 권리 제한 또는 의무 부과에 관한 사항이나 벌칙을 정할 때에는 법률의 위임이 있어야 한다고 규정하고 있다. 또한 지방자치법 제29조를 보면 지방정부의 장은 법령 또는 조례의 범위에서 그 권한에 속하는 사무에 관하여 규칙을 제정할 수 있다고 되어 있고, 제30조에는 시 · 군 및 자치구의 조례나 규칙의 경우 시 · 도의 조례나 규칙을 위반하지 않아야 한다고 되어 있다. 대한민국헌법에서 위임된 사항을 지방자치법에서 담고 있다고 보아야 할 것이다. 실제로 현장에서는 조례나 규칙을 제정하고자 할 때에는 상위법령의 범위 내에서 제정하여 운영하고 있다.

또한 대한민국헌법 제118조 제2항에 의하면 지방정부의 기구와 인력 규모는 법률도 정하도록 되어 있다. 지방자치법 제125조 제2항에는 행정기구의 설치와 지방공무원의 정원은 인건비 등 대통령령으로 정하는 기준에 따라 그 지방자치단체의 조례로 정하도록 하고 있다. 실제로는 대통령령인 지방자치단체 행정기구 및 정원 등에 관한 규정을 통하여 지방정부의 기구와 인력 규모가 운영되고 있다. 지방자치단체 행정기구 및 정원 등에 관한 규정 제4조에 의하면 지방정부는 기준인건비를 기준으로 기구와 정원을 자율적으로 운영하되, 자율성과 책임성이 조화되도록 운영하여야 한다. 지방정부는 기준인건비제를 통하여 현재 기구와 인력 규모를 정하여 운영하고 있다. 이를 위하여 행정안전부 장관은 지방정부의 행정수요, 인건비 등을 고려하여 매년 기준인건비를 산정하여 전년도 12월 31일까지 각 지방정부의 장에게 통보하고 있다. 이때 활용하고 있는 기준인건비의 구성요소, 산정방법 등은 행정안전부 장관이 정하여 운영하고 있다.

교육부가 역사교과서 국정화 반대 시국선언에 참여한 전교조 소속 교사 징계를 거부한 시·도교육감에게 직무이행명령을 내렸다.

직무이행명령은 지방자치법 제170조 '지방자치단체의 장에 대한 직무이행명령' 제1항에 "지방자치단체의 장이 법령의 규정에 따라 그 의무에 속하는 국가위임사무나 시·도위임사무의 관리와 집행을 명백히 게을리하고 있다고 인정되면 시·도에 대하여는 주무부 장관이, 시·군 및 자치구에 대하여는 시·도지사가 기간을 정하여 서면으로 이행할 사항을 명령할 수 있다"는 데 따라 내리는 것이다. 2016년 누리과정 예산 편성을 놓고 서로 법적 대응 방침까지 거론하며 맞서는 교육부와 시·도 교육감이 전교조 교사 징계를 두고서도 다시 충돌할 태세다.

교육부는 지난 24일 전국 17개 시·도 교육감에게 시국선언 참여 교사 징계 명령을 따르라는 직무이행명령을 내렸다고 29일 밝혔다. 교육부는 지난달 시·도 교육청에 1차 시국선언 참여 교사를 파악해 핵심주동자와 적극 가담자, 일반 서명 교사를 구분해 징계하라고 요구했다. 그러나 징계 시한으로 제시했던 지난 11일까지 시·도 교육청이 아무런 조치를 하지 않자 직무이행명령을 내린 것이다.

직무이행명령에 따라 일선 교사 징계권한을 가진 교육감들은 내년 1월 28일까지 시국선언 참여 교사들을 징계해야 한다. 교육부는 직무이행명령을 따르지 않으면 행정·재정상 필요한 조치를 할 수 있으며, 끝까지 징계를 거부할 경우 형사고발도 검토할 계획이다.

그러나 교육감들이 직무이행명령을 따를지는 미지수다. 지난 2011년 당시 김상곤 경기도교육감은 시국선언 참여 전교조 교사 징계와 관련해 당시 교육과학기술부가 직무이행명령을 내리자 이를 취소해 달라는 내용의 소송을 대법원에 제기했고, 양측의 갈등은 결국 법정 싸움으로 이어졌다.

문화일보(2015.12.29)

경기도에 대한 국회 행정안전위원회의 국정감사에서 지방자치단체에 대한 근거가 없는 자치사무 업무 관련 자료 제출 요구가 증가하면서 논란이 일고 있다.

국감의 경우, 법령에 따라 '국가위임사무와 국가 보조금 등 예산을 지원하는 사업'으로 규정하고 있지만, 범위를 벗어난 자료까지 요청하는 것은 물론, 이에 대한 감사를 진행하고 있기 때문이다.

결국 이재명 경기도지사는 "근거없는 자치사무 국정감사는 이제 그만해야 한다"며,

"내년부터 국정감사 자료 요구와 질의응답 사양을 심각하게 고민해봐야겠다"는 입장까지 밝혔다.

19일 경기도에 따르면, 국회 행정안전위원회와 국토교통위원회는 20일까지 이틀 동안 경기도 국감을 진행한다.

이 과정에서 지난 18일 기준 국정감사 요구자료는 1,920건으로 행안위 995건, 국토위 648건에 이르고 있다.

특히, 이 가운데 75%인 1,440건이 자치사무이며, 국가사무는 25%인 480건에 불과한 것으로 나타났다.

여기에 국감이 진행되는 동안 추가 자료 제출까지 포함하면 최소 2,000건이 넘을 것으로 예상되고 있다. 이는 2개 위원회 국회의원 1명이 평균 37건을 요구한 것으로, 지난해 1,100건에 비해 두 배가 늘어났다.

이처럼 자료 요구가 증가한 이유는 경기도에 대한 국정감사가 지난해 행안위 1곳에서 올해 행안위 · 국토위 등 2개 상임위로 늘어났고, 자치사무에 대한 자료 요구가 증가해서다.

문제는 자치사무에 대해 국회 국감 권한이 없는 데도 감사 범위를 벗어난 불피요한 자료를 요구하고 있다는 점이다. '국정감사 및 조사에 관한 법률'에 따르면, 지방자치단체의 감사 범위는 "국가위임사무와 국가가 보조금 등 예산을 지원하는 사업으로 한다"고 규정하고 있다. 요구되는 자료 중에는 자치단체장의 휴가 일정과 같은 개인정보와 정치적 쟁점과 관련된 부분도 상당하다.

이로 인해 국감을 준비하는 "공무원들은 국회가 권한도 없이 독립된 자치지방정부의 자치사무, 심지어 소속 시 · 군 · 구 단체장의 업무 추진비까지 감사자료로 요구한다"며 반발하고 있다.

이에 따라 이재명 경기도지사는 이날 "내년 감사 거부까지 고민하겠다"는 입장을 밝혔다. 이 지사는 자신의 페이스북을 통해 "근거없는 자치사무 국정감사는 이제 그만해야 한다"며, "시할머니가 며느리 부엌살림 간섭도 모자라 며느리에게 손자며느리 부엌 조사까지 요구하는 격임"이라고 비판했다.

그는 특히, "내년부터는 너무너무 힘들어 하는 우리 공무원들 보호도 할 겸, 법과 원칙이 준수되는 원칙적이고 공정한 세상을 위해 자치사무에 대한 국정감사 자료 요구와 질의응답 사양을 심각하게 고민해봐야겠다"며, "우리나라는 지방자치를 시행하고 있고, 헌법에 의거해 선거로 구성되는 지방정부에 대한 행정사무감사는 지방의회가 한다"고 말했다.

그러면서 그는 "국회는 '국정' 감사 권한이 있을 뿐 지방정부의 자치사무에 대해서는 감사권한이 없다"며, "법에도 감사 범위를 국가위임사무와 국가예산이 지원되는 사업에 한정한다. 국회는 법을 만드는 곳이니 법을 지키는 것도 솔선수범해야 하고, 스스로 만든 법이니 더 잘 지켜야 한다"고 강조했다.

이와 관련해 이날 국감 현장에서도 이 지사의 '국감 거부'를 둘러싼 논쟁이 일었다.

국민의힘 서범수 의원은 "자료는 주지 않으면서 국회의원 질의서는 줘야 하는 의무가 있냐"며, "국회의원이 갑질한다는 분위기를 조성하고 있다"고 주장했다.

서 의원은 또 "국감을 거부할 수도 있다고 페이스북에 썼다"며, "자치사무와 국가위임 사무를 명확하게 구분할 수 있냐"고 따져물었다. ……

파이낸셜뉴스(2020.10.20)

이러한 점을 종합적으로 고려하면 중앙정부가 지방정부에 직접적으로 관여하고 있다는 것을 알 수 있다.

3) 광역지방정부와 기초지방정부에 대한 논의가 포함되어 있는가?

지방자치관련 모법이라 볼 수 있는 지방자치법 제8장에는 지방정부 상호간의 관계에 대해 제시하고 있다. 구체적으로는 지방자치법 제164조부터 제182조까지이다.

지방자치법 제164조에는 지방정부 상호간의 협력, 제165조에는 지방정부 상호간의 분쟁조정, 제166조에는 지방정부 중앙분쟁조정위원회 등의 설치와 구성 등, 제167조에는 분쟁조정위원회의 운영 등, 제168조에는 사무의 위탁, 제169조에는 행정협의회의 구성, 제170조에는 협의회의 조직, 제171조에는 협의회의 규약, 제172조에는 협의회의 자료제출 요구 등, 제173조에는 협의사항의 조정, 제174조에는 협의회의 협의 및 사무처리의 효력, 제175조에는 협의회의 규약변경 및 폐지, 제176조에는 지방정부조합의 설립, 제177조에는 지방정부조합의 조직, 제178조에는 지방정부조합회의와 지방정부조합장의 권한, 제179조에는 지방정부조합의 규약, 제180조에는 지방정부조합의 지도・감독, 제181조에는 지방정부조합의 규약 변경 및 해산, 제182조에는 지방정부의 장 등의 협의체 등의 내용이 제시되어 있다.

여기에는 광역지방정부가 기초지방정부에 관여하는 것이 포함되어 있다. 따라서 법・제도적으로는 광역지방정부와 기초지방정부에 대한 논의가 포함되어 있다고 볼 수 있다.

표 11-4 광역지방정부의 기초지방정부에 대한 지방자치법의 관여 근거

조문	내용
제165조	지방정부 상호간의 분쟁조정
제166조	
제167조	
제173조	행정협의회 협의사항 조정
제174조	
제180조	지방정부조합의 지도・감독

4) 관여과정에 정부간에 상호협력 및 협의를 위한 기제가 마련되어 있는가?

중앙정부가 지방정부에 관여할 때에는 앞에서 살펴본 것처럼 다양한 방식을 활용하고 있다. 권력적 관여의 경우 상호협력 및 협의를 위한 기제가 마련되어 있지 않으나 비권력적 관여의 경우 상호협력 및 협의를 위한 기제가 마련되어 있기도 하다.

예를 들면, 지방자치법 제184조를 보면 중앙행정기관의 장은 지방정부의 사무에 관하여 조언, 권고, 지도, 재정지원, 기술지원 등을 할 수 있다. 그리고 이 과정에서 필요하면 지방정부에게 자료 제출을 요청할 수 있다. 반면, 지방정부는 조언, 권고, 지도 등에 대하여 중앙행정기관의 장에게 의견을 제출할 수 있다. 그리고 지방자치법 제186조를 보면 국가와 지방정부간의 협력을 도모하고, 지방자치 발전과 지역 간 균형발전에 관련되는 중요 정책을 심의하기 위하여 중앙지방협력회의가 설치되어 있다. 만약 중앙행정기관의 장과 지방정부의 장이 사무를 처리할 때 이견이 있는 경우, 이를 협의・조정할 수 있도록 행정협의조정위원회를 국무총리소속으로 설치하고 있다.

이러한 현상은 광역지방정부와 기초지방정부간에도 적용된다. 지방자치법 제184조를 보면 광역지방정부는 기초지방정부의 사무에 관하여 조언, 권고, 지도할 수 있는데, 기초지방정부는 이와 관련하여 의견을 제출할 수 있다. 또한 지방자치법 제164조에는 지방정부 상호간의 협력에 대하여 규정하고 있다. 지방자치법 제168조에는 사무의 위탁과 관련한 내용이 제시되어 있는데, 만약 지방정부나 지방정부의 장이 사무위탁을 변경하거나 해지하기 위해서는 관계 지방정부나 그 장과 협의하여 그 사실을 고시하여야 한다는 내용이 제시되어 있다.

이와 같은 점을 종합하면, 관여과정에서 정부간에 상호협력을 위한 기제가 마련되어 있다고 볼 수 있다. 그러나 상호협력의 내용을 보면 비권력적 관여의 경우에만 인정하

고 있고 권력적 관여에는 인정되지 않고 있다. 사실 지방정부의 입장에서는 권력적 관여의 과정에 지방정부의 의견이 전달되고 서로 협력할 수 있기를 희망할 것이다. 그럼에도 불구하고 이러한 점을 반영하는 상호협력 및 협의기제는 마련되어 있지 않다는 점에서 아쉬움이 남는다.

5) 중앙정부 등 상위정부와 하위정부간 갈등 발생 시 누구의 이익을 반영하는가?

중앙행정기관과 지방정부의 장이 사무를 처리할 때 이견이 존재하는 경우 국무총리 소속의 행정협의조정위원회를 통하여 협의·조정한다(지방자치법 제187조). 행정협의조정위원회는 위원장 1명을 포함하여 13명 이내의 위원으로 구성한다.

또한 지방정부 상호간의 분쟁을 조정하기 위하여 중앙분쟁조정위원회와 지방분쟁조정위원회가 설치되어 있다. 법적 근거는 지방자치법 제165조와 동법 제166조이다. 지방자치법 제165조는 지방정부 상호간 또는 지방정부의 장 상호간에 사무를 처리할 때 의견이 달라 분쟁이 발생하면 행정안전부 장관이나 시·도지사가 당사자의 신청을 받아 조정하는 것으로 되어 있다. 이를 위하여 제166조에 중앙분쟁조정위원회와 지방분쟁조정위원회를 설치하도록 되어 있다.

중앙분쟁조정위원회는 ① 시·도간 또는 그 장간의 분쟁, ② 시·도를 달리하는 시·군 및 자치구간 또는 그 장간의 분쟁, ③ 시·도와 시·군 및 자치구간 또는 그 장간의 분쟁, ④ 시·도와 지방정부조합간 또는 그 장간의 분쟁, ⑤ 시·도를 달리하는 시·군 및 자치구와 지방정부조합간 또는 그 장간의 분쟁, ⑥ 시·도를 달리하는 지방정부조합간 또는 그 장간의 분쟁을 심의·의결하는 역할을 수행한다(지방자치법 제166조). 지방분쟁조정위원회는 중앙분쟁조정위원회에서 다루는 내용에 해당되지 아니하는 지방정부·지방정부조합간 또는 그 장간의 분쟁을 심의·의결한다.

중앙정부 등 상위정부와 하위정부간 갈등 발생 시 누구의 이익을 반영하는지를 파악하기 위해서는 위원회 위원의 구성이 객관적인지를 파악하는 방법과 실제 조정결과 누구의 이익이 더 많이 반영되었는지를 파악함으로써 알 수 있다.

먼저, 행정협의조정위원회 위원의 구성이 객관적인지를 파악하기 위하여 위원의 구성내용을 볼 필요가 있다. 구체적으로는 당연직 위원인 기획재정부 장관, 행정안전부 장관, 국무조정실장 및 법제처장, 그리고 안건과 관련된 중앙행정기관의 장과 시·도지사 중 위원장이 지명하는 사람, 그 밖에 지방자치에 관한 학식과 경험이 풍부한 사람 중에서 국무총리가 위촉하는 사람 4명(위촉직, 학계 2명, 법조계 1명, 기타 1명)으로 구성한다. 당연직 위원과 위촉직위원이 동일한 수준으로 구성되어 있다. 중앙분쟁조정위원회와 지방분쟁조정위원회는 위원장 1명을 포함하여 11명 이내의 위원으로 구성한다. 중앙분쟁조정위원회의 위원장과 위원 중 5명은 ① 대학에서 부교수 이상으로 3년 이상 재직 중이거나 재직한 사람, ② 판사 · 검사 또는 변호사의 직에 6년 이상 재직 중이거나 재직한 사람, ③ 그 밖에 지방자치사무에 관한 학식과 경험이 풍부한 사람 중에서 행정안전부 장관의 제청으로 대통령이 임명하거나 위촉하고, 기획재정부 차관, 행정안전부 차관, 산업통상자원부 차관, 환경부 차관 및 국토교통부 차관은 당연직위원이 된다(지방자치법 시행령). 지방분쟁조정위원회의 위원장과 위원 중 5명은 ① 대학에서 부교수 이상으로 3년 이상 재직 중이거나 재직한 사람, ② 판사 · 검사 또는 변호사의 직에 6년 이상 재직 중이거나 재직한 사람, ③ 그 밖에 지방자치사무에 관한 학식과 경험이 풍부한 사람 중에서 시 · 도지사가 임명하거나 위촉하고, 조례로 정하는 해당 지방정부 소속 공무원은 당연직 위원이 된다. 위원회 위원구성의 내역을 보면 당연직인 공무원 5명과 위촉직 5명, 그리고 위원장 1명(위촉직)으로 되어 있다. 위촉직이 과반수를 초과하였다는 점에서 객관성을 확보하고 있다고 볼 수 있으나, 위촉직을 중앙분쟁조정위원회의 경우 행정안전부 장관이 제청하고, 지방분쟁조정위원회는 시 · 도지사가 임명하거나 위촉하는 것으로 되어 있어 객관적인 구성이 가능한지에 대해서는 의문이 있을 수 있다.

다음으로는 행정협의조정위원회, 중앙분쟁조정위원회와 지방분쟁조정위원회의 조정결과를 통하여 누구의 이익이 반영되었는지를 파악하고자 한다. 다만, 지방분쟁조정위원회의 조정결과는 지방정부간의 관계이기 때문에 살펴볼 실익이 없는 바 논의에서 제외하였다.

먼저, 행정협의조정위원회의 사례를 살펴보고자 한다. 2019년 9월을 기준으로 할 때 분쟁조정건수는 18건이다. 구체적으로는 조정 9건, 각하 2건, 종결 1건, 그리고 취하 6건이다. 구체적인 내용은 〈표 11-5〉와 같다. 〈표 11-5〉에서 보는 것과 같이 중앙정부가 유리하게 결정된 경우가 58.3%이고, 지방정부가 유리하게 판단된 경우가 41.7%인 것으로 나타났다. 중앙정부와 지방정부 중 특정 정부에 유리하게 결정하였다고 판단하기 어려운 경우에는 중앙정부와 지방정부 모두에게 유리하게 조정한 것으로 판단하였다.

표 11-5 행정협의조정위원회 조정 및 결정사례

분쟁조정	개요	조정 및 결정결과	
		내용	결정
군산 개야도 어업권 손실보상 (전북 군산시 → 건설교통부)	• 군산시 개야도 어촌계의 어업권 연장허가 신청('95.11~'00.11)에 대해 군산시가 건교부의 공문에 의거 불허가 처분 -개야도 어촌계는 군산시를 상대로 손실보상금 청구 소송을 제기하여 대법원에서 원고 승소판결('00.10) • 군산시는 손실보상금 64억 원을 개야도 어촌계에 변제하고, 이에 대해 건교부에 구상을 청구하였으나 건교부가 이를 거부하자, 행정협의조정을 신청('00.11.9)	군산시에서 개야도 어촌계에 보상한 금액의 범위 내에서 외항 연결도로(1.1km) 확·포장 사업을 지원토록 결정	조정
난지도 폐가전 처리시설 보상 (환경부 → 서울특별시)	• 서울특별시는 난지도 폐가전제품 처리시설 부지를 '월드컵공원', '평화의 공원' 부지로 결정('99.6) • 환경부는 시설을 이전코자 이전 보상금(20억 원)을 요구하였으나 서울특별시가 거부하자, 행정협의조정을 신청('01.1.10)	실무위원회에서 환경부의 손실보상 요구는 법적 논리가 부족하고, 근거가 불충분하다는 의견을 환경부에서 수용, 조정신청을 취하	취하
포항 정치망 어업권 손실보상 (경북 포항시 → 해양수산부)	• 포항시가 정치망 어업권 유효기간 연장 허가신청을 포항지방해운항만청에 의견조회한 결과, 선박 입·출항 불편 등의 사유로 불허가 처분('93.8) -정치망 어업권자인 이○○, 이○○는 포항시를 상대로 민사소송을 제기('99.9, '97.11) • 대법원 확정판결로 포항시는 원고에게 손실보상금을 지급하고 해수부에 구상을 청구하였으나 해수부가 이를 거부하자, 행정협의조정을 신청('02.12.2, '03.2.3)	해양수산부가 소송비용을 포함한 보상금액을 지역 현안사업비로 지원토록 실무위원회에서 협의 조정(병합심리)	취하
지하철 분당선 개포1·2역 신설 사업비 분담 (철도청 → 서울특별시, 토지공사)	• 철도청은 '89.11월 분당선 실시설계에 따라 선릉~수서간 개포지역에는 1개역(개포3역)만 설치키로 결정하였으나 -교통영향평가결과와 강남구 지역주민의 요구를 반영한 2개역(개포1·2역)을 추가 설치키로 하고, 사업계획을 변경·추진 • 철도청은 추가로 설치된 2개 전철역사에 대한 사업비 분담률이 확정되지 않아 공사가 중단되자, 행정협의조정을 신청('02.10.31)	개포1역은 국가와 서울특별시가 각 50%씩 부담 결정, 개포2역은 당초 부담비율대로 결정 (국가 22.77%, 서울 26.48%, 토공 50.75%)	조정
경부고속철도 제4-1공구 역명칭 선정(충남 아산시 → 건설교통부)	• 건설교통부에서 경부고속철도 제4-1공구의 역사명칭을 충남도에 의뢰('00.8)하자 충남도는 '장재역' 의견을 제시하였으나 건설교통부는 역사명칭을 '천안아산역'으로 결정 • 아산시는 속지주의를 무시한 자치권의 침해행위라	경부고속철도사업은 전국적 규모의 사업이며, 자치사무에 해당되지 않고, 국가의 전속적 사무에 해당하므로 협의조정	각하

	며 아산지역의 여건이 반영된 역명으로 조정해 줄 것을 요구하는 행정협의조정을 신청('03.8.4)	대상으로 볼 수 없어 각하 결정	
경인2복선 전철 사업비 분담 (철도청 → 경기 부천시)	• 철도청과 부천시는 경인 2복선 전철건설 사업비 중 일부를 중동신도시 개발의 이익금으로 충당하기로 협약을 체결('94.1.25) ※ 분담금 500억 원(부천시 290, 대한주택공사 136, 한국토지공사 74) • 부천시는 지가하락, 분담금 과다책정 등을 이유로 사업비 일부를 납부하지 않고, 분담액을 경감해 줄 것을 요구('99.10.28) • 철도청은 당초 체결된 분담금 협약서에 따라 전액을 납부해 줄 것을 요구하며, 행정협의조정을 신청('03.12.4)	관계부처 국장 회의 및 당사자간 협의(2회)를 통해 '05년 상반기까지 부천시에서 미납금을 납부키로 하자, 철도청에서 조정신청을 취하	취하
녹산국가산업단지 해안변 방재대책 (부산광역시 → 건설교통부)	• '03.9월 태풍 '매미' 내습 시 설계조건을 초과한 해일고 및 유수기능의 한계 등으로 녹산국가산업단지의 해안변 공장이 침수되는 피해가 발생(338개 업체 572억 원) • 부산광역시는 항구적인 방재대책을 위한 주관부처 결정과 사업비를 요구하였으나 관련 부처 이견으로 결정이 유보되자, 행정협의 조정을 신청('05.5.27)	녹산국가산업단지 방재대책 사업비는 국가 60%, 부산광역시 20%, 토지공사 20%로 분담비율을 조정	조정
신항만 명칭 (해양수산부 → 부산광역시·경남도)	• '97.10월 '부산신항 건설사업' 고시 이후 경남도에서 명칭변경을 지속 건의하는 등 신항만 명칭을 둘러싼 부산시와 경남도간 분쟁 • 해양수산부는 자율적 합의를 유도하였으나, 관련 자치단체간 첨예한 이해대립으로 원만한 합의가 어렵다고 판단하여 행정협의조정위 조정을 신청('05.5.27)	항만사업은 자치사무에 해당되지 않고 국가의 전속적 사무에 해당하므로 협의조정대상으로 볼 수 없어 각하 결정	각하
제2롯데월드 신축(국방부 → 서울특별시)	• 서울특별시 도시건축공동위원회는 올림픽로지구 내 C2부지(제2롯데) 특별계획구역 세부개발계획 변경 결정안을 심의·가결('06.2) –사업자가 제시한 건축물의 높이(555m)는 도시관리계획상 문제가 되지 않는다고 결정 • 국방부는 「국지계기절차 수립기준」(규정)에 의하여 설정된 계기접근절차 보호구역 내 건축제한 고도는 203m까지만 가능하다는 입장을 수차례 제기하였으나 –서울특별시 도시건축공동위원회에서 받아들이지 않음에 따라 행정협의조정위 조정신청('06.5.23)	비행안전에 미치는 영향을 고려하여 203m 이내로 고도제한이 필요하다는 국방부 의견을 수용 결정	조정
제2롯데월드 신축(서울특별시 → 국방부)	• (주)롯데물산은 서울공항의 비행안전 보장을 위한 비용을 부담할 의사를 표명하면서, 제2롯데월드 신축(555m)을 위해 적정한 조치를 취해 줄 것을 서울특별시에 요청	'공군본부·롯데물산간 합의서' 이행을 조건으로 제2롯데월드 건축고도를 203m 이내로 제	조정

	• 서울특별시는 '07년 행정협의조정 결정에 따라 초고층 건축을 제한하고 있었으나, 상황변화에 따른 (주)롯데물산의 요청을 감안, 관련 기관과의 협의가 필요하다고 판단되어 행정협의조정을 신청('08.12.31)	한한 '07.7.26 결정을 철회	
포스코 新제강공장 고도제한 완화(경북 포항시 → 국방부)	• 포항시는 국방부와 사전 협의 없이 비행안전구역 고도제한을 초과하는 포스코 新제강공장 건설을 허가('08.6) –'09.7월 국방부(해군6전단)에서 불법 건축물인 新제강공장에 대해 시정을 요청하여 '09.8월부터 공사가 중단 • 포항시는 新제강공장 건축물의 고도제한 완화를 주장하며 행정협의조정을 신청('10.6.1)	포항공항의 활주로 증설 등 공항안전성을 제고(비용부담: 포스코)하는 조건으로 공장의 공사재개를 허용하는 조정결정	조정
청주 국유재산 도시계획시설 결정 취소(국방부 → 충북 청주시)	• 청주시가 국방부 국유재산(舊, 기무부대 부지)에 대하여 도시계획상 근린공원으로 결정 고시('08.12.26) • 국방부는 관계기관 의견을 수렴하지 않은 일방적인 도시계획 결정으로 매수계약자 민원유발 등 피해가 우려된다면서 도시계획결정 취소를 주장하는 행정협의조정을 신청('08.12.26)	실무조정(안)에 대해 당사자간 합의, 국방부에서 조정신청을 취하 ※청주시에서 국유재산을 매입하되, 5년간 분납하기로 국방부와 합의	취하
안양교도소 재건축협의 불가처분 취소(법무부 → 경기 안양시)	• 법무부는 노후화된 안양교도소의 안전문제 해결을 위해 재건축을 추진하면서, 재건축 협의권자인 안양시에 재건축 협의신청서를 제출하였으나, –안양시는 지역주민들의 이전요구와 도시발전을 위해 다른 지역으로 이전해야 한다며 협의불가를 통보('11.2월, 4월, 8월) • 법무부는 노후화된 안양교도소의 재건축을 더 이상 미룰 수 없다면서, 안양교도소 재건축 협의 불가처분 취소를 주장하는 행정협의조정을 신청('11.7.18)	법무부가 '안양교도소 재건축협의 불가처분 취소' 취지로 신청한 행정협의조정신청을 인용하며, 법무부는 지역주민들을 위해 주민편의시설을 적극적으로 제공할 것을 권고	조정
광화문 태극기 게양 분쟁(국가보훈처 → 서울특별시)	• 광화문광장 태극기 게양을 위한 MOU 체결('15.6.2)에 따라, 광화문광장에 태극기 게양대 상시 설치 필요 –서울시는 열린 공간 조성 목적에 따라 영구시설물 설치 지양, 경복궁 및 북악산 조망권 침해 및 상시 설치를 합의한 적이 없음 주장 • MOU에 광화문광장으로 명시되었으나, 보훈처가 상시설치를 요구하여 광화문광장 외 대체부지 협의 중에 보훈처가 행협위 조정 신청행정협의조정을 신청('15.12.19)	보훈처가 2017년 설치 예산 미반영으로 행정협의조정 신청	취하
안산 사동 개발 사업 주체 분쟁 (경기 안산시 →	• 안산시는 사동90블록의 시유지를 '16.6.20 GS컨소시엄(PFV)에 매각하여 소유권이전, GS컨소시엄은 이를 매수하여 소유권을 취득하고, 주택법에 따른	안산시가 교육부 유권해석인 공동개발 사업 시행자라는 것을 수용,	종결

교육부)	승인을 득하여 사업 시행 -「학교용지 확보 등에 관한 특별법」 제3조 및 제4조 의거 300가구 규모 이상의 개발사업시행자는 개발사업 계획에 학교용지 조성·개발에 관한 사항을 포함시켜야 함 • 안산시 사동 90블록 주택건설사업의 '개발사업시행자' 해석에 대하여, 안산시는 사업승인을 받은 GS 컨소시엄임을 주장하나 -교육부가 '개발사업시행자'에 안산시가 포함된다고 유권해석하여 이를 변경 요청하는 행정협의 조정 신청('17.10.11)	안산시-교육부-PFV 간 '안산시 사동 90블록 내 학교설립 추진을 위한 관계기관 상생 협약'을 체결함으로써 종결 처리	
인천대학교 장기 차입금 이자 상환 주체 분쟁 (교육부 → 인천광역시)	• 인천시는 인천대가 '13년 국립대로 전환하면서 전환 후 5년간('13~'17년) 대학운영비를 지원하기로 하였으나, 그 중 1,500억 원을 인천대가 우선 장기 차입하게 하고 '18년부터 상환하기로 함 -장기차입에 대한 내용을 「국립대학법인 인천대 운영비 지원기준」 회의에서 협의, 인천대가 5년간 장기차입하면서 발생한 이자는 교육부에서 우선 지원하고 '18년부터 원금 및 이자 전체를 인천시가 상환하기로 함 • 상환시기 도래하여 교육부가 원금 및 이자 상환 요청하였으나, 인천시 「국립대학법인 인천대 운영비 지원기준」이 합의 사항이 아니므로, 원금만 상환을 주장하여 이자 상환 주체에 대해 행정협의조정 신청('18.6.21)	차입금 상환 시 원금 채무에는 이자 채무가 종속되는 것이 원칙이므로, 인천시가 교육부 기지원 이자 교육부 상환 및 거치 후 이자 인천대를 통해 모두 상환 결정	조정
세종시 예정지역 1단계 생활용수 기반시설 설치 비용 부담 주체 분쟁(세종시 → 행복도시건설청)	• 행복청은 세종시 출범 전 행복도시법에 따라 행정중심복합도시건설사업 개발계획을 수립, 상수도 기반시설에 대해서는 「상수도 공급방안 방침」을 결정하고 행정중심복합도시 수돗물 공급 협약 체결 ('07.3) -예정지역 내 사업비는 LH가 부담 설치, 예정지역 밖은 대전시가 투자하여 설치 후 행복청이 비용(322억 원) 대전시에 분할 상환 • 수도 공급시기가 도래하면서 관련 사무가 지자체 고유사무인 점 고려하여, 행복청은 협약에 따른 상환 납부의무 및 수도 관련 사무를 당시 지자체인 舊 연기군에 승계('11.9) • 세종시 출범('12.7) 후 세종시는 행복도시법상 기반시설 설치가 국가 지원 의무이므로, 납부하고 있는 설치비용 상환 주체가 행복청임을 주장, 행정협의조정 신청('14.12.9)	행복도시법 제23조 제2항 및 세종시법 부칙 제5조 제3항 등에 따라, 행복청이 체결한 협약상 예정지역 밖 설치비용 상환 주체는 행복청이 아님을 확인하고, 세종시가 수도사업자로서 설치비용을 부담	조정

자료: 행정안전부(2019: 62-71)를 요약정리함.

다음은 중앙분쟁조정위원회의 사례를 살펴보고자 한다. 2019년 9월을 기준으로 할 때 일반분쟁조정건수는 24건이다. 구체적으로는 조정 14건, 기각 1건, 각하 4건, 그리고 취하 5건이다. 구체적인 내용은 〈표 11-6〉과 같다. 〈표 11-6〉에서 보는 것과 같이 상위정부와 하위정부간 갈등이 발생한 경우는 10건이 존재한다. 따라서 여기에서는 10건에 대해서만 분석하였다. 분석결과 광역지방정부에 유리하게 결정된 경우가 58.3%이고, 기초지방정부가 유리하게 판단된 경우가 41.7%인 것으로 나타났다. 광역지방정부와 기초지방정부 중 특정 정부에 유리하게 결정하였다고 판단하기 어려운 경우에는 중앙정부와 지방정부 모두에게 유리하게 조정한 것으로 판단하였다. 또한 1개의 사례는 광역지방정부와 기초지방정부의 유불리를 판단할 수 없어 제외하였다.

표 11-6 중앙분쟁조정위원회 조정 및 결정사례

분쟁조정	개요	조정 및 결정결과	
		내용	결정
아산국가공단 항만 개발 경계 관련(경기 평택시 → 충남 당진군)	• 평택시는 공단개발에 따른 항만시설의 일부가 준공됨에 따라 공유수면 매립으로 조성된 토지를 지적공부에 등록('98.3.23) • 이에, 당진군에서도 국립지리원 발행 지형도상의 해상경계선을 기준으로 항만시설을 직권으로 등록('99.12.7)함에 따라, 평택시에서 분쟁조정을 신청('00.3.31)	당진군에서 헌재에 권한쟁의심판을 청구('00.9)함에 따라 분쟁조정 신청을 각하	각하
경전철 노선변경에 따른 환승역사 건립 부담(경기 의정부시 → 서울특별시)	• '내무부 분쟁조정위'는 의정부 내 지하철 7호선 차량기지 건설과 관련, 서울시에서 환승역사 건립비용을 부담토록 결정('96.10) • 의정부시는 타당성 조사 후, 환승역사를 변경(도봉산역 → 회룡역)함에 따라 서울특별시에서 사업비 부담을 거부하자, 분쟁조정을 신청('00.6.15)	'내무부 분쟁조정위'에서 결정된 180억 원을 기준으로 경기도의 과실을 적용(20%)하여 서울시는 144억 원을 부담토록 결정	조정
행정구역 개편에 따른 잡종재산 인계(경기 김포시 → 인천 계양·서구)	• 경기 김포시 검안면이 인천시 계양구와 서구로 편입되자, 계양구와 서구는 김포시에 잡종재산 인계를 요구하며, 인천지법에 소유권이전등기절차이행 등에 대한 청구의 소를 제기('00.6.26) • 이에, 김포시는 '중앙분쟁조정위'에 분쟁조정을 신청('00.9.20)	소유권이전등기절차이행 등에 대한 청구의 소가 제기되어 법원의 결정에 따르기로 하고, 신청을 각하	각하
아산만 방조제 및 담수호 경계 분쟁(경기 평택시 → 충남 아산시)	• 농업기반공사가 시행한 아산 방조제 설치공사가 준공('87.10)되자 '93년 평택시와 당진군은 지적공부에 각각 별도의 기준으로 직권으로 방조제 및 담수호를 중복 등록 ※ 중복등록 면적: 방조제 206m,	'71.6월 착공당시를 기준으로 경계를 조정하되, 방조제는 경기도 의견을, 담수호는 충남도 의견을 수용결정	조정

	담수호 998,320m^2 • 이에, 평택시에서 '중앙분쟁조정위'에 분쟁조정을 신청('00.3.2)		
자동차 액화가스 충전소 설치 (인천 계양구·경기 부천시 → 경기 김포시)	• 개발제한구역 내 자동차 액화가스 충전소를 설치할 경우 5km 이내의 인근 자치단체와 협의하여 배치계획을 수립해야 하나 • 김포시에서 인천 계양구·경기 부천시와 협의 없이 배치계획을 수립·고시('01.4)하자, 인천 계양구('01.4.10), 경기 부천시('01.4.3)에서 분쟁조정을 신청	위원회의 자율·조정 촉구에 대해 당사자간 협약 후, 분쟁조정 신청을 취하	취하
자동차 액화가스 충전소 설치 (서울 강동구 → 경기 하남시)	• 개발제한구역 내 자동차 액화가스 충전소를 설치할 경우 5km 이내의 인근 지방자치단체와 협의하여 배치계획을 수립해야 하나 • 하남시에서 서울 강동·송파구와 협의 없이 배치계획을 수립·고시('01.4)하자, 서울 강동구에서 분쟁조정을 신청('01.4.30)	행자부에서 제시한 중재안을 3개 단체가 수용, 분쟁조정 신청을 취하	취하
사설납골시설 공설화 (경기 화성시 → 서울 종로구 등 7개구)	• 서울특별시 종로구 등 7개 자치구는 지방자치단체 납골시설 확보를 위해 경기 화성시 소재 (재)효원 납골공원과 영구사용 계약을 체결('04.12.28)하고, 지역주민을 대상으로 사용 허가 • 화성시는 납골시설을 공설화하여 타 지방자치단체 구역에 설치할 경우, 관계 지방자치단체의 동의를 얻도록 한 『지방자치법』 규정을 위반한 것이라며 분쟁조정을 신청('06.5.4)	화성시는 위원회의 조정안을 수용할 의사가 없이 원상회복만을 요구하고 있고, 화성시의 요구안에 따를 경우 납골시설을 이용하고 있는 주민들에게 또 다른 피해와 분쟁이 야기될 것이 우려되어 조정을 하지 않는 조정종결을 결정	조정 종결
신항만 1-1단계 시설관할권 (1차, 경남도 → 부산시)	• 해양수산부는 신항만 1-1단계 부두 1차 3선석(879,199m^2) 및 배후부지(88,638m^2)에 대한 임시관할권 자치단체로 부산광역시를 지정('05.9.15) • 경남도는 동 사안이 경남도와 부산광역시간, 사무처리에 있어 의견을 달리하는 분쟁이라며 분쟁조정을 신청('05.11.14)	동 분쟁에 대해 부산시와 경남도는 각각 헌재에 권한쟁의심판을 청구하였고, 행안부의 연구용역이 중단된 상태이므로 위원회에서 조정하기에 적합하지 않아 조정하지 않는 조정종결을 결정(병합심리)	조정 종결
신항만 1-1단계 시설관할권 (2차, 부산시 → 경남도)	• 해양수산부 장관은 '06년말 준공된 신항만시설에 대해 '05년 말 준공된 3선석과 동일한 방법으로 임시관할 지방자치단체를 지정하여 관련 시설을 등록하도록 방침을 시달('06.11.10) • 부산·진해경제자유구역청은 신항만 1-1단계 부두 2차 부두 3선석은 경남도로('06.12.26), 배후부지(549,776m^2)는 도시계획도로를 기준으로 동측은 부산시, 서측은 경남도로 임시관할권을 지정('07.1.29) • 부산광역시는 동 사안이 부산광역시와 경남도간,		

	사무처리에 있어 의견을 달리하는 분쟁이라며 분쟁조정을 신청('07.3.2)		
칠곡재래시장 소유권 분쟁 (2차, 대구 북구 → 대구광역시)	• 칠곡재래시장은 '65.2.1 경북 칠곡군 칠곡읍에 개설·운영되어 오던 중 '81.7.1 소재지가 칠곡읍에서 행정구인 대구 북구로 편입되면서 소유권이 대구광역시장 명의로 등기 • '88.4.6 대구 북구는 자치구로 승격되었으나 대구 북구 재산인 칠곡재래시장의 소유권에 대한 명의 등록절차를 이행하지 못함에 따라 대구광역시에 소유권 반환을 구하는 분쟁조정을 신청('08.8.13)	관계기관 실무회의, 법제처 유권해석 등을 통해 충분히 논의한 결과, 대구광역시에서 소유권 이관이 누락된 사항을 확인하고 북구청에 소유권을 이관하기로 결정, 분쟁조정 신청을 취하	취하
강남순환도시고속도로사업 도시계획시설 결정 (서울특별시 → 경기 과천시)	• 서울특별시는 강북과 강남을 연결하는 내부순환도로망 구축을 위해 강남순환도시고속도로사업을 추진하면서 과천시 통과구간(선암로~염곡교차로, 570m)에 대해 과천시의 '도시계획시설(도로) 결정'을 요청 • 과천시는 지역주민의 민원(교통난 해소 방안, 토지보상 등)에 대한 사전 협의가 선행되지 않는한 '도시계획시설 결정' 절차 진행은 곤란하다는 입장을 견지함에 따라 서울특별시에서 과천시가 '도시계획시설 결정'을 하도록 분쟁조정을 신청('10.11.12)	서울특별시는 장군마을 교통난 해소를 위해 과천시 건의사항(2건)에 대한 사업비를 부담하여 사업을 추진하고, 과천시는 서울특별시가 요청한 도시계획시설 결정절차 진행과 도로 확장에 따른 행정적인 지원을 결정	조정
행정구역 명칭 변경 관련 분쟁 (충북 단양군 → 경북 영주시)	• 영주시(의회)에서 단산면 주민의 행정구역 명칭변경 청원을 수용하여 '단산면' ⇒ '소백산면'으로 면명칭을 변경 • 단양군은 양 시·군에 걸쳐 있는 소백산을 특정지역의 행정구역 명칭으로 사용함에 반대하며, 중앙분쟁조정위원회에 조정을 신청('12.2.20)	면 명칭 변경이 지방자치단체 사무라 할지라도 이웃한 지방자치단체 주민에게 피해를 준다면 조례의 한계를 벗어났다고 보아, 단양군이 제기한 '소백산면' 명칭 사용중지 신청을 인용 결정	조정
읍내어린이공원 소유권 분쟁 (대구 북구 → 대구광역시)	• 대구 북구 관내 소재한 읍내어린이공원은 '89.6.15(건교부 고시 제326호) 당시 대구직할시가 승인하여 토지개발공사에서 시행한 칠곡택지개발지구 사업에 의하여 조성 • 대구 북구는 舊 내무부 「시유재산조정지침」과 「대구시 도시공원 및 녹지관리 조례」에서 공원관리를 사무 위임한 점 등을 감안, 공원 소유권도 북구로 이전되어야 한다며 분쟁조정을 신청('12.7.16)	舊 내무부 「시유재산 조정지침」, 「지방자치법」, 「국토이용법」 및 「도시공원 조례」 등과 연계하여 대구시 소유의 읍내어린이공원을 대구시 북구로 이전을 요구한 분쟁조정 신청은 이유가 없어 기각	기각
지역상생발전기금 법정출연금 납입 분쟁(13개	• 전 시·도는 2009년 수도권 규제합리화에 따른 개발이익을 비수도권에 지원함으로써, 지역상생발전을 도모하기 위해 서울·인천·경기도의 출연금	지방자치단체 기금관리기본법 제17조 규정에 따라 2012년부터 서울	조정

비수도권 시·도지사 → 서울특별시)	('10~'19년, 매년 수도권 시·도 지방소비세액의 35%) 등을 재원으로 지역상생발전기금을 설치하기로 합의하고 법령에 명시 • 서울시가 출연금의 일부를 납부하지 않자 13개 비수도권 시·도지사는 지방자치단체 기금관리기본법 제17조 규정에 따라 서울시는 2010년부터 2019년까지 매년 지방소비세액의 35% 해당하는 금액을 출연해야 한다며 분쟁조정을 신청('14.1.10)	시가 미출연한 금액을 지역상생발전기금에 출연할 것을 요구한 분쟁조정 신청을 인용 결정	
자동차등록사무소 분소운영 분쟁(서울 강남구 → 경남 함안군)	• 경남 함안군이 서울 강남구에 자동차 등록사무소 분소를 설치, 자동차 등록업무를 처리 • 해당 분소는 지역 무관할 자동차 등록제도 취지를 왜곡하여 취득세 징수 목적으로 운영하는 것으로, 차량등록사무소 분소의 폐쇄를 요청하며 분쟁조정을 신청('14.7.7)	위원회의 자율·조정 촉구에 대해 함안군이 서울사무소의 철수계획을 행자부에 제출, 분쟁조정 신청을 취하	취하
창원-부산 도로 건설 손실부담금 분담 분쟁(경상남도 → 부산광역시)	• 경상남도가 창원~부산 간 도로(제2창원터널) 건설 민간투자사업을 실시하였으나, 공사기간 중 토지 등의 보상업무가 지연됨에 따라 사업시행자에게 지급할 손실보전금 172억 7,800만 원이 발생 • 경상남도는 부산시로 인해 발생한 공사기간 연장 비율을 적용한 57억 6,000만 원을 부산시가 분담해야 한다고 주장하나 부산시는 거부, 이에 따라 경상남도는 분쟁조정 신청('15.3.30)	주심위원 조정권고안에 따라 감사원 산정 손실보전금 73억 원을 기준으로, 부산시가 6.1억 원을 분담하기로 양 당사자 최종 합의, 의결	조정
전남교육청사 도시관리계획변경 분쟁(전남교육청 → 광주광역시)	• 전남교육청이 舊 전남교육청사 매각을 위해 공공청사 용도폐지를 신청하였으나, 광주시가 광주교육청과 사전협의 미비 이유로 승인을 불허함에 따라 전남교육청이 분쟁 조정 신청('16.2.17)	광주교육청이 舊 전남교육청사를 약 346억 원에 5년 분납 조건으로 매입하기로 하고, 광주교육청의 사정으로 '17. 5월까지 매매계약을 체결하지 못할 경우 광주시는 전남교육청의 신청을 받아들여 도시관리계획 변경절차를 이행하도록 조정·의결	조정
개화천변 침수방지 협약 위반에 따른 분담금 분쟁(경기 광명시 → 서울특별시)	• 광명시가 서울시의 개봉1빗물펌프장 운영 부실로 분담금(약 20억 원 미납) 납부를 거부하며, 서울시의 펌프장 운영 개선 방안 마련을 요청 • 서울시는 협약대로 펌프장을 정상 운영 관리하였다며 광명시의 요청을 거부하였고, 이에 따라 광명시가 분쟁조정 신청('16.2.17)	위원회의 자율·조정 촉구에 대해 미납 분담금을 납부(경기도 17억 원, 광명시 3억 원)하기로 하고, 펌프장의 합리적인 운영 방안 마련을 위해 관련 지자체가 공동용역을 실시하기로 합의, 광명시의 분쟁조정 신청 취하	취하

자동차면허세 감소분 보전 분쟁 조정(인천 8개 자치구 → 인천광역시)	• '01년 지방세법 개정으로 '자동차면허세'(구세)가 폐지되고, '주행분 자동차세'(시세)로 편입되면서 자치구의 지방세 감소분('02~'15년, 1,355억 원)에 대하여 인천 8개 자치구가 인천시에 보전 요구 • 인천시는 이에 대해 시의 재정상 어려움 및 법령상 보전하여야 할 의무가 없으므로 곤란하다는 입장이었고, 이에 따라 인천 8개구가 분쟁조정 신청('16.2.3)	인천 8개 자치구는 과거 미보전분을 받지 않고, 인천시는 '17.7월부터 舊 자동차면허세 감소분을 8개 자치구에 보전하기로 조정·의결	조정
舊 전남교육청 매매분담금 이자율 분쟁(광주교육청 → 전남교육청)	• 광주교육청이 전남교육청으로부터 舊 전남교육청사를 매입하면서 분납금과 함께 연 3%의 이자를 별도 납부하도록 중분위가 조정·결정('16.12.12)하였으나 • 당사자 간 합의한 이자율(3%)은 당시 공유재산법 및 물품관리법 시행령을 인지하지 못하여 발생한 착오로, 광주교육청은 개정된 이자율에 따라 수정계약을 체결하고자 하였으나 전남교육청은 이를 거부함에 따라 분쟁조정 신청	개정된 공유재산법 및 물품관리법 시행령에 따라 양 당사자는 이자율을 재조정하여 수정계약 체결토록 조정·의결	조정
부산 부전시립 도서관 개발사업 관련 분쟁(부산 부산진구 → 부산시)	• 부산진구와 부산시는 시설이 낙후된 시립 부전도서관의 재개발 사업에 관한 협의를 완료하였으나, 부산시의회는 공유재산관리계획 변경안 심의 시 신축 도서관 건물 옥상층에 舊 도서관의 원형을 그대로 보존 등의 부대의견을 전제로 의결 • 부산시가 원형보존 미반영 등을 이유로 부산진구의 신축도서관 설계안 검토를 6차례 거부하면서 이에 따라 부산진구가 분쟁조정 신청('16.11.25)	위원회의 권고에 따라 부산진구와 부산광역시가 부전도서관 개발사업 추진에 관한 합의서를 체결('18.8.13), 분쟁이 소멸되어 중분위 심의 대상이 부존재하게 되었으므로 각하	각하
성내유수지 소유권 반환 신청(서울 강동구 → 서울시)	• '96년부터 강동구는 관리청으로서 주요 방재시설인 성내유수지를 관리해왔으나, '02년 서울시가 구획정리사업의 일환으로 소유권을 서울시에서 송파구로 이전 • '15.5월 강동구에서 관련 공사 추진을 위해 유수지 내 현장사무실을 설치하자 송파구가 무단점용변상금 부과 처분을 하면서 행정마찰 발생, 이에 따라 강동구가 소유권의 송파구 이전에 대해 이의를 제기하면서 서울시 대상으로 분쟁조정 신청('17.3.7)	성내유수지의 원활한 관리를 위한 관리권 행사가 분쟁의 핵심으로, 강동구-송파구 간 조정을 통해 "성내유수지 소유권 및 관리권 행사에 관한 합의문" 작성, 서울시는 강동구와 송파구 간 분쟁을 조정하도록 권고	조정
가족길교 유지 관리기관 결정 분쟁(서울시 → 경기 부천시)	• 서울시가 '남부순환로~봉오대로간 도로개설 공사' 시 기존 부천시 도로(봉오대로 527번길)가 단절되어 통행로 유지를 위한 가족길교(교량) 신설 • 기존 도로상에 교량을 설치해야 하나, 도로 하부에 한전 송전선로의 이설이 불가하여 서울시 경계방향으로 위치변경 후 설치 • 시설물 인수인계 과정에서 유지관리 주체에 대한 서울시와 부천시의 이견 발생하여 서울시가 부천시 대상으로 분쟁조정 신청('16.10.28)	행정구역상 위치 및 면적, 교량 공사 시행자, 사전 협의 여부 등 고려하여 가족길교 교량의 유지관리기관을 서울시로 결정	조정

까치울터널 유지관리기관 결정 분쟁(경기 부천시 → 서울시)	• '17.1.18. 동 위원회에 신청된 가족길교 유지관리기관 분쟁 조정 중 부천시가 '사업시행자가 관리함이 타당함' 주장하였으나 서울시가 수용하지 않음 • 이에 대해, '여월택지~남부순환로 광역도로 공사' 시 서울시와 경계구간에 '14.4.30 개설한 까치울터널을 사업시행자인 부천시가 관리중임이 부당하다고 주장, 이를 위원회에 유지관리기관 조정 신청('18.4.15)	이미 유지관리기관 재정신청에 대한 국토부 회신이 존재하여 각하	각하

자료: 행정안전부(2019: 82-92)를 요약정리함.

지금까지의 분석결과를 종합하면, 중앙정부와 지방정부간의 관계에서는 중앙정부, 그리고 광역지방정부와 기초지방정부간의 관계에서는 광역지방정부가 이긴 것으로 결정된 경우가 더 많은 것으로 나타났다. 즉, 상위정부가 하위정부에 비하여 더 많이 이긴 것으로 나타났다.

6) 관여의 목적은 무엇인가?(주민과 기업을 위해서인지, 아니면 지방정부 또는 중앙정부를 위해서인가?)

관여의 목적이 중앙정부를 위해서인지, 아니면 지방정부를 위해서인지는 판단하기 어렵다. 다만, 법·제도적으로 제시되어 있는 내용을 기준으로 간접적으로 판단할 수 있을 뿐이다. 사실 법·제도적으로는 누구를 위하여 관여한다는 내용이 제시되어 있지는 않다. 추론을 통하여 파악할 수 있을 뿐이다.

국가와 지방정부간의 관계에서는 대한민국헌법에 2개, 지방자치법에 8개의 조문이 있는 것으로 나타났다. 이를 기준으로 살펴보면 〈표 11-7〉과 같다. 법령의 범위에서 자치에 관한 규정을 제정할 수 있도록 한 것은 중앙정부가 정해준 가이드라인에 따라 규정을 제정하여 운영할 수 있도록 한다는 의미이기 때문에, 지방정부의 자율성이 제약될 수 있을 것이다. 유사한 의미는 지방정부의 조직과 운영에 관한 사항은 법률로 정한다는 내용과도 일맥 상통한다. 국가와 지방정부의 협력 의무와 중앙지방협력회의 설치는 중앙정부와 지방정부가 상생할 수 있는 대안을 마련할 수 있도록 기제를 마련하였다는 점에서 의미가 있을 수 있다. 지방정부의 사무에 대한 지도와 지원은 중앙정부에 비하여, 열악한 위치에 있는 지방정부를 지원하다는 차원에서 지방정부의 이익을 도모하는 데 기여한다고 볼 수 있다. 반면, 국가사무나 시·도 사무처리의 지도·감독은 상위정부가 하고자 하는 방향대로 추진하고자 하는 데 의미가 있다는 점에서 지방정부에게

표 11-7 중앙정부의 지방정부에 대한 관여수단과 관여의 목적

구분		내용	관여의 목적			
			중앙	지방	주민	경제
헌법	제117조	법령의 범위 안에서 자치에 관한 규정을 제정	○			
	제118조	지방정부의 조직과 운영에 관한 사항은 법률로 정한다는 내용	○			
지방자치법	제184조	지방정부의 사무에 대한 지도와 지원		○		
	제185조	국가사무나 시·도 사무처리의 지도·감독	○			
	제187조	중앙행정기관과 지방정부간 협의조정	○	○		
	제188조	위법·부당한 명령·처분의 시정	○			
	제189조	지방정부의 장에 대한 직무이행명령	○			
	제190조	지방정부의 자치사무에 대한 감사	○			
	제191조	지방정부에 대한 감사절차 등	○			
	제192조	지방의회 의결의 재의와 제소	○		○	○

유익하지는 않는다. 위법·부당한 명령·처분의 시정과 지방정부의 장에 대한 직무이행명령, 그리고 지방정부의 자치사무에 대한 감사와 지방정부에 대한 감사절차 등은 지방정부를 통제하기 위한 매우 유용한 수단으로 작용할 수 있을 것이다. 마지막으로, 지방의회 의결의 재의와 제소는 공익에 부합하지 않을 경우 등에 이루어지는 것이기 때문에, 종국적으로는 주민과 기업을 지향한다고 볼 수 있을 것이다.

이러한 점을 종합하면, 관여의 목적은 대다수가 중앙정부의 이익을 추구하기 위해서라고 볼 수 있다. 물론, 지방정부와 주민과 기업을 위하여 관여하고 있는 경우도 일부 있다.

4. 어떻게 해석할 것인가?

관여에 대하여 ① 중앙정부가 지방정부에 관여할 수 있는 법·제도적 장치가 있는가? ② 중앙정부는 실제로 지방정부에 관여하고 있는가? ③ 광역지방정부와 기초지방정부에 대한 논의가 포함되어 있는가? ④ 관여과정에 정부간에 상호협력 및 협의를 위한 기제가 마련되어 있는가? ⑤ 중앙정부 등 상위정부와 하위정부간 갈등 발생 시 누구의 이익을 반영하는가? ⑥ 관여의 목적은 무엇인가?(주민과 기업을 위해서인지, 아니면 지방정부 또는 중앙정부를 위해서인가?) 등과 같은 여섯 가지의 기준을 적용하여 분석하

였다.

분석결과를 종합하면 다음과 같다.

① 중앙정부가 지방정부에 관여할 수 있는 법 · 제도적 장치가 있는가? 이에 대한 응답은 '그렇다'이다. 지방자치법 제9장에 중앙정부가 지방정부에 관여할 수 있는 권력적, 그리고 비권력적 관여기제가 마련되어 있는 것으로 나타났다.

② 중앙정부는 실제로 지방정부에 관여하고 있는가? 이에 대한 응답 역시 '그렇다'이다. 중앙정부는 실제로 지방정부에 관여하고 있고, 이로 인해 많은 갈등이 발생하고 있다. 이러한 사실은 언론 등을 통하여 쉽게 확인할 수 있었다.

③ 광역지방정부와 기초지방정부에 대한 논의가 포함되어 있는가? 이에 대한 응답은 '그렇다'이다. 지방자치법 제8장에 보면 지방정부 상호간의 관계에 대하여 제시하고 있다. 여기에 광역지방정부가 기초지방정부에 관여할수 있는 다수의 내용들이 제시되어 있다.

④ 관여과정에 정부간에 상호협력 및 협의를 위한 기제가 마련되어 있는가? 이 역시 '그렇다'라고 응답할 수 있을 것이다. 중앙정부가 사무처리와 관련하여 조언, 지도, 정보제공 등 다양한 지원을 하는 관여를 할 때 지방정부는 사무처리 관련 조언 및 지도 등에 대하여 의견을 제출할 수 있는 권리를 가지고 있다. 또한 중앙지방협력회의에 참여하여 상호간에 협의를 할 수 있도록 하였다. 만약 이견이 있을 경우, 행정협의조정위원회, 중앙분쟁조정위원회, 지방분쟁조정위원회, 소송 등을 통하여 갈등을 해소할 수 있도록 하고 있다.

⑤ 중앙정부 등 상위정부와 하위정부간 갈등 발생 시 누구의 이익을 반영하는가? 이에 대한 응답은 '상위정부'의 이익을 반영하는 방향으로 해결책이 모색되고 있는 것으

표 11-8 관여에 대한 경험적 분석결과 종합

기준	분석결과
중앙정부가 지방정부에 관여할 수 있는 법 · 제도적 장치가 있는가?	○
중앙정부는 실제로 지방정부에 관여하고 있는가?	○
광역지방정부와 기초지방정부에 대한 논의가 포함되어 있는가?	○
관여과정에 정부간에 상호협력 및 협의를 위한 기제가 마련되어 있는가?	△
중앙정부 등 상위정부와 하위정부간 갈등 발생 시 누구의 이익을 반영하는가?	상위정부
관여의 목적은 무엇인가?(주민과 기업을 위해서인지, 아니면 지방정부 또는 중앙정부를 위해서인가?)	중앙정부

로 나타났다. 큰 차이는 아니지만 58 : 42 정도의 비율을 보이고 있다.

⑥ 관여의 목적은 무엇인가?(즉, 주민과 기업을 위해서인지, 아니면 지방정부 또는 중앙정부를 위해서인가?) 이에 대한 응답은 '중앙정부'의 필요에 의하여 관여하는 경우가 다수를 차지하고 있는 것으로 나타났다.

이와 같은 분석결과를 종합하면 앞에서 살펴본 세발자전거모형에 의거할 때 주민과 경제계에 대한 관심도가 낮고, 지방정부의 참여 정도가 낮은 수준이라고 볼 수 있다. 즉, 중앙정부 지배형에 해당된다고 볼 수 있을 것이다.

기존의 정부간 관계모형에 의하면 중앙정부가 자신의 이익을 위하여 지방정부를 통제하기 위한 수단으로 관여하는 것이기 때문에, 대리인모형에 해당된다고 볼 수 있을 것이다.

국가론에서 바라보는 정부간 관계에 의하면 다원주의와 신우파의 입장을 가지고 있다기보다는 엘리트론과 마르크시즘에 가깝다고 볼 수 있을 것이다. 즉, 분권을 당연한 것으로 인정하지는 않는 것으로 파악된다. 중앙정부의 이익을 위하여 필요한 경우에 한하여 분권을 인정하려는 성향을 가진 것으로 볼 수 있다.

그림 11-2 관여와 세발자전거모형의 유형

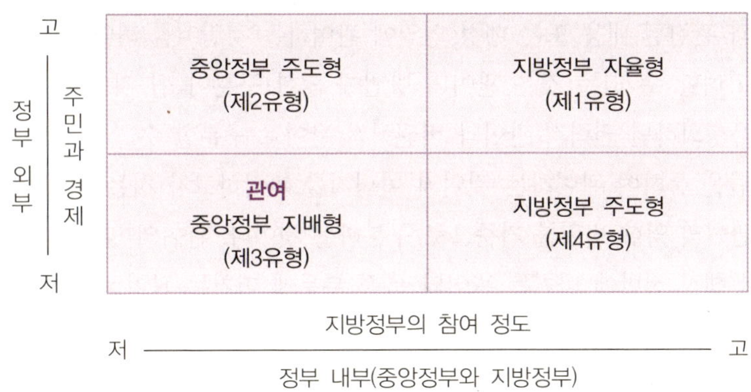

제4절

소결

관여는 지휘 · 감독과 같은 통제적 개념이 아니라 중앙정부와 지방정부(광역지방정부와 기초지방정부)가 국가 및 지역의 발전에 기여할 수 있도록 정부간 관계를 지원 · 협조의 동반자 관점으로 전환한 후 상호교류하는 것을 의미한다.

이와 같은 관여는 몇 가지의 이유 때문에 필요하다. 첫째, 국정운영의 통일성을 추구하기 위하여 공통적으로 적용하여야 하는 법률 등이 존재하는 바 중앙정부의 지방정부에 대한 관여는 필연적이라는 것이다. 둘째, 지방정부는 주민의 복리증진과 지역발전을 위하여 노력하여야 하는데, 이 과정에서 부족한 점들이 존재하는 바 이를 보완할 수 있도록 중앙정부의 관여가 필요하다는 입장이다. 셋째, 243개 지방정부가 국민이 생활하는데 필요한 최소한의 서비스에 있어서는 균형을 달성할 수 있도록 지도 · 감독이 필요하다는 것이다.

관여는 몇 가지의 유형이 존재한다. 첫째, 관여의 영역이 무엇인지를 기준으로 구분할 수 있다. 관여의 영역을 기준으로 유형화를 하면 입법적 관여, 사법적 관여, 그리고 행정적 관여로 구분할 수 있을 것이다. 즉, 입법과 관련한 내용에 관여하는 것인지, 아니면 사법과 관련된 내용 또는 행정 영역에 관여하는 것인지를 파악하는 것이다. 둘째, 다음으로 고려할 수 있는 것은 관여의 방법에 의한 구분이 될 것이다. 관여의 방법을 기준으로 유형화하면 권력적 관여와 비권력적 관여로 구분할 수 있을 것이다. 즉, 권력이라는 수단을 통하여 관여하는 것인지 아닌지를 파악하고자 하는 것이다. 셋째, 마지막으로는 관여의 영향 범위를 기준으로 구분하는 것이다. 관여의 영향 범위를 기준으로 유형화하면 행정 전반에 미치는 관여와 특정 부문에 미치는 관여로 구분할 수 있을 것이다. 특정 부문에 미치는 영향을 기준으로 구분하면 인사부문, 재정부문, 감사부문 등일 수 있다.

한국에서 행해지고 있는 관여에 대하여 경험적인 분석을 실시하였다. 이때 활용한 기준은 ① 중앙정부가 지방정부에 관여할 수 있는 법 · 제도적 장치가 있는가? ② 중앙정부는 실제로 지방정부에 관여하고 있는가? ③ 광역지방정부와 기초지방정부에 대한 논의가 포함되어 있는가? ④ 관여과정에 정부간에 상호협력 및 협의를 위한 기제가 마련되어 있는가? ⑤ 중앙정부 등 상위정부와 하위정부간 갈등 발생 시 누구의 이익을 반영하는가? ⑥ 관여의 목적은 무엇인가?(주민과 기업을 위해서인지, 아니면 지방정부 또는 중앙정부를 위해서인가?) 등과 같은 여섯 가지이다.

분석결과를 보면, 첫째, 중앙정부가 지방정부에 관여할 수 있는 법·제도적 장치가 있는 것으로 나타났다. 둘째, 중앙정부는 실제로 지방정부에 관여하고 있는 것으로 나타났다. 셋째, 광역지방정부와 기초지방정부에 대한 논의가 지방자치법에 포함되어 있는 것으로 나타났다. 넷째, 관여과정에 정부간에 상호협력 및 협의를 위한 기제가 마련되어 있는 것으로 나타났다. 다섯째, 중앙정부 등 상위정부와 하위정부간 갈등 발생 시 중앙정부 등 상위정부의 이익을 반영하고 있는 것으로 나타났다. 여섯째, 관여의 목적은 주민과 기업을 위해서 관여하기보다는 중앙정부를 위하여 관여하는 경향을 가지는 것으로 나타났다.

이와 같은 분석결과를 토대로 한국의 관여는 어떤 유형인지를 판단할 수 있을 것이다.

먼저, 기존의 정부간 관계모형인 대리인모형, 동반자모형, 그리고 상호의존모형에 의할 경우 동반자모형과 상호의존모형보다는 대리인모형에 가깝다고 볼 수 있을 것이다. 중앙정부와 지방정부간 협력기제가 있기는 하나 예외적으로 지방정부의 참여를 허용하는 수준에 지나지 않고, 대다수는 중앙정부의 필요에 의하여 만들어졌다고 보아야 할 것이다. 즉, 중앙정부가 자신의 이익을 위하여 지방정부를 통제하기 위한 수단으로 관여하는 것이기 때문에, 대리인모형에 해당된다고 볼 수 있을 것이다. 이러한 현상은 광역지방정부와 기초지방정부간의 관계에서는 좀 더 약한 형태를 보인다고 볼 수 있다. 물론, 갈등이 발생하였을 경우, 중앙분쟁조정위원회의 결과를 보면 광역지방정부의 이익을 도모하는 방향으로 결정되는 경향이 존재하기는 하나 관여의 형태가 좀 더 약하다고 볼 수 있다. 그렇다고 동반자모형이라고 보기에는 어려움이 있다.

국가론에서 바라보는 정부간 관계인 다원주의, 신우파, 엘리트론, 그리고 마르크시즘에 의할 경우 지방정부의 인정, 분권의 선호 등과 같은 다원주의와 신우파의 입장이라기보다는 지방정부의 불인정(예외적 인정), 분권 비선호(예외적 추진) 등의 입장을 가지고 있는 엘리트론과 마르크시즘에 가깝다고 볼 수 있을 것이다. 즉, 국가 전체의 이익을 위하여 필요한 경우 예외적으로 분권을 인정하려는 성향을 가진 것으로 볼 수 있다.

다음은 세발자전거모형이다. 세발자전거모형은 정부 외부의 참여 정도, 정부 내부의 참여 정도(지방정부의 참여 정도)를 기준으로 네 개의 유형을 도출하였다. 제1유형은 지방정부 자율형이다. 지방정부의 참여 정도가 높고, 주민과 기업(경제계)의 참여 및 그들을 위한 결정 정도가 높은 유형이다. 즉, 지방정부가 자율성을 가지고 지역의 주민과 기업(경제계)을 위하여 노력할 수 있도록 한다는 것이다. 제2유형은 중앙정부 주도형이다. 지방정부의 참여 정도가 낮은 수준이고, 지역의 주민과 기업(경제계)의 참여 정도는 높은 유형이다. 지방정부의 참여를 고려하지 않은 채 지역의 문제를 결정하는 유형이다. 제3유형은 중앙정부 지배형이다. 지방정부의 참여 정도가 낮은 수준이고, 지역의 주민과 기업(경제계) 등의 참여도 없고, 그들을 위해 정책을 결정하지도 않는 유형이다. 즉, 분권 자체를 인정하려고 하지 않는 유형이라고 볼 수 있다. 중앙정부의 이익, 전국수준의 자본가 등의 이익을 위하여 정책을 결정한다고 보아야 할 것이다. 마지막으로, 제4유형은 지방정부 주도형이다. 지방정부의 참여 정도는 높으나 지역의 주민과 기업(경제계) 등의 참여 정도, 그리고 결정된 정책의 내용 등이 주민과 기업(경제계)을 위한 것이 아닐 수 있는 유형이다. 분석결과를 보면 주민과 경제계에 대한 관심도가 낮고, 지방정부의 참여 정도가 낮은 수준인 것으로 나타난 바 세발자전거모형 중 중앙정부 지배형에 해당된다고 볼 수 있을 것이다.

제12장 기능과 사무

제1절

기능과 사무이양의 의의

1. 기능과 사무의 이양이란 무엇인가?

기능과 사무의 이양을 이야기하기 위해서는 기능과 사무의 이양이 무엇인지를 알 필요가 있고, 기능과 사무의 이양이 무엇인지를 알기 위해서는 기능과 사무를 알아야 할 것이다. 사무를 사전적으로 살펴보면 자신에게 부여된 직무 관련 문제를 행정적으로 처리하고 문서를 정리하는 것이고, 기능은 권한 또는 직책, 그리고 능력에 의거하여 특정 분야에서 수행하는 역할과 작용이다. 살펴본 것처럼 사무와 기능을 사전적으로 개념화하면 무슨 소리인지 파악하기가 어렵다. 따라서 좀 더 쉽게 개념화할 필요가 있을 것이다. 다만, 쉽게 개념화하려고 하면 본래 가지고 있는 용어의 의미를 모두 반영할 수는 없다는 단점이 있다. 그럼에도 사무와 기능의 의미가 좀 더 명확하게 파악될 수 있도록 쉽게 표현하고자 한다. 이 경우, 사무는 반드시 일치하지는 않지만 업무라고 볼 수 있고, 기능은 유사한 성격을 가지고 있는 다수의 사무에 대한 묶음이라고 볼 수 있을 것이다. 이때 업무는 직업상 맡아서 하는 일이라고 볼 수 있을 것이다. 결국 사무는 일이고 기능은 유사한 성격을 가지고 있는 일(사무)들을 대표할 수 있는 하나의 유형이라고 볼 수 있을 것이다.

정부간 기능과 사무를 이양한다는 것은 중앙정부와 지방정부가 수행하여야 할 기능과 사무를 재배분한다는 의미를 가지고 있다. 즉, 현재 배분되어 있는 중앙정부와 지방정부간 기능과 사무를 다시 나눈다는 의미이다. 여기에는 중앙정부의 기능과 사무를 지방정부로 이양, 그리고 지방정부 기능과 사무의 중앙정부로의 이양, 지방정부간 기능과 사무의 재배분 등이 포함된다. 그러나 통상적으로는 중앙정부의 기능과 사무를 지방정부로 이양하는 경우를 의미한다고 볼 수 있다.[1)]

2. 기능과 사무의 이양은 필요한가?

중앙정부와 지방정부에 어떤 기능과 사무를 배분하는 것이 바람직한지에 대해서는 많은 고민이 필요하다.[2)] 국가별로 환경적 여건이 다르기 때문에 획일적인 기준을 정하는 것은 어려울 것이다. 그럼에도 불구하고 중앙정부에서 수행하고 있는 기능과 사무를 지방정부로 이양하는 이유는 무엇이고, 어떤 기준에 의거하여 기능과 사무를 이양하는 것이 바람직한지가 궁금해진다.

중앙정부에서 수행하고 있는 기능과 사무를 지방정부로 이양하여야 하는 이유는 다양하나 그 중에 몇 가지만 살펴보고자 한다. 첫째, 지방정부의 책임성을 제고하는 데 기여할 수 있을 것이다. 즉, 지방정부는 자신의 책임하에 기능과 사무를 처리함으로써 그 결과에 대해 책임을 진다는 것이다. 기능과 사무가 지방정부로 이양되기 전에는 중앙정부가 위임한 범위 내에서 기능과 사무를 처리하고, 그 결과를 중앙정부에 보고하여야 한다. 그러나 중앙정부의 기능과 사무가 지방정부로 이양되면 지방정부는 처리결과에 대해 직접적인 책임을 져야 한다. 둘째, 지방정부가 주민의 수요에 부응하는 행정을 할 수 있게 됨으로써 주민의 편익과 행정의 효율성을 증대시키는 데 기여할 수 있을 것이다. 즉, 지방정부는 기능과 사무를 처리할 때 주민의 수요를 반영하여야 한다. 그러나 지방정부가 중앙정부의 기능과 사무를 위임받아 처리하여야 하면 중앙정부가 정해준 일정한 기준에 근거하여 처리할 수밖에 없다. 따라서 주민의 수요에 부응하는 행정을 할 수 없을 것이다. 이는 기능과 사무의 처리과정에서 주민의 편익과 행정의 효율성을

1) 배정아(2021)는 기능이양을 중앙행정권한의 지방이양이라는 용어로 표현하면서 그 의미를 다음과 같이 제시하고 있다. 중앙행정권한을 지방으로 이양한다는 것은 법령에 규정되어 있는 중앙행정기관의 권한을 지방정부에 이양하는 것을 의미한다. 이러한 중앙행정권한이 지방정부로 이양되면 지방정부의 사무가 되고, 지방정부는 독립적인 권한과 책임 하에 해당 사무를 처리할 수 있게 된다.

2) 중앙행정기관에서 수행하고 있던 기능과 사무를 지방정부로 이양한다는 것은 기능과 사무를 재배분한다는 것을 의미한다.

도모하는 데 제약요인으로 작용할 수 있을 것이다. 이러한 문제를 해소하기 위해서는 중앙정부의 기능과 사무를 지방정부로 이양하는 것이 바람직할 것이다.

그러면 중앙정부에서 수행하고 있는 기능과 사무를 지방정부로 이양할 때 어떤 기준을 적용하여야 하는지가 궁금해진다. 이를 사무배분의 기준이라고 부른다. 사무배분의 기준과 관련해서는 지방자치분권 및 지방행정체제개편에 관한 특별법에 제시되어 있다.[3] 지방자치분권 및 지방행정체제개편에 관한 특별법 제9조에는 사무배분의 원칙, 제11조에는 권한이양 및 사무구분체계의 정비 등의 내용이 제시되어 있다. 구체적으로 살펴보면 지방자치분권 및 지방행정체제개편에 관한 특별법 제9조에는 사무배분의 원칙으로 불경합의 원칙, 보충성의 원칙, 포괄배분의 원칙, 민간부문 존중의 원칙을 제시

표 12-1 사무배분의 원칙과 권한이양 및 사무구분체계의 정비

구분	내용
사무배분의 원칙	• 불경합의 원칙: 중앙정부는 지방정부가 행정을 종합적·자율적으로 수행할 수 있도록 중앙정부와 지방정부간 또는 지방정부 상호간의 사무를 주민의 편익증진, 집행의 효과 등을 고려하여 서로 중복되지 아니하도록 배분하여야 함 • 보충성의 원칙: 지역주민생활과 밀접한 관련이 있는 사무는 기초지방정부, 기초지방정부가 처리하기 어려운 사무는 광역지방정부, 그리고 광역지방정부가 처리하기 어려운 사무는 중앙정부의 사무로 각각 배분하여야 함 • 포괄배분의 원칙: 중앙정부가 지방정부에 사무를 배분하거나 지방정부가 사무를 다른 지방정부에 재배분하는 때에는 사무를 배분 또는 재배분받는 지방정부가 그 사무를 자기의 책임 하에 종합적으로 처리할 수 있도록 관련 사무를 포괄적으로 배분하여야 함 • 민간부문 존중의 원칙: 중앙정부 및 지방정부는 사무를 배분할 때 민간부문의 자율성을 존중하여 중앙정부 또는 지방정부의 관여를 최소화하여야 하며, 민간의 행정참여기회를 확대하여야 함
권한이양 및 사무구분체계의 정비 등	• 위임사무 폐지: 중앙정부는 사무배분의 원칙에 따라 권한과 사무를 적극적으로 지방정부에 이양하여야 하고, 위임사무는 원칙적으로 폐지하고 자치사무와 국가사무로 이분화하여야 함 • 포괄적·일괄적 이양: 중앙정부는 권한 및 사무를 지방정부에 포괄적·일괄적으로 이양할 수 있도록 법적 조치 마련 필요함 • 행·재정적 지원: 중앙정부는 지방정부에 이양한 권한 및 사무의 처리를 위하여 필요한 행정적·재정적 지원을 병행하여야 함 • 지방정부의 조치: 이양받은 권한 및 사무를 처리할 수 있도록 기구·인력의 효율적인 배치 및 예산 조정 등의 조치 필요함

3) 지방자치법 제11조에도 사무배분의 기준이 제시되어 있으나 지방자치분권 및 지방행정체제개편에 관한 특별법의 내용과 다르지 않기 때문에, 여기에서는 지방자치분권 및 지방행정체제개편에 관한 특별법의 내용만을 다루고자 한다.

하고 있다. 그리고 제11조에는 기능과 사무를 이양하여야 하는 중앙정부와 기능과 사무를 이양받는 지방정부의 의무를 제시하고 있다(〈표 12-1〉 참조).

제 2 절

기능과 사무이양의 주요 내용

1. 기능과 사무의 종류에는 어떤 것이 있는가?

기능과 사무를 분류할 때 가장 기본적인 종류는 국가사무와 지방사무이다. 그리고 지방사무는 다시 자치사무, 위임사무로 구분가능하고 위임사무에는 단체위임사무와 기관위임사무가 있다([그림 12-1] 참조).

그림 12-1 사무의 종류

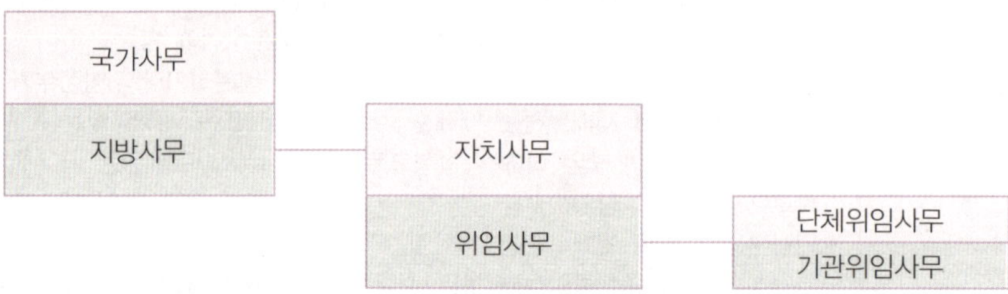

국가사무는 지방자치법 제15조에서 보는 것과 같이 국가 전체의 이해관계와 관련된 업무이다. 국가사무에는 국가가 직접 처리하는 사무, 특별지방행정기관이 처리하는 사무, 그리고 국가가 위탁하는 사무 등이 있다(〈표 12-2〉 참조).

지방사무는 지방정부가 직접 처리하는 사무를 의미한다. 지방사무는 자치사무와 위임사무로 구성되어 있다. 자치사무는 지방정부의 존립 목적에 해당하는 사무이다. 지방정부의 존립 목적과 연계되어 있기 때문에 고유사무라고도 부른다. 지방사무는 지방자치법 제13조에 제시되어 있다(〈표 12-3〉 참조).

표 12-2 국가사무의 종류

구분	사무
국가	• 외교, 국방, 사법, 국세 등 국가의 존립에 필요한 사무 • 물가정책, 금융정책, 수출입정책 등 전국적으로 통일적 처리를 요하는 사무 • 농산물 · 임산물 · 축산물 · 수산물 및 양곡의 수급조절과 수출입 등 전국적 규모의 사무 • 국가종합경제개발계획, 국가하천, 국유림, 국토종합개발계획, 지정항만, 고속국도 · 일반국도, 국립공원 등 전국적 규모나 이와 비슷한 규모의 사무 • 근로기준, 측량 단위 등 전국적으로 기준을 통일하고 조정하여야 할 필요가 있는 사무 • 우편, 철도 등 전국적 규모나 이와 비슷한 규모의 사무 • 고도의 기술을 요하는 검사 · 시험 · 연구, 항공관리, 기상행정, 원자력개발 등 지방정부의 기술과 재정능력으로 감당하기 어려운 사무

표 12-3 지방정부의 사무 범위

구분	사무
지방정부의 구역, 조직, 행정관리 등에 관한 사무	• 관할 구역 안 행정구역의 명칭 · 위치 및 구역의 조정 • 조례 · 규칙의 제정 · 개정 · 폐지 및 그 운영 · 관리 • 산하 행정기관의 조직관리 • 산하 행정기관 및 단체의 지도 · 감독 • 소속 공무원의 인사 · 후생복지 및 교육 • 지방세 및 지방세 외 수입의 부과 및 징수 • 예산의 편성 · 집행 및 회계감사와 재산관리 • 행정장비관리, 행정전산화 및 행정관리개선 • 공유재산관리 • 가족관계등록 및 주민등록 관리 • 지방정부에 필요한 각종 조사 및 통계의 작성
주민의 복지증진에 관한 사무	• 주민복지에 관한 사업 • 사회복지시설의 설치 · 운영 및 관리 • 생활이 곤궁한 자의 보호 및 지원 • 노인 · 아동 · 심신장애인 · 청소년 및 여성의 보호와 복지증진 • 공공보건진료기관의 설치 · 운영 • 감염병과 그 밖의 질병의 예방과 방역 • 묘지 · 화장장 및 봉안당의 운영 · 관리 • 공중접객업소의 위생을 개선하기 위한 지도 • 청소, 생활폐기물의 수거 및 처리 • 지방공기업의 설치 및 운영
농림 · 상공업 등 산업 진흥에 관한 사무	• 못 · 늪지 · 보 등 농업용수시설의 설치 및 관리 • 농산물 · 임산물 · 축산물 · 수산물의 생산 및 유통 지원 • 농업자재의 관리 • 복합영농의 운영 · 지도 • 농업 외 소득사업의 육성 · 지도

	• 농가 부업의 장려 • 공유림 관리 • 소규모 축산 개발사업 및 낙농 진흥사업 • 가축전염병 예방 • 지역산업의 육성 · 지원 • 소비자 보호 및 저축 장려 • 중소기업의 육성 • 지역특화산업의 개발과 육성 · 지원 • 우수토산품 개발과 관광민예품 개발
지역개발과 주민의 생활환경시설의 설치 · 관리에 관한 사무	• 지역개발사업 • 지방 토목 · 건설사업의 시행 • 도시 · 군계획사업의 시행 • 지방도, 시도 · 군도 · 구도의 신설 · 개선 · 보수 및 유지 • 주거생활환경 개선의 장려 및 지원 • 농촌주택 개량 및 취락구조 개선 • 자연보호활동 • 지방하천 및 소하천의 관리 • 상수도 · 하수도의 설치 및 관리 • 소규모 급수시설의 설치 및 관리 • 도립공원, 광역시립공원, 군립공원, 시립공원 및 구립공원 등의 지정 및 관리 • 도시공원 및 공원시설, 녹지, 유원지 등과 그 휴양시설의 설치 및 관리 • 관광지, 관광단지 및 관광시설의 설치 및 관리 • 지방 궤도사업의 경영 • 주차장 · 교통표지 등 교통편의시설의 설치 및 관리 • 재해대책의 수립 및 집행 • 지역경제의 육성 및 지원
교육 · 체육 · 문화 · 예술의 진흥에 관한 사무	• 유아원 · 유치원 · 초등학교 · 중학교 · 고등학교 및 이에 준하는 각종 학교의 설치 · 운영 · 지도 • 도서관 · 운동장 · 광장 · 체육관 · 박물관 · 공연장 · 미술관 · 음악당 등 공공교육 · 체육 · 문화시설의 설치 및 관리 • 지방문화재의 지정 · 등록 · 보존 및 관리 • 지방문화 · 예술의 진흥 • 지방문화 · 예술단체의 육성
지역민방위 및 지방소방에 관한 사무	• 지역 및 직장 민방위조직(의용소방대를 포함한다)의 편성과 운영 및 지도 · 감독 • 지역의 화재예방 · 경계 · 진압 · 조사 및 구조 · 구급

지방사무는 행정계층별로 구분되어 있다. 이는 지방자치법 제14조에 근거를 두고 있다(〈표 12-4〉 참조).

표 12-4 지방행정계층별 사무배분

구분	사무
광역	• 행정처리 결과가 2개 이상의 시·군 및 자치구에 미치는 광역적 사무 • 시·도 단위로 동일한 기준에 따라 처리되어야 할 성질의 사무 • 지역적 특성을 살리면서 시·도 단위로 통일성을 유지할 필요가 있는 사무 • 국가와 시·군 및 자치구 사이의 연락·조정 등의 사무 • 시·군 및 자치구가 독자적으로 처리하기에 부적당한 사무 • 2개 이상의 시·군 및 자치구가 공동으로 설치하는 것이 적당하다고 인정되는 규모의 시설을 설치하고 관리하는 사무
기초	• 시·도가 처리하는 것으로 되어 있는 사무를 제외한 사무

지방사무 중 위임사무는 중앙정부 또는 광역지방정부가 대신해서 처리해 줄 것을 요청한 사무이다. 여기에는 단체위임사무와 기관위임사무가 있다. 단체위임사무는 법령에 의해 국가 또는 상급지방정부로부터 해당 지방정부로 처리가 위임된 사무이다. 여기에는 예방접종에 관한 사무, 시와 군의 국세 징수사무, 시·군의 도세 징수사무, 시·도의 하천 보수·유지사무, 시·군의 재해구호사무, 도의 국도유지, 수선사업과 국도 점용료의 징수사무, 서울특별시와 광역시의 관할 구역 내에 있는 국도의 관리사무, 보건소의 운영, 농촌지도소의 운영, 생활보호사무 등이 포함된다(〈표 12-5〉 참조).

표 12-5 단체위임사무와 기관위임사무 예시

단체위임사무	기관위임사무
• 예방접종에 관한 사무 • 시와 군의 국세 징수사무 • 시·군의 도세 징수사무 • 시·도의 하천 보수·유지사무 • 시·군의 재해구호사무 • 도의 국도유지, 수선사업과 국도 점용료의 징수사무 • 서울특별시와 광역시의 관할 구역 내에 있는 국도의 관리사무 • 보건소의 운영 • 농촌지도소의 운영 • 생활보호사무	• 가족관계 등록사무 • 주민등록사무 • 병사사무 • 대통령, 국회의원의 선거에 관한 사무 • 국민투표에 관한 사무 • 지적사무 • 국세조사 • 산업통계에 관한 사무 • 국채, 국민저축사무 • 기부금품 통제사무 • 경비계획·경비통제사무 • 농지개발사무 • 상공진흥사무 • 수산진흥사무 • 공유수면 매립사무

자료: 강용기(2021).

기관위임사무는 중앙정부 또는 상급지방정부가 법령 등에 의하여 집행기관인 지방정부의 장에게 그 처리를 위임한 사무이다. 여기에는 가족관계 등록사무, 주민등록사무, 병사사무, 대통령, 국회의원의 선거에 관한 사무, 국민투표에 관한 사무, 지적사무, 국세조사, 산업통계에 관한 사무, 국채, 국민저축사무, 기부금품 통제사무, 경비계획·경비통제사무, 농지개발사무, 상공진흥사무, 수산진흥사무, 공유수면 매립사무 등이 포함된다(강용기, 2021: 290-298).

단체위임사무와 기관위임사무는 사무의 성격 차이로 인해 경비부담과 지방의회의 관여 범위가 다르다. 단체위임사무는 중앙정부적 이해관계와 지방적 이해관계가 동시에 걸려있는 사무이기 때문에, 경비의 일정 수준을 중앙정부가 부담하고 지방의회는 지방정부의 재정이 투입된 일부에 대해서만 관여할 수 있다. 기관위임사무는 전국적 통일이 필요한 사무이기 때문에 ,경비 전액을 중앙정부가 부담하여야 하고 지방의회는 관여할 수 없다(〈표 12-6〉 참조).

표 12-6 국가사무와 지방사무(자치사무, 단체위임 및 기관위임사무)의 비교

구분	국가사무	지방사무		
		자치사무	단체위임사무	기관위임사무
법령기준	개별법	지방자치법 제13조	지방자치법 제13조 제1항	지방자치법 제115조, 제116조
사무의 성질	국가적 사무	• 지방정부의 권한과 책임 하에 이루어지는 사무 • 지방의 고유사무	• 법령에 개별적 위임에 의해 지방정부에 위임된 사무 • 국가적 이해와 지방적 이해가 동시에 걸린 사무	• 법령의 규정에 의해 지방정부의 장에 처리를 위임한 사무 • 지방적 이해가 없고 전국적 통일이 필요한 사무
형식	법령	조례·규칙	조례	규칙
지방의회 관여	관여불가	완전관여	부분적 관여	관여불가
경비부담	국가 전액	지방 전액	일부 또는 전부 국고보조	국가전액보조

자료: 강용기(2021).

2. 기능과 사무는 어떤 절차를 통하여 이양되는가?

중앙정부가 지방정부로 기능과 사무를 이양할 때에는 일정한 절차를 취하고 있다. 정부별로 이양절차를 보면 김대중 정부, 노무현 정부, 이명박 정부, 박근혜 정부, 그리고 문재인 정부의 기능과 사무의 이양절차에서 약간씩의 차이가 발견된다. 그럼에도 불구하고 큰 흐름을 중심으로 정리하면 명칭은 다르지만 기본계획을 수립한 후 대통령 보고, 중앙 및 지방정부의 장에게 통보, 그리고 사무발굴 및 위원회 점검 등의 과정을 거치는 것으로 나타났다(〈표 12-7〉 참조).

문재인 정부는 중앙정부의 기능과 사무를 지방정부로 이양할 때 6단계의 과정을 거친다. 1단계는 지방이양(중앙정부환원) 대상사무를 발굴하는 단계이다. 대상사무의 발

표 12-7 정부별 기능 이양절차

김대중 정부	노무현 정부	이명박 정부	박근혜 정부
기본계획수립 ↓ 추진상황의 대통령 보고 ↓ 중앙 및 지방정부의 장 통보 ↓ 대상사무의 중앙부처, 지방정부 및 위원회 발굴 ↓ 대상사무의 확정결과 중앙부처 및 지방정부 통보 ↓ 위원회의 추진상황 점검 ↓ 위원회의 이행촉진 권고	추진계획의 수립 ↓ 추진상황의 대통령 보고 ↓ 중앙 및 지방정부의 장 통보 ↓ 중앙부처 장의 실천계획 수립 및 위원회 보고 ↓ 위원회의 추진상황 점검 및 대통령 보고 ↓ 위원회의 이행촉진 권고	추진계획의 수립 ↓ 추진상황의 대통령 보고 ↓ 중앙 및 지방정부의 장 통보 ↓ 중앙부처 장의 실천계획 수립 및 위원회 보고 ↓ 위원회의 추진상황 점검 및 대통령 보고 ↓ 위원회의 이행촉진 권고	추진계획의 수립 ↓ 추진상황의 대통령 보고 ↓ 중앙 및 지방정부의 장 통보 ↓ 중앙부처 장의 실천계획 수립 및 위원회 보고 ↓ 위원회의 추진상황 점검 및 대통령 보고 ↓ 위원회의 이행촉진 권고
개별 단위사무 이양방법 적용	개별 단위사무 이양방법 적용	개별 단위사무 이양방법 적용	개별 단위사무 이양방법 적용
	일괄이양방법 도입검토	일괄이양방법 도입검토	일괄이양방법 도입검토

자료: 한국지방자치학회(2018), 라휘문(2020)에서 재인용.

굴은 정기적 의견수렴채널과 수시 의견수렴채널을 활용하고 있다. 중앙부처, 지방정부, 지방 4단체,[4] 전문가, 위원 등으로부터 정기적으로 의견을 수렴하고 있으며, 홈페이지, 순회토론회, 학계, 공청회 등의 방식을 활용하여 수시로 의견을 수렴하고 있다. 2단계는 사무발굴 사전심의 TF를 개최하는 단계이다. 사무발굴 TF는 필요할 경우에 개최하고 있다. 사무발굴 TF에서는 사무발굴 TF에 접수된 사무를 심의하고, 관련 기관의 의견을 수렴하는 등의 역할을 수행한다. 3단계는 의견을 수렴하고 이를 종합하는 단계이다. 중앙부처, 지방정부 및 지방 4단체, 전문가 등을 대상으로 의견을 조사하고 종합하는 단계이다. 이때 필요하면 토론회, 현장조사, 그리고 전문가 등의 의견을 청취하기도 한

그림 12-2 문재인 정부의 기능이양절차

① 지방이양(중앙정부환원) 대상사무 발굴	• 정기: 대상사무 조사·발굴, 각 기관 등 요청 - 중앙부처, 지방정부, 지방 4단체, 위원, 전문가그룹 등 • 수시: 홈페이지, 공청회, 학계, 순회토론회 등
② 사무발굴 사전심의 TF(필요시)	• 사무발굴 TF 구성 및 접수된 사무 심의 • 발굴된 사무 지방정부 등 관련 기관 의견 수렴
③ 의견수렴 및 종합검토	• 대상사무에 대한 의견 조사 - 중앙부처, 지방정부 및 지방 4단체, 전문단체 등 • 필요시 토론회 및 현장조사, 전문가 등 의견 청취
④ 중앙권한이양 전문위원회 심의	• 중앙·지방 의견 청취 및 안건 검토·조정, 심의 - 관계기관의 설명 또는 자료 제출 - 관련 부처, 자치단체 공무원 의견 청취
⑤ 재정·기능이양분과위원회심의·의결	• 중앙·지방 의견 청취 및 안건 심의·의결 - 관계기관의 설명 또는 자료 제출 - 관련 부처, 지방정부 공무원 의견 청취
⑥ 본위원회 심의·의결	• 분과위 의결 사항에 대하여 심의·의결

자료: 자치분권위원회 내부자료, 이현우 외(2021)에서 재인용.

4) 대한민국시도지사협의회, 전국시장군수구청장협의회, 대한민국시도의회의장협의회, 전국시군자치구의회의장단협의회 등의 4개 단체를 의미한다.

다. 4단계는 중앙권한이양 전문위원회에서 심의를 하는 단계이다. 중앙부처, 지방정부 등 관계기관으로부터 설명을 듣거나 자료를 제출받은 후 안건을 검토·조정, 심의한다. 5단계는 재정·기능이양분과위원회의 심의 및 의결을 받는 단계이다. 마지막 6단계는 본위원회의 심의·의결을 하는 단계이다. 본위원회의 심의·의결은 분과위원회의 의결 사항을 심의·의결하는 것이다([그림 12-2] 참조).

3. 기능과 사무는 어느 정도나 이양되었는가?

김대중 정부 이후 문재인 정부에 이르기까지 지속적으로 중앙정부의 기능과 사무를 지방정부로 이양하고 있다. 다만, 문재인 정부와 이전 정부의 차이점은 문재인 정부의 경우 지방이양일괄법을 제정하는 방식으로 기능과 사무를 이양하고 있다는 것이다.

김대중 정부로부터 문재인 정부에 이르는 동안 3,101개의 중앙정부의 기능과 사무를 지방정부로 이양확정하였다. 이 중에서 2,489개의 기능과 사무를 이양완료하였고, 612개는 이양을 추진 중에 있다. 기능이양이라는 명칭을 사용하고는 있으나 이는 기능 단위의 이양보다는 단위사무의 이양이라고 보아야 할 것이다(〈표 12-8〉 참조).

표 12-8 김대중 정부에서부터 문재인 정부까지의 기능과 사무이양

(단위: 건)

구분	이양 확정	이양완료						미완료
		소계	국민의 정부	참여 정부	이명박 정부	박근혜 정부	문재인 정부	
계	3,101	2,489	232	987	770	208	292	612
국민의 정부	612	611	232	374	4	1	0	1
참여 정부	902	875	–	613	243	19	0	27
이명박 정부	1,587	1,003	–	–	523	188	292	584
박근혜 정부	–	–	–	–	–	–	–	–
문재인 정부	(85)	–	–	–	–	–	–	(85)

주: 역대 정부에서 이양확정한 사무 중, 문재인 정부에서 현재 법률개정을 통해 이양완료한 사무는 292개이며, 이 중 291개는 1차 일괄법 시행으로 이양완료된 사무임. '21.1.1 시행된 「지방일괄이양법」상 400개 사무 중 역대 정부에서 이양확정한 사무는 291개['08(7개), '09년(65개), '10년(76개), '11년(119개), '12년(24개)]이며, 나머지 109개 사무는 일괄법안 마련 과정에서 위원회(66), 법제처(35), 국회(1) 등에서 기능 단위로 연결된 관련 사무로 이양 추가됨.

자료: 자치분권위원회 내부자료.

제3절

기능과 사무이양에 대한 경험적 분석과 해석

1. 한국의 현행 법 · 제도는 기능과 사무이양을 어떻게 규정하고 있는가?

1) 어떻게 접근하려고 하는가?

중앙정부의 기능과 사무의 이양과 관련한 현행 법률은 지방자치법과 지방자치분권 및 지방행정체제개편에 관한 특별법이다. 물론, 지방재정법 등 각 개별 법률별로 중앙정부의 기능과 사무의 지방정부 이양에 대해 논의하고 있으나 원칙을 규정하고 있는 법률은 지방자치법과 지방자치분권 및 지방행정체제개편에 관한 특별법의 2개 법률이다.

여기에서는 개별 법률에서 제시하고 있는 기능과 사무이양에 대해서는 다루지 않는다. 지방자치법과 지방자치분권 및 지방행정체제개편에 관한 특별법에 제시되어 있는 기능과 사무이양의 원칙을 중심으로 살펴보겠다는 의미이다([그림 12-3] 참조).

그림 12-3　기능 · 사무이양에 대한 한국의 법 · 제도 분석을 위한 접근방법

지방자치법	➡	• 사무처리의 기본원칙
지방자치분권 및 지방행정체제개편에 관한 특별법	➡	• 사무배분의 원칙 • 권한이양 및 사무구분체계의 정비

2) 지방자치법에는 기능과 사무이양에 대해 어떻게 규정하고 있는가?

지방자치법 제11조에는 사무배분의 기본원칙이 제시되어 있다. 여기에는 세 개의 내용이 포함되어 있다. 첫째는 중앙정부가 기능과 사무를 지방정부로 이양할 때 지켜야 할 중앙정부의 의무를 규정하고 있다. 구체적으로 보면, 중앙정부는 지방정부로 기능과 사무를 이양할 때에는 지방정부가 종합적 · 자율적으로 기능과 사무를 수행할 수 있도록, 중복되지 아니하도록 배분하여야 한다는 것이다(불경합의 원칙). 둘째는 중앙정부

가 지방정부로 기능과 사무를 이양하는 경우 보충성의 원칙을 충족하여야 한다는 것을 제시하고 있다. 즉, 지역주민생활과 밀접한 관련이 있는 기능과 사무의 경우 원칙적으로 시·군 및 자치구의 사무로 이양하여야 하고, 만약 시·군 및 자치구가 처리하기 어려운 기능과 사무는 시·도의 사무로 이양하여야 하며, 시·도가 처리하기 어려운 사무의 경우 중앙정부의 사무로 하여야 한다는 것이다(보충성의 원칙). 셋째는 중앙정부가 지방정부, 지방정부가 다른 지방정부에 기능과 사무를 이양할 때에는 기능과 사무를 이양받는 지방정부가 그 사무를 자기 책임하에 처리할 수 있도록 포괄적으로 이양하여야 한다(포괄배분의 원칙)는 것을 제시하고 있다.

3) 지방자치분권 및 지방행정체제개편에 관한 특별법에는 기능과 사무이양에 대해 어떻게 규정하고 있는가?

지방자치법과 달리 지방자치분권 및 지방행정체제개편에 관한 특별법에는 사무배분의 원칙과 권한 이양 및 사무구분체계의 정비에 대해 규정하고 있다. 먼저, 지방자치분권 및 지방행정체제개편에 관한 특별법 제9조에는 사무배분의 원칙으로 네 개를 제시하고 있다. 이 중에 세 개는 지방자치법 전부개정법률에서 살펴본 것과 동일하다. 즉, 불경합의 원칙, 보충성의 원칙, 그리고 포괄배분의 원칙이다. 다른 하나는 민간부문의 자율성 보장 및 참여기회 확대 원칙이다. 즉, 중앙정부와 지방정부가 기능과 사무를 배분하는 경우 민간부문의 자율성이 존중되어야 하고, 민간의 행정참여기회가 확대되어야 한다는 것을 제시하고 있다. 물론, 이를 위해서는 중앙정부와 지방정부의 관여가 최소화되어야 한다(중앙정부와 지방정부 관여 최소화 및 민간의 참여기회 확대 원칙).

다음으로는 지방자치분권 및 지방행정체제개편에 관한 특별법 제11조에 제시되어 있는 권한이양에 대한 것이다. 여기에는 네 개의 내용이 제시되어 있다. 첫째는 중앙정부는 지방정부로 권한 및 사무를 배분하기 위하여 적극적으로 노력하여야 한다는 것이다. 이양의 과정에서 위임보다는 이양하여야 한다는 원칙을 제시하고 있다. 즉, 위임사무를 폐지하고, 국가사무와 자치사무로 이원화하여야 한다는 것이다. 둘째는 중앙정부가 지방정부로 권한 및 사무를 이양할 때에는 포괄적·일괄적으로 이양하여야 하고, 이때 필요한 법적 조치가 취해져야 한다는 것을 제시하고 있다. 셋째는 중앙정부가 지방정부에 권한 및 사무를 이양하였으면 이양한 권한 및 사무가 적정하게 처리될 수 있도록 행·재정적 지원이 병행되어야 한다는 것을 제시하고 있다. 마지막 넷째는 중앙정부의 의무를 규정한 앞의 세 개와 달리 지방정부의 의무를 제시하고 있다. 구체적으로는 지방정부의 경우 이양받은 권한 및 사무를 적절하게 처리될 수 있도록 기구와 인력의 재배치, 그리고 예산 조정 등의 조치가 취해져야 한다는 것이다.

2. 어떤 기준을 가지고 분석할 것인가?

기능과 사무이양의 관점에서 한국의 정부간 관계를 규명하기 위해서는 기존 정부간 관계이론, 국가론에서 바라보는 정부간 관계, 그리고 이 책에서 제시한 세발자전거모형을 적용할 수 있을 것이다. 이 책에서는 기존 정부간 관계이론과 국가론에서 바라보는 정부간 관계에서 제시한 기준들을 종합하여 만든 세발자전거모형에서 제시한 기준을 적용하고자 한다.

구체적으로는 ① 기능과 사무를 배분하는 공정한 규칙(법 · 제도)을 가지고 있는가? ② 공정한 규칙이 실제로 적용되고 있는가? ③ 기능과 사무의 배분과정 또는 중앙정부 기능과 사무의 지방이양과정에 지방정부가 참여할 수 있는가? ④ 광역지방정부와 기초지방정부에 대한 논의가 포함되어 있는가? ⑤ 기능과 사무의 배분과정 또는 중앙정부의 기능과 사무의 지방이양과정에 주민과 기업이 참여할 수 있는가? ⑥ 기능과 사무의 배분과정 또는 중앙정부의 기능과 사무의 지방이양을 누가 결정하는가? ⑦ 기능과 사무를 누가 더 많이 가지고 있는가? ⑧ 중앙정부 등 상위정부와 하위정부간 갈등 발생 시 누구의 이익을 반영하는가? ⑨ 권한이양의 수준이 완전한 자율성을 지향하는가? 아니면 중앙정부의 이익을 해치지 않는 범위 내에서 이루어지는가? ⑩ 권한이양의 배경은 어디에 있는가? 혹시 계급투쟁의 산물인가? ⑪ 기능과 사무를 배분하는 목적이 어디에 있는가?(주민과 기업을 위해서인지, 아니면 지방정부 또는 중앙정부를 위해서인가?) ⑫ 지방정부로 이양되는 기능과 사무의 성격은 무엇인가?(정책결정기능? 정책집행기능?) ⑬ 분권을 통하여 복지기능을 지방으로 이양하는가? 등이다.

3. 분석결과는 어떠한가?

1) 기능과 사무를 배분하는 공정한 규칙(법 · 제도)을 가지고 있는가?

기능과 사무를 배분하는 법 · 제도적 장치는 앞에서 살펴본 것처럼 지방자치법과 지방자치분권 및 지방행정체제개편에 관한 특별법에서 발견할 수 있다.

지방자치법 제11조에는 사무배분의 기본원칙이 제시되어 있다. 앞에서 살펴본 것처럼 불경합의 원칙, 보충성의 원칙, 그리고 포괄적 배분의 원칙 등 세 개의 원칙이 제시되어 있다. 사무배분의 기본원칙은 처음부터 지방자치법에 포함되어 있었던 것은 아니다. 사무배분의 기본원칙이 지방자치법에 포함된 것은 2020년 12월 전부 개정된 지방자치법을 통해서이다. 따라서 시행경험이 풍부하다고는 볼 수 없을 것이다. 그러면 사무배분의 기본원칙이 없는 상태에서 그동안 사무배분을 한 것인지가 궁금해진다. 즉, 사무배분의 기본원칙이 어떤 법률에도 포함되어 있지 않았던 것인지 의문이 든다는 것이다. 사무배분의 기본원칙은 사무를 배분할 때 매우 중요하게 작용하여야 하는 원칙임에도 불구하고 지방자치법뿐만 아니라 다른 법률에도 포함되어 있지 않은지 궁금해지는 것이다. 그에 대한 답은 다행이도 다른 법률에 포함되어 있었다고 응답할 수 있다. 즉, 지방자치분권 및 지방행정체제개편에 관한 특별법에 사무배분의 기본원칙이 포함되어 있었다. 사무배분의 기본원칙은 사무배분 및 재배분 시 매우 중요하기 때문에, 2020년 12월 지방자치법 전부개정과정에서 지방자치 관련 기본법적 성격을 보유하고 있는 지방자치법에 규정하게 된 것이다.

지방자치분권 및 지방행정체제개편에 관한 특별법은 지방분권법이라고도 부르는 등 지방분권을 대표하는 특별법적 성격을 보유하고 있다. 여기에는 사무이양과 관련하여 두 개의 조문이 있다. 앞에서 살펴본 것처럼 제9조에 사무배분의 원칙이 있고, 제11조에 권한이양 및 사무구분체계의 정비 등과 관련된 내용이 제시되어 있다. 제9조에 제시되어 있는 사무배분의 원칙은 지방자치법 제11조에도 유사하게 담겨 있다. 따라서 별도의 설명이 필요하지는 않는다. 다만, 지방자치법 제11조와 지방자치분권 및 지방행정체제개편에 관한 특별법 제9조의 차이점은 중앙정부 또는 지방정부 관여의 최소화와 민간의 행정참여기회 확대라는 원칙의 포함 여부에 있다. 지방자치법 제11조에는 없으나 지방자치분권 및 지방행정체제개편에 관한 특별법 제9조에는 중앙정부 및 지방정부가 사무를 배분할 때에는 민간부문이 가지고 있는 자율성을 최대한 존중하여 중앙정부 또는 지방정부의 관여를 최소화할 수 있도록 하여야 하며, 민간부문의 행정참여기회를 확대하기 위하여 노력하여야 한다는 내용이 제시되어 있다. 또한 제11조에는 중앙정부와 지방정부의 다양한 의무에 대해 규정하고 있다. 중앙정부는 지방정부에게 적극적으로 권한을 이양하여야 하고, 이 과정에서 필요한 법적 조치를 마련하여야 하며, 행·재정적 지원이 있어야 한다는 것이 제시되어 있다. 또한 지방정부는 이양된 권한 및 사무를 적실하게 처리할 수 있도록 기구 및 인력의 효율적인 배치와 예산 조정 등 필요한 조치를 취하여야 한다는 내용이 제시되어 있다. 물론, 보다 넓은 의미로 보면 제10조에 제시되어 있는 차등분권에 대한 내용도 관련될 수는 있을 것이다. 즉, 모든 지방정부에 획일적으로 기능과 사무를 이양하는 것이 아니라 능력을 보유한, 그리고 수요가 있는 지방정부에만 차등적으로 기능과 사무를 배분할 수 있도록 하고 있다는 점에서 기능과 사무배분과 연계되어 있다고 볼 수 있을 것이다. 그러나 기본적으로는 제9조와 제11조가 해당된다고 보아야 할 것이다(〈표 12-9〉 참조).

이와 같은 분석결과를 토대로 하면 기능과 사무를 배분하는 규칙(법 · 제도)을 보유하고 있다고 볼 수 있을 것이다. 다만, 기능과 사무를 배분하는 규칙(법 · 제도)이 공정하게 마련되어 있는지에 대해서는 구체적인 논의의 필요성이 있을 것이나 여기에서는 심도있는 논의는 하지 않겠다.

표 12-9 기능 · 사무 배분 관련 법 · 제도적 근거

구분		내용
지방자치법	제11조	• 중앙정부는 지방정부가 사무를 종합적 · 자율적으로 수행할 수 있도록 중앙정부와 지방정부간 또는 지방정부 상호간의 사무를 주민의 편익증진, 집행의 효과 등을 고려하여 서로 중복되지 아니하도록 배분하여야 한다. • 중앙정부는 사무를 배분하는 경우 지역주민생활과 밀접한 관련이 있는 사무는 원칙적으로 시 · 군 및 자치구의 사무로, 시 · 군 및 자치구가 처리하기 어려운 사무는 시 · 도의 사무로, 시 · 도가 처리하기 어려운 사무는 중앙정부의 사무로 각각 배분하여야 한다. • 중앙정부가 지방정부에 사무를 배분하거나 지방정부가 사무를 다른 지방정부에 재배분할 때에는 사무를 배분받거나 재배분받는 지방정부가 그 사무를 자기의 책임 하에 종합적으로 처리할 수 있도록 관련 사무를 포괄적으로 배분하여야 한다.
지방자치분권 및 지방행정체제개편에 관한 특별법	제9조	• 중앙정부는 지방정부가 행정을 종합적 · 자율적으로 수행할 수 있도록 중앙정부와 지방정부간 또는 지방정부 상호간의 사무를 주민의 편익증진, 집행의 효과 등을 고려하여 서로 중복되지 아니하도록 배분하여야 한다. • 중앙정부는 사무를 배분하는 경우 지역주민생활과 밀접한 관련이 있는 사무는 원칙적으로 시 · 군 및 자치구의 사무로, 시 · 군 · 구가 처리하기 어려운 사무는 특별시 · 광역시 · 특별자치시 · 도 및 특별자치도의 사무로, 시 · 도가 처리하기 어려운 사무는 중앙정부의 사무로 각각 배분하여야 한다. • 중앙정부가 지방정부에 사무를 배분하거나 지방정부가 사무를 다른 지방정부에 재배분하는 때에는 사무를 배분 또는 재배분받는 지방정부가 그 사무를 자기의 책임 하에 종합적으로 처리할 수 있도록 관련

	사무를 포괄적으로 배분하여야 한다. • 중앙정부 및 지방정부는 사무를 배분하는 때에는 민간부문의 자율성을 존중하여 중앙정부 또는 지방정부의 관여를 최소화하여야 하며, 민간의 행정참여기회를 확대하여야 한다.
제11조	• 중앙정부는 사무배분의 원칙에 따라 그 권한 및 사무를 적극적으로 지방정부에 이양하여야 하며, 그 과정에서 국가사무 또는 시·도의 사무로서 시·도 또는 시·군·구의 장에게 위임된 사무는 원칙적으로 폐지하고, 자치사무와 국가사무로 이분화하여야 한다. • 중앙정부는 권한 및 사무를 지방정부에 포괄적·일괄적으로 이양하기 위하여 필요한 법적 조치를 마련하여야 한다. • 중앙정부는 지방정부에 이양한 권한 및 사무가 원활히 처리될 수 있도록 행정적·재정적 지원을 병행하여야 한다. • 지방정부는 이양받은 권한 및 사무를 원활히 처리할 수 있도록 기구·인력의 효율적인 배치 및 예산 조정 등 필요한 조치를 하여야 한다.

2) 공정한 규칙이 실제로 적용되고 있는가?

앞에서 살펴본 것처럼 중앙정부는 지방정부에 기능과 사무를 이양하기 위하여 적극적으로 노력하여야 하고, 기능과 사무를 이양할 때에는 지방정부가 자기 책임 하에 사무를 처리할 수 있도록 기능 단위, 그리고 법률 단위로 이양하여야 할 것이다. 기능과 사무를 이양할 때에는 기초지방정부를 우선하여야 하고 사무처리 주체간 경합되지 않도록 사무를 배분하여야 하며, 행·재정적 지원이 병행되어야 할 것이다. 또한 지방정부는 이양받은 기능과 사무를 원활하게 처리할 수 있도록 기구, 인력, 예산 등을 재배치 및 조정하는 조치를 취하여야 할 것이다.

그러면 실제로, 이와 같은 공정한 규칙들이 존재하고 있는지를 살펴볼 필요가 있을 것이다. 첫째, 중앙정부-광역지방정부-기초지방정부간에 배분된 사무가 중복되지 않도록 배분되어 있는지를 살펴보고자 한다. 현재의 사무배분은 수직적·계층적 방식으로 설계되어 있다. 즉, 중앙정부가 정책형성기능을 수행하고 지방정부가 정책집행기능을 수행하는 방식으로 설계되어 있는 것이다. 지방정부는 다시 광역지방정부의 경우 집행기능을 수행하고 기초지방정부는 현장행정기능을 수행한다고 볼 수 있을 것이다. 따라서 행정계층간 기능이 중복되어 있다고 볼 수 있을 것이다. 다만, 처리하여야 하는 사무에서 차이가 있을 뿐이다. 이와 같은 방식으로 기능배분이 이루어지게 되면 기초지방정부는 광역지방정부에 사무처리결과를 보고하여야 하고, 광역지방정부는 중앙정부에 처리결과를 보고하여야 하기 때문에, 상급정부가 하급정부를 통제하게 될 것이다. 또한

그림 12-4 행정계층간 기능배분방식

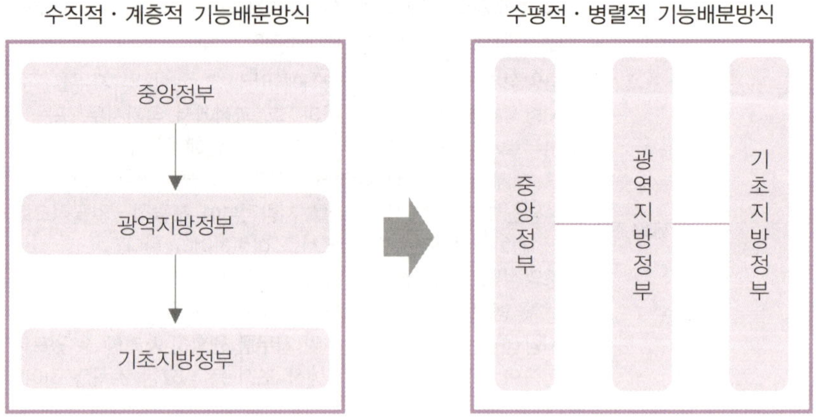

상급정부는 하급정부에게 성가시고 귀찮은 일들을 처리하게 하고, 사무를 이양하였다는 생색을 내고자 할 수도 있을 것이다. 따라서 단위사무 중심의 이양이 아니라 기능단위 또는 법률 단위의 사무이양이 이루어져야 한다. 지방자치법과 지방자치분권 및 지방행정체제개편에 관한 특별법에 포괄적 이양을 천명한 이유가 여기에 있는 것이다. 이와 같은 중복성 문제를 해소하기 위해서는 현재의 수직적 · 계층적 기능배분 방식을 수평적 · 병렬적 기능배분 방식으로 전환하여야 할 것이다([그림 12-4] 참조). 즉, 중앙정부는 국가 전체를 관장하는 기능, 광역지방정부는 광역적 수요가 있는 기능, 그리고 기초지방정부는 지역수요가 있는 기능 등을 중심으로 배분하여야 할 것이다. 예를 들면, 고속철도는 중앙정부, 광역교통기능은 광역지방정부, 그리고 시내버스기능은 기초지방정부에 배분할 수 있도록 하여야 한다는 것이다. 기능을 수행하면서 상호협력은 하되 불필요한 간섭이 최소화될 수 있도록 기능배분이 이루어져야 한다는 것이다.

둘째, 보충성의 원칙이 충족되고 있는지를 살펴볼 필요가 있다. 즉, 사무를 배분할 때 기초지방정부를 중심으로 하고, 기초지방정부가 수행할 수 없을 때 상급정부에 배분하는 방식이 취해지고 있는지를 파악하고자 한다. 정확한 분석을 위해서는 사무의 내용을 분석하여야 하나 거시적인 차원에서 살펴보아도 쉽게 발견된다. 분석의 범위를 문재인 정부로 한정하면, 문재인 정부는 제1차 지방이양일괄법과 제2차 지방이양일괄법을 통하여 중앙정부의 사무를 지방정부로 이양하고자 하였다. 제1차 지방이양일괄법은 현재 제정되어 기능과 사무 중 일부를 이양완료하였고, 일부는 이양 중이며, 제2차 지방이양일괄법은 제정을 추진 중에 있다. 제1차 지방이양일괄법에서는 253개의 사무가 이양확정되었고, 제2차 지방이양일괄법안에서는 125개의 사무가 이양될 것으로 예정되어 있는 바 총 378개의 사무가 이양완료 또는 이양될 예정이다. 지방이양일괄법에 제시되어 있는 사무이양의 주체를 보면 보충성의 원칙을 충족한다고 할 경우 기초지방정부인 시·군·구로 이양되어야 할 사무의 수가 많아야 할 것이다. 그러나 전체 378개의 사무 중 광역지방정부로 이양되는 사무의 수가 231개로 전체의 61.1%를 차지하고 있다.

표 12-10 지방이양사무의 이양대상기관 및 이양방향

(단위: 개수)

구분	이양방향	대상사무
시·도	중앙정부 → 시·도	200개
	중앙정부 → 시·도(지방상공회의소)	4개
	중앙정부 → 서울특별시, 인천광역시, 경기도	11개
	중앙정부 → 시·도, 특별자치도	16개
	소계	231개(61.1%)
시·군·구	중앙정부 → 시·군·구	50개
	중앙정부 → 시·군(특별·광역시 포함)	6개
	시·도 → 시·군·구	14개
	중앙정부, 시·도, 시·군·구 → 시·군·구	1개
	소계	71개(18.8%)
교육청	중앙정부 → 교육청	15개
	소계	15개(4.0%)
기타(혼합)	중앙정부 → 중앙정부, 시·도	5개
	중앙정부 → 중앙정부, 시·군·구	1개
	중앙정부 → 중앙정부, 시·도, 시·군·구	2개
	중앙정부 → 시·도, 시·군·구	24개
	중앙정부 → 부산광역시, 시·군·구	16개
	중앙정부 → 시·도, 시·군·구, 교육청	8개
	중앙정부 → 시·군·구, 교육청	3개
	중앙정부, 시·도 → 중앙정부, 시·도	1개
	중앙정부, 시·도, 시·군·구 → 중앙정부, 시·군·구	1개
	소계	61개(16.1%)
합계		378개(100.0%)

자료: 자치분권위원회 내부자료, 한국지방행정연구원(2021).

기초지방정부인 시·군·구로 이양되는 사무의 수는 71개로 전체의 18.8%를 차지하고 있다(〈표 12-10〉 참조). 이러한 점을 토대로 하면 보충성의 원칙이 충족되었다고 보기에는 어려움이 있을 것으로 보인다.

셋째, 기능과 사무를 이양받는 지방정부가 자기 책임 하에 기능과 사무를 처리할 수 있도록 기능 단위 또는 법률 단위로 포괄적 이양이 이루어지고 있는지를 살펴볼 필요가 있다. 분석을 위하여 제2차 지방이양일괄법안에 포함되어 있는 이양 예정 사무를 보면 이러닝산업 전문인력 양성기관 지정, 창업지원계획 수립, 이러닝센터 지정 및 경비지원, 지방항에 대한 항만재개발사업계획 수립, 실시계획 승인 및 사업구역 지정 등 단위사무가 중심이 되고 있다(〈표 12-11〉 참조). 단위사무 중심의 이양은 자기 책임 하에 사무를 처리하는 데 어려움을 발생시킨다.

표 12-11 제2차 지방이양일괄법상 이양대상사무

부처	법률	주요 사무	이양방향
산업통상자원부	이러닝(전자학습)산업 발전 및 이러닝 활용 촉진에 관한 법률	• 이러닝산업 전문인력 양성기관 지정, 창업지원계획 수립, 이러닝센터 지정 및 경비지원 등	중앙정부 → 중앙정부, 시·도
	경제자유구역의 지정 및 운영에 관한 특별법	• 경제자유구역청장 임명 사전협의, 기관위임 사무처리 사전협의	중앙정부, 시·도 → 시·도
농림축산식품부	도시농업의 육성 및 지원에 관한 법률	• 도시농업협의회, 사회보장위원회, 보건의료인력정책심의위원회 구성 시 지방 참여권 강화	중앙정부 → 중앙정부, 시·도, 시·군·구
보건복지부	사회보장기본법, 보건의료인력지원법		
고용노동부	근로복지기본법	• 자치단체 예산으로 추진하는 근로복지사업에 대한 부처 협의	중앙정부 → 시·도, 시·군·구
해양수산부	항만 재개발 및 주변지역 발전에 관한 법률	• 지방항에 대한 항만재개발사업계획 수립, 실시계획 승인 및 사업구역 지정 등	중앙정부 → 중앙정부(중앙정부항), 시·도(지방항)
문화체육관광부	독서문화진흥법	• 독서문화진흥 기본계획에 따른 연도별 시행계획 수립·시행 및 시행결과·계획 통보	중앙정부, 시·도 → 중앙정부, 시·도, 50만 명 이상 대도시
질병관리청	감염병의 예방 및 관리에 관한 법률	• 의료기관 감염관리 실태조사, 의료기관의 역학조사 요청, 감염병 관리기관 등에 한시적 종사명령, 접촉자 격리시설 지정 등	중앙정부(시·도) → (중앙정부) 시·도, 시·군·구

자료: 광남일보(2021.7.25).

넷째, 중앙정부가 기능과 사무를 지방정부에 이양하고자 할 때 필요한 법적 조치를 마련하고 있는지를 파악하고자 한다. 문재인 정부의 이전과 이후의 이양방식에는 차이가 있기 때문에 구분하여 살펴볼 필요가 있을 것이다. 문재인 정부 이전에는 개별 법률의 개정을 통하여 중앙정부의 기능과 사무를 지방정부로 이양하였으나, 문재인 정부에서는 지방이양일괄법의 제정을 통하여 이양하는 방식을 취하고 있다. 이러한 점을 고려하면 기능과 사무의 지방정부 이양을 위한 법적 조치를 취하고 있음을 알 수 있다.

다섯째, 중앙정부가 지방정부에 기능과 사무를 이양할 때 행정적·재정적 지원을 하고 있는지를 파악할 필요가 있다. 중앙정부는 현재 기능과 사무를 지방정부로 이양할 때 소요비용을 평가 및 보전하기 위하여, 자치분권위원회 내에 기능이양비용평가전문위원회를 설치하여 운영하고 있다. 기능이양비용평가전문위원회는 제1차 지방이양일괄사무 중 신규이양사무에 대한 비용을 평가한 후 이를 보전하도록 하였다. 다만, 기 이양된 기관위임사무 등에 대해서는 비용보전방안을 논의하지는 않았다. 기능이양비용평가전문위원회는 논의를 통하여 보전방안으로 몇 가지의 대안을 제안하였다. 먼저, 2021년부터 비용이 보전되어야 하는데 시간적 여건을 충분하지 않기 때문에, 기존 제도를 최대한 활용한 후 시간을 두고 보전대안을 강구하기로 원칙을 마련하였다. 보전대안으로는 2021년의 경우, 우선 균형발전특별회계 포괄보조금을 활용하여 해당 금액을 보전하는 것으로 하였다. 그 다음에는 중·장기적인 관점에서 새로운 비용보전방안을 마련하기로 하였으며, 그 대안으로는 지방소비세와 지역상생발전기금의 연계를 통한 재정보전방안, 그리고 기능이양교부세의 신설 등을 종합적으로 고려하여 결정하기로 하였

그림 12-5 이양기능에 대한 비용보전방안(지방소비세와 지역상생발전기금연계)

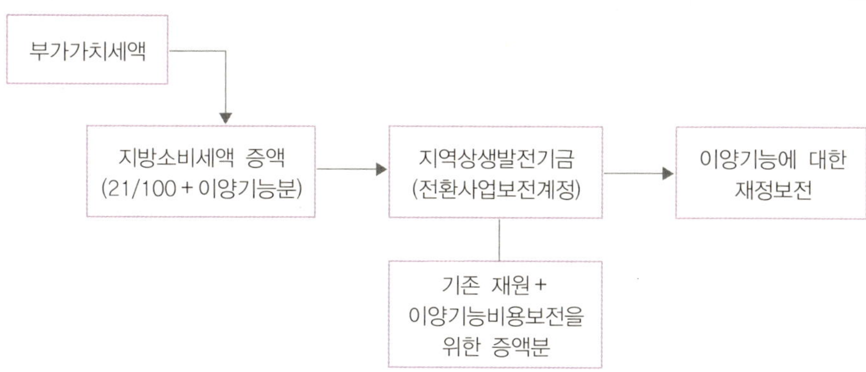

다. 지방소비세와 지역상생발전기금의 연계는 지방소비세액 산정 시 이양기능에 대한 비용평가분을 증액반영한 후 이를 지역상생발전기금으로 전출(전환사업보전계정)하여 보전하는 방안을 강구하자는 것이다. 기능이양교부세는 내국세의 일정률을 재원으로 한 후 지방일괄이양법 이양사무의 비용산정 총액에서 개별 지방정부의 비용산정액이 차지하는 비중(이양비용 점유율)에 의거하여 배분하는 방식 등이다([그림 12-5] 참조).

중앙정부는 지방이양사무 중 일부에 대한 재정지원방안은 마련하였으나 공무원수의 확대, 기구 설치 등의 논의는 이루어지지 않았다. 분석결과를 보면 중앙정부는 지방정부로 사무를 이양하면서 일부에 대한 재정적 지원을 하고 있으나, 행정적 지원은 이루어지지 않고 있다는 것을 알 수 있다.

이와 같은 분석결과를 종합하면, 모든 규칙이 실제로 적용되고 있다고는 볼 수 없을 것으로 보인다. 법률의 제정, 일부 이양사무에 대한 재정적 지원 등의 규칙은 적용되고 있으나, 나머지 규칙은 적용되지 않고 있다는 것을 알 수 있었다.

3) 기능과 사무의 배분과정 또는 중앙정부의 기능과 사무의 지방이양과정에 지방정부가 참여할 수 있는가?

중앙정부가 지방정부로 기능과 사무를 이양하고자 할 때 지방정부의 참여가 보장되어 있는지를 파악하고자 한다. 이를 위해서는 기능과 사무의 이양절차를 살펴볼 필요가 있을 것이다. [그림 12-6]에서 살펴본 것처럼 지방정부의 참여가 보장되어 있다. 특히, 문재인 정부에서는 지방이양대상사무를 발굴할 때부터 지방정부, 지방 4단체의 참여를 보장하고 있으며, 사무발굴 사전심의 TF에서도 지방정부의 의견을 수렴하고 있다. 문재인 정부는 중앙정부의 기능과 사무를 지방정부로 이양하기 위해서는 6단계를 거치도록 하고 있는 바, 마지막 본위원회 심의 · 의결을 제외한 5단계에 지방정부가 참여할 수 있도록 하고 있다.

그림 12-6 문재인 정부의 기능이양절차와 지방정부의 참여

절차	지방정부의 참여
① 지방이양(중앙정부환원) 대상사무 발굴	• 지방정부, 지방 4단체 등에 지방이양대상사무 발굴 요청
② 사무발굴 사전심의 TF(필요시)	• 사전심의과정에서 지방정부의 의견수렴
③ 의견수렴 및 종합검토	• 대상사무에 대한 지방정부 및 지방 4단체의 의견조사, 토론회 및 현장조사 등
④ 중앙권한이양 전문위원회 심의	• 지방정부 공무원 의견 청취
⑤ 재정 · 기능이양분과위원회심의 · 의결	• 지방정부 공무원 의견 청취
⑥ 본위원회 심의 · 의결	

4) 광역지방정부와 기초지방정부에 대한 논의가 포함되어 있는가?

기능과 사무의 이양은 중앙정부와 지방정부간, 그리고 지방정부간에도 이루어진다. 따라서 기능과 사무의 이양을 논의할 때에는 정부간 관계를 보다 폭넓게 해석하여야 할 것이다.

한국의 경우, 지방자치법이나 지방자치분권 및 지방행정체제개편에 관한 특별법에 기능과 사무이양과 관련된 내용이 제시되어 있다. 두 개의 법률을 보면 중앙정부와 지방정부간, 그리고 지방정부간의 내용이 모두 포함되어 있음을 알 수 있다.

첫째, 지방자치법 제11조와 지방자치분권 및 지방행정체제개편에 관한 특별법 제9조에 제시되어 있는 사무배분의 기본원칙을 보면, 중앙정부는 지방정부가 사무를 종합적 · 자율적으로 수행할 수 있도록 중앙정부와 지방정부간 또는 지방정부 상호간의 사무를 주민의 편익증진, 집행의 효과 등을 고려하여 서로 중복되지 아니하도록 배분하여야 한다고 하고 있다. 그리고 중앙정부가 지방정부에 사무를 배분하거나 지방정부가 사무를 다른 지방정부에 재배분할 때에는 사무를 배분받거나 재배분받는 지방정부가 그 사무를 자기의 책임 하에 종합적으로 처리할 수 있도록 관련 사무를 포괄적으로 배분

하여야 한다고 되어 있다. 즉, 중앙정부와 지방정부간의 관계만을 명시하고 있는 것이 아니라 지방정부 상호간의 관계까지 명시하고 있다는 것을 알 수 있다. 여기에는 광역지방정부와 기초지방정부간의 관계가 포함되어 있다고 볼 수 있다.

둘째, 중앙정부가 지방정부로 기능과 사무를 이양할 때 광역지방정부와 기초지방정부 간 관계를 포함하고 있는지를 보면 실제적으로 운영되고 있는지를 알 수 있을 것이다. 제2차 지방이양일괄법안에 대한 입법예고자료에 의하면 지방이양 171개 사무, 대도시특례 43개 등 214개의 사무가 제시되어 있다. 지방이양사무 171개의 구체적인 내역을 보면 시・도에서 시・군・구로 이양되는 사무가 44개 포함되어 있다(〈표 12-12〉 참조).

이러한 점을 종합하면, 기능과 사무의 이양에 대한 논의에 광역지방정부와 기초지방정부에 대한 논의가 포함되어 있다는 것을 알 수 있다.

표 12-12 제2차 지방이양일괄법안에 포함되어 있는 지방이양사무

구분	계 ①+②	① 지방이양(171개)									
		중앙정부 → 중앙정부, 시・도	시・도 → 시・군・구	중앙정부 → 시・군・구	중앙정부 → 시・도	중앙정부 → 중앙정부, 시・도, 시・군・구	중앙정부, 시・도 → 중앙정부, 시・도, 시・군・구	중앙정부, 시・도 → 시・도	중앙정부 → 중앙정부, 시・군・구	시・도 → 시・도, 시・군・구	중앙정부 → 시・도, 시・군・구
사무(개)	214 (215)	45 (46)	44	36	19	10	9	3	2	2	1
	166*	33	41	27	14	9	8	3	2	2	1

② 대도시 특례(43개)			
시・도 → 시・도 50만 명	중앙정부, 시・도 → 중앙정부, 시・도, 100만 명	중앙정부, 시・도 → 중앙정부, 시・도, 50만 명	시・도 → 시・도, 100만 명
20	12	8	3
14	3	6	3

주: * 166개: 지방이양 140개 + 대도시특례 26개(7.23. 본회의 의결기준).

① 지방이양: 171개 사무[140개 사무('19년 이후 의결 사무 114개 + 장기 미이양 사무 26개), 위원회 연계사무 12개, 행안부 발굴 19개 사무].

② 대도시 특례: 43개 사무['21년 의결 사무 6개, '12~'17년 의결사무 15개, '11년 이전 의결사무(1차 국회 불수용) 5개, 행안부 발굴 17개].

자료: 자치분권위원회 내부자료.

5) 기능과 사무의 배분과정 또는 중앙정부의 기능과 사무의 지방이양과정에 주민과 기업이 참여할 수 있는가?

기능과 사무를 배분할 때에는 실제로 서비스를 수혜받는 민간이 참여할 수 있어야 할 것이다. 주민과 기업에게 보다 나은 서비스를 제공할 수 있는 행정 주체가 누구인지에 따라 기능과 사무를 배분하여야 한다는 것이다.

지방자치법에는 중앙정부의 기능과 사무의 지방정부 이양과정에 주민과 기업에 대한 참여 관련된 논의가 포함되어 있지 않다. 그러나 지방자치분권 및 지방행정체제개편에 관한 특별법 제9조 제4항에는 중앙정부 및 지방정부가 기능과 사무를 배분하는 때에는 민간부문의 자율성을 존중하여 중앙정부 또는 지방정부의 관여를 최소화하여야 하며, 민간의 행정참여기회를 확대하여야 한다는 내용이 제시되어 있다. 즉, 기능과 사무의 이양과정에 주민이나 기업이 참여할 수 있는 제도적 장치는 마련되어 있다고 볼 수 있다. 그러나 기능과 사무의 이양과정에 주민이나 기업이 실제로 참여하고 있지는 않은 것으로 보인다. 문재인 정부에서 기능과 사무를 이양할 때 거쳐야 하는 6단계의 어디에도 주민이나 기업의 참여와 관련된 언급은 없다.

6) 기능과 사무의 배분과정 또는 중앙정부 기능과 사무의 지방이양을 누가 결정하는가?

중앙정부의 기능과 사무를 지방정부로 이양할 때에는 일정한 절차를 거치도록 되어 있다. 문재인 정부 이전에도 일정한 절차를 거쳐서 기능과 사무이 이양되었고, 문재인 정부에서는 6단계를 거치고 있다. 중앙정부의 기능과 사무 중 지방정부로 이양하여야 할 기능과 사무를 결정하기 위해서는 자치분권위원회의 심의・의결이 있어야 한다. 좀 더 구체적으로 보면 자치분권위원회에서 지방이양대상사무를 발굴하기 위한 계획을 수립한 후 대상사무를 발굴하기 위한 의견을 수렴한다. 발굴된 사무에 대한 사전심의를 위하여 사무발굴 사전심의 TF를 구성하여 심의한 후 의견조사, 의견청취 등의 과정을 거친다. 그 다음에는 중앙권한이양 전문위원회의 심의를 거친 후 재정・기능이양분과위원회에서 심의・의결을 한다. 분과위원회에서 심의・의결된 사항에 대해 본위원회에서 최종적으로 심의・의결하는 절차를 취한다. 물론, 이 과정에서 지방정부의 의견을 수렴하는 과정을 거치고 있다([그림 12-7] 참조).

이러한 점을 종합하면, 중앙정부의 기능과 사무의 지방정부이양은 지방정부의 의견

그림 12-7 문재인 정부의 기능이양과 관리절차

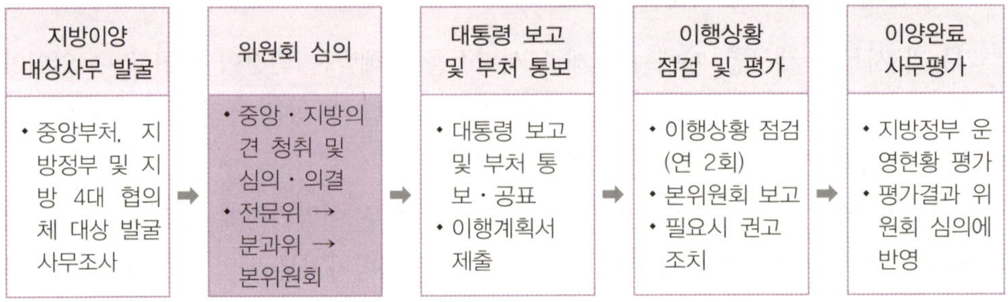

자료: 라휘문(2020).

을 수렴 및 반영한 후 자치분권위원회가 결정한다고 볼 수 있을 것이다.

7) 기능과 사무를 누가 더 많이 가지고 있는가?

정부간 관계를 살펴보기 위해서는 중앙정부와 지방정부 중 어떤 계층에 더 많은 기능과 사무가 배분되어 있는지 분석할 필요가 있을 것이다. 국가사무의 수가 더 많을 경우 지방정부보다 중앙정부에 행정력이 집중되어 있다고 볼 수 있을 것이다. 이는 경비부담의 주체, 지방의회의 관여 정도 등에 차이를 발생시킬 수 있을 것이다(〈표 12-13〉 참조). 사무를 국가사무, 자치사무, 그리고 기관위임사무로 구분할 때 국가사무가 많다는 것은 집권화의 성향이 크다는 것을, 그리고 기관위임사무의 비중이 높다는 것은 중앙정부의 위상이 지방정부보다 높다는 것을 의미한다고 볼 수 있을 것이다.

분석을 위해서는 자료가 있어야 한다. 중앙정부와 지방정부간 사무의 배분현황은 행정안전부와 한국지방행정연구원이 공동으로 실시한 『법령상 사무총조사』 결과보고

표 12-13 국가사무 – 자치사무 – 기관위임사무의 성격 비교

구분	국가사무	자치사무	기관위임사무
경비부담	중앙정부	지방정부	위임자 부담
지방의회	관여 불가능	관여 가능	관여 불가능
자치법규	불가능	조례 + 규칙	규칙
국가감독	불필요	소극적, 사후적, 합법성 감독	포괄적 합목적성 감독
국가배상	중앙정부	지방정부	위임자 부담

자료: 행정안전부 · 한국지방행정연구원(2021). 『법령상 사무총조사』.

서를 통하여 확인할 수 있다. 현재 1994년, 2002년, 2009년, 2013년, 그리고 2019년의 조사결과가 발표되어 있다.

행정안전부와 한국지방행정연구원에서 발간한 2020년 『법령상 사무총조사』 결과보고서에 의하면 한국의 사무는 2019년 기준 총 76,053개이다. 국가사무가 49,531개이고, 국가위임사무가 1,018개, 그리고 지방사무가 25,556개이다. 지방사무 중에서는 시·도 사무가 13,118개이고, 시·군·구 사무가 12,301개이다. 그리고 시·도 위임사무 137개가 별도로 존재하고 있다. 1994년과 비교할 때 지속적으로 사무가 증가하고 있는 것으로 나타난다(〈표 12-14〉 참조). 그리고 국가사무의 비중이 축소되고 있고, 지방사무의 비중이 증가하고 있는 것으로 나타난다. 지방사무의 경우, 광역사무와 기초사무의 비중이 근접해지고 있는 것으로 나타났다. 이러한 현상은 지방자치제의 재실시 이후 대다수의 정부가 지방분권을 추진하면서, 국가사무를 지방사무로 이양하였기 때문에 발생하였다고 볼 수 있다. 또한 위임사무 역시 감소하고 있는 것으로 나타나 긍정적으로 보여진다.

이를 국가사무, 국가-지방정부 공동사무, 자치사무로 구분하여 유형별로 살펴보는 것도 의미가 있을 것이다. 즉, 국가-지방정부 공동사무의 비중이 어떻게 변화되고 있는

표 12-14 중앙정부와 지방의 사무 규모

(단위: 건, %)

연도	총계	국가사무			지방사무			
		계	국가 사무	국가위임 (중앙정부-지방)	계	시·도 사무	시·도 위임사무 (광역-기초)	기초 사무
1994	15,774	13,664	11,744	1,920	2,110			
	100.00	86.62	74.45	12.17	13.38	–	–	–
2002	48,303	35,297	33,986	1,311	13,006	7,325	128	5,553
	100.00	73.07	70.36	2.71	26.93	15.16	0.26	11.50
2009	47,119	33,741	32,649	1,092	13,378	6,644	162	6,572
	100.00	71.61	69.29	2.32	28.39	14.10	0.34	13.95
2013	46,005	31,161	30,143	1,018	14,844	7,587	114	7,143
	100.00	67.73	65.52	2.21	32.27	16.49	0.25	15.53
2019	76,053	50,497	49,531	966	25,556	13,118	137	12,301
	100.00	66.40	65.13	1.27	33.60	17.25	0.18	16.17

자료: 행정안전부·한국지방행정연구원(2021). 『법령상 사무총조사』.

표 12-15 국가사무의 규모

(단위: 개, %)

구분		사무수	비중
총계		43,696	100.0
중앙정부 직접수행	소계	42,730	97.2
	중앙정부 직접 처리	37,515	85.3
	특행기관사무	4,428	10.1
	중앙정부 위탁사무	787	1.8
지방정부위임	소계	966	2.2
	시·도 위임	720	1.6
	시·군·구 위임	162	0.4
	시·군·구 재위임	30	0.1
	시·도 및 시·군·구 공동위임	54	0.1

자료: 행정안전부·한국지방행정연구원(2021). 『법령상 사무총조사』. 변형.

지를 파악하는 것은 정부간 관계에서 시사하는 바가 있을 것이다.

먼저, 국가사무를 보면 중앙정부가 직접 수행하는 사무와 지방정부 위임을 통하여 수행하는 사무로 구분할 수 있을 것이다. 전체 사무 중 중앙정부가 직접 수행하는 사무가 97.2%를 차지하고 있고, 2.2%를 지방정부에 위임하여 처리하고 있는 것으로 나타났다(〈표 12-15〉 참조).

중앙정부와 지방정부의 공동사무의 수는 6,801개로 나타났다. 국가사무, 자치사무, 그리고 공동사무의 합을 기준으로 했을 때, 중앙정부-지방정부 공동사무의 수가 차지하는 비중은 11.2%의 수준을 보이고 있어 적지 않은 수준임을 알 수 있다. 공동사무의 유형을 보면 중앙정부-시·도-시·군·구의 공동사무가 가장 많은 72.8%를 차지하고 있고, 그 다음이 중앙정부-시·도의 공동사무인 것으로 나타났다(〈표 12-16〉 참조). 공동사무는 업무의 중복, 사무처리 주체간 책임의 전가, 재원의 불합리한 배분 등이 문제시될 가능성이 있기 때문에, 사무재배분의 필요성이 있을 것이다(행정안전부·한국지방행정연구원, 2021).

자치사무는 시·도 사무, 지방정부간 공동사무, 시·군·구 사무로 구분할 수 있을 것이다. 시·도 사무가 전체의 32.9%를 차지하고 있고, 공동사무가 31.8%, 그리고 시·군·구 사무가 35.2%를 차지하고 있다(〈표 12-17〉 참조). 자치사무의 경우, 시·도와 시·군·구가 직접 처리하는 비율이 매우 높다는 것을 알 수 있다.

표 12-16 중앙정부-지방정부 공동사무의 규모

(단위: 개, %)

구분	사무수	비중
총계	6,801	100.0
중앙정부-시·도-시·군·구 공동사무	4,955	72.8
중앙정부-시·도 공동사무	1,521	22.4
중앙정부-시·군·구 공동사무	325	4.8

자료: 행정안전부·한국지방행정연구원(2021). 『법령상 사무총조사』. 변형.

표 12-17 자치사무의 규모

(단위: 개, %)

구분		사무수	비중
총계		10,467	100.0
시·도 사무	소계	3,446	32.9
	시·도 직접 처리	3,241	31.0
	시·도 위탁사무	68	0.6
	시·군·구 위임사무	137	1.3
공동사무	-	3,333	31.8
시·군·구 사무	소계	3,688	35.2
	시·군·구 직접 처리	3,637	34.7
	시·군·구 위탁사무	51	0.5

자료: 행정안전부·한국지방행정연구원(2021). 『법령상 사무총조사』. 변형.

8) 중앙정부 등 상위정부와 하위정부간 갈등 발생 시 누구의 이익을 반영하는가?

사무배분, 사무처리과정 및 결과 등으로부터 발생할 수 있는 상위정부와 하위정부간 갈등을 어떻게 해결할 수 있는지가 궁금해진다. 현재 지방자치법과 지방자치분권 및 지방행정체제개편에 관한 특별법에는 기능과 사무배분과 관련하여 명시적이 해결방안이 마련되어 있지는 않다.

다만, 지방자치분권 및 지방행정체제개편에 관한 특별법 제17조에 중앙정부와 지방정부의 협력체제 정립과 관련한 내용이 제시되어 있다. 구체적인 내용을 보면 중앙정부는 지방정부와의 협력관계를 공고히 할 수 있도록 협의체의 운영을 지원하여야 하고, 협의체의 운영과정에서 지방정부의 의견이 국정에 반영될 수 있도록 노력하여야 한다고 되어 있다. 또한 중앙정부 및 지방정부는 정부간에 발생하는 분쟁을 해결할 수 있도록 분쟁조정기구의 기능 활성화와 분쟁조정체계의 정비 등 분쟁조정기능을 강화하기 위하여 노력하여야 한다고 되어 있다.

이러한 점을 고려하면 정부간 갈등이 발생할 경우 상위정부가 해결하고자 노력한다고 볼 수 있을 것이다. 이 과정에서 하위정부의 의견을 적극적으로 반영할 수 있도록 하여야 하기 때문에, 특정 계층의 이익을 반영한다고 보기에는 어려움이 있을 것이다.

9) 권한이양의 수준이 완전한 자율성을 지향하는가? 아니면 중앙정부의 이익을 해치지 않는 범위 내에서 이루어지는가?

중앙정부의 기능과 사무를 지방정부로 이양할 때 지방정부의 완전한 자율성을 보장할 수 있도록 하는 것인지 아니면 중앙정부의 이익이 현저히 침해되지 않는 수준에서 이루어지는 것인지를 파악하는 것은 정부간 관계를 결정하는 데 매우 중요한 요소이다.

권한이양의 수준이 완전한 자율성을 지향하는지, 아니면 중앙정부의 이익을 해치지 않는 범위 내에서 이루어지는지를 파악하는 방법은 법·제도적인 측면과 실제 이양사례를 통하여 확인할 수 있을 것이다.

먼저, 법·제도적인 측면에서 보면 지방자치법 제11조 제3항과 지방자치분권 및 지방행정체제개편에 관한 특별법 제9조 제3항에 의할 때 완전한 자율성을 지향한다고 볼 수 있을 것이다. 구체적인 내용을 보면, 중앙정부가 지방정부에 사무를 배분하거나 지방정부가 사무를 다른 지방정부에 재배분하는 때에는 이양받는 지방정부가 자기의 책임 하에 종합적으로 해당 사무를 처리할 수 있도록 포괄배분하여야 하는 것으로 되어 있다. 포괄배분한다는 의미는 법률 단위 또는 기능 단위로 사무를 배분 또는 재배분하여야 한다는 것을 의미한다.

그러면 실제로도 법률 단위 또는 기능 단위로 중앙정부의 사무가 지방정부로 이양되고 있는지를 파악해볼 필요가 있다. 분석결과를 보면 중앙정부의 사무가 지방정부로 이양될 때에는 단위사무 중심으로 이양되고 있는 것으로 나타난다. 이러한 사실은 부처별 지방이양사무의 내역을 보면 알 수 있다. 해양수산부는 59개의 사무를 지방정부로 이양하였는데, 대표적인 이양사무를 보면 항만재개발사업계획 수립 관련 사무이고, 국토교통부는 36개의 사무를 이양하였는데, 대표적인 이양사무는 산업단지계획 수립에 따른 투자의향서 제출이다. 이러한 현상은 환경부의 폐기물 전용용기 제조업 등록·처분 관련 사무, 식약처의 마약류 도매업자, 마약류 관리자 관리 기능 관련 사무 등 다양하게 나타난다.

이러한 점을 종합하면, 권한이양의 수준은 법·제도적으로는 완전한 자율을 지향한다고 볼 수 있으나, 실제 이양현황을 보면 중앙정부의 이익을 침해하지 않는 범위 내에서 이루어지고 있다는 것을 알 수 있다.

10) 권한이양의 배경은 어디에 있는가? 혹시 계급투쟁의 산물인가? 그리고 기능과 사무를 배분하는 목적이 어디에 있는가?(주민과 기업을 위해서인지, 아니면 지방정부 또는 중앙정부를 위해서인가?)

중앙정부의 기능과 사무를 지방정부로 이양하는 이유는 무엇일까? 자발적으로 권한이양을 추진하는 것인지, 아니면 또 다른 이유가 있는지가 궁금해진다. 다양한 관점에서 해석될 수 있으나 그 중에 하나는 정권(정치계)의 강력한 추진의지에 있었다고 볼 수 있을 것이다. 예를 들면, 김대중 정부, 참여 정부, 그리고 이명박 정부 초기까지는 지방이양추진위원회를 설치하여 중앙정부의 기능을 지방정부로 이양하고자 노력하였고, 이명박 정부 하반기에는 지방분권촉진위원회, 박근혜 정부와 문재인 정부는 자치분권위원회를 설치하여 적극적으로 기능이양을 추진하고 있다.

권한이양은 지방자치분권 및 지방행정체제개편에 관한 특별법 제11조에 제시된 것처럼 적극적으로 이루어져야 하고, 포괄적·일괄적으로 이양되어야 한다. 이러한 점은 법·제도적인 기반 하에서 권한이양이 이루어지고 있다는 것을 의미한다. 그러나 실제 이양사무의 내용을 보면 법률이나 기능 단위의 사무이양이 아니라 단위사무 중심으로 이양되고 있고, 이양사무의 내용은 해당 기능을 구성하는 핵심적인 사무라기보다는 절차상에서 갖추어야 할 지엽적인 사무라고 볼 수 있다. 결국 중앙정부는 귀찮고 성가신 일들을 지방정부에 이양하고, 처리결과를 보고받은 후 핵심적인 부분에 대한 사무는 중앙정부가 처리하는 방식을 채택하고 있다고 볼 수 있다.

이를 종합하면, 권한이양의 배경은 권력투쟁의 산물은 아니라고 볼 수 있다. 법·제도적 기반 하에서 추진되는 것이다. 그러나 특정 기능을 구성하는 핵심적인 사무를 이양하는 것이 아니라, 중앙정부의 이익을 침해하지 않는 수준에서 이루어지고 있다고 볼 수 있을 것이다.

11) 지방정부로 이양되는 기능과 사무의 성격은 무엇인가?(정책결정기능? 정책집행기능?) 분권을 통하여 복지기능을 지방으로 이양하는가?

김대중 정부 이후 한국의 모든 정부는 중앙정부의 기능과 사무를 지방정부로 이양하기 위하여 지속적으로 노력하였다. 3,101개의 중앙정부의 사무가 지방정부로 이양확정되었다. 이양확정된 모든 사무가 이양완료된 것이 아니라 지속적으로 이양을 추진 중에 있다. 이양사무의 내용을 보면 항만시설개발, 외국교육기관의 청산, 위법행위에 대한 행정처분, 폐기물처리시설 설치계획의 승인 공고, 부동산개발등록증의 발급 및 재발급과 기재사항 변경신청 접수 등 다양하다(〈표 12-18〉 참조). 이양사무의 성격은 정책결

표 12-18 부처별 지방이양사무의 내용과 이양방향

구분	이양 개수	사무명(예시)	이양정부
해수부	59	항만재개발사업계획 수립 관련 사무	중앙정부 → 중앙정부(국가항), 시 · 도(지방항)
국토부	36	산업단지계획 수립에 따른 투자의향서 제출	중앙정부 → 중앙정부, 시 · 도, 시 · 군 · 구
환경부	36	폐기물 전용용기 제조업 등록 · 처분 관련 사무	중앙정부 → 시 · 군 · 구
식약처	19	마약류 도매업자, 마약류 관리자 관리 기능 관련 사무	시 · 도 → 시 · 군 · 구
문체부	13	대중문화 예술기획업 등록 관련 사무	중앙정부 → 시 · 군 · 구
행안부	13	지방공기업 해산 요구	중앙정부 → 시 · 도, 시 · 군 · 구
산업부	10	이러닝산업 발전 및 활용 촉진 사무	중앙정부 → 중앙정부, 시 · 도
질병청	8	감염관리 실태조사 관련 사무	중앙정부, 시 · 도 → 중앙정부, 시 · 도, 시 · 군 · 구
복지부	7	장기요양기관 지정의 취소	중앙정부 → 시 · 군 · 구
농식품부	7	도시농업협의회 구성 사무	중앙정부 → 중앙정부, 시 · 도, 시 · 군 · 구
중기부	3	지역신용보증재단의 예산승인 사무	중앙정부 → 시 · 도
고용부	1	근로복지사업 추진 협의	중앙정부 → 중앙정부, 시 · 도, 시 · 군 · 구
공정위	1	공개정보 검색 등 전자상거래업무 관련 자료 제출	중앙정부 → 중앙정부, 시 · 도, 시 · 군 · 구
법무부	1	자치단체 행정소송의 중앙정부 지휘권	중앙정부 → 중앙정부, 시 · 도, 시 · 군 · 구

정기능과 관련되어 있는 사무라기보다는 정책집행기능을 수행하는 사무라고 볼 수 있을 것이다.

또한 국가이론에 의하면, 분권을 통하여 중앙정부에서 수행하여야 할 복지기능 중 상당 부분을 지방정부로 이양할 수 있다. 이를 검증하기 위하여 실제로 이양된 사무의 성격을 분석해 보면 복지기능에 초점을 맞추어 사무이양이 이루어지고 있지는 않은 것으로 보인다. 구체적으로는 복지기능이라고 하면 보건복지부의 이양사무를 살펴볼 수 있는데 이양사무수가 7개로 그리 많지 않은 수준이다.

4. 어떻게 해석할 것인가?

기능과 사무이양에 대하여 ① 기능과 사무를 배분하는 공정한 규칙(법 · 제도)을 가지고 있는가? ② 공정한 규칙이 실제로 적용되고 있는가? ③ 기능과 사무의 배분과정 또는 중앙정부의 기능과 사무의 지방이양과정에 지방정부가 참여할 수 있는가? ④ 광역지방정부와 기초지방정부에 대한 논의가 포함되어 있는가? ⑤ 기능과 사무의 배분과정 또는 중앙정부의 기능과 사무의 지방이양과정에 주민과 기업이 참여할 수 있는가? ⑥ 기능과 사무의 배분과정 또는 중앙정부의 기능과 사무의 지방이양을 누가 결정하는가? ⑦ 기능과 사무를 누가 더 많이 가지고 있는가? ⑧ 중앙정부 등 상위정부와 하위정부간 갈등 발생 시 누구의 이익을 반영하는가? ⑨ 권한이양의 수준이 완전한 자율성을 지향하는가? 아니면 중앙정부의 이익을 해치지 않는 범위 내에서 이루어지는가? ⑩ 권한이양의 배경은 어디에 있는가? 혹시 계급투쟁의 산물인가? ⑪ 기능과 사무를 배분하는 목적이 어디에 있는가?(주민과 기업을 위해서인지, 아니면 지방정부 또는 중앙정부를 위해서인가?) ⑫ 지방정부로 이양되는 사무 · 기능의 성격은 무엇인가?(정책결정기능? 정책집행기능?) ⑬ 분권을 통하여 복지기능을 지방으로 이양하는가? 등과 같은 13가지의 기준을 적용하여 분석하였다.

분석결과를 종합하면 다음과 같다.

① 기능과 사무를 배분하는 공정한 규칙(법 · 제도)을 가지고 있는가? 이에 대한 응답은 '그렇다'이다. 지방자치법 제11조와 지방자치분권 및 지방행정체제개편에 관한 특별법 제9조와 제11조에 사무배분의 원칙이 제시되어 있다.

② 공정한 규칙이 실제로 적용되고 있는가? 이에 대한 응답은 '일부만 그렇다'이다. 지방이양을 촉진하는 데 필요한 법률의 제정은 제1차 지방이양일괄법의 제정이 이루어

졌다는 점에서 충족되었고, 일부 이양사무에 대한 재정적 지원이 있었다는 점에서 해당 요건이 충족되었다고 볼 수 있다. 그러나 중앙정부-광역지방정부-기초지방정부간에 기능이 중복될 수 있도록 수직적 · 계층적으로 사무를 배분하고 있고, 보충성의 원칙이 충실하게 지켜지지 않고 있으며, 법률 단위나 기능 단위로 사무를 이양하지는 않은 것으로 나타났다.

③ 기능과 사무의 배분과정 또는 중앙정부의 기능과 사무의 지방이양과정에 지방정부가 참여할 수 있는가? 이에 대한 응답은 '그렇다'이다. 문재인 정부에서의 사무이양절차를 보면 6단계를 거치도록 되어 있는데, 본회의 의결을 제외한 나머지 5단계에 지방정부의 참여가 보장되어 있다.

④ 광역지방정부와 기초지방정부에 대한 논의가 포함되어 있는가? 이에 대한 응답은 '그렇다'이다. 법 · 제도적으로도 지방정부 상호간 사무재배분에 대한 논의가 포함되어 있고, 실제로 사무를 이양하면서 시 · 도와 시 · 군간의 사무재배분내용이 제시되어 있다.

⑤ 기능과 사무의 배분과정 또는 중앙정부의 기능과 사무의 지방이양과정에 주민과 기업이 참여할 수 있는가? 이에 대한 응답은 '아니오'이다. 지방자치분권 및 지방행정체제개편에 관한 특별법 제9조 제4항에 민간의 자율성 존중과 행정참여기회 확대와 관련된 내용이 제시되어 있다는 점을 토대로 할 때 제도적으로 참여가능성은 존재한다고 볼 수 있다. 그러나 실제로, 사무를 이양하는 과정에서는 이들의 참여장치가 마련되어 있지 않은 실정이다.

⑥ 기능과 사무의 배분과정 또는 중앙정부의 기능과 사무의 지방이양을 누가 결정하는가? 이에 대한 응답은 지방정부의 의견을 수렴하여 '자치분권위원회'가 결정한다고 볼 수 있다.

⑦ 기능과 사무를 누가 더 많이 가지고 있는가? 이에 대한 응답은 '중앙정부'이다. 국가사무와 지방사무의 비중을 2019년을 기준으로 살펴보면 국가사무의 비중이 66.4%이고, 지방사무의 비중이 33.60%로 나타난다. 이러한 점을 토대로 하면 국가사무가 지방사무의 약 2배에 해당된다고 볼 수 있다. 또한 중앙정부-지방정부간 공동사무의 수는 전체의 11.2%의 수준을 보이고 있는 바, 이 역시 적지 않은 수준임을 알 수 있다. 공동사무는 업무의 중복, 사무처리 주체간 책임의 전가, 재원의 불합리한 배분 등이 문제될 수 있기 때문에 많지 않아야 할 것이다.

⑧ 중앙정부 등 상위정부와 하위정부간 갈등 발생 시 누구의 이익을 반영하는가? 이에 대한 응답은 분석결과를 토대로 할 때 특정 계층의 이익을 반영하지는 않는다고 볼

수 있다.

⑨ 권한이양의 수준이 완전한 자율성을 지향하는가? 아니면 중앙정부의 이익을 해치지 않는 범위 내에서 이루어지는가? 이에 대한 응답은 법・제도적인 측면에서는 완전한 '자율성'을 지향하고 있으나, 실제 운영은 '중앙정부의 이익'을 해치지 않는 범위 내에서 이루어지고 있다.

⑩ 권한이양의 배경은 어디에 있는가? 혹시 계급투쟁의 산물인가? 이에 대한 대답은 '아니오'이다. 즉, 권한이양의 배경은 권력투쟁의 산물은 아니라고 볼 수 있다. 지방자치법과 지방자치분권 및 지방행정체제개편에 관한 특별법에 근거를 두고 추진하는 것이다.

⑪ 기능과 사무를 배분하는 목적이 어디에 있는가?(주민과 기업을 위해서인지, 아니면 지방정부 또는 중앙정부를 위해서인가?) 이에 대한 응답은 '중앙정부와 지방정부를 위해서'라고 볼 수 있다. 즉, 기능과 사무를 이양하는 목적은 법・제도적으로는 사무처리의 효율성에 초점을 두고 있기 때문에, 주민과 기업을 위해서라고는 볼 수 없을 것이다.

⑫ 지방정부로 이양되는 기능과 사무의 성격은 무엇인가?(정책결정기능? 정책집행기능?) 이에 대한 응답은 '정책집행기능'에 초점이 맞추어져 있다고 볼 수 있다.

⑬ 분권을 통하여 복지기능을 지방으로 이양하는가? 이에 대한 응답은 '아니오'이다. 국가이론에 의하면, 분권을 통하여 중앙정부에서 수행하여야 할 복지기능 중 상당 부분을 지방정부로 이양할 수 있다고 한다. 실제로, 이양된 사무의 성격을 보면 복지기능에 초점을 맞추어 사무이양이 이루어지고 있지는 않은 것으로 보인다(〈표 12-19〉 참조).

이와 같은 분석결과를 종합하면, 앞에서 살펴본 세발자전거모형에 의거할 때 법에 규정되어 있는 내용을 실제 적용과정에서는 충분히 활용하지 않고 있으며, 주민과 기업에 대한 관심도가 높지는 않은 수준이고, 국가사무의 수가 지방사무의 수보다 월등히 많은 것으로 나타났다. 즉, 중앙정부 지배형에 해당된다고 볼 수 있을 것이다.

기존의 정부간 관계모형에 의하면, 지방정부의 이익을 반영할 수 있도록 법・제도를 마련한 후 이를 준수하지는 않는 방향으로 사무이양을 하고 있다고 볼 수 있기 때문에, 상호의존모형 또는 대리인모형에 해당된다고 볼 수 있을 것이다.

국가론에서 바라보는 정부간 관계에 의하면 다원주의와 신우파의 입장을 가지고 있다기보다는 엘리트론에 가깝다고 볼 수 있을 것이다. 즉, 분권을 당연한 것으로 인정하지는 않는 것으로 파악된다. 중앙정부의 이익을 위하여 필요한 경우에 한하여 분권을 인정하려는 성향을 가진 것으로 볼 수 있다.

표 12-19 기능과 사무이양에 대한 경험적 분석결과 종합

기준	분석결과
기능과 사무를 배분하는 공정한 규칙(법・제도)을 가지고 있는가?	○
공정한 규칙이 실제로 적용되고 있는가?	△
기능과 사무의 배분과정 또는 중앙정부의 기능과 사무의 지방이양과정에 지방정부가 참여할 수 있는가?	○
광역지방정부와 기초지방정부에 대한 논의가 포함되어 있는가?	○
기능과 사무의 배분과정 또는 중앙정부 기능의 지방이양과정에 주민과 기업이 참여할 수 있는가?	×
기능과 사무의 배분과정 또는 중앙정부의 기능과 사무의 지방이양을 누가 결정하는가?	자치분권위원회
기능과 사무를 누가 더 많이 가지고 있는가?	중앙정부
중앙정부 등 상위정부와 하위정부간 갈등 발생 시 누구의 이익을 반영하는가?	모두
권한이양의 수준이 완전한 자율성을 지향하는가? 아니면 중앙정부의 이익을 해치지 않는 범위 내에서 이루어지는가?	△ (법: 자율성, 실제: 중앙정부 이익)
권한이양의 배경은 어디에 있는가? 혹시 계급투쟁의 산물인가?	법・제도에 기반
기능과 사무를 배분하는 목적이 어디에 있는가?(주민과 기업을 위해서인지, 아니면 지방정부 또는 중앙정부를 위해서인가?)	효율적인 사무처리
지방정부로 이양되는 기능과 사무의 성격은 무엇인가?(정책결정기능? 정책집행기능?)	정책집행기능
분권을 통하여 복지기능을 지방으로 이양하는가?	×

그림 12-8 기능과 사무이양 관련 세발자전거모형의 유형

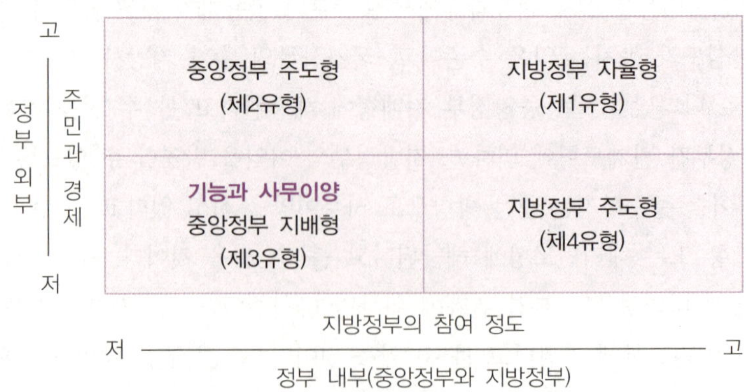

제4절
소결

기능과 사무이양은 중앙정부와 지방정부가 수행하여야 할 사무를 재배분한다는 의미이다. 보다 구체적으로는 중앙정부의 기능과 사무를 지방정부로, 그리고 지방정부가 다른 지방정부로 기능과 사무를 이양하는 것을 말한다.

기능과 사무이양은 몇 가지의 이유 때문에 필요하다. 첫째, 지방정부의 책임성을 제고하는데 기여할 수 있기 때문에 이양되어야 한다. 둘째, 지방정부가 주민의 수요에 부응하는 행정을 할 수 있게 됨으로써, 주민의 편익과 행정의 효율성을 증대시키는 데 기여할 수 있기 때문에 이양되어야 한다.

사무배분에는 지방자치법과 지방자치분권 및 지방행정체제개편에 관한 특별법을 기준으로 할 때 몇 가지의 원칙이 존재한다. 첫째, 불경합의 원칙이다. 중앙정부는 지방정부가 행정을 종합적·자율적으로 수행할 수 있도록 중앙정부와 지방정부간 또는 지방정부 상호간의 사무를 주민의 편익증진, 집행의 효과 등을 고려하여 서로 중복되지 아니하도록 배분하여야 한다는 것이다. 둘째, 보충성의 원칙이다. 지역주민생활과 밀접한 관련이 있는 사무는 기초지방정부, 기초지방정부가 처리하기 어려운 사무는 광역지방정부, 그리고 광역지방정부가 처리하기 어려운 사무는 중앙정부의 사무로 각각 배분하여야 한다는 것이다. 셋째, 포괄배분의 원칙이다. 중앙정부가 지방정부에 사무를 배분하거나 지방정부가 사무를 다른 지방정부에 재배분하는 때에는 사무를 배분 또는 재배분 받는 지방정부가 그 사무를 자기의 책임 하에 종합적으로 처리할 수 있도록 관련 사무를 포괄적으로 배분하여야 한다는 것이다. 넷째, 민간부문 존중의 원칙이다. 중앙정부 및 지방정부는 사무를 배분할 때 민간부문의 자율성을 존중하여 중앙정부 또는 지방정부의 관여를 최소화하여야 하며, 민간의 행정참여기회를 확대하여야 한다는 것이다.

한국에서 이루어지고 있는 기능과 사무의 이양에 대하여 경험적인 분석을 실시하였다. 이때 활용한 기준은 ① 기능과 사무를 배분하는 공정한 규칙(법·제도)을 가지고 있는가? ② 공정한 규칙이 실제로 적용되고 있는가? ③ 기능과 사무의 배분과정 또는 중앙정부의 기능과 사무의 지방이양과정에 지방정부가 참여할 수 있는가? ④ 광역지방정부와 기초지방정부에 대한 논의가 포함되어 있는가? ⑤ 기능과 사무의 배분과정 또는 중앙정부의 기능과 사무의 지방이양과정에 주민과 기업이 참여할 수 있는가? ⑥ 기능과 사무의 배분과정 또는 중앙정부의 기능과 사무의 지방이양을 누가 결정하는가? ⑦ 기능과 사무를 누가 더 많이 가지고 있는가? ⑧ 중앙정부 등 상위정부와 하위정부간 갈등 발생 시 누구의 이익을 반영하는가? ⑨ 권한이양의 수준이 완전한 자율성을 지향하는가? 아니면 중앙정부의 이익을 해치지 않는 범위 내에서 이루어지는가? ⑩ 권한이양의 배경은 어디에 있는가? 혹시 계급투쟁의 산물인가? ⑪ 기능과 사무를 배분하는 목적이 어디에 있는가?(주민과 기업을 위해서인지, 아니면 지방정부 또는 중앙정부를 위해서인가?) ⑫ 지방정부로 이양되는 기능과 사무의 성격은 무엇인가?(정책결정기능? 정책집행기능?) ⑬ 분권을 통하여 복지기능을 지방으로 이양하는가? 등과 같은 13가지이다.

분석결과를 보면 다음과 같다. ① 기능과 사무를 배분하는 공정한 규칙(법 · 제도)을 가지고 있는 것으로 나타났다. ② 공정한 규칙 중 일부는 실제로 적용되고 있으나, 일부는 적용되고 있지는 않은 것으로 나타났다. ③ 기능과 사무의 배분과정 또는 중앙정부의 기능과 사무의 지방이양과정에 지방정부가 참여할 수 있는 기회가 마련되어 있다. ④ 기능과 사무의 이양과정과 내용을 보면 광역지방정부와 기초지방정부에 대한 논의가 포함되어 있다. ⑤ 법 · 제도적인 측면에서 보면 기능과 사무의 배분과정 또는 중앙정부의 기능과 사무의 지방이양과정에 주민과 기업이 참여할 수 있으나, 실제로는 참여하고 있지 않은 것으로 나타났다. ⑥ 기능과 사무의 배분과정 또는 중앙정부의 기능과 사무의 지방이양은 지방정부의 의견을 수렴하여 자치분권위원회가 결정한다. ⑦ 국가사무와 지방사무의 비율을 보면 국가사무의 비중이 월등히 높은 것으로 나타난 바, 국가가 더 많은 사무를 가지는 것으로 나타났다. ⑧ 중앙정부 등 상위정부와 하위정부간 갈등 발생 시 특정 계층의 이익을 반영하지는 않는다고 볼 수 있다. ⑨ 권한이양은 법 · 제도적인 측면에서 보면 완전한 자율성을 지향하고 있으나, 실제로는 중앙정부의 이익을 해치지 않는 범위 내에서 이루어지는 것으로 보인다. ⑩ 권한이양은 법 · 제도에 근거를 두고 이루어지고 있으며, 계급투쟁의 산물이라고 보기에는 어려움이 있다. ⑪ 기능과 사무를 배분하는 목적은 법 · 제도적으로 볼 때 사무처리의 효율성에 초점을 두고 있기 때문에, 주민과 기업을 위해서라고는 볼 수 없을 것이다. ⑫ 지방정부로 이양되는 기능과 사무의 성격은 정책집행기능에 초점을 맞추고 있다. ⑬ 분권을 통하여 복지기능을 지방으로 이양하고 있지는 않은 것으로 나타났다.

이와 같은 분석결과를 토대로 한국의 기능과 사무의 이양은 어떤 유형인지를 판단할 수 있을 것이다. 먼저, 기존의 정부간 관계모형인 대리인모형, 동반자모형, 그리고 상호의존모형에 의할 경우 동반자모형보다는 상호의존모형 또는 대리인모형에 가깝다고 볼 수 있을 것이다. 중앙정부의 기능과 사무를 지방정부로 이양할 때 법·제도적으로 준수하여야 할 바람직한 원칙들이 있기는 하나 실제로는 일부만 적용하고 있다. 즉, 기능과 사무이양의 목적이 지방정부의 완전한 자율성을 지양한다고 보여지기보다는 중앙정부가 자신의 이익을 해치지 않는 범위 내에서 이루어진다고 볼 수 있을 것이다.

국가론에서 바라보는 정부간 관계인 다원주의, 신우파, 엘리트론 그리고 마르크시즘에 의할 경우 법·제도적인 측면에서 보면 지방정부의 인정, 분권의 선호 등과 같은 다원주의와 신우파의 입장을 보유하고 있으나, 실제로는 지방정부의 예외적 인정, 중앙정부의 이익을 해치지 않는 범위 내에서의 기능과 사무의 이양 등의 입장을 가지고 있는 바 엘리트론에 가깝다고 볼 수 있을 것이다.

다음은 세발자전거모형이다. 세발자전거모형은 정부 외부의 참여 정도, 정부 내부의 참여 정도(지방정부의 참여 정도)를 기준으로 네 개의 유형을 도출하였다. 제1유형은 지방정부 자율형이다. 지방정부의 참여 정도가 높고, 주민과 기업(경제계)의 참여 및 그들을 위한 결정 정도가 높은 유형이다. 즉, 지방정부가 자율성을 가지고 지역의 주민과 기업(경제계)을 위하여 노력할 수 있도록 한다는 것이다. 제2유형은 중앙정부 주도형이다. 지방정부의 참여 정도가 낮은 수준이고, 지역의 주민과 기업(경제계)의 참여 정도는 높은 유형이다. 지방정부의 참여를 고려하지 않은 채 지역의 문제를 결정하는 유형이다. 제3유형은 중앙정부 지배형이다. 지방정부의 참여 정도가 낮은 수준이고, 지역의 주민과 기업(경제계) 등의 참여도 없고, 그들을 위해 정책을 결정하지도 않는 유형이다. 즉, 분권 자체를 인정하려고 하지 않는 유형이라고 볼 수 있다. 중앙정부의 이익, 전국수준의 자본가 등의 이익을 위하여 정책을 결정한다고 보아야 할 것이다. 마지막으로, 제4유형은 지방정부 주도형이다. 지방정부의 참여 정도는 높으나 지역의 주민과 기업(경제계) 등의 참여 정도, 그리고 결정된 정책의 내용 등이 주민과 기업(경제계)을 위한 것이 아닐 수 있는 유형이다. 분석결과를 보면 법·제도적으로는 주민과 기업에 대한 관심이 있으나 실제로는 적용하지 않고 있으며, 지방정부의 참여는 있으나 실제의 결정은 자치분권위원회에 의하여 이루어지고 있는 바 세발자전거모형 중 중앙정부 지배형에 해당된다고 볼 수 있을 것이다.

제13장 기구와 인력

제 1 절

기구와 인력의 의의

1. 기구와 인력이란 무엇인가?

지방정부는 기구, 인력, 그리고 재정 등 다양한 요소들의 함수라고 볼 수 있다. 특히, 지방정부를 구성하는 각각의 요소들은 서로 연계되어 있어서 특정한 요소에 문제가 발생하면 지방정부는 정상적으로 운영하기 어렵다. 지방정부를 구성하고 있는 각 요소들에 관심을 가져야 하는 이유가 여기에 있는 것이다. 여기에서 다루고자 하는 기구와 인력 역시 마찬가지이다.

기구와 인력은 조직과 인사를 구성하는 한 부분이기 때문에, 먼저 조직과 인사에 대해 살펴보려고 한다. 조직은 학자들마다 다르게 개념화하고 있어서 간단하게 무엇이라고 정의하기는 쉽지 않은 것이 현실이다. 버나드(C. Barnard)에 의하면, 조직은 공동의 목적을 달성하려는 목적을 가지고 인간들의 활동과 능력을 인위적으로 조정한 협동체제(Barnard, 1938: 73)이고, 에치오니(A. Etzioni)에 의하면 특정한 목표를 추구하기 위하여 인위적으로 구성 및 재구성한 사회적 단위(Etzioni, 1964: 3)이다. 윤재풍(2014: 21)은 일정한 목적이나 목표를 달성하고자 인위적 · 체계적으로 배열 · 결합 · 조정되어 활동하는 인간의 협동적 행위체제 또는 집합체라고 하였다. 그 이외에도 많은 학자들이 조직이 무엇이라고 이야기하고 있다. 그런데 살펴본 것처럼 학자들마다 다르게 개념화하고 있다. 따라서 여기에서는 이와 같은 개념들을 종합하여 조직을 이야기하고자 한다. 각 학자들이 주장하고 있는 조직의 개념을 종합하면 조직은 달성하려는 목적이나 목표가 있어야 하고, 인간들의 집합체이어야 하며 사회체제를 구성하는 하나의 단위이고, 채계화된 내부구조를 가지고 있어야 하며 행동하는 체제이며 과정, 그리고 조정체제이어야 한다. 이러한 조직의 개념을 종합하면, 지방조직이란 결국 지방정부라는 대상에 조직의 개념을 적용한 것이라고 볼 수 있을 것이다. 지방조직에는 행정조직, 의회조직 등 다양하게 존재할 수 있다. 여기에서는 주로 지방행정조직을 중심으로 하고자 한다. 특히, 지방정부의 행정기구(행정기구의 설치 자율성 등)를 중심으로 하고자 한다.

인사 역시 조직과 마찬가지로 개념화하는 것이 쉽지는 않다. 사전적으로 보면 인사는 조직의 구성원을 임용하거나 해임 또는 평가하는 모든 행정적인 일이다. 보다 단순하게는 사람에 관한 일이라고 보아야 할 것이다. 학자들 중 유민봉 · 임도빈(2016: 6)은 조직을 구성하고 있는 인간에 대한 일이라고 인사를 정의하고 있다. 사전적 의미이든 유민봉 · 임도빈(2016)의 정의이든 인사를 인간에 대한 일로 정의하고 있는 것이다. 이와 같은 정의에 의하면, 인사는 모집, 선발, 교육훈련, 인사이동, 동기부여, 근무평가, 보상 등의 내용을 포함하게 된다. 다만, 이 책은 정부간 관계를 중심으로 하고 있기 때문에, 범위를 한정하여 지방정부가 공무원의 수를 결정하는 데 있어 자율성이 있는지를 판단하고자 한다.

종합하면, 조직 · 인사에서는 지방정부가 행정기구와 정원을 결정하는 데 있어 어느 정도의 자율성을 가지고 있는지를 살펴보고자 한다.

2. 기구와 인력의 자율성 확대는 필요한가?

지방정부는 기구와 인력을 결정하는 데 있어 자율성을 가지는 것이 필요한지, 지금보다 더 확대하여야 하는지 등이 궁금해진다. 중앙정부가 지방정부의 의견을 수렴하여 특정 지방정부의 기구수와 공무원의 정원을 결정하면 어떤 문제가 있는지가 궁금해진다는 것이다.

지방정부에게 기구와 공무원 정원의 결정 권한을 확대하여야 하는 이유는 다양하나 그 중에 몇 가지만 살펴보고자 한다. 첫째, 지방자치제는 해당 지역의 문제를 주민 스스로 또는 대표자를 뽑아서 자신들의 부담에 의하여 해소하는 것이다. 지방정부는 자신들이 가지고 있는 문제를 해결하려면 행정기구, 공무원, 그리고 재정이 있어야 한다. 지방자치제의 본질을 고려하면 어느 정도의 기구수와 공무원 정원, 그리고 재정 규모를 활용하여 지방정부가 가지고 있는 문제를 해결할 것인지를 결정하는 주체는 지방정부가 되어야 한다. 즉, 지방정부가 가지고 있는 문제를 해결하기 위하여 필요한 기구수와 공무원 정원을 중앙정부가 결정한다는 것은 지방자치제의 실시 목적을 위반한다고 볼 수 있다. 특히, 지방자치제가 재실시된 지 30년이 경과하였음에도 불구하고, 해당 지방정부의 기구수와 공무원 정원을 주민의 대표인 지방의회와 지역의 주민이 아닌 중앙정부가 결정한다는 것은 매우 큰 문제라고 볼 수 있다.

둘째, 지방정부의 기구수와 공무원 정원은 해당 지방정부의 지역적 여건 등 다양한 특성이 반영되어야 하는데, 중앙정부가 결정하게 되면 지방정부의 특성을 반영하기 어렵다. 중앙정부는 243개 지방정부가 가지고 있는 차이점을 파악하기도 어렵고, 반영할 수 없기 때문에 기구수와 공무원 정원을 결정할 때 획일적인 기준을 적용할 수밖에 없다. 따라서 각 지방정부의 차이를 반영하는 데 한계가 있을 수밖에 없을 것이다.

셋째, 제4차 산업혁명의 도래, 인구소멸, 인구구조의 변화 등 지방정부를 둘러싸고 있는 환경적 여건은 급변하고 있는데, 지방정부가 아닌 중앙정부가 기구수와 공무원 정원을 결정하게 되면 신속한 대응이 어렵다. 행정은 환경과 상호작용하면서 생존하는 개방체제라고 보아야 하기 때문에, 급변하고 있는 환경에 부응할 수 있도록 신속한 변화를 도모할 수 있어야 한다. 그런데 중앙정부가 특정 지방정부의 기구수와 공무원 정원을 결정하게 되면 신속하게 대응하는 데 한계가 있을 수밖에 없다.

넷째, 지방정부의 기구수와 공무원 정원을 중앙정부가 결정하게 되면, 지역의 특성에 따라 발생할 수 있는 지역주민들의 수요를 반영하는 데 한계가 있을 수 있다. 면적이 넓은 지방정부가 있을 수 있고, 인구밀도가 높은 지방정부가 있을 수 있으며, 해안선이 길게 펼쳐져 있는 지방정부도 있고 넓고 높은 산악지대를 형성하고 있는 지방정부도 있다. 살펴본 것처럼 지방정부의 다양한 특성은 주민들의 수요 차이로 연계될 수 있을 것이다. 지방정부에게 자율성을 부여할 경우 주민의 수요를 반영한 행정서비스를 제공할 수 있을 것이다.

이와 같은 이유 때문에 지방정부의 기구수와 공무원 정원은 중앙정부가 아닌 지방정부가 결정하여야 한다.

제2절

기구와 인력의 주요 내용

1. 인력 관련 제도는 어떻게 변화하였는가?

한국의 지방공무원 정원기준은 개별승인제를 시작으로 기준정원제, 총정원관리제, 표준정원제, 총액인건비제, 그리고 기준인건비제로 변화되었다(〈그림 13-1〉 참조). 그림에서 보는 것처럼 지방공무원 정원기준과 관련하여 총 여섯 번의 제도개선이 있었다.

그림 13-1 한국의 지방공무원 정원관리제도의 변화

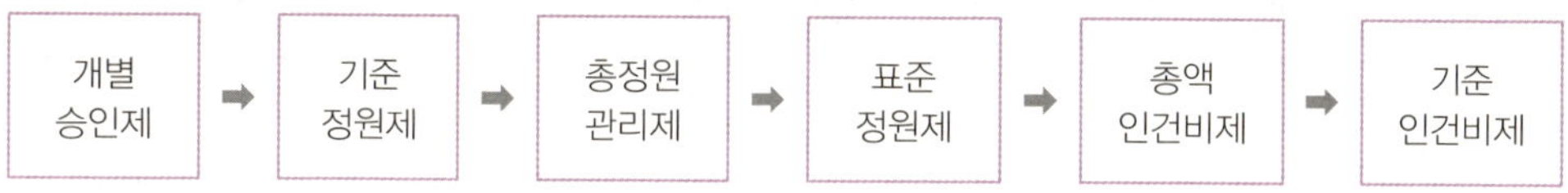

1) 개별승인제는 무엇인가?

한국의 지방공무원 정원기준은 개별승인제로부터 시작되었다. 개별승인제는 지방자치에 관한 임시조치법(법률 제707호, 1961년 9월 1일 제정, 10월 1일 시행)에 근거를 두고 도입된 제도이고, 지방자치법 시행 전(1987년 4월)까지 적용되었다. 지방공무원 정원기준은 지방자치에 관한 임시조치법 제7조에 제시되어 있었다. 제7조에 의하면, 지방정부의 정원은 내무부 장관의 승인을 얻은 후 해당 지방정부의 규칙으로 정하도록 하고 있다.

개별승인제는 내무부 장관의 승인을 받아야 하는 등 지방정부의 자율성이 인정되지 않았다. 지방정부의 특성을 반영하기 위해서는 상향식 방식의 채택이 필요하나 개별승인제는 하향식(top-down)의 결정방식이었기 때문에, 인구증가율보다 공무원수의 증가율이 높게 나타나는 등 다수의 문제들이 발견되기도 하였다(금창호 · 권오철, 2007).

2) 기준정원제는 무엇인가?

기준정원제는 개별승인제를 대체하여 시행한 한국의 지방공무원 정원기준이다. 기준

정원제는 1988년 4월 6일에 있었던 지방자치법의 개정(법률 제4004호)과 함께 시행된 제도이다. 당시의 지방자치법 제103조 제1항에 의하면, 지방공무원의 정원은 내무부령이 정한 기준에 따라서 지방정부의 규칙으로 정하도록 하고 있다. 즉, 내무부가 일정한 기준을 주면 해당 기준에 의거하여 공무원수를 결정하여야 한다는 것이다. 내무부령에 의하여 지방공무원의 정원이 결정되도록 되어 있는 바, 이를 위하여 1988년 6월에 지방자치단체의 지방공무원 정원기준 등에 관한 규칙을 제정하였다. 한국의 지방공무원 정원기준은 지방자치단체의 지방공무원 정원기준 등에 관한 규칙 제6조 제1항부터 제7항, 그리고 [별표 1-5]에 제시되어 있다.

구체적인 내용을 보면 〈표 13-1〉부터 〈표 13-3〉까지와 같다. 먼저, 직할시와 도, 그리고 자치구의 정원책정기준을 보면 〈표 13-1〉과 같은 산식에 의한다.

표 13-1 직할시 · 도 · 자치구의 공무원 정원 산식

구분	산식
직할시	[−258.4014 + (0.0013 × 인구수) × 1.05
도	[1,086.2456 + (0.00015 × 인구수) × 1.05
자치구	[207.6481 + (0.000509 × 인구수) + (11.8097 × 행정동의 수)] × 1.05

시의 정원과 군의 정원은 [별표 1]과 [별표 2]에 각각 제시되어 있다(〈표 13-2〉, 〈표 13-3〉 참조).

표 13-2 시의 공무원 정원 산식

유형	대상시	산식
I	수원 · 성남 · 안양 · 부천 · 청주 · 대전 · 전주 · 목포 · 울산 · 마산	$Y = [-404.7350 + (0.002397 \times X_1) + (18.2485 \times X_2)] \times 1.05$
II	춘천 · 여수 · 포항 · 진주 · 진해	$Y = [156.7693 + (0.001702X_1) + (13.6654X_2)] \times 1.05$
III	광명 · 원주 · 강릉 · 군산 · 이리 · 안동 · 구미 · 창원 · 충무 · 제주	$Y = (-907.8673 + (0.001977X_1) + (68.5731X_2)] \times 1.05$
IV	의정부 · 안산 · 동해 · 태백 · 속초 · 충주 · 제천 · 천안 · 순천 · 경주 · 김천 · 영주 · 삼천포	$Y = (-133.9033 + (0.002239X_1) + (32.6617X_2)] \times 1.05$
V	송탄 · 동두천 · 과천 · 구리 · 평택 · 삼척 · 공주 · 대천 · 온양 · 정주 · 남원 · 나주 · 여천 · 영천 · 상주 · 점촌 · 김해 · 서귀포	$Y = (166.0756 + (0.000786X_1) + (17.5262X_2)] \times 1.05$

주: Y = 공무원수, X_1 = 인구수, X_2 = 행정동수.

표 13-3 군의 공무원 정원 산식

유형	대상군	산식
Ⅰ	남양주, 평택, 화성, 시흥, 파주,고양, 광주, 김포, 청원, 논산, 부여, 남원, 정읍, 고창, 김제, 익산, 고흥, 해남, 신안, 의성, 안동, 영일, 금릉, 상주, 진양, 창녕, 고성(경남), 합천	$Y=[135.5057+(0.0014X_1)+(0.0913X_2)+(19.8152X_3)]\times 1.05$
Ⅱ	양주, 포천, 이천, 용인, 안성, 강화, 괴산, 중원, 대덕, 연기, 서천, 홍성, 예산, 당진, 부안, 옥구, 여천, 화순, 나주, 완도, 경산, 의령, 울산, 통영, 거제	$Y=[212.9163+(0.0012X_1)+(0.0311X_2)+(19.8956X_3)]\times 1.05$
Ⅲ	양평, 철원, 보은, 영동, 공주, 보령, 태안, 아산, 천안, 완주, 진안, 임실, 순창, 담양, 곡성, 광양, 승주, 보성, 영암, 무안, 함평, 영광, 장성, 진도, 달성, 경주, 영천, 예천, 울릉, 밀양, 양산, 김해, 창원, 사천, 남해, 하동, 산청, 함양, 거창	$Y=[145.7507+(0.0017X_1)+(0.0251X_2)+(21.2925X_3)]\times 1.05$
Ⅳ	여주, 옹진, 홍천, 정선, 옥천, 진천, 음성, 금산, 청양, 서산, 구례, 장흥, 강진, 영덕, 고령, 성주, 선산, 영풍, 봉화, 울진, 함안, 북제주, 남제주	$Y=[302.3011+(0.0015X_1)+(0.0420X_2)+(7.3300X_3)]\times 1.05$
Ⅴ	Ⅰ 내지 Ⅳ 외의 군	$Y=[192.9768+(0.0023X_1)+(0.0277X_2)+(14.8889X_3)]\times 1.05$

주: Y = 공무원수, X_1 = 인구수, X_2 = km^2로 환산된 면적(소수점 이하는 셋째자리에서 반올림함), X_3 = 읍·면수(파주군 군내면·장단면·진동면·진서면·고성군·수동면 및 철원군 군북면·근동면·원동면·원남면·임남면을 제외함).

표 13-4 지방공무원 분야별 정원비율기준

분야별 \ 구분	직할시	도	시	군	자치구
일반관리	28% 이내	34% 이내	34% 이내	34% 이내	34% 이내
세정	1~2%	1~2%	6~7%	7~8%	10~11%
사회복지	11~12%	9~10%	12~13%	11~12%	16~17%
도시개발건설	34~35%	13~14%	16~17%	8~9%	13~14%
문화관광	1~2%	3~4%	2~3%	2~3%	2~3%
제1차 산업	6% 이내	29% 이내	7% 이내	25% 이내	4% 이내
제2, 3차 산업	18~19%	3~4%	3~4%	3~4%	3~4%
특별행정	3~4%	2~3%	12~13%	4~5%	12~13%

지방자치단체의 지방공무원 정원기준 등에 관한 규칙에는 지방공무원 정원 산식만 제시되어 있는 것이 아니라 지방공무원 분야별 정원비율기준([별표 3]), 지방정부의 공

무원 종류별 정원책정기준([별표 4]), 그리고 지방정부의 직급별 정원책정기준([별표 5]) 등이 제시되어 있다(〈표 13-4〉~〈표 13-6〉 참조).

표 13-5 지방정부의 공무원 종류별 정원책정기준

구분	일반직	기능직	별정직	고용직	기타직
직할시	40% 이상	14% 이내	2% 이내	29% 이내	15% 이내
도	59% 이상	6% 이내	3% 이내	31% 이내	1% 이내
시	53% 이상	3% 이내	2% 이내	30% 이내	10% 이내
군	67% 이상	2% 이내	4% 이내	24% 이내	3% 이내
구	70% 이상	2% 이내	1% 이내	27% 이내	

표 13-6 지방정부의 직급별 정원책정기준

구분	1~2급	3급	4급 (기능직 1등급 내지 4등급)	5급 (기능직 5등급)	6급 (기능직 6등급)	7급 (기능직 7등급)	8급 (기능직 8등급)	9급 (기능직 9등급 이하)
직할시	해당 없음	해당 없음	해당없음	본청 및 직속기관 계장급	일반직 (기능직) 총정원의 24% 이내	일반직 (기능직) 총정원의 29% 이내	일반직 (기능직) 총정원의 23% 이내	일반직 (기능직) 총정원의 5% 이상
도	해당 없음	해당 없음	해당없음	본청 및 직속기관 계장급	일반직 (기능직) 총정원의 28% 이내	일반직 (기능직) 총정원의 31% 이내	일반직 (기능직) 총정원의 15% 이내	일반직 (기능직) 총정원의 1% 이상
시	해당 없음	인구 15만 명 이상 시의 부시장	인구 15만 명 미만 시의 부시장 인구 15만 명 이상 시의 국장 일반구의 구청장	본청의 실과장	일반직 (기능직) 총정원의 27% 이내	일반직 (기능직) 총정원의 28% 이내	일반직 (기능직) 총정원의 23% 이내	일반직 (기능직) 총정원의 10% 이상
군	해당 없음	해당 없음	부군수	본청의 실과장	일반직 (기능직) 총정원의 30% 이내	일반직 (기능직) 총정원의 31% 이내	일반직 (기능직) 총정원의 20% 이내	일반직 (기능직) 총정원의 7% 이상

자치구	해당 없음	구의 부구청장 (부산)	부구청장 구청의 국장	본청의 실과장	일반직 (기능직) 총정원의 22% 이내	일반직 (기능직) 총정원의 25% 이내	일반직 (기능직) 총정원의 32% 이내	일반직 (기능직) 총정원의 22% 이상
읍	해당 없음	해당 없음	해당없음	부읍장	인구 3만 명 이상 읍의 과장 읍계장	일반직 (기능직) 총정원의 26% 이내	일반직 (기능직) 총정원의 35% 이내	일반직 (기능직) 총정원의 13% 이상
면	해당 없음	해당 없음	해당없음	해당없음	부면장 (5~6급) 면의 계장	일반직 (기능직) 총정원의 26% 이내	일반직 (기능직) 총정원의 36% 이내	일반직 (기능직) 총정원의 12% 이상
동	해당 없음	해당 없음	해당없음	해당없음	동의 사무장	일반직 (기능직) 총정원의 35% 이내	일반직 (기능직) 총정원의 40% 이내	일반직 (기능직) 총정원의 13% 이상

그 이외에도 몇 가지의 내용이 더 제시되어 있다. 먼저, 직할시장 · 도지사의 경우, 시 · 군 · 구간의 공무원 정원이 조정되어야 할 필요성이 있다고 판단하면 내무부 장관에게 미리 조정내용을 보고한 후 관할 구역 안에 있는 시 · 군 · 구 정원의 105분의 5의 범위 내에서 정원을 조정할 수 있도록 하고 있다. 그리고 지방정부의 장은 공무원 산식에 의하여 책정된 정원이 기능과 업무량에 따른 적정한 정원에 현저하게 미달하는 경우에는 내무부 장관의 승인을 얻어 그 정원을 정할 수 있다.

3) 총정원관리제는 무엇인가?

한국의 지방공무원의 정원기준이 지방자치단체의 지방공무원 정원기준 등에 관한 규칙에서 정한 기준정원제로 운영되다가 1994년 3월 16일 개정된 지방자치법에 의하여 일부 변화되었다. 즉, 지방자치법 제103조 제1항에 변화가 생긴 것이다. 지방자치법이 개정되기 이전에는 지방공무원의 정원을 내무부령이 정한 기준에 따라서 지방정부의 규칙으로 정하도록 하였으나, 지방자치법에 개정된 이후에는 대통령령이 정한 기준에 따라서 지방정부의 조례로 정하는 것으로 하였다. 즉, 내무부령이 대통령령으로, 그리고 지방정부의 규칙이 조례로 격상되었다고 볼 수 있을 것이다.

또한 지방정부의 공무원 정원을 결정하는 기준이 지방자치단체의 지방공무원 정원기준 등에 관한 규칙에 근거를 두었으나 지방자치단체의 행정기구와 정원기준 등에 관한 규정(1991년 2월 1일 제정), 지방자치단체의 행정기구와 정원 등에 관한 규정 시행규칙으로 변화하였다. 동시에 기준정원이라는 용어를 총정원으로 변경하는 등의 시도를 하였다. 그러나 공무원의 정원을 결정하는 산식은 기존 방식을 유지함으로써 실질적인 변화를 도모하지는 못하였다.

4) 표준정원제는 무엇인가?

1991년 2월에 폐지 제정된 지방자치단체의 행정기구와 정원기준 등에 관한 규정은 1997년 2월 4일 개정되었다. 물론, 그 이전에도 다수의 개정이 있었으나 1997년 2월 4일의 개정내용을 살펴보는 이유는 총정원이라는 용어를 표준정원으로 변경하였기 때문이다.

표준정원은 내무부령이 정하는 바에 의거하여 산정한 표준정원의 범위 안에서 지방

표 13-7 표준정원 산식

구분	대상	산식
광역지방정부	서울특별시	• Y = 466.94 + (0.00098596 × 인구수) × 표준화지수(0.95946)
	광역시	• Y = EXP[−4.1213 + (0.6413 × 1n인구수) × (0.1911 × 1n일반회계결산액)] × 표준화지수
	도	• 경기도: Y = EXP[2.8245 + (0.31244 × 1n인구수)] × 표준화지수(0.93614) • 경기도 외의 도: Y = EXP[4.0302 + (0.19949 × 1n인구수) + (0.16011 × 1n시 · 군수)] × 표준화지수
기초지방정부	시	• 일반시: Y = [139.91 + (0.000582 × 인구수) + (0.0007241 × 일반회계결산액) + (0.16818 × 면적) + (25.964 × 읍 · 면 · 동수)] × 표준화지수 • 도 · 농복합형태의 시: Y = [222.49+(0.0012 × 인구수) + (0.11698 × 면적) + (24.752 × 읍 · 면 · 동수)] × 표준화지수 • 인구 50만 명 이상의 시: Y = [550.4 + (0.0007336 × 인구수) + (0.29412 × 면적) + (9.862 × 읍 · 면 · 동수) + (147.08 × 행정구수)] × 표준화지수
	군	• Y = [227.67 + (0.000913 × 인구수) × (0.00085 × 일반회계결산액) + (0.029088 × 면적) + (16.9621 × 읍 · 면 · 동수)] × 표준화지수
	자치구	• 특별시의 자치구: Y = EXP[2.7217 + (0.05765 × 1n인구수) + (0.28806 × 1n일반회계결산액) + (0.0781 × 1n행정동수)] × 표준화지수 • 광역시의 자치구: Y = EXP[2.992 + (0.03748 × 1n인구수) + (0.16709 × 1n일반회계결산액) + (0.01526 × 1n면적) + (0.37226 × 1n행정동수)] × 표준화지수

정부의 정원을 책정하여야 한다는 것이다. 표준정원제에서는 인구를 기반으로 하고 있는 기준정원제의 정원산정 방식에 일반회계결산액과 읍・면・동수를 추가하였고, 지방정부의 특수성을 고려하기 위하여 표준화지수를 적용하였다. 표준화지수는 지역적 특성에 따라 공무원 정원의 규모가 달라져야 하는 정도를 나타내는 지수를 의미힌다(예: 표준화지수가 1.05이면 다른 지방정부보다 공무원 정원이 5% 더 필요함)(강휘원・신원득, 2004). 표준화지수는 지방정부의 의견수렴을 거친 후 지역별 특성변수(관광객의 수, 생활보호대상자의 수, 낙후지역 면적, 공원 면적, 임야 면적, 해안선 길이 등 12개의 변수)를 선정하여 도출한다(〈표 13-7〉 참조).

5) 총액인건비제는 무엇인가?

한국은 지방정부의 공무원 책정기준으로 표준정원제를 운영하다가 노무현 정부에 들어오면서 총액인건비제를 도입하였다. 총액인건비제는 자치분권을 강화하기 위해 도입한 제도로써 인건비 총액을 기준으로 지방정부가 자율적으로 관리하는 것을 의미한다. 총액인건비제도는 시범사업을 거친 후 2007년 1월부터 실시되었다. 총액인건비제에서의 인력의 산정은 (유형・기능별 적정 인력 규모×평균인건비×보정)과 같은 산식을 활용하고 있다. 구체적으로 살펴보면, 지방정부의 유형은 특별시, 광역시, 경기도, 도, 제주도, 50만 명 이상 시, 50만 명 미만 시, 도・농복합시, 군, 특별시 자치구, 광역시 자치구 등 11개이다. 그리고 지방정부의 기능은 기획조정기능, 행・재정기능, 문화・체육・관광, 보건복지기능, 산업경제기능, 환경관리기능, 도시주택기능, 지역개발기능, 소방・방재・민방위, 지방의회기능, 읍・면・동기능 등 11개이다(조성호, 2006).

총액인건비제의 도입으로 인해 지방정부의 공무원 정원책정에 관한 행정안전부령의 관련 조항이 폐지되었고, 지방정부의 공무원 정원은 지방정부의 조례로 정하게 되었다(김종성, 2009). 다만, 행정안전부가 정한 총액인건비의 2.5%를 초과하는 지방정부에 대해서는 의무적으로 조직진단을 실시하도록 하였고, 다음 연도 총액인건비에 반영함으로써 지방정부의 방만한 운영을 방지할 수 있도록 조치하였다.

지금까지 운영하였던 표준정원제와 총액인건비제는 〈표 13-8〉에서 보는 것과 같이 차이가 있다.

표 13-8 표준정원제와 총액인건비제의 유사점과 차이점

구분	표준정원제	총액인건비제
개념	• 중앙정부가 지방공무원 정원 규모를 설정함 • 주요 자치 조직권을 중앙정부가 행사	• 지방공무원 정수에 따른 총인건비 규모를 설정해 주고, 모든 자치조직권을 지방정부가 행사
산정방식	• 유형별 표준정원 산정	• 인건비 범위 설정 및 총액인건비 산정
정원책정 및 기준초과	• 표준(보정)정원 기준 내 정원자율책정 • 상위직급/보정정원, 초과정원책정은 행정자치부 장관 승인	• 행정안전부 장관 정원책정 승인권 폐지 • 지방의회 승인
기구설치	• 기구정원규정에 규정된 기준 이내에서 설치 • 4급 이상 기구 설치는 행정자치부 장관 승인	• 부단체장 · 보좌기관 등 기구의 직급기준 등 최소한의 기준만 유지 • 지방정부 자율 결정
지방의회 · 주민통제	• 절차적 미비 및 정보부족으로 실질적인 통제기능 미약	• 조직운영상황 공시제와 입법예고제 강화 및 재정역량 분석 실시
조직진단	• 조직진단제도의 형식화	• 조직진단지표 개발 및 진단 의무화 • 중앙정부 조직분석 · 진단실시

6) 기준인건비제는 무엇인가?

지방정부의 자율성을 확대하기 위하여 도입한 총액인건비제도이지만 지방정부의 총정원과 인건비 총액을 모두 통제한다는 점에서 지방정부의 자율성이 충분히 보장되지 않았다는 지적이 제기되었다. 이러한 지적을 해소하기 위하여 2014년 3월 지방자치단체의 행정기구 및 정원기준 등에 관한 규정의 개정을 통하여 기준인건비제를 도입하였다.

2014년 도입한 기준인건비제는 행정안전부가 책정한 기준인건비와 일정한 수준의 자율 운영 범위 안에서 행정안전부와 관계없이 지방정부가 인력을 자유롭게 관리하는 방식이다(윤영근 · 박해육, 2017). 여기에서 일정 수준의 자율 운영 범위란 지방정부의 재정력을 상중하로 구분한 후 각각에 대해 3%, 2%, 1%의 자율 범위를 부여한 것을 말한다. 기준인건비제는 〈표 13-9〉에서 보는 것처럼 총액인건비제와 차이를 보이고 있다. 구체적인 내용은 제3절에서 살펴보고자 한다.

표 13-9 총액인건비제와 기준인건비제의 유사점과 차이점

구분	총액인건비제	기준인건비제
개념	• 행정안전부에서 총정원과 인건비 한도를 이중 관리	• 행정안전부에서 기준이 되는 인건비만을 제시 • 지방정부 정원관리를 자율화 • 자율운영 범위 1~3% 허용
페널티 부여	• 총액인건비 초과 • 총정원 초과	• 기준인건비 초과 • 자율 범위 초과
교부세 반영 여부	• 총액인건비의 교부세 반영	• 기준인건비의 교부세 반영 • 자율 범위 인건비는 미반영

자료: 윤영근 · 박해육(2017).

2. 기구설치 관련 제도는 어떻게 변화하였는가?

지방정부의 행정기구를 결정하는 방식은 공무원수의 결정기준에 비하여 크게 변화되지는 않았다. 지방자치제 재실시 이후를 기준으로 한다면 표준정원제에서 총액인건비제, 그리고 기준인건비제로 변화하였다. 다만, 인구와 행정수요를 기준으로 삼고 있다는 점에서 보면 큰 변화가 있었다고 보기에는 어려움이 있다. 지방정부의 행정기구 설치기준 관련 대표적인 변화내용으로는 2019년 4월 시 · 도 자율신설기구 제도 도입, 2018년 2월 시 · 군 · 구의 과 설치 전면 자율화 등의 변화를 들 수 있다(행정안전부, 2020).

살펴본 것처럼 지방정부의 기구설치기준은 제도의 변화를 거치면서 자치권이 높아지는 방향으로 변화하였다. 즉, 중앙정부가 기준을 설정하되 단계적으로 자율성이 확대되었다(〈표 13-10〉 참조)고 볼 수 있다.

표 13-10 지방정부의 기구설치의 자율화수준

연도	1995~2004	2005~2013	2014
구분	표준정원제	총액인건비제	기준인건비제
기구설치권	중앙정부기준 설정/단계적 자율 및 직속설치 허용		

자료: 행정자치부 · 한국지방행정연구원(2015: 214), 이종수 외(2016).

살펴본 것처럼 지방정부의 기구설치 관련 자율성이 신장되기는 하였으나 여전히 중앙정부의 통제가 존재하고 있다. 지방자치제의 정신을 살리고 수요자 중심의 행정서비

스 공급, 그리고 지방정부의 행정역량 강화를 위해서는 기구설치 관련 제도 개선노력이 있어야 할 것이다. 지금까지 기구설치 관련 자율권 확대실적을 정리하면 〈표 13-11〉과 같다.

표 13-11 지방정부의 기구설치에 관한 자율권 확대 내용

행정자치부 권한	조치 시기	변동 사항
한시기구 설치 승인권	'04.12	폐지
합의제기관 설치 승인권	'05.4	폐지
자문기관 설치 승인권	'05.4	폐지
직속기관 설치 승인권	'05.4	폐지
출장소 설치 승인권	'05.4	폐지
사업소 설치 승인권	'05.8	폐지
본청기구 설치기준	'07.12	일부 폐지

자료: 행정자치부·한국지방행정연구원(2015: 213) 재구성, 이종수 외(2016).

제 3 절

기구와 인력에 대한 경험적 분석과 해석

1. 한국의 현행 법·제도는 기구와 인력 관련 정부간 관계를 어떻게 규정하고 있는가?

1) 어떻게 접근하려고 하는가?

지방정부의 기구와 인력 관련 정부간 관계는 어떠한지를 살펴보려고 한다. 지방정부의 기구와 인력은 다양한 관점에서 다수의 내용들이 포함되어야 하나 여기에서는 지방정부의 공무원 정원산정기준과 기구책정기준에 대하여 살펴보고자 한다. 그 이유는 기구와 인력의 관점에서 정부간 관계를 파악할 수 있는 핵심적인 내용이 지방공무원의 정원산정기준과 기구책정기준이기 때문이다. 즉, 지방정부가 지역의 주민들에게 행정서비스를 제공하기 위해서는 중앙정부의 통제를 받지 않으면서 자율적으로 필요한 수준의 공무원 정원을 책정할 수 있어야 하고, 기구수를 결정할 수 있어야 할 것이기 때문

이다.

지방정부의 정원산정기준과 기구책정기준은 지방자치단체의 행정기구와 정원기준 등에 관한 규정에 근거를 두고 있기 때문에, 여기에서는 동 규정을 중심으로 살펴보고자 한다. 다만, 지방정부의 행정기구와 관련해서는 헌법과 지방자치법에 일부의 내용이 제시되어 있기 때문에, 이 부분을 포함하여 논의하고자 한다.

종합하면, 이 책에서는 지방자치단체의 행정기구와 정원기준 등에 관한 규정에 근거하여 지방정부의 정원산정기준과 기구책정기준을 살펴보되, 기구설치의 경우에는 헌법과 지방자치법으로 논의를 확대한다. 이러한 접근방법은 세발자전거모형에 의하여 경험적으로 분석하기 전에 한국에 존재하고 있는 지방정부의 공무원 정원산정기준과 기구책정기준에 대해 전반적으로 살펴본다는 점에서 의의가 있을 것이다.

그림 13-2 정원산정기준 · 기구책정기준에 대한 한국의 법 · 제도 분석을 위한 접근방법

정원산정기준	➡	지방자치단체의 행정기구와 정원기준 등에 관한 규정	기준인건비제 등 세부 산정기준 검토
기구책정기준	➡	헌법	포괄적인 기준 검토
		지방자치법	일부 기구책정기준
		지방자치단체의 행정기구와 정원기준 등에 관한 규정	기준인건비제 등 세부 책정기준 검토

2) 지방자치단체의 행정기구와 정원 등에 관한 규정에는 지방정부의 공무원 정원산정기준을 어떻게 규정하고 있는가?

지방정부의 공무원 정원산정기준은 지방자치단체의 행정기구와 정원 등에 관한 규정에 제시되어 있다. 동 규정 제3조에는 기구와 정원의 관리목표가 제시되어 있고, 제4조에는 기구와 정원을 관리하는 기준으로 기준인건비제를 제시하고 있다.

구체적인 내용을 보면, 제3조에는 지역여건과 업무의 성질 · 양 등을 고려하여 정원을 관리함으로써 소관 행정사무의 효율적 수행이 이루어질 수 있도록 하여야 하고, 기능과 업무량이 변경되면 해당 지방행정기관의 정원을 조정하여야 하며, 연간 사무량이 250일 이상인 사무는 정원으로 책정하여야 한다는 것이다. 이러한 점을 보면 제3조는

기본방향을 제시하고 있다고 볼 수 있다. 제4조는 기준인건비를 기준으로 지방정부의 정원을 운영할 수 있도록 하되, 자율성과 책임성의 조화를 위하여 노력하여야 한다는 내용과 매년 기준인건비를 산정하되 그 역할은 행정안전부 장관에게 있고, 그때의 기준은 지방정부의 행정수요, 인건비 등이라는 것을 제시하고 있다.

행정안전부는 지방자치단체의 행정기구와 정원 등에 관한 규정에 의거하여 기준인건비제에서 중요한 기준인력을 산정하고 있다. 기준인력은 과거 10가지의 지표를 활용하다가 현재에는 9가지로 축소하여 활용하고 있다. 기준인력을 산정하는 데 활용한 10가지의 지표는 인구, 면적, 주간 인구, 65세 이상 인구, 사업체수, 자동차수, 장애인수,

표 13-12 지방정부 정원관리제도 변화과정

구분	주요 내용
총정원제	– 지방정부의 기구 및 정원관리의 효율성 도모 – 지방정부간 공무원 정원의 형평성 유지 및 정원 규모의 적정화 – 인구, 면적, 행정동 수 등을 고려하여 지방정부별 총정원을 산정
표준정원제	– 지방자치 실시 이후의 행정여건 변화에 따라 도입 * 40개 시・군 통합, 수도권 인구 증가, 소방사무 이관 등 – 도・농통합시와 일반시 분리 – 기존의 단순 변수 적용에서 최근 6년간의 변화추세, 일반회계 총 결산액 등을 추가 산정 – 정원책정의 자율성 부여를 위한 보정정원 비율 적용 – 지방정부의 유형화(10개), 표준정원의 운용주기(3년) 등의 조직운영의 자율성 및 탄력성 부여
총액 인건비제	– 지역의 행정수요를 반영하여 적정인력 규모를 산정하고, 이는 기구・인력 운영의 기준이 됨 * 각 지방정부는 총액인건비를 기준으로 총정원 등 운영에 관한 사항을 대부분 자율적으로 관리하게 됨 – 지방정부 정원운영의 자율성 보장과 더불어 책임성 확보를 강조함 * 지방의회 및 주민통제 강화 – 2008년 금융위기에 따른 인건비 총액 및 기준인력 상한제 도입과 페널티 부여
기준 인건비제	– 총정원관리의 폐지 및 재정여건에 따른 인건비 운영의 탄력성 부여 노력 – 지방정부의 자율적 조직관리에 대한 지속적 요구 및 기존 제도 변형에 따른 문제점을 해결하기 위해 도입 – 기준인건비의 범위 내에서 자율적인 정원관리, 지방정부의 여건 및 행정수요에 부합한 인력 활용 가능 – 지방정부의 효율적 운용을 도모하기 위한 지방정부 기능 및 인력의 재배치・효율화, 결원보충 운영 합리화 등의 조직관리 기법 운영

자료: 행정자치부(2015), 한국지방행정연구원(2018).

법정민원수, 외국인 인구, 농경지 면적이고, 이 중에서 법정민원수를 제외한 나머지 9가지의 지표가 현재 활용되고 있는 것이다.

기준인건비를 산정하는 기준은 '기준인력(공무원, 무기계약직)×기준단가(공무원, 무기계약직)'이고, 이때의 기준인력은 '전년도 기준인력+소방인력+국정현안 수요+행정수요(사회복지) 지표 등을 반영한 지역현안수요+효율적 조직관리 인센티브(자율운영 범위 1~3%) 부여' 등이다.

현재까지의 지방정부의 정원산정기준에 대한 변화과정을 정리하면 〈표 13-12〉와 같다.

3) 지방자치단체의 행정기구와 정원 등에 관한 규정에는 지방정부의 기구설치 기준을 어떻게 규정하고 있는가?

(1) 대한민국헌법

대한민국헌법 제8장에는 지방자치와 관련된 내용들이 제시되어 있다. 제8장은 제117조와 제118조로 구성되어 있으며, 제117조는 지방정부의 역할과 종류를 규정하고 있고, 제118조에는 지방의회의 설치와 기구, 권한, 선거 등과 관련된 내용이 제시되어 있다.

기구설치와 관련한 조문을 구체적으로 보면 제118조 제2항을 들 수 있을 것이다. 여기에는 지방의회의 조직, 권한, 그리고 의원선거, 지방정부의 장의 선임방법, 지방정부의 조직과 운영 등에 관한 사항을 법률로 정하도록 하고 있다. 대한민국헌법 제118조 제2항에 근거하여 지방자치법과 지방자치단체의 행정기구와 정원 등에 관한 규정을 제정하여 운영하는 것이다.

(2) 지방자치법

지방자치법은 대한민국헌법의 위임을 받아 지방정부의 행정기구와 정원 등에 대한 내용을 제시하고 있다. 지방자치법에는 포괄적인 규정과 개별적인 규정이 동시에 제시되어 있다. 지방자치법 제125조 제1항을 보면 지방정부는 사무를 분장하는 데 필요한 행정기구와 지방공무원을 두는 것으로 되어 있다. 행정기구의 설치와 지방공무원 정원은 대통령령이 정하는 기준에 의거하여 지방정부의 조례로 정하도록 되어 있다. 이는 포괄적이면서 기본적인 조문이라고 볼 수 있을 것이다.

또한 지방자치법 제126조에는 직속기관, 제127조에는 사업소, 제128조에는 출장소,

그리고 제129조에는 합의제행정기관의 설치에 대해 각각 제시하고 있다. 지방자치법 제126조에 제시되어 있는 직속기관은 지방정부가 소관 사무를 수행하는 과정에서 필요할 때 설치하는 것으로 대통령령 또는 지방정부의 조례에 근거를 두어야 한다. 여기에는 소방기관, 보건진료의료기관, 교육훈련기관, 시험연구기관 및 중소기업지도기관, 자치경찰기관(제주특별자치도) 등이 해당된다. 지방자치법 제127조에 제시되어 있는 사업소는 지방정부가 특정 업무를 효율적으로 수행하는 과정에서 대통령령으로 정하는 범위 내에서 지방정부의 조례로 설치하는 것을 말한다. 제128조에는 출장소의 설치와 관련된 내용이 제시되어 있다. 출장소는 지방정부가 외진 곳에 거주하는 주민의 편의, 그리고 특정 지역의 개발 촉진을 위해 필요할 경우 대통령령으로 정하는 범위 내에서 지방정부의 조례로 설치하는 것이다. 그리고 제129조에는 합의제 행정기관의 설치와 관련된 내용을 규정하고 있다. 합의제 행정기관은 지방정부가 사무의 일정 부분을 독립적으로 수행할 필요가 있을 때 대통령령이나 그 지방자치단체의 조례로 정할 수 있다.

(3) 지방자치단체의 행정기구와 정원기준 등에 관한 규정

지방정부의 기구설치기준과 정원산정 기준을 가장 구체적으로 제시하고 있는 법령은 지방자치단체의 행정기구와 정원기준 등에 관한 규정이라고 볼 수 있다. 현재 운영하고 있는 지방정부의 기구책정기준과 정원산정 기준을 법조문과 별표의 형식을 활용하여 제시하고 있다.

지방정부의 기구는 지방자치단체의 행정기구와 정원기준 등에 관한 규정 제4조에 의할 경우, 행정안전부 장관이 산정하여 전년도 12월 31일까지 각 지방정부에 통보하는 기준인건비제를 기준으로 자율적으로 운영하도록 되어 있다. 행정안전부 장관은 행정수요와 인건비 등을 고려하여 기준인건비를 산정하도록 되어 있다.

지방자치단체의 행정기구와 정원기준 등에 관한 규정 제6조에 의하면 기구설치를 할 때에는 몇 가지의 요건을 갖추어야 한다. 첫째, 지방정부에 국을 설치할 때에는 4개 과 이상의 하부조직이 있을 때 설치한다. 둘째, 실·본부를 설치할 때에는 업무의 성질이 국을 설치해서는 달성하기 어렵다고 보여질 때 예외적으로 설치하고, 실·본부 아래에 국이나 과를 둘 수 있다. 셋째, 시·군·자치구에 실을 설치할 때에는 업무의 성질상 과를 설치해서는 목적을 달성하는 것이 곤란하다고 인정되는 경우 설치한다. 넷째, 담당관은 전문지식을 통해 정책기획, 계획 입안·조사·분석·평가, 그리고 행정개선 등에 대해 기관장 또는 보조기관의 보좌 등에 필요할 때 설치할 수 있다. 다섯째, 지방정부가 과를 설치할 때에는 12명 이상의 정원이 필요한 경우 설치한다. 이때 시·도의 경우에는 5급 4명 이상, 그리고 시·군·구의 경우에는 6급 4명 이상이 포함되어야 한다. 이는 1개의 과가 4개 이상의 담당으로 구성되어야 한다는 것을 의미한다. 그리고 단순 수치상으로는 1개 담당은 3명으로 구성된다는 것을 의미한다.

지방정부는 〈표 13-13〉, 〈표 13-14〉의 기준에도 불구하고 지방자치단체의 행정기구와 정원기준 등에 관한 규정 제6조에 의하면 동일 구간에서 인구수가 2년 연속 증가하고, 지방정부의 인구수가 계산식에 의거하여 산정한 인구수를 초과하면 해당 구간의 상위 구간기준을 적용하여 기구의 증설이 가능하다.

해당 구간의 최소인구수+(해당 구간의 최대인구수−해당 구간의 최소인구수)×90/100

표 13-13 시·도의 실·국·본부 설치기준

구분		실·국·본부의 수
서울특별시		16개 이상 18개 이하
광역시	인구 350만 명 이상 400만 명 미만	14개 이상 16개 이하
	인구 300만 명 이상 350만 명 미만	13개 이상 15개 이하
	인구 250만 명 이상 300만 명 미만	12개 이상 14개 이하
	인구 200만 명 이상 250만 명 미만	11개 이상 13개 이하
	인구 200만 명 미만	10개 이상 12개 이하
세종특별자치시		6개 이상 8개 이하
도	경기도	20개 이상 22개 이하
	인구 300만 명 이상 400만 명 미만	11개 이상 13개 이하
	인구 200만 명 이상 300만 명 미만	10개 이상 12개 이하
	인구 100만 명 이상 200만 명 미만	9개 이상 11개 이하

살펴본 것과 같은 현행 지방정부의 기구수는 지방정부의 인구 규모를 기준으로 하고 있다는 것을 알 수 있다. 즉, 인구수를 기준으로 기구의 수를 제한하는 등 상한선을 명시하고 있다. 이와 같은 방식을 기준으로 하면 인구 이외 지역이 가지고 있는 특수성 등을 반영할 수 없다는 점에서 지방자치제의 본질을 훼손한다고 볼 수 있을 것이다(조성규, 2014; 최상한·이시원, 2020).

표 13-14 시 · 군 · 구의 기구설치기준

구분			실 · 국의 수
시	인구 10만 명 미만		1개 이상 3개 이하
	인구 10만 명 이상 15만 명 미만		1개 이상 3개 이하
	인구 10만 명 이상 15만 명 미만 (법 제10조 제2항 제1호에 따른 도 · 농복합형태의 시)		2개 이상 4개 이하
	인구 15만 명 이상 20만 명 미만		2개 이상 4개 이하
	인구 20만 명 이상 30만 명 미만		3개 이상 5개 이하
	인구 30만 명 이상 50만 명 미만		4개 이상 6개 이하
	인구 50만 명 이상(구를 설치하지 않은 시)		5개 이상 7개 이하
	인구 50만 명 이상 70만 명 미만(구를 설치한 시)		3개 이상 5개 이하
	인구 70만 명 이상 90만 명 미만(구를 설치한 시)		4개 이상 6개 이하
	인구 90만 명 이상 100만 명 미만(구를 설치한 시)		5개 이상 7개 이하
	인구 100만 명 이상 120만 명 미만(구를 설치한 시)		6개 이상 8개 이하
	인구 120만 명 이상(구를 설치한 시)		7개 이상 9개 이하
군	인구 15만 명 미만		1개 이상 3개 이하
	인구 15만 명 이상 20만 명 미만		2개 이상 4개 이하
	인구 20만 명 이상		3개 이상 5개 이하
구	특별시의 자치구		4개 이상 6개 이하
	광역시의 자치구	인구 10만 명 미만	1개 이상 3개 이하
		인구 10만 명 이상 30만 명 미만	2개 이상 4개 이하
		인구 30만 명 이상 50만 명 미만	3개 이상 5개 이하
		인구 50만 명 이상	4개 이상 6개 이하

자료: 「지방자치단체의 행정기구와 정원기준 등에 관한 규정」.

2. 어떤 기준을 가지고 분석할 것인가?

기구와 인력의 관점에서 한국의 정부간 관계를 규명하기 위해서는 기존 정부간 관계이론, 국가론에서 바라보는 정부간 관계, 그리고 이 책에서 제시한 세발자전거모형을 적용할 수 있을 것이다. 이 책에서는 기존 정부간 관계이론과 국가론에서 바라보는 정부간 관계에서 제시한 기준들을 종합하여 만든 세발자전거모형에서 제시한 기준을 적용하고자 한다.

구체적으로는 ① 지방정부의 기구와 인력을 결정하기 위한 법 · 제도적 요건이 구비되어 있는가? ② 실제로, 기구와 인력의 규모를 누가 결정하는가? ③ 기구와 인력을 결정하는 과정에 지방정부가 참여할 수 있는 기제가 마련되어 있는가? ④ 광역지방정부와 기초지방정부에 대한 논의가 포함되어 있는가? ⑤ 기구와 인력을 결정할 때 지방정부의 의견이 반영되는가? ⑥ 기구와 인력을 결정하는 과정에 주민과 기업이 참여할 수 있는 기제가 마련되어 있는가? ⑦ 기구와 인력을 결정할 때 주민과 기업의 의견은 반영되고 있는가? ⑧ 중앙정부 등 상위정부와 하위정부간 갈등 발생 시 누구의 이익을 반영하는가? ⑨ 기구와 인력 규모는 누구를 위하여 결정하는 것인가?(주민과 기업을 위해서인지, 아니면 지방정부 또는 중앙정부를 위해서인가?) 등이다.

3. 분석결과는 어떠한가?

1) 지방정부의 기구와 인력을 결정하기 위한 법·제도적 요건이 구비되어 있는가?

지방정부의 기구와 인력을 결정하는 법·제도적 장치는 앞에서 살펴본 것처럼 대한민국헌법, 지방자치법, 지방자치단체의 행정기구와 정원기준 등에 관한 규정이라고 볼 수 있다.

대한민국헌법에는 지방정부의 공무원 정원과 관련한 내용은 언급되어 있지 않으나 지방의회와 집행부의 기구와 운영에 관한 사항을 법률에 위임하고 있다. 대한민국헌법의 위임을 받은 지방자치법은 제123조부터 제135조까지 지방정부의 기구와 공무원 관련 내용을 규정하고 있다. 제123조에는 부지사·부시장·부군수·부구청장, 제124조에는 지방정부의 장의 권한대행 등, 제125조에는 행정기구와 공무원, 제126조 직속기관, 제127조에는 사업소, 제128조에는 출장소, 제129조에는 합의제 행정기관, 제130조에는 자문기관의 설치 등, 제131조에는 하부행정기관의 장, 제132조에는 하부행정기관의 장의 임명, 제133조에는 하부행정기관의 장의 직무권한, 제134조에는 하부행정기구, 그리고 제135조에는 교육·과학 및 체육에 관한 기관 등이 제시되어 있다.

지방자치단체의 행정기구와 정원기준 등에 관한 규정에는 지방정부의 행정기구와 정원기준 등을 매우 구체적으로 제시하고 있다. 지방자치단체의 행정기구와 정원기준 등에 관한 규정은 40개의 조문과 7개의 별표로 구성되어 있다. 주요 내용을 보면 제3조에 기구와 정원의 관리목표, 제4조에 기준인건비제 운영, 제5조에 기구의 설치 시 고려사항, 제6조에 기구설치의 일반요건, 제7조에 기구설치기준의 적용, 제8조에 한시기구의 설치운영, 제8조에 시도의 기구설치기준, 제13조의 시·군·구의 기구설치기준, 제15조 의회사무기구의 설치기준 등 기구설치기준이 제시되어 있다. 또한 제22조에는 정원책정의 일반기준, 제24조 정원의 관리, 제28조 한시정원, 제29조 직급별 정원 등이 제시되어 있다. 그리고 별표를 보면 시·도의 실·국·본부설치기준, 시·도에 두는 보조·보좌기관의 직급기준, 시·군·구의 기구설치 및 직급기준, 의회사무기구의 설치기준 및 직급기준, 위원회에 두는 전문위원의 직급 및 정수기준, 사업본부·사업소 및 출장소의 장 등의 직급기준, 제주특별자치도에 두는 보조·보좌기관 등의 직급기준 등의 내용이 제시되어 있다(〈표 13-15〉 참조).

이와 같은 분석결과를 토대로 하면 구체적인 내용을 살펴보지 않더라도 기구와 인력을 결정하는 규칙(법·제도)을 보유하고 있다고 볼 수 있을 것이다.

표 13-15 지방자치단체의 행정기구와 정원기준 등에 관한 규정의 체계

장	조문	내용
제1장 총칙	1	목적
	2	정의
	3	기구와 정원의 관리목표
	4	기준인건비제 운영
	5	기구의 설치 시 고려사항
	6	기구설치의 일반요건
	7	기구설치기준의 적용
	8	한시기구의 설치운영
제2장 시·도의 기구	9	시·도의 기구설치기준
	9-2	시·도의 기구설치기준에 대한 특례
	10	시·도의 실장·국장·본부장·담당관·과장 등의 직급기준 등
	11	시·도의 과·담당관 등의 설치
	11-2	시·도자치경찰위원회
	12	제주특별자치도의 행정기구에 두는 실장·국장·본부장·담당관·과장 등의 직급기준 등
제3장 시·군·구의 기구	13	시·군·구의 기구설치기준
	14	시·군·구의 실장·국장·담당관·과장 등의 직급기준
제4장 시·도, 시·군·구의 의회사무기구 및	15	의회사무기구의 설치기준 등
	16	지방농촌진흥기구
	17	지방공립대학 등

직속기관 등	18	지방공무원교육훈련기관
	19	보건환경연구원 등
	20	사업소, 출장소, 사업본부 및 지역본부 등
	21	한시기구 등 설치 시 직급책정 협의
제5장 지방공무원의 정원	22	정원책정의 일반기준
	23	인력운용계획의 수립 · 시행
	24	정원의 관리
	25	별정직 정원
	26	우대승진에 따른 정원관리
	27	근속승진에 따른 정원관리
	28	한시정원
	29	직급별 정원
	30	정원의 규정
	31	개방형직위운영에 따른 직급기준의 특례 등
	31-2	전문임기제공무원제도 운영에 관한 특례
	32	통합시 설치 등에 따른 한시기구 등에 대한 특례
제6장 보칙	33	시정요구
	34	조직분석 · 진단 등
	35	조직관리지침의 통보
	36	기구와 정원조례의 제안과 의결
	37	기구와 정원규칙의 제출
	38	기구와 정원에 관한 조례 · 규칙의 입법예고
	39	조직관리위원회의 설치 등
	40	기구 · 정원 운영현황의 공개 등
별표	1	시 · 도의 실 · 국 · 본부 설치기준
	2	시 · 도에 두는 보조 · 보좌기관 등의 직급기준
	3	시 · 군 · 구의 기구설치 및 직급기준
	4	의회사무기구의 설치기준 및 직급기준
	5	위원회에 두는 전문위원의 직급 및 정수기준
	6	사업본부 · 사업소 및 출장소의 장 등의 직급기준
	7	제주특별자치도에 두는 보조 · 보좌기관 등의 직급기준

2) 실제로, 기구와 인력의 규모를 누가 결정하는가? 기구와 인력을 결정하는 과정에 주민과 기업이 참여할 수 있는 기제가 마련되어 있는가? 기구와 인력을 결정할 때 주민과 기업의 의견은 반영되고 있는가?

지방정부의 기구와 공무원의 수를 누가 결정하는지를 파악하는 것은 정부간 관계를 판단하는 데 매우 중요하다. 지방정부의 기구와 공무원의 수는 기구책정기준과 정원산정기준을 누가 정하는지로 귀결될 것이다. 대한민국헌법과 지방자치법에 지방정부의 기구와 정원에 대한 내용이 간단하게 언급은 되어 있으나 구체적인 내용을 담고 있지는 않다.

한국의 지방정부에 대한 기구와 공무원의 수를 결정하는 기준은 지방자치단체의 행정기구와 정원기준 등에 관한 규정에 구체적으로 제시되어 있다. 지방자치단체의 행정기구와 정원기준 등에 관한 규정 제4조에 의하면 지방정부의 기구와 공무원의 수는 기준인건비제에 근거한다고 되어 있다. 그리고 기준인건비는 행정안전부 장관이 전년도 12월 31일까지 결정하여 지방정부에 통보하는 것으로 되어 있다. 결국 지방정부의 기구와 공무원의 수는 행정안전부가 결정한다고 볼 수 있을 것이다. 다만, 인구수의 증가요건을 충족할 경우 기구의 증설이 가능하고, 기준인건비의 범위 내에서 재정여건에 따라 1~3%의 공무원수를 증원할 수 있도록 하고 있다는 점에서 지방정부에게 일정한 수준의 자율성을 부여하고 있다.

논의를 종합하면, 일정한 수준의 범위 내에서는 지방정부가 자율성을 가지고 있으나, 원칙적으로는 지방정부의 기구와 공무원의 수는 행정안전부가 결정한다고 볼 수 있을 것다. 지방정부의 기구수와 정원을 결정할 때에는 주민이나 기업 등이 참여할 수 있는 여지는 전혀 없다고 보아야 할 것이다.

3) 기구와 인력을 결정하는 과정에 지방정부가 참여할 수 있는 기제가 마련되어 있는가? 기구와 인력을 결정할 때 지방정부의 의견이 반영되는가?

지방정부의 지역적 특성을 고려하기 위해서는 지방정부가 기구책정과 정원산정과정에 적극적으로 참여할 수 있어야 한다. 그러나 현재 지방정부의 기구는 지방자치단체의 행정기구와 정원기준 등에 관한 규정 [별표 1] '시・도의 실・국・본부 설치기준'과 [별표 3] '시・군・구의 기구설치 및 직급기준' 등에 의하여 결정되고 있다. [별표 1]과 [별표 3]을 보면 시・도의 실・국・본부의 수와 시・군・구의 실・국의 수는 인구수에 의하여 결정하는 것으로 되어 있다. 다만, 설치할 수 있는 기구의 수를 최소부터 최대까지로 범위를 지정하고 있기 때문에, 지방정부가 자율적으로 결정할 수 있는 여지는 있다고 볼 수 있다. 예를 들면, 인구 200만 명 이상 250만 명 미만인 광역시는 실·국·본부를 최소 11개 이상 13개 이하의 범위에서 설치할 수 있다. 그리고 인구 20만 명 이상의 군은 3개 이상 5개 이하의 실·국을 설치할 수 있다(앞의 〈표 13-13〉과 〈표 13-14〉를 참조). 즉, 인구수에 의하여 실·국·본부의 설치 범위가 정해지나 구체적인 개수는 설치 범위 내에서 지방정부가 조례로 결정할 수 있다.

지방정부의 공무원수는 기준인건비제를 통하여 결정하고 있다. 기준인건비는 [기준인력(공무원, 무기계약직)×기준단가(공무원, 무기계약직)]를 통하여 결정한다. 여기에서 기준인력은 행정안전부가 결정하여 통보하고 있다. 행정안전부는 기준인력을 산정하기 위한 지표로 인구, 면적, 주간 인구, 65세 이상 인구, 사업체수, 자동차수, 장애인수, 외국인 인구, 농경지 면적 등과 같은 9개의 지표를 활용하고 있다. 행정안전부는 9개의 지방정부유형별로 공동지표와 유형별 지표로 구분하여 산정식에 반영하고 있다(〈표 13-16〉 참조).

표 13-16 기준인건비 유형별 산정식 포함 행정지표

지표명	지표 구분	제1 유형	제2 유형	제3 유형	제4 유형	제5 유형	제6 유형	제7 유형	제8 유형	제9 유형
		특별·광역시	도	50만 명 이상 시	50만 명 미만 시	도·농 복합시	50만 명 이상 군	50만 명 미만 군	특별시 자치구	광역시 자치구
인구	공통 지표	모든 유형에 적용								
면적										
주간인구										
65세 이상 인구										
사업체수										
자동차수										
장애인수										
외국인 인구	유형별 지표	해당	해당	해당	해당	해당	제외	제외	해당	해당
농경지 면적		제외	제외	제외	제외	제외	해당	해당	제외	제외

자료: 강영주·손화정(2017) 수정.

종합하면, 다음과 같은 산식에 의하여 기준인력이 결정된다고 보아야 할 것이다. 이때의 소방인력은 소방력 기준에 따른 법정 현장 부족인력 및 신설되는 관서에 소요되는 인력, 소방장비 관리, 소방학교 교관, 소방관 보건안전, 응급의료전용헬기 담당 인력 등을 의미한다. 국정현안 수요는 중앙-지방의 협업을 바탕으로 주민의 안전 향상, 지역복지 증진 등 주요한 국정현안을 전담하는 인력을 말한다. 지역현안수요는 주민서비스 제고와 지역현안 해결을 담당하는 역점사업 전담 인력(예: 주민편의시설 관리, 노인・아동 등 취약계층지원, 안전시설 관리・점검 등)과 찾아가는 보건・복지서비스 확대 등 주민 복지의 증진을 도모하기 위한 읍・면・동 기준 마을자치・방문간호・사회복지 관련 인력을 포함하고 있다.

2022년 기준인력
=2021년 기준인력+소방인력+국정현안 수요+행정수요(사회복지) 지표 등을 반영한 지역현안수요+효율적 조직관리 인센티브(자율운영 범위 1~3%) 부여

논의를 종합하면, 기구와 인력을 결정하는 과정에 지방정부가 참여할 수 있는 기제는 마련되어 있지 않다고 볼 수 있다. 따라서 지방정부의 의견이 반영되지는 않는다고 볼 수 있다. 다만, 행정안전부가 지방정부의 기구수와 공무원수를 결정하고, 지방정부는 조례를 통해 행정안전부가 정해준 범위 내에서 기구수와 공무원수를 선택하게 된다.

4) 광역지방정부와 기초지방정부에 대한 논의가 포함되어 있는가?

지방정부의 기구책정과 정원산정기준은 지방자치단체의 행정기구와 정원기준 등에 관한 규정에 제시되어 있다. 여기에는 광역지방정부와 기초지방정부에 대한 논의가 모두 포함되어 있다. 지방자치단체의 행정기구와 정원기준 등에 관한 규정 제9조부터 제12조와 [별표 1]을 통해 광역지방정부, 그리고 제13조, 제14조, 그리고 [별표 3]을 통해 기초지방정부의 기구수가 결정된다.

논의를 종합하면, 지방자치단체의 행정기구와 정원기준 등에 관한 규정에는 광역지방정부와 기초지방정부의 기구책정기준과 정원산정기준이 모두 포함되어 있다고 볼 수 있다. 다만, 광역지방정부가 관내 기초지방정부에 대한 기구와 정원에 대한 논의를 하는 것이 아니라, 행정안전부가 광역지방정부와 기초지방정부를 모두 관장하고 있다.

표 13-17 광역지방정부와 기초지방정부의 기구수 관련 규정

광역지방정부		기초지방정부	
조문	내용	조문	내용
제9조	시·도의 기구설치기준	제13조	시·군·구의 기구설치기준
제9조의2	시·도의 기구설치기준에 대한 특례	제14조	시·군·구의 실장·국장·담당관·과장 등의 직급기준
제10조	시·도의 실장·국장·본부장·담당관·과장 등의 직급기준 등	별표 3	시·군·구의 기구설치 및 직급기준
제11조	시·도의 과·담당관 등의 설치		
제11조의2	시·도자치경찰위원회		
제12조	제주특별자치도의 행정기구에 두는 실장·국장·본부장·담당관·과장 등의 직급기준 등		
별표 1	시·도의 실·국·본부 설치기준		

5) 중앙정부 등 상위정부와 하위정부간 갈등 발생 시 누구의 이익을 반영하는가? 기구와 인력 규모는 누구를 위하여 결정하는 것인가?(주민과 기업을 위해서인지, 아니면 지방정부 또는 중앙정부를 위해서인가?)

지방정부는 기구수와 정원을 행정안전부가 결정하는 것에 대해 긍정적인 반응을 보이고 있지는 않은 것으로 보인다. 지역의 특성을 고려하지 않은 채 인구수에 따라 기구수를 결정하고, 회귀식을 통해 공무원 정원을 산정하는 획일적인 방식에 찬성하지는 않고 있다. 그럼에도 불구하고 행정안전부는 지방자치단체의 행정기구와 정원기준 등에 관한 규정을 통하여 지방정부의 기구수와 공무원 정원을 결정하고 있다.

이 과정에서 지방정부는 행정안전부에게 자율성을 확대해줄 것을 요구하고 있다. 특히, 2022년 출범한 특례시의 경우, 사무이양에 따른 기구와 공무원 정원의 확대가 필요한 실정이다. 이에 따라 행정안전부는 지방자치단체의 행정기구와 정원기준 등에 관한 규정을 개정하여 한시적이지만 본청 내에 실·국 1개를 설치하고, 구청장을 보좌할 수 있는 4·5급 담당관의 신설을 허용하였다.

기구의 설치와 공무원 정원과 관련하여 행정안전부와 지방정부간 갈등이 있을 수 있다. 이와 같은 갈등이 발생하는 이유는 인식의 차이에 있을 것이다. 행정안전부는 기구와 정원을 지방정부가 자율적으로 결정할 수 있도록 하면 무분별한 기구의 남설과 공무원수가 급증할 것이라는 인식을 가지고 있는 것으로 보인다. 반면, 지방정부는 지방

의회와 주민들에 의하여 통제를 받고 있기 때문에, 기구남설과 공무원수 급증과 같은 문제는 발생하지 않을 것이라는 입장이다. 갈등이 발생할 경우 어떻게 해소할 것인지에 대한 명백한 규정은 마련되어 있지 않다. 따라서 갈등이 발생할 경우 행정안전부의 이익을 반영하는 것인지, 아니면 지방정부의 이익을 반영하는지를 판단할 수 없을 것이다.

다만, 기구수와 공무원 정원을 결정할 때 주민이나 기업과 관련된 어떤 논의도 포함되어 있지 않기 때문에, 정부부문(중앙정부)의 이익과 관련되어 있다고 볼 수 있을 것이다.

논의를 종합하면, 행정안전부와 지방정부간 기구수와 공무원 정원 관련 갈등이 발생할 경우 누구의 이익을 반영하는지 판단할 수 없다. 다만, 기구수와 공무원 정원을 결정할 때 주민이나 기업을 위하여 결정한다기보다는 정부부문, 특히 중앙정부를 위하여 결정한다고 보아야 할 것이다.

4. 어떻게 해석할 것인가?

기구와 인력에 대하여 ① 지방정부의 기구와 인력을 결정하기 위한 법·제도적 요건이 구비되어 있는가? ② 실제로, 기구와 인력의 규모를 누가 결정하는가? ③ 기구와 인력을 결정하는 과정에 지방정부가 참여할 수 있는 기제가 마련되어 있는가? ④ 광역지방정부와 기초지방정부에 대한 논의가 포함되어 있는가? ⑤ 기구와 인력을 결정할 때 지방정부의 의견이 반영되는가? ⑥ 기구와 인력을 결정하는 과정에 주민과 기업이 참여할 수 있는 기제가 마련되어 있는가? ⑦ 기구와 인력을 결정할 때 주민과 기업의 의견은 반영되고 있는가? ⑧ 중앙정부 등 상위정부와 하위정부간 갈등 발생 시 누구의 이익을 반영하는가? ⑨ 기구와 인력 규모는 누구를 위하여 결정하는 것인가?(주민과 기업을 위해서인지, 아니면 지방정부 또는 중앙정부를 위해서인가?) 등과 같은 아홉 가지의 기준을 적용하여 분석하였다.

분석결과를 종합하면 다음과 같다.

① 지방정부의 기구와 인력을 결정하기 위한 법·제도적 요건이 구비되어 있는가? 이에 대한 응답은 '그렇다'이다. 대한민국헌법, 지방자치법, 지방자치단체의 행정기구와 정원기준 등에 관한 규정에 기구와 인력을 결정하기 위한 기준이 제시되어 있다.

② 실제로, 기구와 인력의 규모를 누가 결정하는가? 이에 대한 응답은 '행정안전부'이다. 한국의 지방정부에 대한 기구수와 공무원 정원을 결정하는 기준은 지방자치단체의

행정기구와 정원기준 등에 관한 규정에 구체적으로 제시되어 있고, 동 규정은 행정안전부가 관장하고 있다.

③ 기구와 인력을 결정하는 과정에 지방정부가 참여할 수 있는 기제가 마련되어 있는가? 이에 대한 응답은 '아니오'이다. 현재 지방정부의 기구는 지방자치단체의 행정기구와 정원기준 등에 관한 규정의 [별표 1]과 [별표 3]에 의하여 결정된다. [별표 1]과 [별표 3]에 의하면 기구의 수는 인구수에 의하여 결정하는 것으로 되어 있다. 또한 지방정부의 공무원수는 지방자치단체의 행정기구와 정원기준 등에 관한 규정에 의하면 기준인건비제를 통하여 결정하고 있다.

④ 광역지방정부와 기초지방정부에 대한 논의가 포함되어 있는가? 이에 대한 응답은 '그렇다'이다. 지방정부의 기구책정과 정원산정기준은 지방자치단체의 행정기구와 정원기준 등에 관한 규정에 제시되어 있으며, 여기에는 광역지방정부와 기초지방정부에 대한 논의가 모두 포함되어 있다.

⑤ 기구와 인력을 결정할 때 지방정부의 의견이 반영되는가? 이에 대한 응답은 '아니오'이다. 기구와 인력을 결정하는 과정에 지방정부가 참여할 수 있는 기제가 마련되어 있지 않으며, 따라서 지방정부의 의견을 반영할 수 없다.

⑥ 기구와 인력을 결정하는 과정에 주민과 기업이 참여할 수 있는 기제가 마련되어 있는가? 이에 대한 응답은 '아니오'이다. 기구와 인력을 결정하는 과정에 주민이나 기업이 참여할 수 있는 기제가 마련되어 있지는 않다.

⑦ 기구와 인력을 결정할 때 주민과 기업의 의견은 반영되고 있는가? 이에 대한 응답은 '아니오'이다. 기구와 인력을 결정하는 과정에 주민이나 기업이 참여할 수 있는 기제가 마련되어 있지 않기 때문에, 주민과 기업의 의견을 반영할 수 없다고 보아야 할 것이다.

⑧ 중앙정부 등 상위정부와 하위정부간 갈등 발생 시 누구의 이익을 반영하는가? 이에 대한 응답은 '알 수 없다'이다. 명문화된 규정이 없기 때문에 행정안전부와 지방정부간 기구수와 공무원 정원 관련 갈등이 발생할 경우 누구의 이익을 반영하는지 판단할 수 없다.

⑨ 기구와 인력 규모는 누구를 위하여 결정하는 것인가?(주민과 기업을 위해서인지 아니면 지방정부 또는 중앙정부를 위해서인가?) 이에 대한 응답은 '정부부문'이다. 주민과 기업의 참여기제가 없고 의견을 반영할 수도 없기 때문에, 기구수와 공무원 정원을 결정할 때 정부부문을 위하여 결정한다고 보아야 할 것이다.

표 13-18 기구와 인력에 대한 경험적 분석결과 종합

기준	분석결과
지방정부의 기구와 인력을 결정하기 위한 법·제도적 요건이 구비되어 있는가?	○
실제로, 기구와 인력의 규모를 누가 결정하는가?	행정안전부
기구와 인력을 결정하는 과정에 지방정부가 참여할 수 있는 기제가 마련되어 있는가?	×
광역지방정부와 기초지방정부에 대한 논의가 포함되어 있는가?	○
기구와 인력을 결정할 때 지방정부의 의견이 반영되는가?	×
기구와 인력을 결정하는 과정에 주민과 기업이 참여할 수 있는 기제가 마련되어 있는가?	×
기구와 인력을 결정할 때 주민과 기업의 의견은 반영되고 있는가?	×
중앙정부 등 상위정부와 하위정부간 갈등 발생 시 누구의 이익을 반영하는가?	판단할 수 없음
기구와 인력 규모는 누구를 위하여 결정하는 것인가?(주민과 기업을 위해서인지, 아니면 지방정부 또는 중앙정부를 위해서인가?)	정부부문

이와 같은 분석결과를 종합하면, 앞에서 살펴본 세발자전거모형에 의거할 때 법·제도적 요건은 구비하고 있으나, 실제로 기구수와 공무원 정원을 행정안전부가 결정하고 있고, 지방정부, 주민, 그리고 기업이 참여할 수 있는 기제도 없고 의견도 반영되고 있지 않다는 점을 고려하면 중앙정부 지배형에 해당된다고 볼 수 있을 것이다. 기존의 정부간 관계모형에 의하면 지방정부보다는 중앙정부가 주도하고 있다는 점을 고려할 때 대리인모형에 해당된다고 볼 수 있을 것이다. 국가론에서 바라보는 정부간 관계에 의하

그림 13-3 기구와 인력 관련 세발자전거모형의 유형

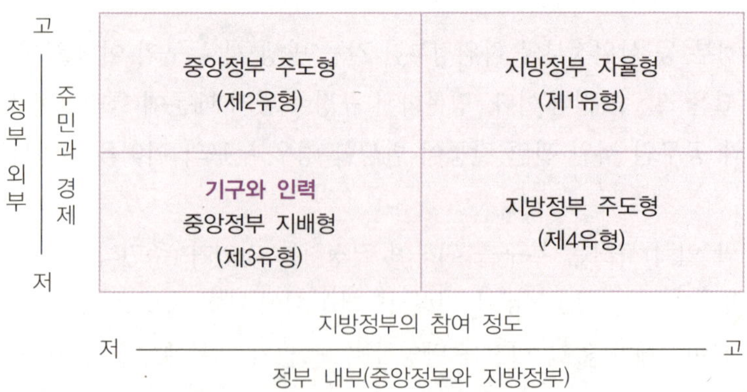

면 중앙정부 중심의 제도를 운영하고 있고, 일정한 범위 내에서 조례로 선택할 수 있도록 하고 있다는 점을 고려할 때 엘리트론에 가깝다고 볼 수 있을 것이다.

제4절 소결

지방정부의 기구책정과 공무원 정원산정 관련 자율성 확대는 기구수와 공무원 정원을 지방정부가 주도하여야 한다는 것을 의미한다. 지방정부의 기구수와 공무원 정원을 지방정부가 결정하여야 하는 이유는 다음과 같은 몇 가지의 이유 때문이다. 첫째, 지방자치제는 해당 지역의 문제를 주민 스스로 또는 대표자를 뽑아서 자신들의 부담에 의하여 해소하는 것이기 때문에, 어느 정도의 기구수와 공무원 정원, 그리고 재정 규모를 활용하여 지방정부가 가지고 있는 문제를 해결할 것인지를 결정하는 것은 지방정부가 되어야 한다는 것이다. 둘째, 지방정부의 기구와 정원은 해당 지방정부의 지역적 여건 등 다양한 특성이 반영되어야 하는데, 중앙정부가 결정하게 되면 지방정부의 특성을 반영하기 어렵다. 셋째, 제4차 산업혁명의 도래, 인구소멸, 인구구조의 변화 등 지방정부를 둘러싸고 있는 환경적 여건은 급변하고 있는데, 지방정부가 아닌 중앙정부가 행기구수와 공무원 정원을 결정하게 되면 신속한 대응이 어렵다. 넷째, 지방정부의 기구수와 공무원 정원을 중앙정부가 결정하게 되면 지역의 특성에 따라 발생할 수 있는 지역주민들의 수요를 반영하는 데 한계가 있을 수 있다.

한국에서 이루어지고 있는 지방정부의 기구수와 공무원 정원결정과 관련하여 경험적인 분석을 실시하였다. 이때 활용한 기준은 ① 지방정부의 기구와 인력을 결정하기 위한 법・제도적 요건이 구비되어 있는가? ② 실제로, 기구와 인력의 규모를 누가 결정하는가? ③ 기구와 인력을 결정하는 과정에 지방정부가 참여할 수 있는 기제가 마련되어 있는가? ④ 광역지방정부와 기초지방정부에 대한 논의가 포함되어 있는가? ⑤ 기구와 인력을 결정할 때 지방정부의 의견이 반영되는가? ⑥ 기구와 인력을 결정하는 과정에 주민과 기업이 참여할 수 있는 기제가 마련되어 있는가? ⑦ 기구와 인력을 결정할 때 주민과 기업의 의견은 반영되고 있는가? ⑧ 중앙정부 등 상위정부와 하위정부간 갈등 발생 시 누구의 이익을 반영하는가? ⑨ 기구와 인력 규모는 누구를 위하여 결정하는 것인가?(주민과 기업을 위해서인지, 아니면 지방정부 또는 중앙정부를 위해서인가?) 등과 같은 아홉 가지의 기준이다.

분석결과를 보면 다음과 같다. ① 지방정부의 기구와 인력을 결정하기 위한 법・제도적 요건을 구비하고 있는 것으로 나타났다. ② 실제로, 지방정부의 기구와 인력의 규모는 행정안전부가 결정하고 있다. ③ 기구와 인력을 결정하는 과정에 지방정부가 참여할 수 있는 기제는 마련되어 있지 않은 실정이다. ④ 광역지방정부와 기초지방정부에 대한 논의는 지방자치단체의 행정기구와 정원기준 등에 관한 규정에 모두 포함되어 있다. ⑤ 기구와 인력을 결정할 때 지방정부의 의견은 반영되고 있지 않은 것으로 나타났다. ⑥ 기구와 인력을 결정하는 과정에 주민과 기업이 참여할 수 있는 기제가 마련되어 있지는 않는 것으로 나타났다. ⑦ 기구와 인력을 결정할 때 주민과 기업의 의견은 반영되고 있지 않은 실정이다. ⑧ 중앙정부 등 상위정부와 하위정부간 갈등 발생 시 누구의 이익을 반영하는지는 판단하기 곤란한 것으로 나타났다. ⑨ 기구와 인력 규모는 주민과 기업보다는 정부부문(중앙정부)을 위하여 결정한다고 볼 수 있을 것이다.

이와 같은 분석결과를 토대로 한국 지방정부의 기구수와 공무원 정원의 결정기준은 어떤 유형에 해당되는지를 판단할 수 있을 것이다.

먼저, 기존의 정부간 관계모형인 대리인모형, 동반자모형, 그리고 상호의존모형에 의할 경우 동반자모형이나 상호의존모형보다는 대리인모형에 가깝다고 볼 수 있을 것이다. 지방정부의 기구수나 공무원 정원을 결정하는 법・제도는 마련되어 있으나 실제의 결정은 행정안전부가 하고 있으며, 그 과정에서 주민, 기업, 지방정부가 참여할 수 있는 기제도 없고 의견을 반영하지도 않기 때문에, 대리인모형에 가깝다고 판단할 수 있을 것이다.

국가론에서 바라보는 정부간 관계에 의할 경우 법・제도적인 측면, 실제 운영측면 등을 보면 지방정부를 인정하지 않고 있고, 분권을 선호하지도 않은 점, 그리고 일정한 기준을 주고 해당 기준의 범주 내에서 조례로 선택하고 있다는 점 등을 고려할 때 엘리트론에 가깝다고 볼 수 있을 것이다.

다음은 세발자전거모형이다. 세발자전거모형은 정부 외부의 참여 정도, 정부 내부의 참여 정도(지방정부의 참여 정도)를 기준으로 네 개의 유형을 도출하였다. 제1유형은 지방정부 자율형이다. 지방정부의 참여 정도가 높고, 주민과 기업(경제계)의 참여 및 그들을 위한 결정 정도가 높은 유형이다. 즉, 지방정부가 자율성을 가지고 지역의 주민과 기업(경제계)을 위하여 노력할 수 있도록 한다는 것이다. 제2유형은 중앙정부 주도형이다. 지방정부의 참여 정도가 낮은 수준이고, 지역의 주민과 기업(경제계)의 참여 정도는 높은 유형이다. 지방정부의 참여를 고려하지 않은 채 지역의 문제를 결정하는 유형이다. 제3유형은 중앙정부 지배형이다. 지방정부의 참여 정도가 낮은 수준이고, 지역의 주민과 기업(경제계) 등의 참여도 없고, 그들을 위해 정책을 결정하지도 않는 유형이다. 즉, 분권 자체를 인정하려고 하지 않는 유형이라고 볼 수 있다. 중앙정부의 이익, 전국수준의 자본가 등의 이익을 위하여 정책을 결정한다고 보아야 할 것이다. 마지막으로, 제4유형은 지방정부 주도형이다. 지방정부의 참여 정도는 높으나 지역의 주민과 기업(경제계) 등의 참여 정도, 그리고 결정된 정책의 내용 등이 주민과 기업(경제계)을 위한 것이 아닐 수 있는 유형이다. 분석결과를 보면 법 · 제도는 마련되어 있으나 주민, 기업, 그리고 지방정부의 참여기제도 없고, 의견반영도 되고 있지 않은 점 등을 고려할 때 세발자전거모형 중 중앙정부 지배형에 해당된다고 볼 수 있을 것이다.

제14장 재정

제1절 재정이란 무엇인가?

1. 재정이란 무엇인가?

재정이 무엇인지를 이야기하는 것은 쉬운 일은 아니다. 재정을 쉽게 정의할 수 있었다면 학자들간에 합의된 개념이 존재하였을 것이나, 각기 다르게 개념화하고 있는 것을 보면 쉬운 일은 아닌 것으로 보인다. 재정은 국가재정과 지방재정으로 구분되는데, 통상적으로 재정이라고 하면 국가재정을 지칭하는 경우가 많은 것이 현실이다.

재정은 사전적인 의미로 보면, 국가나 공공 단체가 공공 정책을 시행하거나 행정활동을 하는 데 소요되는 재산을 조달 및 관리 사용하는 모든 경제활동을 의미한다. 학자들이 생각하고 있는 재정의 개념을 보면 윤영진(2016: 19)의 경우 정부가 공공욕구를 충족하는데 필요한 재원을 조달하고 관리 및 지출하는 경제활동이라고 정의하고 있다. 그러면서 그는 재정과 예산은 동일한 개념이 아니라고 하면서 예산은 공공욕구 충족을 위해 매년 수립하는 재원의 조달 및 지출 계획의 과정이자 결과라고 하였다. 언뜻 보면 재정과 예산간에 차이가 없는 것처럼 보이지만 좀 더 깊게 살펴보면 재정은 반복되는 시간의 개념이 포함되어 있지 않으나, 예산은 재정과 달리 시간적 개념이 포함되어 있다.

재정을 구성하는 다른 하나의 축인 지방재정에 대해서도 다수의 학자들이 개념화하고 있다. 먼저, 손희준(2019: 19)은 각 지방정부가 관장하고 있는 행정구역 내의 주민수요, 특히 공적인 수요를 충족하고자 재화와 서비스를 생산·공급하는 재원의 동원과 관리 및 배분 등을 포괄하는 공경제적 활동 및 과정이라고 하였다. 그리고 윤길호(2012: 4)는 지방정부가 독립된 경제 주체로서 수행하는 종합적인 경제활동이라고 지방재정을 정의하고 있다. 구체적으로 보면, 주민생활 안정, 지역발전 촉진 등에 필요한 소요재원의 확보 및 재원의 집행과 관련된 일련의 경제활동이라고 할 수 있을 것이다. 그리고 지방재정 관련 기본법이라고 볼 수 있는 지방재정법에도 지방재정의 의미가 제시되어 있다. 지방재정법 제2조에 의하면 지방재정은 지방정부의 수입·지출 활동과 지방정부의 자산 및 부채를 관리·처분하는 모든 활동이다.

위에서 살펴본 것처럼 많은 학자들이 국가재정과 지방재정을 개념화하고 있다. 재정이라는 동일현상에 대해 유사성과 차이점이 동시에 포함된 정의를 하는 이유는 아마도 학자마다 재정을 바라보는 주요 초점과 범위가 다르기 때문일 것이다. 이러한 어려움을 해소하기 위해서는 학자들이 제시하고 있는 구성요소들을 종합하기 위한 노력이 있어야 할 것이다. 국가재정이든 아니면 지방재정이든 재정에 대한 개념 속에 포함된 구성요소를 보면 정부, 국민이나 주민, 국가나 지역의 발전, 강제성과 비강제성, 재원의 확보, 재원의 배분 또는 집행, 종합적인 공경제적 활동이다. 공통적인 구성요소를 종합하여 재정을 정의하면 재정은 정부가 국민이나 지역주민 또는 국가나 지역의 발전을 위하여 필요하다고 인정될 때, 이를 위하여 필요한 소요재원을 확보한 후 지출 또는 집행하는 종합적인 일련의 공경제적 활동과정으로 정의할 수 있을 것이다(라휘문, 2021: 16).

2. 재정이양(분권)은 필요한가?

1) 재정분권이란 무엇인가?

재정 관련 정부간 관계를 논의한다는 것은 중앙정부의 재정을 지방정부로 이양하는 것과 관련되어 있을 것이다. 통상적으로 중앙정부 재정의 지방정부 이양을 재정분권이라는 용어로 부르고 있다. 따라서 여기에서는 재정이양을 재정분권이라고 간주하고 논의하고자 한다.

한국의 모든 정부는 지방분권, 재정분권, 그리고 균형발전을 위하여 노력하고 있다. 그러면 여기에서 다루고 있는 재정분권이 무엇인지가 궁금해진다. 재정분권 역시 많은 학자들이 개념정의를 하고 있다. 먼저, 재정분권 관련 대표적인 학자인 오츠(Oates, 1972: 197)는 지방정부가 지역 내에 공공서비스를 제공할 때 소요되는 재원을 자주적으로 조달 및 지출할 수 있는 의사결정권을 재정분권이라고 하였다. 그리고 국내의 학자들도 재정분권에 대하여 개념화하고 있다. 오승석(2003), 임성일(2003), 염명배(2004), 최병호(2007), 우명동(2008), 김의섭(2011), 서정섭(2017), 라휘문(2018, 2021) 등 많은 학자들이 재정분권에 대하여 이야기하고 있다.[1] 학자들이 제시하고 있는 재정분권에 대한 개념을 보면 약간씩의 차이가 있으나, 이를 종합하면 이병량 외(2008)의 개념과 유사하다고 볼 수 있을 것이다. 이병량 외(2008)는 세입분권과 세출분권으로 재정분권을 구분하고 있다. 세입분권은 중앙정부에 집중되어 있는 국세 중 일부를 지방정부로 전환, 신세목 설치권한을 지방정부에 부여, 지방세 감면과 탄력세율 조정 등과 같은 내용을 포함하고 있고, 정부간(중앙정부와 지방정부) 재정관계의 불균형을 완화하려는 목적(수직적 형평화)을 가지고 있다고 하였다. 세출분권은 특정목적 재원이 아닌 일반목적 재원의 확보, 지방교부세 교부율 확대, 그리고 지방정부 지출총액의 증가 등과 같은 내용을 포함하고 있다. 결국 지방정부가 세입과 세출에 있어 자율성을 확보 및 확대하여야 한다는 것을 의미한다고 볼 수 있다.

2) 재정분권이 필요한가?

재정분권이 왜 필요한지에 대해서는 많은 학자들이 그 이유를 제시하고 있다. 모든 학자들이 제시한 재정분권의 필요성을 개별적으로 살펴보는 것은 어렵기 때문에, 여기에서는 여섯 가지로 종합하여 살펴보려고 한다. 첫째, 지방정부가 추진하는 사업에 대한 비용을 중앙정부가 이전재원으로 지원하면 지방정부는 스스로의 재원을 투입하여 사업을 추진하는 것이 아니기 때문에 사업을 확대하고자 할 것이다. 이 과정에서 도덕적 해이현상이 발생할 가능성이 있다. 즉, 지방정부가 특정 사업에 대한 비용을 100% 부담하여야 한다면 추진하지 않을 사업을 중앙정부의 재정지원이 있게 되면, 그 사업을 확대하여 추진할 가능성이 있다는 것이다. 이러한 점을 해소하려면 지방정부가 보유하고 있는 재원을 투자하여 사업을 추진할 수 있도록 하여야 할 것이다. 그러나 지방재정

1) 오승석(2003)은 첫째, 중앙정부가 가지고 있는 재정권한을 지방정부로 이양하는 것과, 둘째, 재원이양은 재정책임성을 수반한다는 등과 같이 재정분권을 개념화하고 있다. 임성일(2003)은 중앙정부가 가지고 있었던 재정의 지출권한을 지방정부로 이양하여 지방정부의 재정지출 권한을 확대하는 것이라고 보았다. 염명배(2004)는 재정분권의 방향으로 지방정부의 과세자주권 확대, 국세의 지방세 전환, 그리고 독립된 자주재원 확보 등 자주재원 중심의 재정분권을 주장하고 있다. 최병호(2007), 우명동(2008), 김의섭(2011), 서정섭(2017), 라휘문(2018, 2021) 등은 중앙정부가 가지고 있었던 세입과 세출에 대한 의사결정권과 책임을 지방정부로 이양하는 것을 재정분권으로 보았다.

은 열악한 수준이기 때문에, 재정분권을 통하여 지방재정을 확충할 수 있도록 하여야 할 것이다(라휘문, 2017, 2018). 지방재정의 열악성은 다양한 기준으로 파악할 수 있다. 지방정부 일반회계예산에서 지방세와 세외수입이 차지하는 비중을 의미하는 재정자립도는 〈표 14-1〉에서 보는 것과 같이 2021년 기준 43.6%로 나타났으며, 이는 2020년 45.2%보다 더 낮아진 수준이다(〈표 14-1〉 참조).

표 14-1 지방재정자립도

(단위: %)

구분	재정자립도
2016년	52.5(46.6)
2017년	53.7(47.2)
2018년	53.4(46.8)
2019년	51.4(44.9)
2020년	50.4(45.2)
2021년	48.7(43.6)

주: ( )은 변화된 산식에 의하여 계산한 것임.
자료: 행정안전부(2021). 『2021년도 지방자치단체 통합재정개요(상)』.

또한 지방세, 그리고 자체수입으로 지방정부 공무원의 인건비를 충당할 수 있는 정도를 파악해보면 지방재정의 열악성을 잘 알 수 있을 것이다(〈표 14-2〉 참조). 지방세

표 14-2 지방세와 자체재원으로 인건비 미해결단체(2021년)

(단위: 단체수, %)

구분		계	시·도	시	군	자치구
지방세	계	243	17	75	82	69
	해결	136 (56.0)	17 (100.0)	59 (78.7)	12 (14.6)	48 (69.6)
	미해결	107 (44.0)	0 (0.0)	16 (21.3)	70 (85.4)	21 (30.4)
자체수입	해결	180 (74.1)	17 (100.0)	71 (94.7)	31 (37.8)	61 (88.4)
	미해결	63 (25.9)	0 (0.0)	4 (5.3)	51 (62.2)	8 (11.6)

자료: 행정안전부(2021). 『2021년도 지방자치단체 통합재정개요(상)』.

로 인건비를 해결하지 못하는 지방정부는 전체의 44.0%를 차지하고 있다. 그리고 자체 수입(지방세+세외수입)으로도 인건비를 해결하지 못하는 지방정부가 25.9%의 수준이다. 이러한 현상은 크게 개선되지 않은 채 현재에 이르고 있다.

둘째, 열악한 지방재정을 확충하는 방안으로 중앙정부의 이전재원을 확대하는 경우 단기적인 측면에서 보면 지방재정이 확충될 수 있기 때문에 긍정적이다. 그러나 중·장기적인 측면에서 보면, 지방정부의 재정운용에 대한 자율성이 훼손될 수 있다는 단점이 존재한다. 지방자치제의 도입목적이 자기책임 하에 자율적으로 사무를 처리하기 위

표 14-3 중앙재정과 지방재정 규모 비교

(단위: 억 원, %)

구분	중앙재정		지방재정		계	
	규모	비율	규모	비율	규모	비율
1990	274,557	63.9	154,910	36.1	429,467	100.0
1995	514,981	58.4	366,673	41.6	881,654	100.0
2000	926,022	61.6	576,532	38.4	1,502,554	100.0
2005	1,364,585	57.8	997,142	42.2	2,361,727	100.0
2006	1,478,668	57.5	1,090,904	42.5	2,569,572	100.0
2007	1,711,721	59.1	1,182,428	40.9	2,894,149	100.0
2008	1,815,858	57.7	1,330,400	42.3	3,146,258	100.0
2009	2,049,475	58.6	1,449,206	41.4	3,498,681	100.0
2010	2,052,235	60.3	1,350,250	39.7	3,402,485	100.0
2011	2,148,604	60.4	1,407,068	39.6	3,555,672	100.0
2012	2,237,034	59.7	1,512,643	40.3	3,749,677	100.0
2013	2,323,929	59.0	1,618,012	41.0	3,941,941	100.0
2014	2,392,256	58.7	1,682,526	41.3	4,074,782	100.0
2015	2,619,383	58.5	1,860,811	41.5	4,480,194	100.0
2016	2,816,746	58.1	2,030,263	41.9	4,847,009	100.0
2017	2,929,006	56.9	2,214,479	43.1	5,143,485	100.0
2018	3,162,185	57.2	2,367,058	42.8	5,529,243	100.0
2019	3,322,397	59.0	2,657,724	41.0	5,980,121	100.0
2020	3,891,191	62.3	2,642,072	37.7	6,533,263	100.0
2021	3,808,509	62.7	2,269,023	37.3	6,077,532	100.0

주: 일반회계 순계기준.

자료: 행정안전부(2021). 『2021년도 지방자치단체 통합재정개요(상)』.

하여 재정을 지출하는 것이라고 하면, 중앙정부가 이전하는 재원에 의하여 지방재정을 확충하는 접근방법보다는 자체재원에 의하여 지방재정을 확충하는 접근방법을 취하여야 할 것이다. 이를 위해서는 국세의 지방세 이양, 신세원 발굴을 위한 과세자주권 확대 등과 같은 재정분권이 필요하다.

셋째, 한국의 재정을 보면 정부간(중앙정부와 지방정부) 재정불균형이 매우 크다고 볼 수 있다. 〈표 14-3〉에서 보는 것과 같이 중앙재정과 지방재정의 비율을 보면 2021년 기준 중앙재정이 전체의 62.7%이고, 지방재정이 37.3%의 수준이다. 이러한 현상은 민선지방자치제가 실시된 1995년의 현상인 중앙재정 58.4%, 지방재정 41.6%의 수준과 비교할 때 수직적 불균형이 더욱 심화되었다고 볼 수 있다.

이와 같은 정부간 재정불균형문제를 해소하고자 지방재정조정제도를 활용하여 재원이전을 하고 있다. 재원의 이전 정도를 보면 〈표 14-4〉와 같다. 이전재원의 규모는 17.4%이다. 그리고 지방정부의 재정에서 이전재원이 차지하는 비중을 보면, 지방재정 전체의 45.1%를 차지하고 있는 것으로 나타나 적지 않은 규모임을 알 수 있다.

표 14-4 중앙정부의 이전재원 비중

(단위: %)

중앙정부	지방정부	
	이전재원	자체재원
61.3	17.4(45.1)	21.3(54.9)

주: ( )은 지방정부의 재원을 기준으로 하였을 때의 비중임.
자료: 행정안전부(2021). 『2021년도 지방자치단체 통합재정개요(상)』.

살펴본 것과 같은 재원의 이전과정에서 재정환상을 유발하는 예산제약의 연성화가 초래된다.[2] 동시에 지방재정에 대한 지방정부의 책임성(local accountability)이 약화될 수 있다. 그리고 지방정부는 끈끈이 효과(flypaper effect)에[3] 의해 불필요한 재정지출을 증가시키게 되고, 이는 경제성장에 부정적인 효과를 발생시킬 수 있을 것이다(송상훈, 2013). 이러한 문제를 해소하려면 정부간에 발생할 수 있는 수직적 재정불균형을

2) 경제행위는 예산의 제약 하에 이루어지는 것이 일반적이다. 즉, 예산액이 지출액을 결정한다는 것이다. 이때 예산제약이 엄격한 지출제약으로 연계되면 경성적이라고 하고, 그렇지 않으면 연성적이라고 표현한다.

3) 끈끈이 효과란 중앙정부가 지방정부에게 보조금을 지급하였을 때, 해당 보조금이 감세재원으로 활용되지 않고 공공재를 공급하는 데 사용되는 현상을 의미한다.

완화시킬 수 있도록 하여야 하며, 그 방법이 재정분권인 것이다.

넷째, 과거의 한국은 국가를 발전시키기 위하여 중앙정부가 주도하는 하향식이면서 일방적이고 획일적인 전략을 취하였다. 국가발전전략의 수립과 집행을 중앙정부가 주도하는 방식으로 추진하려면 중앙정부에 재원을 집중시킬 필요가 있었다. 이때 만들어진 것이 국세와 지방세의 조정 등에 관한 법률이다. 국세와 지방세의 조정 등에 관한 법률 제4조에 보면, 국가와 지방정부는 과세물건이 중복되는 어떤 세법도 제정하지 못하도록 하고 있다. 즉, 국세와 지방세간의 중복과세를 금지하고 있는 것이다. 이러한 과정을 통하여 국세의 비중을 확대하거나 유지하고자 하였다(〈표 14-5〉 참조).

표 14-5 국세와 지방세의 비중

(단위: 억 원, %)

구분	조세총액	국세		지방세	
		세액	비율	세액	비율
2010	2,268,782	1,777,184	78.3	491,598	21.7
2011	2,446,813	1,923,812	78.6	523,001	21.4
2012	2,569,530	2,030,149	79.0	539,381	21.0
2013	2,556,854	2,019,065	79.0	537,789	21.0
2014	2,672,423	2,055,198	76.9	617,225	23.1
2015	2,888,629	2,178,851	75.4	709,778	24.6
2016	3,180,923	2,425,617	76.3	755,306	23.7
2017	3,457,912	2,653,849	76.7	804,063	23.3
2018	3,778,857	2,935,704	77.7	843,153	22.3
2019	3,839,115	2,934,543	76.4	904,572	23.6
2020	3,719,047	2,797,123	75.2	921,924	24.8
2021	3,753,472	2,827,425	75.3	926,047	24.7

주: 일반회계 순계기준.
자료: 행정안전부(2021). 『2021년도 지방자치단체 통합재정개요(상)』.

〈표 14-5〉를 보면 국세의 비중이 전체의 75%를 초과하고 있는 것으로 나타났다. 2010년 78.3%에서 2021년 75.3%로 국세의 비중이 낮아지기는 하였으나 그 수준이 높다고 보기에는 어렵다. 참고적으로 주요 국가의 사례를 보면 한국의 국세 비중이 가장 높다는 것을 알 수 있다(〈표 14-6〉 참조).

표 14-6 주요 국가의 국세와 지방세의 비율

(단위: %)

구분	국세	지방세
일본	61.8	38.2
미국	52.2	47.8
독일	47.6	52.4
프랑스	71.1	28.9
한국	75.3	24.7

자료: 행정안전부(2021). 『2021년도 지방자치단체 통합재정개요(상)』.

그러나 중앙정부가 주도하는 국가발전전략은 지방정부의 이익을 반영하지는 못하였다. 이로 인해 지역간 불균형문제가 발생하였다. 이러한 점을 개선하려면 재정분권을 통해 지방정부에게 충분한 수준의 재원이양이 있어야 할 것이다.

다섯째, 과거 한국에서 시행하였던 국가발전전략은 불균형 발전전략이라고 볼 수 있다. 즉, 국가가 주도하는 핵심 사업들을 특정 지역에 집중시킨 후 해당 지역을 발전시키고, 특정 지역의 발전 성과를 다른 지역으로 확산하는 전략을 채택한 것이다. 불균형 발전전략을 통하여 빠른 속도로 국가가 발전되었다. 그러나 다양한 문제가 발생하였다. 수도권의 과밀도시화 현상, 부동산 가격의 급증, 심각한 환경오염, 높은 도시범죄율 등과 같은 각종 외부불경제 효과가 초래된 것이다(양영철, 2005). 국가가 주도하는 불균형 발전전략은 집적을 통해 창출할 수 있는 긍정적인 효과도 있었으나 집적의 폐해도 발생시키게 되었다. 결국 이와 같은 문제를 해소하려면 중앙정부가 주도하는 불균형 발전전략이 아니라 지방정부가 주도하는 발전전략을 추진할 수 있도록 지방정부가 충분한 수준의 재원을 확보할 수 있도록 재정분권이 있어야 할 것이다.

여섯째, 앞에서 살펴본 것처럼 중앙정부가 주도하는 국가발전전략은 다수의 문제를 발생시켰기 때문에, 1980년대 이후에는 중앙정부가 주도하는 것이 아니라 지방정부가 주도하는 방식으로 국가운영체제를 전환하여야 한다는 주장들이 제기되고 있다. 즉, 중앙정부가 주도하는 통치방식보다는 시민이나 비정부기구 등이 서로 소통하고 협치하는 거버넌스 방식으로의 전환을 모색하고 있는 것이다(손희준, 2017). 국가운영체제가 지방정부 주도로 변화된다고 하면 지방정부가 제 역할을 수행하는 데 필요한 충분한 재원이 있어야 할 것이다(라휘문, 2017, 2018).

제 2 절

재정의 주요 내용

1. 지방재정체계는 어떻게 구성되어 있는가?

한국의 지방재정체계는 자체재원과 의존재원을 중심으로 구분하여 살펴볼 수 있다. 구체적으로 한국의 지방재정을 살펴보면 지방세와 세외수입으로 구성되어 있는 자체재원과 지방교부세, 국고보조금으로 구성된 의존재원, 그리고 지방채가 있다.

그림 14-1 한국의 지방재정체계

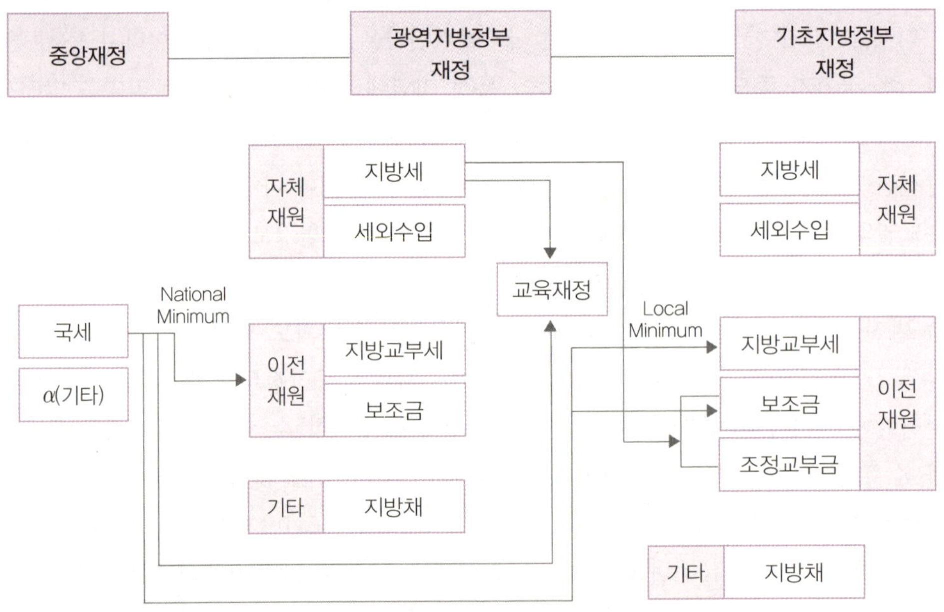

자료: 라휘문(2021).

[그림 14-1]을 토대로 한국 지방재정의 기본원리를 살펴볼 수 있을 것이다. 먼저, 중앙재정은 지방재정에 비해 규모면에서 다수를 차지하도록 설계되어 있다. 그 이유는 중앙재정의 경우, 소득과세와 소비과세가 중심이고, 지방재정은 재산과세를 중심으로 구성되어 있기 때문이다. 즉, 재원 규모가 비교적 큰 소득세, 법인세(소득과세), 부가가치

표 14-7 한국의 조세체계

구분			세목
국세	내국세	직접세	소득세, 법인세, 상속세, 증여세, 종합부동산세
		간접세	부가가치세, 개별소비세, 주세
		유통세	증권거래세, 인지세
	기타	–	관세, 교통에너지환경세, 교육세, 농어촌특별세
지방세	도세	보통세	취득세, 등록면허세, 레저세, 지방소비세
		목적세	지역자원시설세, 지방교육세
	시·군세	보통세	주민세, 재산세, 자동차세, 지방소득세, 담배소비세
	광역시세	보통세	취득세, 레저세, 담배소비세, 지방소비세, 주민세
		목적세	지역자원시설세, 지방교육세
	자치구세	보통세	등록면허세, 재산세

세, 개별소비세(소비과세) 등이 중앙정부의 재원이고, 지방재정은 취득세, 등록면허세, 재산세, 자동차세 등과 같은 재산과세를 중심으로 하고 있다(〈표 14-7〉 참조). 이와 같은 이유 때문에 2021년 기준 중앙재정과 지방재정의 비율이 62.7 : 37.3, 그리고 국세와 지방세의 비율이 75.3 : 24.7의 수준을 보이고 있는 것이다.

또한 한국의 재정에 대한 기본운영원칙을 보면 지방정부가 필요로 하는 재원은 자체재원을 통하여 충당하여야 한다. 즉, 지방정부가 재원이 필요하면 자체재원인 지방세와 세외수입을 통하여 충당하라는 것이다. 그러나 한국의 243개 지방정부는 경제력, 인구수 등 다양한 차이로 인해 자체재원의 규모에서 많은 차이가 있다. 즉, 지방정부간 자체재원 규모의 편차가 너무 크다는 것이다. 지방정부간 재정 규모의 편차는 비효율성을 초래할 수밖에 없을 것이다. 재정여건이 양호한 지방정부는 다양한 복지서비스 등을 제공할 것이고, 재정여건이 열악한 지방정부는 필수서비스를 제공하기에도 어려움이 있을 수 있다. 이 경우, 주민들은 재정여건이 양호한 지방정부로 이동하여 다양한 서비스를 받으려고 할 것이다. 결국 한국 전체적으로 보면 과밀지역과 과소지역을 발생시키는 등의 현상이 발생할 수밖에 없을 것이다. 현재 지방정부에서 발생하고 있는 지방소멸의 문제와도 밀접하게 연결될 수 있을 것이다(〈표 14-8〉 참조).

표 14-8 인구감소지역 지정현황

부산(3)	동구, 서구, 영도구
대구(2)	남구, 서구
인천(2)	강화군, 옹진군
경기(2)	가평군, 연천군
강원(12)	고성군, 삼척시, 양구군, 양양군, 영월군, 정선군, 철원군, 태백시, 평창군, 홍천군, 화천군, 횡성군
충북(6)	괴산군, 단양군, 보은군, 영동군, 옥천군, 제천시
충남(9)	공주시, 금산군, 논산시, 보령시, 부여군, 서천군, 예산군, 청양군, 태안군
전북(10)	고창군, 김제시, 남원시, 무주군, 부안군, 순창군, 임실군, 장수군, 정읍시, 진안군
전남(16)	강진군, 고흥군, 곡성군, 구례군, 담양군, 보성군, 신안군, 영광군, 영암군, 완도군, 장성군, 장흥군, 진도군, 함평군, 해남군, 화순군
경북(16)	고령군, 군위군, 문경시, 봉화군, 상주시, 성주군, 안동시, 영덕군, 영양군, 영주시, 영천시, 울릉군, 울진군, 의성군, 청도군, 청송군
경남(11)	거창군, 고성군, 남해군, 밀양시, 산청군, 의령군, 창녕군, 하동군, 함안군, 함양군, 합천군

자료: 행정안전부 보도자료(2021.10.18).

살펴본 것과 같은 문제를 해소하기 위하여 중앙정부가 적극적으로 개입하고 있다. 재정체계를 고려할 때 중앙정부가 지방정부에 재정적인 측면에서 적극적으로 개입하는 방식은 의존재원을 통해서이다. 의존재원에는 보통교부세, 특별교부세, 부동산교부세, 소방안전교부세 등과 같은 지방교부세, 국고보조금, 국가균형발전특별회계 등과 같은 보조금 등이다. 중앙정부는 한국의 국민이라면 최소한 이 정도의 서비스는 받아야 하고, 이를 위해서는 모든 지방정부가 일정 수준 이상의 재정 규모를 확보하고 있어야 한다는 인식 하에 일정한 기준선을 정한 후 재정을 지원하고 있다.

지방정부간 재정 규모의 편차로 인해 발생하는 비효율성 문제는 광역지방정부 내 기초지방정부간에도 발생할 수 있다. 예를 들면, 광역지방정부인 경기도에는 31개의 시・군이 있는데, 수원시, 화성시, 용인시 등과 같이 재정여건이 양호한 기초지방정부도 있고, 가평군, 연천군과 같이 재정여건이 열악한 기초지방정부도 공존하고 있다. 광역지방정부인 경기도의 입장에서 보면 31개 시・군의 모든 주민들에게 일정 수준 이상의 서비스를 제공할 수 있도록 하고 싶을 것이다. 따라서 광역지방정부는 관할 구역 내 기초지방정부를 대상으로 중앙정부가 시행하였던 것과 마찬가지로 재원이전을 하고자 할 것이다. 광역지방정부는 조정교부금,[4] 시・도비보조금을 통해 기초지방정부에 재원을 이전하고 있다.

마지막으로는 지방재정법 제11조에 제시되어 있는 것처럼 공유재산의 조성 등 소관 재정투자사업과 그에 직접적으로 수반되는 경비의 충당, 재해예방 및 복구사업, 천재지변으로 발생한 예측할 수 없었던 세입결함의 보전, 지방채의 차환 등의 목적으로 발행하는 지방채가 있다. 지방채는 지방정부가 필요할 때 필요한 규모를 발행하는 것이 아니다. 지방채를 발행하려면 재정상황 및 채무 규모 등을 고려하여 대통령령으로 정하는 지방채 발행 한도액의 범위에서 지방의회의 의결을 얻어야 한다. 다만, 지방채 발행 한도액 범위더라도 외채를 발행하는 경우에는 지방의회의 의결을 거치기 전에 행정안전부 장관의 승인을 받아야 한다(지방재정법 제11조).

2. 정부간 재정관계는 어떻게 연계되어 있는가?

1) 중앙정부와 지방정부간 재정관계는?

중앙정부와 지방정부간 재정관계를 파악하기 위해서는 한국의 조세유형과 재원의 이전에 대한 논의가 필요하다. 즉, 한국의 조세에는 어떤 종류가 있고, 어떻게 연계되어 있는지를 파악할 필요가 있다는 것이다.

먼저, 한국에는 국세 14개 세목과 지방세 11개 세목이 있다. 국세는 다시 내국세, 목적세, 그리고 관세로 구분할 수 있을 것이고, 지방세는 도세와 시·군세로 분류가능하다. 재원의 운영방식을 보면 중앙정부와 지방정부는 각각 국세와 지방세를 징수한다. 중앙정부는 징수한 국세 중 일부를 지방교부세, 국고보조금 등과 같은 방식으로 지방정부로 이전한다. 그리고 광역지방정부는 중앙정부가 지방정부에게 재원을 이양한 것처럼 기초지방정부에게 재원을 이양하며, 그때 활용하는 방식은 조정교부금, 시·도비보조금 등이다(〈표 14-9〉 참조).

내국세의 19.24%는 지방교부세, 부가가치세의 25.3%는 지방소비세, 담배에 부과하는 개별소비세의 38.75%는 소방안전교부세의 형태로 지방정부에 이전되고, 내국세의 20.79%는 지방교육재정교부금으로 지방교육비에 충당하기 위하여 이전된다. 주세는 100% 국가균형발전특별회계, 종합부동산세는 100% 부동산교부세, 교육세는 100% 지방교육재정교부금의 재원이 되어 지방정부로 이전된다. 또한 지방세의 3.6%는 교육비특

4) 과거 도와 시·군간의 관계에서는 재정보전금, 특별시·광역시와 자치구간의 관계에서는 조정교부금이라는 명칭을 사용하였으나, 현재는 조정교부금이라는 명칭으로 통합되었다.

표 14-9 한국의 조세유형과 재원이전

<table>
<tr><th colspan="3">구분</th><th>세목</th><th>정부간 재원이전</th></tr>
<tr><td rowspan="7">국세
(14개)</td><td rowspan="3">내국세</td><td>직접세</td><td>소득세, 법인세, 상속세, 증여세</td><td rowspan="2">내국세의 19.24%: 지방교부세
(20.79% 지방교육재정교부금)
부가가치세의 25.3%: 지방소비세
담배 개별소비세 38.75%:
소방안전교부세</td></tr>
<tr><td rowspan="2">간접세</td><td>부가가치세, 인지세,
증권거래세, 개별소비세</td></tr>
<tr><td>주세</td><td>100% 균특회계</td></tr>
<tr><td colspan="2" rowspan="3">목적세</td><td>농어촌특별세,
교통에너지환경세</td><td>–</td></tr>
<tr><td>종합부동산세</td><td>100% 부동산교부세</td></tr>
<tr><td>(교육세)</td><td>100% 지방교육재정교부금</td></tr>
<tr><td colspan="2">대외</td><td>관세</td><td>–</td></tr>
<tr><td rowspan="5">지방세
(11개)</td><td rowspan="3">도세</td><td>보통세</td><td>취득세, 등록면허세, 레저세,
지방소비세</td><td>3.6% 교육비특별회계
(서울: 10%, 광역시 및
경기도: 5%)</td></tr>
<tr><td rowspan="2">목적세</td><td>지역자원시설세</td><td>–</td></tr>
<tr><td>(지방교육세)</td><td>100% 지방교육재정교부금</td></tr>
<tr><td rowspan="2">시 · 군세</td><td rowspan="2">보통세</td><td>주민세, 지방소득세, 재산세,
자동차세</td><td>–</td></tr>
<tr><td>(담배소비세)</td><td>45% 지방교육비특별회계</td></tr>
</table>

별회계로 전출되고, 지방교육세는 100% 지방교육재정교부금 그리고 담배소비세는 45%가 지방교육비특별회계로 전출된다. 중앙정부와 지방정부가 조세를 징수하였다고 하여 징수한 금액 모두를 지출하는 것이 아니라 타 기관으로 이전하고 있다는 것을 알 수 있다.

또한 국고보조금을 통하여 중앙정부의 재원을 지방정부로 이전하고 있다. 국고보조금은 용도와 조건이 지정되어 특정목적재원으로 활용되어야 하기 때문에, 용도지정없이 지방정부 일반예산으로 활용할 수 있는 지방교부세와는 성격이 다르다(〈표 14-10〉 참조).

표 14-10 중앙정부의 지방재정조정제도 개요

구분	지방교부세	국고보조금
근거법령	지방교부세법	보조금 관리에 관한 법률
재원구성	▸내국세의 19.24% – 보통교부세: 정률분 교부세 총액의 97% – 특별교부세: 정률분 교부세 총액의 3% ▸부동산교부세: 종합부동산세 전액 ▸소방안전교부세: 담배에 부과하는 개별소비세의 38.75%* * 소방직 국가직화 시기('20.4.1 예정) 관련, '20년 소방안전교부세율 인상분 25%p(담배 개별소비세의 20% → 45%) 중 3/4만 계상	국가의 일반회계 또는 특별회계 예산으로 계상
용도	▸보통 부동산교부세: 용도 지정 없이 자치단체 일반예산으로 사용 ▸특별교부세: 용도 지정, 조건 부여 가능 ▸소방안전교부세: 특수수요는 용도 지정 가능 – 소방 분야에 교부세 총액의 75% 이상 사용 규정	용도와 조건이 지정되어 특정목적 재원으로 운용
배분방법	▸보통교부세: 단체별 기준재정수입액과 기준재정수요액 산정 후 재정 부족액을 기준으로 산정·교부 ▸특별교부세: 지역현안, 재난 안전관리, 국가지방협력 수요사업에 대하여 사업의 타당성 등을 심사하여 사업별 시책별로 교부 ▸부동산교부세: 재정여건, 사회복지, 지역교육, 보유세 규모 등에 따라 산정·교부 ▸소방안전교부세: 소방 및 안전시설현황과 투자소요, 재난예방 및 안전강화 노력, 재정여건 등에 따라 산정·교부	소관 부처별 중·장기 사업계획 등을 고려하여 매년 정부예산으로 정함
성격	▸보통 부동산교부세: 일반재원(자주재원 성격) ▸특별교부세: 특정재원(자주재원 성격) ▸소방안전교부세: 일반 및 특정재원(자주재원 성격)	특정재원(이전재원 성격)

자료: 행정안전부(2021). 『2021년도 지방자치단체 통합재정개요(상)』.

앞에서 살펴본 지방교부세와 국고보조금을 통하여 지방정부로 어느 정도나 이양되는지를 살펴볼 필요가 있을 것이다. 〈표 14-11〉에서 보는 것과 같이 지방교부세는 2020년을 제외할 경우 매년 증가하여 2021년 51조 7,546억 7,100만 원의 수준을 보이고 있다.

표 14-11 지방교부세의 규모

(단위: 백만 원)

구분	계	보통 교부세	특별 교부세	분권 교부세	부동산 교부세	증액 교부금	소방 안전 교부세
1991	3,452,402	3,053,265	305,411			93,726	
1992	3,927,749	3,533,726	353,373			40,650	
1993	4,413,085	4,011,896	401,189				
1994	4,724,569	4,295,062	429,507				
1995	5,484,226	4,985,661	498,565				
1996	6,377,734	5,797,940	579,794				
1997	6,798,732	6,142,666	614,266			41,800	
1998	7,039,226	6,353,842	635,384			50,000	
1999	6,710,770	5,782,518	578,252			350,000	
2000	8,266,546	7,468,678	746,868			51,000	
2001	12,288,992	11,119,539	1,111,953			57,500	
2002	12,259,425	10,884,910	1,088,490			286,025	
2003	14,905,674	12,238,522	1,223,852			1,443,300	
2004	14,469,054	13,012,867	1,301,287			154,900	
2005	19,877,486	17,927,570	711,566	845,381	392,969		
2006	21,461,392	18,691,488	743,396	1,006,508	1,020,000		
2007	25,196,900	21,316,202	852,759	1,138,733	1,889,206		
2008	31,098,993	25,795,852	1,039,411	1,378,423	2,885,307		
2009	28,319,634	23,032,062	924,253	1,230,543	3,132,776		
2010	28,012,760	24,679,136	992,880	1,318,672	1,022,072		
2011	30,895,246	27,274,652	1,101,027	1,457,548	1,062,019		
2012	34,186,188	30,191,425	1,257,977	1,615,433	1,121,353		
2013	35,724,592	31,558,105	1,314,921	1,688,560	1,163,006		
2014	35,698,180	31,884,524	986,119	1,688,437	1,139,100		
2015	34,888,072	32,176,185	987,407		1,410,400		314,080
2016	37,967,278	35,023,661	1,083,206		1,445,711		414,700
2017	44,363,917	41,032,266	1,269,038		1,549,126		513,487
2018	49,044,581	45,211,842	1,398,305		2,017,174		417,260
2019	57,709,283	52,602,827	1,626,892		2,942,062		537,502
2020	50,322,101	44,926,519	1,389,478		3,320,970		685,134
2021	51,754,671	44,537,686	1,377,455		4,935,665		903,865

자료: 행정안전부(2021). 『2021년도 지방자치단체 통합재정개요(상)』.

표 14-12 국고보조금 보조현황

(단위: 억 원)

연도	규모
2012	341,965
2013	367,551
2014	400,097
2015	450,978
2016	460,434
2017	464,318
2018	501,763
2019	588,444
2020	655,956
2021	748,016

자료: 행정안전부(2021). 『2021년도 지방자치단체 통합재정개요(상)』.

그리고 국고보조금은 〈표 14-12〉에서 보는 것처럼 2021년 기준 74조 8,016억 원의 수준을 보이고 있다.

2) 광역지방정부와 기초지방정부간 재정관계는?

광역지방정부와 기초지방정부는 각각 부과징수할 수 있는 지방세 세목을 보유하고 있다. 또한 광역지방정부가 기초지방정부에 교부하는 조정교부금과 시·도비보조금이 있다. 이는 중앙정부가 지방정부에 교부하는 지방교부세와 국고보조금과 성격이 유사하다고 볼 수 있다.

지방세를 좀 더 세분화하여 살펴보면 특별시·광역시세와 자치구세, 그리고 도세와 시·군세로 구분할 수 있다. 특별시·광역시세에는 취득세, 레저세, 담배소비세, 지방소비세, 지방소득세, 자동차세, 지역자원시설세, 지방교육세, 주민세(광역시의 경우, 주민세(종업원분과 재산분은 자치구세임)가 있고, 자치구세는 등록면허세, 재산세 등이 있다.

도세에는 등록면허세, 취득세, 지방소비세, 레저세, 지방교육세, 지역자원시설세가 있고, 시·군세는 자동차세, 재산세, 지방소득세, 주민세, 담배소비세 등이 있다(〈표 14-13〉 참조).

표 14-13 광역지방정부와 기초지방정부의 조세

구분	세목
특별시 · 광역시	취득세, 레저세, 담배소비세, 지방소비세, 지방소득세, 자동차세, 지역자원시설세, 지방교육세, 주민세(광역시의 경우, 주민세 종업원분과 재산분은 자치구세임)
자치구	등록면허세, 재산세
도	등록면허세, 취득세, 지방소비세, 레저세, 지방교육세, 지역자원시설세
시 · 군	자동차세, 재산세, 지방소득세, 주민세, 담배소비세

광역지방정부와 기초지방정부간 재정관계는 조정교부금과 시 · 도비보조금으로부터 파악할 수 있다. 조정교부금은 시 · 군조정교부금과 자치구조정교부금으로 되어 있다. 시 · 군조정교부금은 도지사가 시 · 군에서 징수하는 광역시세 · 도세의 총액, 해당 시 · 도의 지방소비세액을 전년도 말의 해당 시 · 도의 인구로 나눈 금액에 전년도 말의 시 · 군의 인구를 곱한 금액의 27퍼센트(인구 50만 명 이상의 시와 자치구가 아닌 구가 설치되어 있는 시의 경우에는 47퍼센트)에 해당하는 금액을 관할 시 · 군간의 재정력 격차를 조정하기 위하여 교부하는 것을 의미한다. 시 · 군조정교부금은 인구, 징수실적(지방소비세는 제외), 해당 시 · 군의 재정사정, 그 밖에 대통령령으로 정하는 기준에 따라 해당 시 · 도의 관할 구역의 시 · 군에 배분한다. 또한 시 · 도지사는 화력발전 · 원자력발전에 대한 각각의 지역자원시설세의 100분의 65에 해당하는 금액을 화력발전소 · 원자력발전소가 있는 시 · 군에 각각 배분하여야 한다.

자치구조정교부금은 특별시장 및 광역시장이 대통령령으로 정하는 보통세 수입의 일정액을 조정교부금으로 확보하여 조례로 정하는 바에 따라 해당 지방정부 관할 구역의 자치구간 재정력 격차를 조정하기 위하여 활용한다.

조정교부금은 일반적 재정수요에 충당하기 위한 일반조정교부금과 특정한 재정수요에 충당하기 위한 특별조정교부금으로 구분하여 운영하되, 특별조정교부금은 민간에 지원하는 보조사업의 재원으로 사용할 수 없다.

시 · 도비보조금은 지방재정법 제23조에 의할 경우 "특별시 · 광역시 · 특별자치시 · 도 · 특별자치도는 정책상 필요하다고 인정할 때 또는 시 · 군 및 자치구의 재정 사정상, 특히 필요하다고 인정할 때에는 예산의 범위에서 시 · 군 및 자치구에 보조금을 교부할 수 있다"고 되어 있다(〈표 14-14〉 참조).

표 14-14 광역지방정부와 기초지방정부간 재정관계

구분	시·도비보조금	자치구조정교부금	시·군 조정교부금
근거 법령	▪ 지방재정법 제23조의 제2항 • 특별시·광역시·특별자치시·도·특별자치도는 정책상 필요하다고 인정할 때 또는 시·군 및 자치구의 재정 사정상, 특히 필요하다고 인정할 때에는 예산의 범위에서 시·군 및 자치구에 보조금을 교부할 수 있다.	▪ 지방재정법 제29조의2 • 특별시장 및 광역시장은 대통령령으로 정하는 보통세 수입의 일정액을 조정교부금으로 확보하여 조례로 정하는 바에 따라 해당 지방자치단체 관할 구역의 자치구간 재정력 격차를 조정하여야 한다. ▪ 지방재정법 시행령 제36조의2 • 법 제29조의2에 따른 자치구 조정교부금의 재원은 특별시·광역시의 시세(市稅) 중 「지방세기본법」 제8조 제1항 제1호 각 목에 따른 보통세로 하되 조정교부금의 교부율·산정방법 및 교부시기 등에 관하여 필요한 사항은 특별시·광역시의 조례로 정한다.	▪ 지방재정법 제29조 • 시·도지사(특별시장은 제외한다. 이하 이 조에서 같다)는 다음 각 호의 금액의 27퍼센트(인구 50만 명 이상의 시와 자치구가 아닌 구가 설치되어 있는 시의 경우에는 47퍼센트)에 해당하는 금액을 관할 시·군간의 재정력 격차를 조정하기 위한 조정교부금의 재원으로 확보하여야 한다. ▪ 지방재정법 시행령 제36조 • 일반조정교부금을 배분할 때에는 일반조정교부금 총액의 100분의 50에 해당하는 금액은 해당 시·군의 인구수에 따라 배분하고, 100분의 20에 해당하는 금액은 해당 시·군의 광역시세·도세 징수실적에 따라 배분하며, 100분의 30에 해당하는 금액은 재정력지수가 1 미만인 시·군을 대상으로 1에서 해당 시·군의 재정력지수를 뺀 값을 기준으로 배분한다.
재원	• 시·도의 일반회계 또는 특별회계, 기금	• 특별·광역시의 보통세 중 조례로 정하는 일정액 서울 22.6 부산 23.0 대구 22.29 인천 20.0 광주 23.9 대전 23.0 울산 20.0 • 일반조정교부금(90%), 특별조정교부금(10%)로 운영	• 광역시세·도세(화력·원자력 발전·특정 부동산에 대한 지역자원시설세 및 지방교육세 제외) 총액 및 지방소비세의 27%(인구 50만 명 이상의 시와 자치구가 아닌 구가 설치되어 있는 시는 47%)에 해당하는 금액 • 일반조정교부금(90%), 특별조정교부금(10%)로 운영
용도	• 특정한 지원대상사업 재정수요 충당(용도지정)	• 일반조정교부금은 용도지정 없이 지방정부의 일반재원으로 사용 • 특별조정교부금은 교부 시 부과된 조건이나 목적에 맞게 사용	• 일반조정교부금은 용도지정 없이 지방정부의 일반재원으로 사용 • 특별조정교부금은 교부 시 부과된 조건이나 목적에 맞게 사용

배분 방법	• 지원사업별 사업우선 순위 등에 의거 지원	• 기초지방정부별 기준재정수입액과 기준재정수요액을 분석한 후 재정부족액을 기준으로 배분	• 인구, 징수실적, 당해 시 · 군의 재정력 등에 따라 배분

자료: 행정안전부(2021). 『2021년도 지방자치단체 통합재정개요(상)』.

그러면 광역지방정부로부터 기초지방정부로 어느 정도의 재원이 이전되고 있는지를 파악할 필요가 있을 것이다. 〈표 14-15〉에 의하면, 광역지방정부로부터 기초지방정부로 이전되는 재원의 규모는 2020년 39조 7,082억 원을 정점으로 2021년 29조 9,613억 원으로 감소되기는 하였으나 적지 않은 규모임을 알 수 있다.

표 14-15 연도별 시 · 도비보조금 및 조정교부금 교부현황

(단위: 억 원)

연도별	계	시 · 도비보조금	조정교부금
2014년	197,055	116,724	80,331
2015년	219,260	123,452	95,809
2016년	234,281	129,748	104,533
2017년	254,409	138,711	115,698
2018년	267,647	150,526	117,121
2019년	304,310	176,099	128,211
2020년	397,082	260,033	137,049
2021년	299,613	186,830	112,782

자료: 행정안전부(2021). 『2021년도 지방자치단체 통합재정개요(상)』.

3) 지방재정에 대한 관리는 어떻게 하고 있는가?

정부간 재정관계를 파악하기 위해서는 앞에서 살펴본 재정체계뿐만 아니라 중앙정부가 지방재정에 어느 정도 관여할 수 있는지를 파악할 필요가 있을 것이다. 즉, 중앙정부가 지방재정에 대한 지방정부의 자율성을 어느 정도 억제할 수 있는지를 파악할 필요가 있다는 것이다. 이를 파악하기 위해서는 지방재정관리제도와 지방재정위기관리제도에 대해서도 살펴볼 필요가 있다.

지방재정관리제도는 지방정부가 재정을 건전하고 효율적으로 운영하기 위하여, 예산편성과 집행 및 결산과정 등 재정과정과 활동에 있어서 지방자치법과 지방재정법 등에

규정된 각종 제도를 의미한다고 할 수 있다. 그러므로 지방재정관리제도는 일종의 재정통제(fiscal control) 수단으로 인식되는데, 주로 내부통제(internal control)보다는 외부통제수단(external control)이다(손희준, 2012). 현재 운영 중에 있는 지방재정관리제도를 분류하면 〈표 14-16〉과 같다. 〈표 14-16〉에서 보는 것과 같이 매우 많은 지방재정관리제도가 운영되고 있다. 각 제도 중 중요하다고 판단되는 몇 개의 제도에 대해서만 간략하게 살펴보려고 한다. 지방재정영형평가제도는 지방정부의 장이 대규모의 재정적 부담을 수반하는 국내·국제경기대회, 축제·행사, 공모사업 등의 유치를 신청하거나 응모를 하고자 할 때, 미리 해당 지방정부의 재정에 미칠 영향을 평가하고 그 평가결과를 토대로 지방재정투자심사위원회의 심사를 거치도록 하는 제도를 의미한다. 중기지방재정계획이란 지방정부의 발전계획과 수요를 중·장기적으로 전망하여 반영한 다년도 예산으로서, 효율적인 재원배분을 통한 계획적인 지방재정 운용을 위해 수립하는 5년간의 연동화 계획(rolling plan)이다. 투자심사는 지방예산의 계획적·효율적 운영을 기하고 각종 투자사업에 대한 무분별한 중복투자 방지를 위하여 도입된 제도이다. 주요 투자사업 및 행사성 사업에 대하여 예산편성 전에 사업의 타당성·효율성 등을 심사하는 제도이다. 복식부기회계제도는 지방재정 운영성과(수익, 비용)와 재정 상태(자산, 부채)의 변동내역을 일반회계원칙에 입각하여 기록·분류하여 의회, 주민 등 이해관계자가 필요로 하는 재무정보를 제공하는 제도이다. 정부부문도 상장기업처럼 일반회계원칙에 입각한 회계처리와 재무 보고서를 작성·공개하는 제도로서 주요 선진국(미국, 영국, 호주 등)의 경우 재정개혁 시 채택하였다. 재정분석은 지방정부가 결산자료 등을 토대로 작성한 재정운용보고서를 기초로 재정현황과 운영실태를 객관적으로 검증하는 일련의 과정을 의미한다. 그리고 재정진단은 재정의 건전성과 효율성이 현저히 떨어진 지방정부를 대상으로 정밀 분석을 실시, 재정건전화를 위한 대책을 강구하는 일련의 과정을 의미한다. 지방재정공시제도는 지방정부가 재정운용결과 및 재정운용에 대한 주민의 관심사항 등을 홈페이지, 일간지 등을 통해 주민에게 공개하는 행위를 의미한다. 지방재정공시제도는 지방정부 재정운용상황에 대해 주민의 이해를 돕고 주민에 대한 재정적 책임성을 확보하기 위하여 필요할 뿐만 아니라 재정운용에 대한 자율통제 기반을 확립하여 자발적인 건전재정 운용 노력을 유도하기 위하여 필요하다. 주민참여예산제도는 집행부가 독점하여 왔던 예산편성을 주민참여라는 형식을 통해 지역주민이 예산편성 과정에 참여하는 것이다. 행정부제출예산제도가 법제화된 이후 지방정부의 행정기관이 독점적으로 행사해왔던 예산 편성권을 지역사회와 지역주민에게로의 분권화 또는 권한이양을 통해 예산편성 과정에 해당 지역주민들이 직접 참여하는 것을 법적 · 제도적으로 보장하는 주민참여 제도의 일종이다. 즉, 주민참여예산제도는 예산운영의 모든 과정에 납세자인 주민들이 참여하는 제도를 말한다. 예산편성과정에 지역주민들이 직접 참여하여 협의를 거쳐 실현가능한 예산안을 편성하고, 지역사업의 우선순위 결정 등에 지역주민들이 자신의 의견을 제시하는 것이 핵심이라고 볼 수 있다(박상렬, 2008).

지방재정관리제도를 운영 주체를 기준으로 살펴보면 대다수가 중앙정부가 지방정부를 통제하는 방식으로 운영되고 있다는 것을 알 수 있다(〈표 14-16〉 참조).

지방재정위기관리제도를 파악하기 위해서는 재정위기에 대한 개념을 알아야 할 것이다. 재정위기는 일정한 공공서비스수준 하에서 수입과 지출간의 불균형으로부터 기

표 14-16 지방재정관리제도의 종류와 통제 주체

구분	지방재정관리제도	
	제도명	통제 주체
예산편성 단계 (10개)	• 지방재정영향평가제도 • 중기지방재정계획제도 • 지방투자심사제도 • 주민참여예산편성 • 예산편성운영기준 • 지방재정부담심의위원회 • 지방채 발행 총액한도제 • 지방비부담협의 • 성인지예산 • 사업예산제도	• 중앙 • 중앙 • 중앙 • 지방/주민 • 중앙 • 중앙 • 중앙 • 중앙 • 중앙 • 중앙
예산집행 단계 (7개)	• 예산과정의 주민참여 및 공개 확대 • 지방재정위기 사전경보시스템 • 지방재정조기집행 • 지방계약 지도 • 지방금고운용 지도 • 지방기금운용 지도 • 복식부기회계제도	• 지방/주민 • 중앙 • 중앙 • 중앙 • 중앙 • 중앙 • 중앙
결산 및 환류 단계 (5개)	• 지방재정분석진단제도 • 통합재정정보 제공 • 지방재정주민상황 공시 • 지방재정인센티브 및 교부세 감액제도 • 긴급재정관리제도	• 중앙 • 중앙 • 지방/주민 • 중앙 • 중앙

자료: 라휘문(2021).

인한 현금흐름의 지속적인 부족에 의해서 발생한 현상이라고 볼 수 있으며, 지방정부의 재정위기는 세입과 세출추이를 고려한 재원부족의 측면과 채무상환능력을 고려한 채무부담의 측면으로 나누어 볼 수 있다(서정섭, 2010).

한국의 지방재정위기관리제도에는 재정위기단체지정과 긴급재정관리단체의 지정 등이 있다. 모두 지방재정법에 근거를 두고 있다. 재정위기단체지정은 행정안전부 장관이 하는 것으로 되어 있다. 행정안전부 장관은 재정분석 결과와 재정진단 결과 등을 토대로 지방재정위기관리위원회의 심의를 거쳐 해당 지방정부를 재정위기단체 또는 재정주의단체로 지정할 수 있다. 물론, 행정안전부 장관이 재정위기단체를 지정하려면 통합재정수지 적자비율이 100분의 30을 초과하는 지방정부, 예산대비 채무비율이 100분의 40을 초과하는 지방정부, 채무상환비 비율이 100분의 17을 초과하는 지방정부, 지방세 징수율이 100분의 70 미만인 지방정부, 금고잔액 비율이 100분의 10 미만인 지방정부, 그리고 공기업 부채비율이 100분의 600을 초과하는 지방정부 등과 같은 요건을 충족하여야 한다(〈표 14-17〉 참조). 재정위험수준이 심각한 수준에 해당되지 않으나 지방정부 재정의 건전성 또는 효율성 등이 현저하게 떨어졌다고 판단되는 지방정부의 경우 재정주의단체로 지정할 수 있다. 재정주의단체의 지정기준은 〈표 14-18〉에서 보는 것과 같이 여섯 가지이다. 재정주의단체와 재정위기단체로 지정되면 재정건전화계획을 수립하고, 이행하는 등의 노력을 기울여야 하고 재정운영상 제한조치도 취해진다(〈표 14-19〉 참조).

긴급재정관리단체지정제도는 2015년 12월 29일 개정된 지방재정법에 의하여 도입되었다. 긴급재정관리단체를 지정한다는 것은 기존의 재정위기단체보다 더 강력한 제도라고 볼 수 있다. 긴급재정관리단체는 행정안전부 장관이 지정한다. 행정안전부 장관은

표 14-17 지방재정위기단체 지정기준

구분	기준
통합재정수지 적자비율	100분의 30을 초과하는 지방정부
예산대비 채무비율	100분의 40을 초과하는 지방정부
채무상환비 비율	100분의 17을 초과하는 지방정부
지방세 징수율	100분의 70 미만인 지방정부
금고잔액 비율	100분의 10 미만인 지방정부
공기업 부채비율	100분의 600을 초과하는 지방정부

표 14-18 지방재정주의단체 모니터링기준

구분	기준
통합재정수지 적자비율	100분의 25를 초과하고 100분의 30 이하인 지방정부
예산대비 채무비율	100분의 25를 초과하고 100분의 40 이하인 지방정부
채무상환비 비율	100분의 12를 초과하고 100분의 17 이하인 지방정부
지방세 징수율	100분의 70 이상 100분의 80 미만인 지방정부
금고잔액 비율	100분의 10 이상 100분의 20 미만인 지방정부
공기업 부채비율	100분의 400을 초과하고 100분의 600 이하인 지방정부

표 14-19 재정주의단체와 재정위기단체의 비교

구분	재정주의단체	재정위기단체
정의	• 위기수준에는 미치지 못하나 일정 기준 이상 재정위험이 예상되는 경우	• 재정위험이 예상되는 경우
위기단체 지정·해제	• 재정위기관리위원회 심의 • 행정안전부 장관 결정	• 재정위기관리위원회 심의 • 행정안전부 장관 결정
지정요건	• 모니터링 → 재정진단 → 위원회 심의 → 지정	• 모니터링 → 재정진단 → 위원회 심의 → 지정
해제요건	• 지정요건 해소 • 재정위기단체의 장이 요청	• 지정요건 해소 • 재정위기단체의 장이 요청
재정건전화계획 수립	• 자율수립 • 행정안전부 보고 • 의회의결 불필요	• 의무수립 • 재정계획심의회 사전보고 • 행정안전부 승인 • 의회의결 필요
재정건전화계획 이행	• 이행상황 보고	• 이행상황 보고
재정운용상 제한	• 없음	• 계획에 기초 예산재편성 • 지방채 발행 및 신규투자사업 제한
재정상 페널티	• 없음	• 지방교부세 감액 • 보조금, 공모사업 선정시 불이익 등 • 조정교부금 등 감액

자료: 지방자치인재개발원·시도공무원교육원(2020: 272).

① 재정위기단체로 지정된 지방정부가 재정건전화계획을 3년간 이행하였음에도 불구하고 재정위기단체로 지정된 때부터 3년이 지난 날 또는 그 이후의 지방정부의 재정위험수준이 재정위기단체로 지정된 때보다 대통령령으로 정하는 수준 이하로 악화된 경우, ② 소속 공무원의 인건비를 30일 이상 지급하지 못한 경우, ③ 상환일이 도래한 채

무의 원금 또는 이자에 대한 상환을 60일 이상 이행하지 못한 경우 중 어느 하나에 해당하여 자력으로 그 재정위기상황을 극복하기 어렵다고 판단되는 경우에는 해당 지방정부를 긴급재정관리단체로 지정할 수 있다. 이 경우, 행정안전부 장관은 긴급재정관리단체로 지정하려는 지방정부의 장과 지방의회의 의견을 미리 들어야 한다.

긴급재정관리단체로 지정되면 재정운영상 다양한 제약이 있다. 먼저, 긴급재정관리단체의 장은 예산안을 편성하는 경우에는 긴급재정관리계획에 따라야 한다. 긴급재정관리단체의 장은 이미 성립된 예산을 긴급재정관리계획에 따라 변경하여야 하는 경우에는 행정안전부 장관이 긴급재정관리계획을 승인하여 통보한 날부터 60일 이내에 긴급재정관리계획에 따라 추가경정예산안을 편성하여 지방의회에 제출하여야 한다. 긴급재정관리단체의 장은 제1항 또는 제2항에 따라 예산안을 편성하여 지방의회에 제출하기 전에 예산안이 긴급재정관리계획에 적합한지 여부에 대하여 긴급재정관리인의 검토를 받아야 한다. 그리고 긴급재정관리단체의 장은 새롭게 작성된예산안을 행정안전부 장관에게 제출하여야 한다. 지방의회는 제2항에 따라 긴급재정관리단체의 장이 제출한 추가경정예산안에 대하여 제출한 날부터 15일 이내에 의결하여야 한다. 또한 긴급재정관리단체는 지방채 발행 등의 제한도 있다. 긴급재정관리단체의 장은 긴급재정관리계획에 따르지 아니하고는 지방채의 발행, 채무의 보증, 일시차입, 채무부담행위를 할 수 없다. 그리고 긴급재정관리단체의 장은 긴급재정관리계획에 따르지 아니하고는 시·도의 경우 총사업비 20억 원 이상의 신규 투자사업, 시·군 및 자치구의 경우 총사업비 10억 원 이상의 신규 투자에 관한 예산을 편성할 수 없다.

제3절 재정에 대한 경험적 분석과 해석

1. 한국의 현행 법·제도는 정부간 재정관계를 어떻게 규정하고 있는가?

1) 어떻게 접근하려고 하는가?

재정분권과 관련한 현행 법률은 지방자치법, 지방재정법, 지방세법, 지방자치분권 및

그림 14-2 재정분권에 대한 한국의 법 · 제도 분석을 위한 접근방법

지방자치법	➡	• 지방재정의 조정 • 건전재정의 운영
지방자치분권 및 지방행정체제개편에 관한 특별법	➡	• 지방재정의 확충 및 건전성 강화

지방행정체제개편에 관한 특별법 등 다수가 존재한다. 이 중에서 지방자치법과 지방자치분권 및 지방행정체제개편에 관한 특별법은 재정분권의 원칙과 관련한 내용이 포함되어 있다. 그러나 지방재정법, 지방세법 등은 재정분권과 관련된 방향 등을 제시한 것이 아니라 현행 지방재정과 지방세 관련 구체적인 내용을 포함하고 있다. 이러한 점을 고려하여 여기에서는 지방자치법과 지방자치분권 및 지방행정체제개편에 관한 특별법의 내용을 중심으로 살펴보고자 한다([그림 14-2] 참조).

2) 지방자치법에는 재정분권에 대해 어떻게 규정하고 있는가?

지방자치법 제136조에는 지방재정의 조정과 관련된 내용이 제시되어 있다.[5] 구체적인 내용을 보면 중앙정부와 지방정부는 지역간에 존재할 수 있는 재정불균형문제를 해소하기 위해 노력하여야 하고, 이 과정에서 정부간(중앙정부와 지방정부간, 지방정부 상호간)에 적절한 재정 조정이 있어야 한다고 되어 있다. 살펴본 것처럼 지방자치법 제136조에 제시되어 있는 내용이 재정분권과 관련된 직접적인 언급이라고 보기에는 어려움이 있을 수 있다. 그러나 이와 같은 내용은 지방정부의 역할이 강화될 경우 상응하는 수준의 재정이양이 있어야 한다는 것을 추론해 볼 수는 있을 것이다.

또한 지방자치법 제137조에는 건전재정의 운영과 관련된 내용이 제시되어 있다.[6] 크

5) 지방자치법 제136조(지방재정의 조정) 국가와 지방자치단체는 지역간 재정불균형을 해소하기 위하여 국가와 지방자치단체간, 지방자치단체 상호간에 적절한 재정 조정을 하도록 노력하여야 한다.

6) 지방자치법 제137조(건전재정의 운영) ① 지방자치단체는 그 재정을 수지균형의 원칙에 따라 건전하게 운영하여야 한다.
② 국가는 지방재정의 자주성과 건전한 운영을 장려하여야 하며, 국가의 부담을 지방자치단체에 넘겨서는 아니 된다.
③ 국가는 다음 각 호의 어느 하나에 해당하는 기관의 신설 · 확장 · 이전 · 운영과 관련된 비용을 지방자치단체에 부담시켜서는 아니 된다.

게 네 가지의 내용이 제시되어 있는데, 그 중에 하나가 재정분권과 간접적으로 연계되어 있다고 볼 수 있다. 구체적인 내용을 보면, 중앙정부는 지방재정의 자주성과 건전운영을 장려하여야 하며, 중앙정부의 부담을 지방정부에 넘기지 않아야 한다는 것이다. 법에 명시된 것처럼 지방정부가 지방재정의 자주성을 강화하기 위해서는 중앙정부에 의존하여 충당하는 재원의 규모를 축소하고, 지방정부의 자체재원(지방세와 세외수입을 의미하나 넓게는 용도가 지정되지 않은 지방교부세 포함) 규모를 확대하여야 한다. 현재 지방재정은 매우 열악한 수준이다. 이는 재정자립도의 분포를 보면 할 수 있다. 일반회계예산에서 자체재원이 차지하는 비중을 의미하는 재정자립도를 보면 2021년 당초예산기준 전체 243개 지방정부 중 재정자립도가 50% 미만인 지방정부가 236개로 97.1%이다(〈표 14-20〉 참조). 대다수의 지방정부의 재정자립도가 50%를 넘지 않는다는 것을 알 수 있다.

결국 지방정부가 지방재정의 열악성 문제를 해소하고 자주적으로 재정을 운영하기 위해서는 중앙정부의 재정을 지방정부로 이양하는 재정분권이 있어야 한다는 것을 알 수 있다.

표 14-20 재정자립도 분포현황

(단위: 단체수, %)

구분	합계	구성비	시·도	시	군	자치구
합계	243	100.0	17	75	82	69
10% 미만	50	20.6	0	3	46	1
10~30% 미만	145	59.7	5	50	35	55
30~50% 미만	41	16.9	10	20	1	10
50~70% 미만	6	2.5	1	2	0	3
70~90% 미만	1	.4	1	0	0	0
90% 이상	0	.0	0	0	0	0

자료: 지방재정통합공개시스템(지방재정365, https://lofin.mois.go.kr).

1. 「정부조직법」과 다른 법률에 따라 설치된 국가행정기관 및 그 소속 기관
2. 「공공기관의 운영에 관한 법률」 제4조에 따른 공공기관
3. 국가가 출자·출연한 기관(재단법인, 사단법인 등을 포함한다)
4. 국가가 설립·조성·관리하는 시설 또는 단지 등을 지원하기 위하여 설치된 기관(재단법인, 사단법인 등을 포함한다)

④ 국가는 제3항 각 호의 기관을 신설하거나 확장하거나 이전하는 위치를 선정할 경우 지방자치단체의 재정적 부담을 입지 선정의 조건으로 하거나 입지 적합성의 선정항목으로 이용해서는 아니 된다.

3) 지방자치분권 및 지방행정체제개편에 관한 특별법에는 재정분권에 대해 어떻게 규정하고 있는가?

지방자치분권 및 지방행정체제개편에 관한 특별법은 지방자치법에서 규정하고 있는 재정분권 관련 내용보다 좀 더 구체적인 내용을 제시하고 있다고 볼 수 있다. 지방자치분권 및 지방행정체제개편에 관한 특별법 제13조를 보면 중앙정부는 국세를 지방세로 전환하여 지방세의 비율을 확대할 수 있도록 이양가능한 새로운 세목을 확보하여야 한다는 내용을 제시하고 있다.[7] 재정분권의 방향을 제시하고 있다고 볼 수 있다. 즉, 단순히 지방재정을 확충하는 데 초점이 있는 것이 아니라 자주재원을 중심으로 재정을 확충할 수 있도록 하여야 한다는 것을 의미한다.

2021년 현재 국세와 지방세의 비율은 75.3 : 24.7이다(앞의 〈표 14-5〉 참조). 이는 2010년 78.3 : 21.7보다는 개선된 형태이기는 하나, 주요 선진 국가와 비교하면 여전히 국세의 비중이 높은 수준이다. 특히, 한국이 가장 빈번하게 벤치마킹하고 있는 일본의 사례를 보면 국세와 지방세의 비중이 61.8 : 38.2로 나타난 바 한국의 국세 비중이 높다는 것을 알 수 있다(앞의 〈표 14-6〉 참조).

2. 어떤 기준을 가지고 분석할 것인가?

재정분권에서 한국의 정부간 관계를 규명하기 위해서는 기존 정부간 관계이론, 국가론에서 바라보는 정부간 관계, 그리고 이 책에서 제시한 세발자전거모형을 적용할 수 있을 것이다. 이 책에서는 기존 정부간 관계이론과 국가론에서 바라보는 정부간 관계에서 제시한 기준들을 종합하여 만든 세발자전거모형에서 제시한 기준을 적용하고자 한다.

구체적으로는 ① 재정을 배분하기 위한 법·제도적 요건은 구비되어 있는가? ② 법제도적 요건에 따라 재정분권이 이루어지고 있는가? ③ 재정관계를 결정하는 데 있어 지방정부의 참여가 보장되어 있는가? ④ 광역지방정부와 기초지방정부에 대한 논의가

7) 지방자치분권 및 지방행정체제개편에 관한 특별법 제13조(지방재정의 확충 및 건전성 강화) ① 국가는 지방세의 비율을 확대하도록 국세를 지방세로 전환하기 위한 새로운 세목을 확보하여야 하며, 낙후지역에 대한 재정조정책임을 강화하여야 한다.
② 지방자치단체는 자치사무를 원활히 수행할 수 있도록 자체세입을 확충하여 지방재정의 안정성을 도모하고 예산지출의 합리성을 확보하기 위하여 노력하여야 하며, 예산·회계제도를 합리적으로 개선하여 건전성을 강화하는 등 지방재정의 발전방안을 마련하여야 한다.

포함되어 있는가? ⑤ 재정관계를 결정할 때 지방정부의 의견이 반영되는가? ⑥ 재정관계를 결정하는 데 있어 주민과 기업의 참여가 보장되어 있는가? ⑦ 재정관계를 결정할 때 주민과 기업의 의견이 반영되는가? ⑧ 중앙정부 등 상위정부와 하위정부간 갈등 발생 시 누구의 이익을 반영하는가? ⑨ 재정이양의 수준이 완전한 자율성을 지향하는가? 아니면 중앙정부의 이익을 해치지 않는 범위 내에서 이루어지는가? ⑩ 재정이양의 배경은 어디에 있는가? 혹시 계급투쟁의 산물인가? ⑪ 재정의 배분목적은 어디에 있는가?(주민과 기업을 위해서인지, 아니면 지방정부 또는 중앙정부를 위해서인가?) ⑫ 분권을 통하여 복지비용을 지방정부에 전가하는가? 등이다.

3. 분석결과는 어떠한가?

1) 재정을 배분하기 위한 법 · 제도적 요건은 구비되어 있는가?

재정이양, 즉 재정분권과 관련된 법 · 제도적 장치는 앞에서 살펴본 것처럼 지방자치법, 지방자치분권 및 지방행정체제개편에 관한 특별법, 지방재정법, 지방세법 등에서 발견할 수 있다.

지방자치법 제136조, 제137조에는 재정분권에 대한 직접적인 이야기는 아니나, 재정분권과 관련된 내용이 제시되어 있다. 제136조에는 지역간 재정불균형문제를 해소하기 위하여 중앙정부와 지방정부가 노력하여야 한다는 내용이 제시되어 있다. 그 노력의 일환으로 정부간 재정을 적절하게 배분하여야 한다는 것이다. 이는 지역간 재정불균형문제를 해소하기 위해서는 재정분권이 필요하다는 것을 의미한다고 볼 수 있다. 제137조에는 중앙정부가 지방재정의 자주성 확대를 위하여 노력할 필요가 있다는 것이 제시되어 있다. 지방정부의 재정자주성을 확대하기 위해서는 지방세와 세외수입을 통한 재원확충이 필요하다. 따라서 국고보조금, 지방교부세와 같은 의존재원을 통하여 지방재정을 확충하는 것이 아니라, 국세의 지방세 이양 등을 통해 지방정부가 자체재원을 통해 재정을 확충할 수 있도록 국세의 지방세 이양 등이 있어야 할 것이다. 지방자치법의 내용을 종합하면, 지역간 재정불균형문제를 위하여 중앙정부와 지방정부 모두 노력하여야 하고, 중앙정부는 국세의 지방세 이양 등을 통해 지방재정의 자주성을 확대하도록 하여야 한다는 시사점을 도출할 수 있을 것이다.

지방자치분권 및 지방행정체제개편에 관한 특별법 제13조에 보면 중앙정부는 국세

표 14-21 재정분권 관련 법 · 제도적 근거

구분		내용
지방자치법	제136조	국가와 지방자치단체는 지역간 재정불균형을 해소하기 위하여 국가와 지방자치단체간, 지방자치단체 상호간에 적절한 재정 조정을 하도록 노력하여야 한다.
	제137조	국가는 지방재정의 자주성과 건전한 운영을 장려하여야 하며, 국가의 부담을 지방자치단체에 넘겨서는 아니 된다.
지방자치분권 및 지방행정체제개편에 관한 특별법	제13조	국가는 지방세의 비율을 확대하도록 국세를 지방세로 전환하기 위한 새로운 세목을 확보하여야 하며, 낙후지역에 대한 재정조정책임을 강화하여야 한다.

를 지방세로 전환하여 지방세의 비율을 확대할 수 있도록 새로운 세목을 확보하여야 한다는 내용이 제시되어 있다. 즉, 재정분권을 할 때에는 국세의 지방세 이양 등의 수단을 활용할 필요가 있다는 것이다(〈표 14-21〉 참조).

이와 같은 분석결과를 토대로 하면 재정분권 관련 규칙(법 · 제도)을 보유하고 있다고 볼 수 있을 것이다. 다만, 재정분권 관련 규칙(법 · 제도)이 공정하게 마련되어 있는지에 대해서는 구체적인 논의의 필요성이 있을 것이나, 여기에서는 심도있는 논의는 하지 않겠다.

법적인 요건이 있음에도 불구하고 실제적인 재정분권은 그 이외에도 자치분권 종합계획, 연도별 자치분권 시행계획에 의거하여 추진되고 있다. 대통령 소속 자치분권위원회가 발간한 「자치분권 종합계획(안)」에 의하면 6개의 추진전략 중 하나가 재정분권의 강력한 추진이다. 여기에는 국세와 지방세의 구조개선, 지방세입 확충 기반 강화, 고향사랑 기부제 도입, 국고보조사업 개편, 지방교부세 형평기능 강화, 지역상생발전기금 확대 및 합리적 개편 등 6개의 과제가 포함되어 있다. 〈표 14-22〉에서 보는 것과 같이 문재인 정부의 재정분권은 국세와 지방세의 조정뿐만 아니라 다양한 내용을 포함하고 있다.

표 14-22 문재인 정부 재정분권 추진계획

추진전략	과제
국세·지방세 구조개선	지방소비세·지방소득세 개편안 마련
	국세와 지방세의 합리적 조정 검토
지방세입 확충 기반 강화	지역자원시설세 과세대상 확대 방안 마련
	신규 과세대상 발굴
	지방세 감면율 관리방안 마련
	지방세외수입 징수율 제고방안 마련
고향사랑 기부제 도입	(가칭)고향사랑기부금법 제정
	종합정보시스템 구축 및 고향사랑 기부제 시행
국고보조사업 개편	국고보조사업 개편방안 마련
지방교부세 형평기능 강화	지방교부세 제도 개선방안 마련
지역상생발전기금 확대 및 합리적 개편	지역상생발전기금 개편방안 마련

2) 법·제도적 요건에 따라 재정분권이 이루어지고 있는가?

지방자치법과 지방자치분권 및 지방행정체제개편에 관한 특별법에 의하면 재정분권은 국세의 지방세 이양 등의 방식을 활용하는 것이 적절하다. 그러나 문재인 정부에 들어와 추진된 재정분권은 대통령 소속 자치분권위원회가 발간한 「자치분권 종합계획(안)」에 의하면, 국고보조사업개편, 지방교부세제도개선 등 다양한 내용이 포함되어 있다. 형식적으로 보면 자주재원에 의한 확충을 모색하고 있지는 않기 때문에, 법적 요건에 따라 추진되지 않았다고 볼 수 있으나 보다 정확한 판단을 위해서는 과제별 내용을 살펴볼 필요가 있을 것이다. 첫째, 국세와 지방세의 구조 개선의 내용을 보면 현행 8 : 2인 국세와 지방세 비율을 7 : 3을 거쳐 6 : 4로 개편, 세수의 신장성과 안정성이 높고, 지역의 경제활동이 지방세수로 연계될 수 있는 소비·소득과세 중심의 지방세 확대 등이다. 둘째, 지방세입 확충 기반 강화는 지방세 신세원 발굴, 지방세제 및 세정의 합리적 개선, 지방세 비과세·감면율 관리, 지방세외수입 징수율 제고 등을 통한 지방세입 확충기반 강화이다. 이와 같은 과제를 추진하는 이유는 지방재정 수요 증가 등에 따른 안정적 세입기반 마련, 지방정부의 자율성 확대 및 과세 형평성 제고 등 때문이다. 셋째, 저출산·고령화 및 인구유출로 인한 복지비 지출 급증과 세수감소로 악화된 지방재정을 보완할 필요가 있다는 인식 하에 기부지역, 기부금 등 기부자 선택권이 존중되는, 조세방식이 아닌 기부방식으로 고향사랑 기부제를 도입한다는 것이다. 넷째, 국고

보조사업증가에 따라 대응(matching)하여야 하는 지방비 역시 증가하고 있어 지방재정 부담가중, 지방재정 운영의 경직성 초래 등의 문제가 발생하고 있는 바 지방정부의 권한 확대 및 자율성 제고를 위해 국고보조사업의 중앙-지방 분담체계를 개편한다는 것이다. 그 방향은 지방재정 부담 완화 및 자율성 확대에 있다. 다섯째, 기초연금 도입 등 지방정부 복지지출이 급격하게 확대되었음에도 불구하고, 지방교부세 법정률은 2006년 이후 10년간 크게 변화되지 않은 바 지방정부간 재정격차 완화 및 균형발전 기능이 악화되었기 때문에, 재정격차 완화 및 균형발전기능 강화를 위하여 제도를 개선한다는 것이다. 여섯째, 지방세 비중 확대 등에 따른 지역간 재정격차 문제를 완화하고, 인구감소, 저출산 · 고령화 등 지방이 직면한 위기에 공동 대응할 필요성이 증가한 바 지방세수 증가분을 활용하여 상생발전기금의 확대 및 균형기능 강화 등의 노력을 전개한다는 것이다. 이러한 점을 종합하면, 문재인 정부의 재정분권 추진방향이 지방재정의 자주성을 높이는 데 있다고 볼 수 있을 것이다.

또한 문재인 정부에서는 1단계 재정분권과 2단계 재정분권을 추진하였다. 1단계 재정분권에서는 지방재정확충을 위하여 국세인 부가가치세 일부가 지방소비세로 이양되어 지방소비세율이 기존 11%에서 21%로 총 10%p 인상된다. 다만, 재정분권의 효과가 지방정부에 고르게 나타날 수 있도록 인상된 지방소비세는 시 · 도 소비지수에 지역별 가중치(수도권 : 광역시 : 도=1 : 2 : 3)를 적용하여 배분하며, 수도권 지방정부 세수의 35%를 지역상생발전기금으로 출연(10년간)하기로 하는 등 재정균형기제를 마련하였다. 2단계 재정분권에서는 지방소비세율 4.3%p(2018년 11% → 2020년 21% → 2022년 23.7% → 2023년 25.3%) 추가 인상으로 지방재정 순확충 1조 원을 마련하고, 지방소멸대응기금도입을 통한 1조 원을 추가 확충하여 지방소멸지역 등 낙후지역 인프라 확충에 사용하기로 결정하였다. 또한 기초연금 등 국고보조율 인상을 통해 지방정부의 복지부담을 완화할 계획이며, 규모는 0.2~0.5조 원 범위에서 추후 확정하기로 하였다. 중앙정부 기능 및 재원 지방이양은 2.3조 원 규모를 확정하였다.

지금까지의 논의를 종합하면, 법 · 제도적 요건에 따라 재정분권이 추진되고 있다고 볼 수 있을 것이다. 법적인 요건을 중심으로 하면 재정분권은 국세의 지방세 이양 등의 방식이 바람직하다. 문재인 정부에서 추진한 재정분권 역시 지방소비세를 중심으로 한 국세의 지방세 이양방안을 채택하고 있다는 점에서 법적인 요건에 의하여 추진되었다고 볼 수 있다. 국고보조금, 지방교부세 등에 대한 논의가 포함되어 있다는 점에서 법적인 요건을 충족하지 못하였다고 주장할 수 있으나, 국고보조금과 지방교부세의 개편

방향 자체가 지방정부의 재정자주성을 확대하는데 있는 바 법 · 제도적인 요건을 추진하였다고 볼 수 있을 것이다.

3) 재정관계를 결정하는 데 있어 지방정부의 참여가 보장되어 있는가? 재정관계를 결정할 때 지방정부의 의견이 반영되는가?

정부간 재정관계는 지방자치법, 지방재정법, 지방세법, 그리고 지방자치분권 및 지방행정체제개편에 관한 특별법 등에 의하여 결정된다. 또한 대통령 소속 자치분권위원회가 발간한 「자치분권 종합계획(안)」, 연도별 자치분권 시행계획에 의하여 결정된다. 물론, 그 결과는 1단계 재정분권과 2단계 재정분권으로 나타났다. 결국 지방정부의 참여가 보장되었는가를 판단하기 위해서는 결정과정에 지방정부의 의견이 수렴되었는가를 살펴볼 필요가 있을 것이다.

행정안전부의 보도자료(2019년 12월 27일)에 의하면, 1단계 재정분권안은 중앙정부가 일방적으로 결정한 후 통보하는 방식으로 추진한 것이 아니라, 중앙정부와 지방정부가 지속적으로 협의를 거쳐 완성되었다는 것이다. 그 증거로 범정부 재정분권 TF(2017년 11월~2018년 3월)를 설치하면서 지방정부협의체에서 추천한 전문가를 참여시켰고, 재정분권안은 TF위원들이 결정하였다는 것이다. 또한 재정분권안을 마련하면서 지방정부의 의견을 수렴하여 반영하였다는 것이다.

이러한 점을 토대로 하면 정부간 재정관계를 결정할 때 지방정부의 참여가 있었다고 볼 수 있다. 물론, 참여의 수준이 적극적인 참여를 인정한 것인지 아니면 소극적인 참여만을 인정한 것인지를 결정하기 위해서는 충분히 논의할 필요가 있을 것이다. 다만, 지방정부는 세 가지 방식으로 참여하였다. 첫째, 재정분권 TF의 운영과정에서 지방정부의 장이 직접 참여하여 의견을 개진하였고, 둘째, 지방정부협의체가 추천한 전문가 또는 협의체 소속 구성원이 참여하여 지방정부의 이익을 대변하고자 노력하였으며, 셋째, 재정분권안에 대해 지방정부의 의견을 수렴하고자 노력하였다.

4) 광역지방정부와 기초지방정부에 대한 논의가 포함되어 있는가?

정부간 재정관계는 중앙정부와 지방정부간의 관계도 중요하지만 광역지방정부와 기초지방정부간 관계 역시 중요하다. 재정분권을 추진하면서 광역지방정부와 기초지방정부간 관계를 파악할 수 있는 방법은 자치분권위원회가 수립한 「자치분권 종합계획(안)」, 1단계 재정분권과 2단계 재정분권의 내용을 파악하는 것이다.

먼저, 대통령 소속 자치분권위원회가 발간한 「자치분권 종합계획(안)」을 살펴보면, 국세와 지방세의 구조 개선과 관련하여 소비·소득과세 중심의 지방세 확대방안을 모색하고 있는 바, 이 중에서 지방소득세는 기초지방정부의 세목이다. 또한 국고보조금과 지방교부세의 개선 등의 경우에도 광역지방정부와 기초지방정부 모두 해당된다. 이러한 점을 고려하면 「자치분권 종합계획(안)」에는 광역지방정부와 기초지방정부에 대한 내용이 포함되어 있다고 볼 수 있다. 다만, 광역지방정부와 기초지방정부간 관계를 규정하고 있지는 않다고 볼 수 있다.

다음으로는 1단계 재정분권과 2단계 재정분권의 내용을 살펴볼 필요가 있을 것이다. 문재인 정부에서 추진한 1단계와 2단계 재정분권은 지방소비세의 확대를 중심으로 하고 있기 때문에, 광역지방정부가 주된 대상이라고 볼 수 있을 것이다. 다만, 2단계 재정분권을 통해 인상된 지방소비세 중 일부를 시·군에 직접 배분(지방으로 이양되는 전환사업 비용 등 보전 후 나머지를 광역-기초간 6 : 4로 배분)할 수 있도록 하고 있다는 점에서 기초지방정부의 안정적 세입기반을 마련하였다고 볼 수 있다.

종합하면, 대통령 소속 자치분권위원회가 발간한 「자치분권 종합계획(안)」, 1단계 재정분권과 2단계 재정분권의 내용을 볼 때 광역지방정부에 대한 논의, 기초지방정부에 대한 논의는 포함되어 있으나, 광역지방정부와 기초지방정부간 재정관계를 판단할 수 있는 내용은 없다고 보아야 할 것이다.

5) 재정관계를 결정하는 데 있어 주민과 기업의 참여가 보장되어 있는가? 재정관계를 결정할 때 주민과 기업의 의견이 반영되는가? 재정의 배분목적은 어디에 있는가?(주민과 기업을 위해서인지, 아니면 지방정부 또는 중앙정부를 위해서인가?)

재정분권을 할 때에는 다양한 이해관계자의 의견을 수렴하여 반영하는 것이 중요하다. 따라서 재정분권안을 마련할 때에는 중앙정부, 지방정부(광역지방정부와 기초지방정부), 전문가, 기업, 그리고 주민의 대표가 참여할 수 있어야 한다. 특히, 주민과 기업은 납세자로서의 역할을 수행하고 있는 당사자이기 때문에, 적극적인 참여를 통하여 의견을 제시하고 제시된 의견이 반영될 수 있도록 하여야 한다. 또한 정부간 재정관계는 중앙정부와 지방정부간의 이해관계를 고려하여 결정되는 것이 아니라, 주민과 기업에게 공공서비스를 제공할 때 누가 그 역할을 더 잘 수행할 수 있는지를 기준으로 결정되어야 한다. 즉, 주민과 기업을 위하여 필요한 역할을 누가 수행하는 것이 더 바람직한지에 따라 정부간 재정관계가 결정되어야 한다는 것이다. 즉, 주민과 기업에게 필요한 공공서비스를 제공하는 주체로서 지방정부의 역할이 확대되어야 한다면 중앙정부의 재정이 지방정부로 이양되어야 할 것이다.

대통령소속 자치분권위원회가 발간한 「자치분권 종합계획(안)」, 1단계 재정분권과 2단계 재정분권의 내용을 통하여 정부간 재정관계를 파악할 필요가 있을 것이다. 「자치분권 종합계획(안)」에는 6개의 추진전략에 11개의 과제가 포함되어 있다(앞의 〈표 14-22〉 참조). 여기에는 지방소비세 · 지방소득세 개편안 마련, 국세와 지방세의 합리적 조정 검토, 지역자원시설세 과세대상 확대 방안 마련, 신규 과세대상 발굴, 지방세 감면율 관리방안 마련, 지방세외수입 징수율 제고방안 마련, (가칭)고향사랑기부금법 제정, 종합정보시스템 구축 및 고향사랑 기부제 시행, 국고보조사업 개편방안 마련, 지방교부세 제도 개선방안 마련, 지역상생발전기금 개편방안 마련 등과 같은 11개의 과제가 있다. 기업과 관련되어 있는 것은 지방소비세와 지방소득세, 지방세감면율 등이 있고, 주민과는 신규 과세대상 발굴, 지방세외수입 징수율 제고방안 마련 등이 해당된다. 따라서 재정분권안을 마련할 때에는 주민과 기업의 의견을 수렴하여 반영할 필요가 있을 것이다. 물론, 조세를 증가시키지 않으면서 부가가치세로부터 이양받아야 하는 지방소비세의 세율을 인상하는 것이기 때문에, 의견수렴을 하지 않은 것으로 보인다. 그렇다고 하여 주민과 기업을 위하여 이들의 의견이 반영되었다고 보기에는 어려움이 있다. 1단계 재정분권과 2단계 재정분권의 경우에도 동일한 현상이 나타난다.

종합하면, 왜 중앙정부의 재정이 지방정부로 이양되어야 하는지가 명확하지 않다. 구체적으로는 주민과 기업의 이익을 위하여 이들이 참여할 수 있는 통로를 구축한 후 의견을 수렴하여 반영하고자 하는 노력은 부족하였다고 볼 수 있다. 중앙정부의 재정을 지방정부로 이양하여야 하는 이유는 지방재정의 열악성에 기인한 것이지, 그 이외의 재정분권 필요성에 대한 논의는 부족하였다고 볼 수 있다.

6) 중앙정부 등 상위정부와 하위정부간 갈등 발생 시 누구의 이익을 반영하는가? 재정이양의 수준이 완전한 자율성을 지향하는가? 아니면 중앙정부의 이익을 해치지 않는 범위 내에서 이루어지는가? 재정이양의 배경은 어디에 있는가? 혹시 계급투쟁의 산물인가?

재정분권은 하위정부의 재정자율성을 신장시키는 등 일정한 원칙을 가지고 추진되어야 한다. 재정분권의 추진원칙은 학자마다 다르게 제시하고 있기 때문에, 학자들의 주장을 종합하여 대표적인 다섯 가지만을 살펴보고자 한다(라휘문, 2017, 2018). 첫째, 재정분권은 중앙정부와 지방정부간 관계에서 살펴보아야 한다. 지방정부간의 관계를 중점적으로 논의하는 것은 재정분권대안의 논의가 아니라 재정분권 후 지방재정체계의 개편 등과 같은 후속조치가 될 것이다. 즉, 지방정부간의 관계를 논의하는 것은 지방재정제도의 발전방안을 마련하는 것이지 재정분권에 초점이 있다고 말하기 곤란하다. 다만, 재정분권이 실효성을 거두기 위해서는 지방재정제도 전반을 포괄할 수 있어야 한다는 점에서 논의의 범위를 좀 더 확대할 필요성은 존재한다. 둘째, 재정분권은 세입뿐만 아니라 세출을 모두 포함하여 논의하여야 한다. 재정분권의 개념에서 살펴본 것처럼 재정분권은 세입분권과 세출분권으로 구분되어 있는 바 두 가지 요소가 모두 포함되어야 한다. 물론, 논의의 중점이 세입분권에 맞추어지는 것은 그동안 세입분권에 대한 대책이 충분하지 않았다는 점을 고려할 때 어쩔 수 없는 현상일 수 있다고 판단된다. 그럼에도 불구하고 세출자율성과 책임성을 향상시킬 수 있는 세출자치와 관련된 논의 역시 포함될 필요가 있을 것이다. 셋째, 재정분권은 자주재원을 중심으로 논의되어야 한다. 재정분권의 핵심은 재정자율성의 확보에 있기 때문에 자주재원을 중심으로 논의되어야 한다. 이전재원에 대한 논의는 부수적으로 이루어지는 것이다. 따라서 국세의 지방세 이양 등과 같은 논의가 있어야 한다. 선행연구를 고려할 때 지방소비세, 지방소득세, 종합부동산세, 양도소득세, 개별소비세, (지방세분)농어촌특별세, 주세 등이 대상이 될 수 있을 것이다. 이 중에서 기획재정부, 행정안전부, 학회 등 다양한 행위 주체들의 논의를 종합하면 지방소비세와 지방소득세가 논의의 핵심이라고 볼 수 있다. 넷째, 재정분권은 지방정부간 재정격차를 고려하여야 한다. 재정분권이 국세의 지방세 이양 등을 통하여 추진될 때 지방정부간 재정격차가 커질 수 있을 것이다. 즉, 빈익빈 부익부 현상이 가중될 수 있을 것이다. 이와 같은 현상이 발생하면 긍정적인 재정변화가 발생하는 지방정부는 재정분권에 찬성하지만, 그렇지 않은 지방정부는 재정분권에 반대할 가능성도 존재한다. 이러한 문제를 해소하기 위해서는 이전재원에 대한 논의가 있어야 할 것이다. 동시에 부유해진 지방정부가 덜 부유한 지방정부에 재정을 지원하는 새로운 제도, 또는 현재 그와 같은 기능을 수행하고 있는 지역상생발전기금제도에 대한 개편 논의가 추진되어야 할 것이다. 다섯째, 재정분권은 재정중립을 전제하고 추진하기보다는 순증을 인정하는 수준에서 추진되어야 한다. 재정중립을 전제하면 제도 개편 이전의 수준을 유지한다는 것이기 때문에, 실질적인 세수증대효과를 도모하기에는 한계가 있다. 예를 들면, 국세를 지방세로 이전하면 지방정부의 재정에는 순증효과가 발생한다. 이 경우, 중앙재정은 그만큼 감소하게 된다. 이를 방지하기 위하여 중앙정부가 지방교부세 교부율을 상응하는 만큼 감소시키면 지방정부의 실질적인 순증효과는 발생하지 않게 된다. 이와 같은 방식으로 재정분권을 추진하게 되면 지방정부별로는 재정이 증가하기도 하고 감소하기도 하는 현상이 발생하게 된다. 따라서 지방정부 모두로부터 동의를 받을 수는 없게 될 것이다. 이러한 현상을 방지하기 위해서는 재원중립을 전제로 재정분권을 추진해서는 곤란하다.

이와 같은 원칙을 가지고 재정분권을 추진하게 되면 정부간에 갈등이 발생할 수 있다. 즉, 하위정부는 자율적으로 사용할 수 있도록 용도가 지정되지 않은 자주재원(국세의 지방세 이양 등)을 많이 이양받기를 원할 수 있고, 상위정부는 가능하다면 통제가 가능한 용도지정의 의존재원을 가급적 적게 이양하기를 원할 수 있을 것이다. 이 과정에서 갈등이 발생할 수 있을 것이다.

그러면 실제로, 재정분권이 이루어지는 과정에서 갈등을 예방하거나 해소할 수 있는 기제가 있는지, 갈등발생 시 누구의 이익을 반영하는지 등을 살펴보아야 한다. 1단계 재정분권과 2단계 재정분권의 결정과정을 보면 지방정부의 의견을 수렴하도록 하고 있기 때문에, 갈등을 사전에 예방할 수 있는 장치는 마련되었다고 볼 수 있다. 그럼에도 불구하고 지방정부의 요구수준을 반영하지 못할 경우 갈등이 발생할 수 있는데, 이때 어떻게 결정할 것인지에 대해서는 제시되어 있는 것이 없다. 결국 재정분권 TF의 회의를 통하여 결정할 수밖에 없을 것이다. 재정분권 TF는 중앙정부의 대표, 지방정부의 대표 등이 참여하고 있기 때문에, 상호간의 이해관계가 대립하면서 그 수준이 결정되었다고 볼 수 있을 것이다. 또한 재정이양이 지방정부의 완전한 자율성을 보장하는 수준으로 이루어지고 있는지를 살펴볼 필요가 있다. 이를 위해서는 한국의 지방재정관리제도의 주체를 살펴볼 필요가 있다. 즉, 지방재정의 관리 및 통제의 주체가 누구인지를 파악할 필요가 있다는 것이다. 중앙정부가 관리 및 통제할 경우 지방정부의 재정자율성이 확대되었다고 보기 어려울 것이다. 반면, 지방의회, 지역주민 등에 의하여 관리 및 통제될 경우 자율성이 높아졌다고 볼 수 있을 것이다. 앞의 〈표 14-16〉에서 보는 것과 같이 극소수를 제외한 대다수가 중앙정부가 지방재정을 관리 및 통제하는 것으로 설계되어 있다.

종합하면, 자치분권 종합계획 등에 의하면 지방정부의 자율성을 신장하는 방향으로 재정분권을 추진하고자 하였다. 실제로도 지방정부의 재정자율성을 신장시키는 대안들이 제시되었다. 다만, 지방재정관리제도를 보면 지방의회나 지역의 주민이 지방재정을 관리 및 통제하는 것이 아니라 중앙정부가 지방재정을 관리 및 통제하도록 제도가 설계되어 있다. 따라서 지방정부의 재정자율성을 확대할 수 있도록 충분한 수준의 제도개선이 이루어졌다고 보기에는 어려움이 있다. 또한 상위정부와 하위정부간 갈등이 발생하면 어떻게 해소할 것인지를 제시하지 않았다는 점에서 부족한 부분이 존재한다. 그리고 의사결정과정을 보면 중앙정부의 대표와 지방정부의 대표간 논의과정을 통해 재정분권의 수준이 결정되었기 때문에, 1단계 재정분권과 2단계 재정분권은 이해관계에 의한 투쟁의 산물이라고 볼 수 있을 것이다.

7) 분권을 통하여 복지비용을 지방정부에 전가하는가?

국가이론에 의하면, 분권을 통하여 중앙정부에서 수행하여야 할 복지기능 중 상당부분을 지방정부로 이양할 수 있다고 한다. 복지기능이 지방정부로 이양되면서 상응하는 수준의 복지비용이 지방정부로 전가되는 현상이 발생할 수 있다.

문재인 정부에서 추진한 재정분권에서는 사회복지비와 관련된 내용이 포함되어 있다. 구체적으로는 기초지방정부가 부담하고 있는 사회복지비 중 부담이 큰 기초연금 등(기초연금, 첫만남이용권 지원, 노인단체 지원)에 대한 국고보조사업의 보조율을 인상하였다. 이러한 노력을 통하여 매년 약 2천억 원 정도의 지방비 부담이 완화되었다.

종합하면, 재정분권을 통하여 복지비용을 지방정부에 전가한 것이 아니라 지방정부의 부담을 완화시켜주고자 제도를 개선하였다고 볼 수 있을 것이다.

4. 어떻게 해석할 것인가?

재정이양(분권)에 대하여 ① 재정을 배분하기 위한 법·제도적 요건은 구비되어 있는가? ② 법·제도적 요건에 따라 재정분권이 이루어지고 있는가? ③ 재정관계를 결정하는 데 있어 지방정부의 참여가 보장되어 있는가? ④ 광역지방정부와 기초지방정부에 대한 논의가 포함되어 있는가? ⑤ 재정관계를 결정할 때 지방정부의 의견이 반영되는가? ⑥ 재정관계를 결정하는 데 있어 주민과 기업의 참여가 보장되어 있는가? ⑦ 재정관계를 결정할 때 주민과 기업의 의견이 반영되는가? ⑧ 중앙정부 등 상위정부와 하위정부간 갈등 발생 시 누구의 이익을 반영하는가? ⑨ 재정이양의 수준이 완전한 자율성을 지향하는가? 아니면 중앙정부의 이익을 해치지 않는 범위 내에서 이루어지는가? ⑩ 재정이양의 배경은 어디에 있는가? 혹시 계급투쟁의 산물인가? ⑪ 재정의 배분목적은 어디에 있는가?(주민과 기업을 위해서인지, 아니면 지방정부 또는 중앙정부를 위해서인가?) ⑫ 분권을 통하여 복지비용을 지방정부에 전가하는가? 등과 같은 12가지의 기준을 적용하여 분석하였다.

분석결과를 종합하면 다음과 같다.

① 재정을 배분하기 위한 법·제도적 요건은 구비되어 있는가? 이에 대한 응답은 '그렇다'이다. 지방자치법 제136조, 제137조와 지방자치분권 및 지방행정체제개편에 관한 특별법 제23조에 재정분권과 관련된 내용이 제시되어 있다. 또한 대통령직속 자치분권위원회에서 마련한 「자치분권 종합계획(안)」이 마련되어 있고, 매년 시행계획을 수립하여 추진하고 있다.

② 법·제도적 요건에 따라 재정분권이 이루어지고 있는가? 이에 대한 응답은 '그렇다'이다. 법적인 요건을 중심으로 하면 재정분권은 국세의 지방세 이양 등의 방식이 바람직한데, 문재인 정부에서는 지방소비세를 중심으로 한 재정분권을 추진하였다. 또한 「자치분권 종합계획(안)」에도 지방정부의 재정자주성을 확대하기 위한 다양한 조치들이 포함되어 있다.

③ 재정관계를 결정하는 데 있어 지방정부의 참여가 보장되어 있는가? 이에 대한 응답은 '일부 그렇다'이다. 정부간 재정관계를 결정할 때 지방정부가 참여하는 방식은 크게 세 가지이다. 첫째, 재정분권 TF의 운영과정에서 지방정부의 장이 직접 참여하여 의견을 개진하였고, 둘째, 지방정부협의체가 추천한 전문가 또는 협의체 소속 구성원이 참여하여 지방정부의 이익을 대변하고자 노력하였으며, 셋째, 재정분권안에 대해 지방정부의 의견을 수렴하고자 노력하였다. 다만, 참여의 수준이 적극적인 참여를 인정한 것인지 아니면 소극적인 참여만을 인정한 것인지를 결정하기 위해서는 충분히 논의할 필요가 있을 것이다.

④ 광역지방정부와 기초지방정부에 대한 논의가 포함되어 있는가? 이에 대한 응답은

'아니오'이다. 「자치분권 종합계획(안)」, 1단계 재정분권과 2단계 재정분권의 내용을 보면 광역지방정부와 기초지방정부에 대한 논의는 포함되어 있으나, 광역지방정부와 기초지방정부간 재정관계를 판단할 수 있는 내용은 없다.

⑤ 재정관계를 결정할 때 지방정부의 의견이 반영되는가? 이에 대한 응답은 '일부 그렇다'이다. 1단계 재정분권과 2단계 재정분권을 결정할 때 지방정부, 지방정부협의체 추천 전문가 참여 등이 있었다는 점에서 지방정부의 의견이 반영될 수 있는 여지는 있었다고 볼 수 있다. 다만, 어느 정도의 의견이 반영되었는지는 알 수 없으나 100%가 반영되지는 않았을 것이다.

⑥ 재정관계를 결정하는 데 있어 주민과 기업의 참여가 보장되어 있는가? 이에 대한 응답은 '아니오'이다. 「자치분권 종합계획(안)」, 1단계 재정분권과 2단계 재정분권의 어디에도 주민과 기업의 참여내용이 제시되어 있지 않다.

⑦ 재정관계를 결정할 때 주민과 기업의 의견이 반영되는가? 이에 대한 응답은 '아니오'이다. 「자치분권 종합계획(안)」, 1단계 재정분권과 2단계 재정분권의 어디에도 주민과 기업의 참여내용이 제시되어 있지 않기 때문에, 의견을 제시 및 반영할 수 있는 여지는 없다고 보아야 할 것이다.

⑧ 중앙정부 등 상위정부와 하위정부간 갈등 발생 시 누구의 이익을 반영하는가? 이에 대한 응답은 '알 수 없음'이다. 「자치분권 종합계획(안)」, 1단계 재정분권과 2단계 재정분권의 어디에도 갈등 발생에 대한 해소대안에 대한 논의 자체가 없다.

⑨ 재정이양의 수준이 완전한 자율성을 지향하는가? 아니면 중앙정부의 이익을 해치지 않는 범위 내에서 이루어지는가? 이에 대한 응답은 '일부 중앙정부의 이익'이다. 자치분권 종합계획에 의하면, 지방정부의 재정자주성을 확대하려는 목적을 가지고 있으나, 결국에는 중앙정부의 이익을 해치는 않는 범위 내에서 재정분권이 추진되었다고 볼 수 있다.

⑩ 재정이양의 배경은 어디에 있는가? 혹시 계급투쟁의 산물인가? 이에 대한 응답은 '중앙정부와 지방정부간 이해관계에 대한 투쟁의 산물'이다. 재정분권은 중앙정부와 지방정부간 관계에서 끊임없는 논의가 있었고, 정치적인 과정을 통하여 그 수준이 결정되었다고 볼 수 있을 것이다.

⑪ 재정의 배분목적은 어디에 있는가?(주민과 기업을 위해서인지, 아니면 지방정부 또는 중앙정부를 위해서인가?) 이에 대한 응답은 '중앙정부와 지방정부'이다. 「자치분권 종합계획(안)」, 1단계 재정분권과 2단계 재정분권의 어디에도 주민과 기업의 참여, 이

표 14-23 재정분권에 대한 경험적 분석결과 종합

기준	분석결과
재정을 배분하기 위한 법·제도적 요건은 구비되어 있는가?	○
법·제도적 요건에 따라 재정분권이 이루어지고 있는가?	○
재정관계를 결정하는 데 있어 지방정부의 참여가 보장되어 있는가?	△
광역지방정부와 기초지방정부에 대한 논의가 포함되어 있는가?	×
재정관계를 결정할 때 지방정부의 의견이 반영되는가?	△
재정관계를 결정하는 데 있어 주민과 기업의 참여가 보장되어 있는가?	×
재정관계를 결정할 때 주민과 기업의 의견이 반영되는가?	×
중앙정부 등 상위정부와 하위정부간 갈등 발생 시 누구의 이익을 반영하는가?	알 수 없음
재정이양의 수준이 완전한 자율성을 지향하는가? 아니면 중앙정부의 이익을 해치지 않는 범위 내에서 이루어지는가?	일부 중앙정부
재정이양의 배경은 어디에 있는가? 혹시 계급투쟁의 산물인가?	중앙정부와 지방정부간 이해관계에 대한 투쟁의 산물
재정의 배분목적은 어디에 있는가?(주민과 기업을 위해서인지, 아니면 지방정부 또는 중앙정부를 위해서인가?)	중앙정부와 지방정부
분권을 통하여 복지비용을 지방정부에 전가하는가?	×

익 등에 대한 논의 자체가 없다.

⑫ 분권을 통하여 복지비용을 지방정부에 전가하는가? 이에 대한 응답은 '아니오'이다. 재정분권을 통하여 복지비용을 지방정부에 전가한 것이 아니라, 지방정부의 부담을 완화시켜주고자 제도를 개선하였다고 볼 수 있을 것이다(〈표 14-23〉 참조).

이와 같은 분석결과를 종합하면, 앞에서 살펴본 세발자전거모형에 의거할 때 법에 규정되어 있는 내용을 실제로 적용하고자 노력하였으나 일부 부족한 점들이 존재하고, 지방정부의 적극적인 참여가 부족하며, 주민과 기업에 대한 관심도가 높지는 않은 수준이고, 중앙정부가 지방재정을 관리 및 통제하고 있는 것으로 나타났다. 즉, 중앙정부 지배형에 해당된다고 볼 수 있을 것이다([그림 14-3] 참조).

기존의 정부간 관계모형에 의하면, 지방정부의 이익, 즉 재정자주성을 확대하는 방향으로 재정분권을 추진한다는 법·제도를 마련하였으나, 중앙정부의 지방재정에 대한 관리 및 통제수준이 높다는 점에서 대리인모형에 해당된다고 볼 수 있을 것이다.

국가론에서 바라보는 정부간 관계에 의하면, 다원주의와 신우파의 입장을 가지고 있

그림 14-3 재정분권 관련 세발자전거모형의 유형

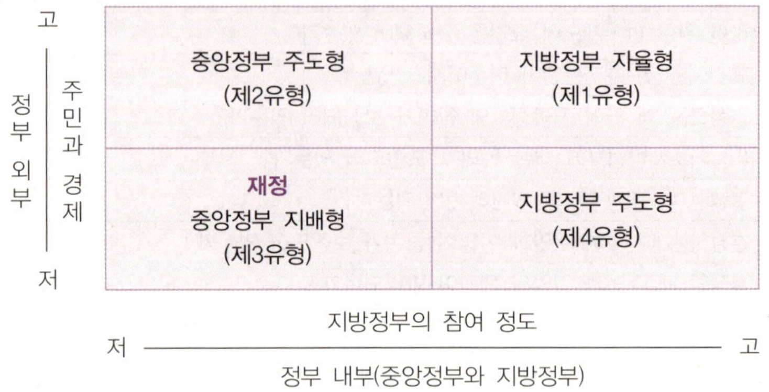

다기보다는 엘리트론에 가깝다고 볼 수 있을 것이다. 즉, 분권을 당연한 것으로 인정하지는 않는 것으로 파악된다. 중앙정부의 이익을 위하여 필요한 경우에 한하여 분권을 인정하려는 성향을 가진 것으로 볼 수 있다.

제 4 절 소결

재정분권은 중앙정부와 지방정부가 보유하여야 할 재정을 재배분한다는 의미이다. 보다 구체적으로는 중앙정부의 재정을 지방정부로, 그리고 광역지방정부가 기초지방정부로 재정을 이양하는 것을 말한다.

재정분권은 몇 가지의 이유 때문에 필요하다. 첫째, 지방정부가 추진하는 사업에 대한 비용을 중앙정부가 이전재원으로 지원하면 지방정부는 스스로의 재원을 투입하여 사업을 추진하는 것이 아니기 때문에 사업을 확대하고자 할 것이다. 이 과정에서 도덕적 해이현상이 발생할 가능성이 있다. 둘째, 열악한 지방재정을 확충하는 방안으로 중앙정부의 이전재원을 확대하는 경우, 단기적인 측면에서 보면 지방재정이 확충될 수 있기 때문에 긍정적이다. 그러나 중·장기적인 측면에서 보면 지방정부의 재정운용에 대한 자율성이 훼손될 수 있다는 단점이 존재한다. 따라서 재정분권을 통하여 중앙정부의 재정을 지방정부로 이양하여야 한다. 셋째, 한국의 재정을 보면 정부간(중앙정부와 지방정부) 재정불균형이 매우 크다고 볼 수 있다. 이러한 문제를 해소하려면 정부간에 발생할 수 있는 수직적 재정불균형을 완화시킬 수 있도록 하여야 한다. 넷째, 과거의 한국은 국가를 발전시키기 위하여 중앙정부가 주도하는 하향식이면서 일방적이고 획일적인 전략을 취하였다. 그러나 중앙정부가 주도하는 국가발전전략은 지방정부의 이익을 반영하지는 못하였고, 이로 인해 지역간 불균형문제가 발생한 바 재정분권을 통해 지방정부에게 충분한 수준의 재원이양이 있어야 한다. 다섯째, 불균형 발전전략을 통하여 빠른 속도로 국가가 발전되었으나 수도권의 과밀도시화 현상, 부동산 가격의 급증, 심각한 환경오염, 높은 도시범죄율 등과 같은 각종 외부불경제 효과가 초래되었다. 이와 같은 문제를 해소하려면 중앙정부가 주도하는 불균형 발전전략이 아니라, 지방정부가 주도하는 발전전략을 추진할 수 있도록 지방정부가 충분한 수준의 재원을 확보할 수 있도록 재정분권이 있어야 할 것이다. 여섯째, 국가가 주도하는 통치방식보다는 시민이나 비정부기구 등이 서로 소통하고 협치하는 거버넌스 방식으로의 전환을 모색한다고 할 때, 지방정부가 제 역할을 수행하는 데 필요한 충분한 재원이 있어야 한다.

한국에서 이루어지고 있는 재정분권에 대하여 경험적인 분석을 실시하였다. 이때 활용한 기준은 ① 재정을 배분하기 위한 법·제도적 요건은 구비되어 있는가? ② 법·제도적 요건에 따라 재정분권이 이루어지고 있는가? ③ 재정관계를 결정하는 데 있어 지방정부의 참여가 보장되어 있는가? ④ 광역지방정부와 기초지방정부에 대한 논의가 포함되어 있는가? ⑤ 재정관계를 결정할 때 지방정부의 의견이 반영되는가? ⑥ 재정관계를 결정하는 데 있어 주민과 기업의 참여가 보장되어 있는가? ⑦ 재정관계를 결정할 때 주민과 기업의 의견이 반영되는가? ⑧ 중앙정부 등 상위정부와 하위정부간 갈등 발생 시 누구의 이익을 반영하는가? ⑨ 재정이양의 수준이 완전한 자율성을 지향하는가? 아니면 중앙정부의 이익을 해치지 않는 범위 내에서 이루어지는가? ⑩ 재정이양의 배경은 어디에 있는가? 혹시 계급투쟁의 산물인가? ⑪ 재정의 배분목적은 어디에 있는가? (주민과 기업을 위해서인지 아니면 지방정부 또는 중앙정부를 위해서인가?) ⑫ 분권을 통하여 복지비용을 지방정부에 전가하는가? 등과 같은 12가지이다.

분석결과를 보면 다음과 같다. ① 재정을 배분하기 위한 법·제도적 요건은 구비되어 있는 것으로 나타났다. ② 법·제도적 요건에 따라 재정분권이 이루어지고 있는 것으로 나타났다. ③ 재정관계를 결정하는 데 있어 지방정부의 참여가 있기는 하였으나 참여의 수준이 적극적인 참여를 인정한 것인지, 아니면 소극적인 참여만을 인정한 것인지를 결정하기 위해서는 충분한 논의가 필요하다. ④ 광역지방정부와 기초지방정부에 대한 논의는 포함되어 있지 않다. ⑤ 재정관계를 결정할 때 지방정부의 의견이 반영되고는 있으나 100%가 반영되지는 않았을 것이다. ⑥ 재정관계를 결정하는 데 있어 주민과 기업의 참여는 보장되어 있지 않다. ⑦ 재정관계를 결정할 때 주민과 기업의 의견이 반영되고 있지도 않다. ⑧ 중앙정부 등 상위정부와 하위정부간 갈등 발생 시 누구의 이익을 반영하는지는 내용이 제시되어 있지 않기 때문에 알 수 없다. ⑨ 재정이양의 수준은 자율성을 지향하고 있으나 일정 부분 중앙정부의 이익을 해치지 않는 범위 내에서 이루어지고 있다고 보여진다. ⑩ 재정이양의 배경은 중앙정부와 지방정부간 이해관계에 대한 투쟁의 산물이다. ⑪ 재정의 배분목적은 중앙정부와 지방정부의 이익을 위해서이지 주민이나 기업을 위한 논의는 아니다. ⑫ 분권을 통하여 복지비용을 지방정부에 전가하려는 것은 아니다.

이와 같은 분석결과를 토대로 한국의 재정분권은 어떤 유형인지를 판단할 수 있을 것이다. 먼저, 기존의 정부간 관계모형인 대리인모형, 동반자모형, 그리고 상호의존모형에 의할 경우 동반자모형보다는 대리인모형에 가깝다고 볼 수 있을 것이다. 중앙정부의 재정을 지방정부로 이양할 때 법·제도적으로 준수하여야 할 바람직한 원칙들이 명시적으로 제시되어 있지 않을 뿐만 아니라, 학자들이 이론적으로 제안한 다수의 기준 중 일부만을 적용하고 있다. 즉, 재정분권의 목적이 지방정부의 완전한 자율성을 지양한다고 보여지기보다는 중앙정부가 자신의 이익을 해치지 않는 범위 내에서 이루어진다고 볼 수 있을 것이다.

국가론에서 바라보는 정부간 관계에 의할 경우 법·제도적인 측면에서 보면 지방정부의 인정, 분권의 선호 등과 같은 다원주의와 신우파의 입장을 보유하고 있으나, 실제로는 지방정부의 예외적 인정, 중앙정부의 이익을 해치지 않는 범위 내에서의 기능과 사무의 이양 등의 입장을 가지고 있는 바 엘리트론에 가깝다고 볼 수 있을 것이다.

다음은 세발자전거모형이다. 세발자전거모형은 정부 외부의 참여 정도, 정부 내부의 참여 정도(지방정부의 참여 정도)를 기준으로 네 개의 유형을 도출하였다. 제1유형은 지방정부 자율형이다. 지방정부의 참여 정도가 높고, 주민과 기업(경제계)의 참여 및 그들을 위한 결정 정도가 높은 유형이다. 즉, 지방정부가 자율성을 가지고 지역의 주민과 기업(경제계)을 위하여 노력할 수 있도록 한다는 것이다. 제2유형은 중앙정부 주도형이다. 지방정부의 참여 정도가 낮은 수준이고, 지역의 주민과 기업(경제계)의 참여 정도는 높은 유형이다. 지방정부의 참여를 고려하지 않은 채 지역의 문제를 결정하는 유형이다. 제3유형은 중앙정부 지배형이다. 지방정부의 참여 정도가 낮은 수준이고, 지역의 주민과 기업(경제계) 등의 참여도 없고, 그들을 위해 정책을 결정하지도 않는 유형이다. 즉, 분권 자체를 인정하려고 하지 않는 유형이라고 볼 수 있다. 중앙정부의 이익, 전국수준의 자본가 등의 이익을 위하여 정책을 결정한다고 보아야 할 것이다. 마지막으로, 제4유형은 지방정부 주도형이다. 지방정부의 참여 정도는 높으나 지역의 주민과 기업(경제계) 등의 참여 정도, 그리고 결정된 정책의 내용 등이 주민과 기업(경제계)을 위한 것이 아닐 수 있는 유형이다. 분석결과를 보면 법·제도적으로는 지방정부의 재정자율성을 신장시키는데 관심이 있으나 주민과 기업에 대한 논의도 전혀 하지 않고 있으며, 지방정부의 참여는 있으나 실제의 결정은 재정분권 TF에 의하여 이루어지고 있는 바 세발자전거모형 중 중앙정부 지배형에 해당된다고 볼 수 있을 것이다.

제15장 분석결과 종합

제1절 분석결과 종합

1. 무엇을 분석하였는가?

한국의 정부간 관계는 어떠한가에 대한 답을 구하기 위하여 여기에서는 관여, 사무·기능, 기구·인력, 그리고 재정 등 네 가지 측면에 대한 경험적 분석을 실시하였다. 관여를 분석한 이유는 관여가 중앙정부와 광역지방정부 및 기초지방정부의 관계, 광역지방정부와 기초지방정부간의 관계를 파악하는 데 유용할 것으로 판단되었기 때문이다. 사무와 기능은 정부간 행정관계를 판단할 수 있는 대표적인 영역이기 때문에 분석하였다. 기구와 인력 역시 정부간 행정관계를 규명하는 데 유용하기 때문에 분석하였다. 기구는 공무원의 규모와 밀접하에 관련되어 있으며, 기구수와 공무원 정원을 누가 결정하는지는 정부간 관계를 규명하는 데 매우 중요한 요소이다. 구체적으로는 지방정부의 기구수와 공무원 정원을 지방정부가 결정하는지, 아니면 중앙정부의 허락을 받아야 하는지는 정부간 관계를 결정하는 데 중요한 요소로 보여진다. 마지막으로, 재정은 지방정부를 운영하는 데 있어 매주 중요한 요소이기 때문에 분석하였다. 즉, 정부간 재정관계를 파악하면 정부간 재정관계를 판단하는 데 도움이 될 것으로 생각되었기 때문에 분석한 것이다.

정부간 관계를 규명하기 위해서는 관여, 사무·기능, 기구·인력, 그리고 재정 이외에도 정부간 갈등, 정부간 협력 등 다양한 요소가 추가될 수 있을 것이다. 또한 여기에

그림 15-1 정부간 관계의 분석대상

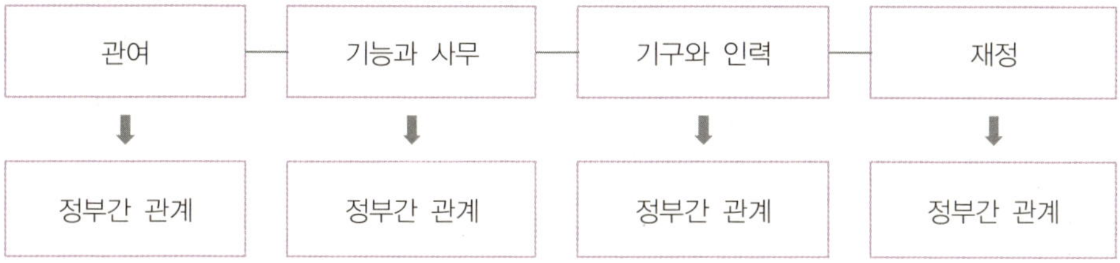

서 다루고 있는 네 가지의 영역을 좀 더 심도있게 분석하는 것도 필요할 수 있을 것이다. 그럼에도 불구하고 여기에서는 네 가지의 영역에 대해서, 그리고 지방정부의 자율성을 강조하는 방향에서 분석을 실시하였다. 이는 정부간 관계의 경우, 지방정부, 주민, 지역의 경제 등을 중심으로 살펴보아야 한다는 필자의 견해 때문이다. 중앙정부는 지방정부에 비하여 다양한 측면에서 우월한 지위를 가지고 있기 때문에, 정부간 관계는 중앙정부보다는 지방정부의 관점에서 파악되어야 한다는 것이다.

2. 어떤 기준에 의하여 분석하였는가?

한국의 정부간 관계를 파악하기 위하여 관여, 기능과 사무, 기구와 인력 그리고 재정 등 네 개의 영역을 대상으로 경험적인 분석을 실시하였다. 기존의 연구 등의 저작물에서는 경험적인 분석을 실시하면서 명시적인 기준을 활용하지는 않았다. 이 책에서는 명시적인 기준을 통해 현상을 분석하는 것이 결과에 대한 독자들의 수용성을 높일 수 있다는 점에서 기준을 제시한 후 경험적인 분석을 하였다.

분석기준의 도출을 위하여 기존의 정부간 관계모형과 국가론에서 바라본 정부간 관계를 살펴보았다. 기존의 정부간 관계모형과 국가론에서 바라본 정부간 관계는 중앙정부와 지방정부간의 관계에 초점을 맞추고 있을 뿐, 주민이나 기업 등에 대한 논의는 포함되어 있지 않다. 즉, 기능과 사무를 이양하는 것은 중앙정부, 지방정부, 주민, 기업 등 다양한 이해관계자들의 이해관계에 따라 결정되어야 하는데, 주민과 기업에 대한 논의는 포함되어 있지 않다는 것이다.

이러한 문제점을 해소하고자 여기에서는 세발자전거모형을 제안하였다. 세발자전거모형은 기존의 정부간 관계모형의 핵심요소, 국가론에서 바라본 정부간 관계의 요소,

그리고 주민과 기업의 이해관계 등을 통합한 새로운 관점이다. 세발자전거모형은 수평축을 정부 내부의 문제, 수직축을 정부 외부의 문제로 구분한 후 네 가지의 정부간 관계유형을 제시하고 있다. 정부 내부의 문제는 중앙정부와 지방정부, 지방정부간 관계를 이야기한다. 정부 외부의 문제는 주민과 기업 등으로 논의를 확장한다는 의미이다. 수평축과 수직축을 종합하면, 네 개 유형의 정부간 관계모형이 제시된다. 제1유형은 지방정부의 참여 정도가 높고, 주민과 기업(경제계)의 참여 및 그들을 위한 결정 정도가 높은 유형으로서 '지방정부 자율형'이라고 명명하였다. 제2유형은 지방정부의 참여 정도가 낮은 수준이고, 지역의 주민과 기업(경제계)의 참여 정도는 높은 유형으로 '중앙정부 주도형'이라고 명명하였다. 제3유형은 지방정부의 참여 정도가 낮은 수준이고, 지역의 주민과 기업(경제계) 등의 참여도 없고, 그들을 위해 정책을 결정하지도 않는 유형으로 '중앙정부 지배형'이라고 명명하였고, 제4유형은 지방정부의 참여 정도는 높으나, 지역의 주민과 기업(경제계) 등의 참여 정도, 그리고 결정된 정책의 내용 등이 주민과 기업(경제계)을 위한 것이 아닐 수 있는 유형으로 '지방정부 주도형'이라고 명명하였다.

세발자전거모형에 의거하여 정부간 관계 유형을 판단하려면 일정한 기준이 있어야 한다. 여기에서는 기존의 정부간 관계모형, 국가론에서 바라보는 보는 정부간 관계, 그리고 주민과 기업의 이해관계 등을 종합적으로 고려하여 기준을 도출한 후 관여, 기능과 사무, 기구와 인력, 그리고 재정 영역에 적용하였다. 다만, 모든 기준들이 모든 영역에 적용될 수 있는 것은 아니기 때문에, 각 영역별로 적용가능한 기준만을 적용하였다(〈표 15-1〉 참조).

표 15-1 경험적인 분석기준

영역	기준
관여 (6)	중앙정부가 지방정부에 관여할 수 있는 법·제도적 장치가 있는가?
	중앙정부는 실제로 지방정부에 관여하고 있는가?
	광역지방정부와 기초지방정부에 대한 논의가 포함되어 있는가?
	관여과정에 정부간에 상호협력 및 협의를 위한 기제가 마련되어 있는가?
	중앙정부 등 상위정부와 하위정부간 갈등 발생 시 누구의 이익을 반영하는가?
	관여의 목적은 무엇인가?(주민과 기업을 위해서인지, 아니면 지방정부 또는 중앙정부를 위해서인가?)

영역	기준
기능과 사무 (13)	기능과 사무를 배분하는 공정한 규칙(법 · 제도)을 가지고 있는가?
	공정한 규칙이 실제로 적용되고 있는가?
	기능과 사무의 배분과정 또는 중앙정부의 기능과 사무의 지방이양과정에 지방정부가 참여할 수 있는가?
	광역지방정부와 기초지방정부에 대한 논의가 포함되어 있는가?
	기능과 사무의 배분과정 또는 중앙정부의 기능과 사무의 지방이양과정에 주민과 기업이 참여할 수 있는가?
	기능과 사무의 배분과정 또는 중앙정부의 기능과 사무의 지방이양을 누가 결정하는가?
	기능과 사무를 누가 더 많이 가지고 있는가?
	중앙정부 등 상위정부와 하위정부간 갈등 발생 시 누구의 이익을 반영하는가?
	권한이양의 수준이 완전한 자율성을 지향하는가? 아니면 중앙정부의 이익을 해치지 않는 범위 내에서 이루어지는가?
	권한이양의 배경은 어디에 있는가? 혹시 계급투쟁의 산물인가?
	기능과 사무를 배분하는 목적이 어디에 있는가?(주민과 기업을 위해서인지, 아니면 지방정부 또는 중앙정부를 위해서인가?)
	지방정부로 이양되는 기능과 사무의 성격은 무엇인가?(정책결정기능? 정책집행기능?)
	분권을 통하여 복지기능을 지방으로 이양하는가?

영역	기준
기구와 인력 (11)	지방정부의 기구와 인력을 결정하기 위한 법 · 제도적 요건이 구비되어 있는가?
	실제로, 기구와 인력의 규모를 누가 결정하는가?
	기구와 인력을 결정하는 과정에 지방정부가 참여할 수 있는 기제가 마련되어 있는가?
	광역지방정부와 기초지방정부에 대한 논의가 포함되어 있는가?
	기구와 인력을 결정할 때 지방정부의 의견이 반영되는가?
	기구와 인력을 결정하는 과정에 주민과 기업이 참여할 수 있는 기제가 마련되어 있는가?
	기구와 인력을 결정할 때 주민과 기업의 의견은 반영되고 있는가?
	중앙정부 등 상위정부와 하위정부간 갈등 발생 시 누구의 이익을 반영하는가?
	권한이양의 수준이 완전한 자율성을 지향하는가? 아니면 중앙정부의 이익을 해치지 않는 범위 내에서 이루어지는가?
	권한이양의 배경은 어디에 있는가? 혹시 계급투쟁의 산물인가?
	기구와 인력 규모는 누구를 위하여 결정하는 것인가?(주민과 기업을 위해서인지, 아니면 지방정부 또는 중앙정부를 위해서인가?)

영역	기준
재정 (12)	재정을 배분하기 위한 법 · 제도적 요건은 구비되어 있는가?
	법 · 제도적 요건에 따라 재정분권이 이루어지고 있는가?
	재정관계를 결정하는 데 있어 지방정부의 참여가 보장되어 있는가?

	광역지방정부와 기초지방정부에 대한 논의가 포함되어 있는가?
	재정관계를 결정할 때 지방정부의 의견이 반영되는가?
	재정관계를 결정하는데 있어 주민과 기업의 참여가 보장되어 있는가?
	재정관계를 결정할 때 주민과 기업의 의견이 반영되는가?
	중앙정부 등 상위정부와 하위정부간 갈등 발생 시 누구의 이익을 반영하는가?
	재정이양의 수준이 완전한 자율성을 지향하는가? 아니면 중앙정부의 이익을 해치지 않는 범위 내에서 이루어지는가?
	재정이양의 배경은 어디에 있는가? 혹시 계급투쟁의 산물인가?
	재정의 배분목적은 어디에 있는가?(주민과 기업을 위해서인지, 아니면 지방정부 또는 중앙정부를 위해서인가?)
	분권을 통하여 복지비용을 지방정부에 전가하는가?

3. 분석결과는 어떠하였는가?

분석결과를 각 영역별로 살펴보면 〈표 15-2〉와 같다. 〈표 15-2〉에서 보는 것과 같이 관여, 기능과 사무, 기구와 인력, 그리고 재정과 관련된 법·제도는 마련되어 있다. 즉, 법·제도적인 기반 하에서 중앙정부가 지방정부에 관여하고 있고, 기능과 사무를 지방정부로 이양하고 있으며, 지방정부의 기구수와 공무원 정원을 산정하고 있다. 또한 중앙정부의 재정을 지방정부로 이양하는 재정분권을 추진하고 있는 것이다. 또한 관여, 기능과 사무의 이양, 기구와 인력의 규모 등에 대한 논의에는 중앙정부와 지방정부간 관계, 지방정부간 관계(광역지방정부와 기초지방정부간 관계) 등이 포함되어 있다. 또한 형식적인 측면에서 보면 지방정부의 참여기제가 마련되어 있고, 실제로도 참여는 이루어지고 있는 것으로 보여진다. 다만, 주민과 기업에 대한 참여기제는 부족한 것을 알 수 있다.

중앙정부와 지방정부의 이해관계가 대립될 경우 중앙정부의 이익을 해치지 않는 범위 내에서 정부간 관계가 결정되고, 지방정부에 대한 관리 및 통제장치의 대다수를 중앙정부가 가지고 있다는 점 등을 종합적으로 고려하면, 정부간 관계에서 중앙정부가 우월한 지위를 가지고 있다고 볼 수 있을 것이다.

표 15-2 정부간 관계에 대한 경험적 분석결과 종합

영역	기준	분석결과
관여	중앙정부가 지방정부에 관여할 수 있는 법·제도적 장치가 있는가?	○
	중앙정부는 실제로 지방정부에 관여하고 있는가?	○
	광역지방정부와 기초지방정부에 대한 논의가 포함되어 있는가?	○
	관여과정에 정부간에 상호협력 및 협의를 위한 기제가 마련되어 있는가?	△
	중앙정부 등 상위정부와 하위정부간 갈등 발생 시 누구의 이익을 반영하는가?	상위정부
	관여의 목적은 무엇인가?(주민과 기업을 위해서인지, 아니면 지방정부 또는 중앙정부를 위해서인가?)	중앙정부
기능과 사무	기능과 사무를 배분하는 공정한 규칙(법·제도)을 가지고 있는가?	○
	공정한 규칙이 실제로 적용되고 있는가?	△
	기능과 사무의 배분과정 또는 중앙정부의 기능과 사무의 지방이양과정에 지방정부가 참여할 수 있는가?	○
	광역지방정부와 기초지방정부에 대한 논의가 포함되어 있는가?	○
	기능과 사무의 배분과정 또는 중앙정부의 기능과 사무의 지방이양과정에 주민과 기업이 참여할 수 있는가?	×
	기능과 사무의 배분과정 또는 중앙정부 기능의 지방이양을 누가 결정하는가?	자치분권 위원회
	기능과 사무를 누가 더 많이 가지고 있는가?	중앙정부
	중앙정부 등 상위정부와 하위정부간 갈등 발생 시 누구의 이익을 반영하는가?	모두
	권한이양의 수준이 완전한 자율성을 지향하는가? 아니면 중앙정부의 이익을 해치지 않는 범위 내에서 이루어지는가?	×
	권한이양의 배경은 어디에 있는가? 혹시 계급투쟁의 산물인가?	법·제도에 기반
	기능과 사무를 배분하는 목적이 어디에 있는가?(주민과 기업을 위해서인지, 아니면 지방정부 또는 중앙정부를 위해서인가?)	효율적인 사무처리
	지방정부로 이양되는 기능과 사무의 성격은 무엇인가?(정책결정기능? 정책집행기능?)	정책집행 기능
	분권을 통하여 복지기능을 지방으로 이양하는가?	×
기구와 인력	지방정부의 기구와 인력을 결정하기 위한 법·제도적 요건이 구비되어 있는가?	○
	실제로, 기구와 인력의 규모를 누가 결정하는가?	행정 안전부
	기구와 인력을 결정하는 과정에 지방정부가 참여할 수 있는 기제가 마련되어 있는가?	×
	광역지방정부와 기초지방정부에 대한 논의가 포함되어 있는가?	○
	기구와 인력을 결정할 때 지방정부의 의견이 반영되는가?	×
	기구와 인력을 결정하는 과정에 주민과 기업이 참여할 수 있는 기제가 마련되어 있는가?	×

	기구와 인력을 결정할 때 주민과 기업의 의견은 반영되고 있는가?	×
	중앙정부 등 상위정부와 하위정부간 갈등 발생 시 누구의 이익을 반영하는가?	판단할 수 없음
	기구와 인력 규모는 누구를 위하여 결정하는 것인가?(주민과 기업을 위해서인지, 아니면 지방정부 또는 중앙정부를 위해서인가?)	정부부문
재정	재정을 배분하기 위한 법·제도적 요건은 구비되어 있는가?	○
	법·제도적 요건에 따라 재정분권이 이루어지고 있는가?	○
	재정관계를 결정하는 데 있어 지방정부의 참여가 보장되어 있는가?	△
	광역지방정부와 기초지방정부에 대한 논의가 포함되어 있는가?	×
	재정관계를 결정할 때 지방정부의 의견이 반영되는가?	△
	재정관계를 결정하는 데 있어 주민과 기업의 참여가 보장되어 있는가?	×
	재정관계를 결정할 때 주민과 기업의 의견이 반영되는가?	×
	중앙정부 등 상위정부와 하위정부간 갈등 발생 시 누구의 이익을 반영하는가?	알 수 없음
	재정이양의 수준이 완전한 자율성을 지향하는가? 아니면 중앙정부의 이익을 해치지 않는 범위 내에서 이루어지는가?	일부 중앙정부
	재정이양의 배경은 어디에 있는가? 혹시 계급투쟁의 산물인가?	정부간 투쟁의 산물
	재정의 배분목적은 어디에 있는가?(주민과 기업을 위해서인지, 아니면 지방정부 또는 중앙정부를 위해서인가?)	중앙정부와 지방정부
	분권을 통하여 복지비용을 지방정부에 전가하는가?	×

제 2 절

종합적 논의

1. 한국의 정부간 관계는 어떠한가?

한국의 정부간 관계를 파악하기 위하여 관여, 기능과 사무, 기구와 인력, 그리고 재정에 대한 정부간 관계를 분석한 결과를 종합하면 [그림 15-2]와 같다. [그림 15-2]에 의하면, 한국의 정부간 관계는 분석기준에 대한 충족률을 기준으로 할 때 세발자전거모형의 네 가지 유형 중 중앙정부 지배형(제3유형)이라고 볼 수 있을 것이다.

영역별로 좀 더 구체적인 내용을 살펴봄으로써 왜 중앙정부 지배형에 해당되는지를 검토하고자 한다. 먼저, 관여의 경우 앞의 〈표 15-2〉에서 보는 것과 같이 중앙정부가

그림 15-2 세발자전거모형에서 본 한국의 정부간 관계 유형

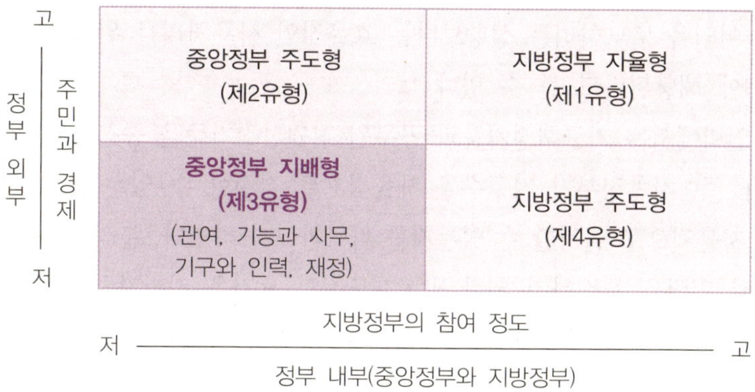

지방정부에 관여할 수 있는 법·제도적 장치를 보유하고 있고, 법·제도적 근거 하에 실제로 지방정부에 관여하고 있다. 관여과정에서 정부간의 상호협력이나 협의를 위한 제도적 장치는 마련되어 있지 않고, 정부간 갈등이 발생하면 상위정부의 이익을 반영하도록 설계되어 있기 때문에, 관여는 중앙정부의 이익을 도모하기 위해서 이루어진다고 볼 수 있다. 이러한 점을 종합하여 세발자전거모형에서 제시하고 있는 네 가지의 유형에 적용하면 국가 내부적으로는 중앙정부의 이익을 위하여, 그리고 국가 외부적으로는 주민이나 기업의 참여나 이익을 도모하려는 성향이 높지 않은 유형인 제3유형에 해당된다고 볼 수 있다.

기능과 사무에서 다루고자 하는 것은 중앙정부의 기능과 사무를 지방정부로 이양하는 것을 의미한다. 중앙정부가 지방정부로 기능과 사무를 이양할 때 준수하여야 할 원칙 등이 지방자치법 등에 제시되어 있고, 기능과 사무의 이양과정에서 지방정부가 참여하여 의견을 개진할 수는 있다. 그러나 기능과 사무의 이양 여부에 대한 결정은 자치분권위원회에 의하여 이루어지고 있고, 중앙정부의 기능과 사무가 지방정부의 기능과 사무보다 월등하게 많으며, 기능이나 법률 단위로 이양되지 않고 단위사무 중심의 집행사무를 이양하고 있어 지방정부의 자율성이 확대되었다고 보기 어렵다. 또한 중앙정부의 기능과 사무는 주민이나 기업의 이익을 위하여 지방정부로 이양하는 것이 아니라 효율적인 사무처리에 필요하기 때문으로 보인다. 이러한 점을 종합하여 세발자전거모형에서 제시하고 있는 네 가지의 유형에 적용하면 국가 내부적으로는 지방정부의 참여가

있기는 하나 중앙정부에 의하여 이양 여부가 결정되고, 단위사무 중심(집행사무)의 이양으로 인해 지방정부의 자율성이 확대되지 않으며, 국가 외부적으로는 주민이나 기업의 참여나 이익을 도모하려는 성향보다는 효율적인 사무처리를 위하여 이양하고 있는 바 제3유형에 해당된다고 볼 수 있다.

기구와 인력에서는 기구책정기준과 공무원 정원산정기준을 중심으로 정부간 관계를 살펴보았다. 즉, 지방정부가 기구수를 자율적으로 결정할 수 있는지, 지방정부의 공무원 정원을 자율적으로 결정할 수 있는지를 파악하고자 하였다. 분석결과를 보면 지방정부의 기구와 인력을 결정하기 위한 법·제도적인 요건은 지방자치법, 지방자치단체의 행정기구와 정원기준 등에 관한 규정에서 보는 것과 같이 구비되어 있다고 볼 수 있다. 그러나 기구와 인력의 규모는 지방정부, 주민, 기업의 참여나 의견수렴을 하지 않은 채 행정안전부가 결정한다. 이러한 점을 종합하여 세발자전거모형에서 제시하고 있는 네 가지의 유형에 적용하면 국가 내부적으로는 지방정부의 참여나 의견수렴없이 중앙정부를 대표하는 행정안전부가 지방정부의 기구수와 공무원 정원을 결정하고 있는 바 중앙정부 중심이라고 볼 수 있고, 국가 외부적으로는 주민이나 기업의 참여나 이익을 도모하려는 성향보다는 관리 및 통제에 초점을 맞추고 있다고 볼 수 있는 바 전형적인 제3유형에 해당된다고 볼 수 있다.

재정에서는 중앙정부의 재정을 지방정부로 이양하는 재정분권을 중심으로 살펴보았다. 분석결과를 보면 재정분권과 관련해서는 법·제도적 요건이 구비되어 있고, 법·제도적 근거 하에서 재정분권이 추진되고 있다. 재정분권과 관련하여 지방정부가 결정과정에 참여하고 있으나, 지방정부의 의견이 100% 반영되는 것은 아니며 주민과 기업의 참여는 없고, 재정분권이 중앙정부의 이익을 해치지 않는 범위 내에서 이루어지고 있다. 이러한 점을 종합하여 세발자전거모형에서 제시하고 있는 네 가지의 유형에 적용하면 국가 내부적으로는 지방정부의 참여나 의견수렴은 있으나 재정분권 TF에서 논의를 통하여 결정되는 바 지방정부의 의견이 100% 반영되고 있지는 않다는 점을 고려할 때 중앙정부가 중심이 되고 있고, 국가 외부적으로는 주민과 기업의 참여를 보장하는 장치는 마련되어 있지 않을 뿐만 아니라 주민이나 기업의 이익을 추구하지도 않은 바 제3유형에 해당된다고 볼 수 있다.

살펴본 것과 같이 네 가지의 영역은 세발자전거모형의 네 가지 유형 중 제3유형인 중앙정부 지배형에 해당된다고 볼 수 있다. 제3유형은 지방정부의 참여 정도가 낮은 수준이고, 지역의 주민과 기업(경제계) 등의 참여도 없고, 그들을 위해 정책을 결정하지도 않는 유형이다. 즉, 중앙정부는 자발적으로 지방분권 및 재정분권을 인정하려고 하지는 않는 유형이다. 중앙정부의 이익, 전국수준의 자본가 등의 이익을 위하여 지방분권 및 재정분권을 결정한다고 보아야 할 것이다. 그럼에도 불구하고 모든 정부가 지방분권 및 재정분권을 이야기하는 이유는 어디에 있을까? 아마도 정부의 이익 또는 정부간 이해관계에 따른 투쟁의 산물이라고 볼 수 있을 것이다. 지방분권이나 재정분권을 추진하지 않을 경우 지방정부의 엘리트(특히, 정치엘리트 등)와 지역의 자본가와 같은 토호 세력 등에 대한 이익을 보장할 수 없게 되고, 이는 정권에 대한 지지 철회와 같은 현상이 발생할 수 있기 때문이다. 따라서 중앙정부는 자신의 이익을 해치지 않는 범위 내에서 성가시고 귀찮은 일들을 넘겨주고 지방분권을 추진하였다는 생색을 내면서 지방정부를 관리 및 통제할 수 있는 다수의 장치를 통해 지방정부를 지배하는 형태를 취하게 된다. 이러한 이유 때문에 관여, 기능과 사무, 기구와 인력, 재정 영역에 대한 정부간 관계를 분석한 결과 중앙정부 지배형이 도출되었다고 볼 수 있을 것이다.

2. 경험적 분석결과 나타난 정부간 관계 유형은 어떤 문제를 발생시키는가?

한국의 정부간 관계를 파악하기 위하여 관여, 기능과 사무, 기구와 인력, 재정과 같은 네 가지의 영역을 대상으로 경험적인 분석을 하였다. 분석결과 한국의 정부간 관계는 중앙정부 지배형에 속한다는 결론을 도출하였다. 중앙정부 지배형은 국가 내부적으로는 지방정부의 참여 최소화 또는 형식적인 참여 허용 등의 방식을 활용하고, 국가 외부적으로는 주민과 기업의 참여를 최소화하면서 중앙정부 중심의 정부간 관계를 형성하는 것이다. 지방자치제의 재실시 이후 30여 년의 기간이 경과 하였음에도 불구하고, 한국의 정부간 관계가 중앙정부 지배형이라는 것은 많은 생각을 하게 한다.

지방자치제는 지역의 문제를 스스로 또는 대표자를 선정하여 자기의 부담으로 처리하는 것이다. 지방자치제의 실시 목적을 달성하기 위해서는 중앙정부의 관여가 최소한에 그쳐야 할 것이며, 지방정부가 자기 책임 하에 완결적으로 사무를 처리할 수 있어야 한다. 사무를 처리하기 위해서는 사무를 처리하는 공무원이 있어야 하고, 기구가 있어야 한다. 공무원과 기구는 지역의 특성을 반영하되 지방의회와 지역주민의 관리 및 통제에 의하여 지방정부가 스스로 결정할 수 있어야 한다. 또한 사무를 처리하는 데 소요되는 경비를 자율적으로 부과징수하고 지출할 수 있어야 한다.

한국의 정부간 관계가 중앙정부 지배형이라는 의미는 다음에서 보는 것과 같이 지방자치제의 실시 목적과 일치하지 않는다는 것이다. 첫째, 중앙정부 지배형은 중앙정부의 지방정부에 대한 관여수준이 높다는 것을 의미한다. 즉, 중앙정부의 이익을 위하여 지방정부에 관여하는 것이기 때문에 지방정부의 자율성을 보장하지 않는다. 둘째, 중앙정부가 지방정부로 기능과 사무를 이양할 때에는 성가시고 귀찮은 집행적 성격을 가진 단위사무를 이양한 후 관리 및 통제하려고 한다는 것이다. 즉, 지방정부의 자율성을 확대하기 위해서는 법률이나 기능단위의 이양을 하여야 하는데, 이보다는 단위사무 중심의 이양방식을 채택하고 있는 것이다. 셋째, 기능과 사무를 처리하기 위해서는 기구와 공무원이 있어야 하는데, 그 규모를 지방정부가 결정하는 것이 아니라 행정안전부가 결정한다. 행정안전부가 획일적인 기준에 의거하여 기구수와 공무원 정원을 결정하기 때문에 지역의 특성을 반영할 수 없게 된다. 넷째, 재정분권은 중앙정부의 이익을 해치지 않는 범위 내에서 이루어지고 있다. 지방정부의 참여를 허용하나 의사결정과정에서는 일정 부분만 반영되고 있다. 지방정부의 자율성을 확대하고자 노력하고는 있으나, 지방교부세, 국고보조금 등과 같은 의존재원의 비율이 높은 수준을 보이고 있는 바 재정적 종속관계가 형성될 수밖에 없을 것이다.

이러한 점을 종합하면, 중앙정부 지배형이 지속될 경우 지방자치제를 재실시한 목적을 달성할 수 없게 될 것이다. 즉, 지방정부는 중앙정부가 수행하고자 하는 기능과 사무를 위임받아 처리하는 하부행정기관으로서의 역할을 수행할 수밖에 없을 것이다. 지방정부는 지역의 문제를 스스로 해결하기 위하여 노력하는 것이 아니라 중앙정부가 위임한 사무를 중앙정부가 정한 기구수와 공무원 정원을 가지고, 중앙정부가 이전해주는 재정을 통해 처리하는 하부행정기관에 지나지 않는다는 것이다.

3. 그러면 어디로 가야 하는가?

세발자전거모형의 네 가지 정부간 관계 유형 중 바람직한 방향은 어디인가? 이에 대한 대답은 제1유형에 해당하는 지방정부 자율형이라고 볼 수 있다. 정부 내부적으로는 지방정부의 참여 폭이 커야 하고, 지방정부가 중심이 되는 국정운영이 되어야 한다. 정부 외부적으로는 주민과 기업의 참여가 필수적이고, 이들의 의견을 수렴하여 국정운영과정에 반영하여야 할 것이다.

중앙정부 지배형이 아니라 지방정부 자율형이 되어야 한다는 것을 의미한다. 이를 위해서는 중앙정부의 관여를 최소화하여야 하고, 기능과 사무를 이양할 때에는 법률 또는 기능 중심으로 이양되어야 하며, 기구수와 공무원 정원은 지방정부가 스스로 결정하되 지방의회와 주민이 통제할 수 있도록 하여야 한다. 그리고 재정분권은 지방정부가 스스로 부과하여 징수한 후 필요한 사업에 지출할 수 있도록 자체재원을 중심으로 재정운영이 이루어질 수 있도록 국세의 지방세 이양 등이 있어야 한다. 즉, 세입자치와 세출자치가 이루어질 수 있도록 하여야 한다는 것이다. 종합하면, 중앙정부 지배형에서 지방정부 자율형으로 전환하기 위해서는 지방정부, 주민, 기업의 참여와 이익 확대를 위하여 노력하여야 한다. 반면, 중앙정부의 관여, 관리 및 통제수준은 최소화하여야 할 것이다. 세발자전거가 작동되기 위해서는 뒷바퀴에 위치한 중앙정부가 크지 않아야 한다는 것이다. 즉, 중앙정부와 지방정부의 크기가 동일한 대등한 관계가 형성되어야 한다는 것이다([그림 15-3] 참조).

그림 15-3 바람직한 한국의 정부간 관계

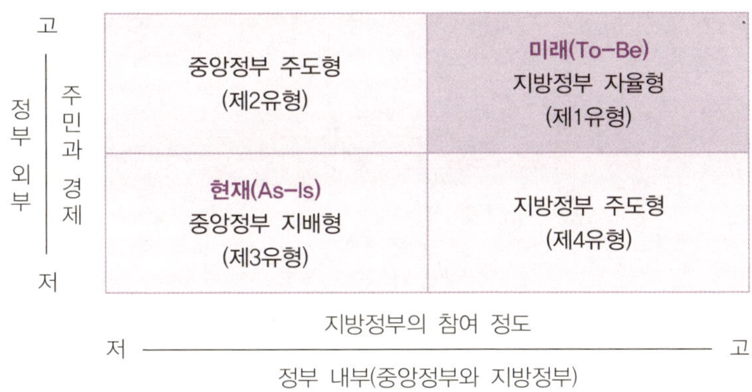

제3편

정부간 관계의 미래상

제16장 행정환경의 변화: 미래의 행정환경

제1절 행정환경변화에 대한 논의의 틀

행정은 진공 속에서 홀로 존재하는 것이 아니라 환경과 상호작용하면서 존재하여야 한다. 행정을 둘러싸고 있는 환경이 변화하면 행정 역시 환경의 변화 방향에 맞추어 변화하여야 한다는 것이다. 다시 말하면, 환경은 변화하는 데 행정이 변화하지 않으면 생존할 수 없다는 것이다. 이는 행정을 개방체제(open system)로 간주한다는 것이다.

행정을 개방체제로 본다면 행정이 생존하기 위해서는 환경의 변화를 정확하게 파악하기 위한 노력이 있어야 한다. 이러한 점 때문에 많은 사람들이 행정을 둘러싸고 있는 환경이 어떻게 변화될 것인지에 대해 이야기한다. 사람들마다 조금씩의 차이는 있을 수 있으나 행정을 둘러싸고 있는 환경의 변화 내용을 정보화, 지방화, 세계화라는 세 개의 단어로 요약하여 제시하고 있다. 세 개의 단어는 정부간 관계에 서로 영향을 미치면서 지배적인 단어로 자리매김하였다. 인터넷의 보급 등 정보기술의 급격한 발전은 시간과 공간의 의미를 축소함으로써 전 세계를 하나의 마을, 즉 지구촌화하였고 이를 통해 개별 국가의 중요성은 약화될 수밖에 없었다. 즉, 전 세계가 하나의 동네가 되었다는 것이다. 따라서 특정 국가에서 발생한 사건은 해당 국가만의 문제가 아니라 전 세계에 영향을 미치게 되었다는 것이다. 또한 풀뿌리 민주주의에 대한 욕구의 강화는 지방화를 촉진시켰고, 이로 인해 중앙정부와 지방정부에 대한 국민의 영향력이 확대되었다. 결국 국민이나 주민의 의사에 부응하지 못하는 정책이나 사업은 정당성을 확보할 수 없게 되었다(정부혁신지방분권위원회, 2007).

그러면 미래의 행정환경은 어떻게 변화할 것인가? 이에 대한 답을 찾아야 한다. 그래야 준비할 수 있기 때문이다. 현재는 과거로부터 왔고 미래는 현재로부터 출발하기 때문에 과거와 현재, 그리고 미래를 연계하여 살펴보아야만 행정을 둘러싸고 있는 미래의 환경을 예측할 수 있을 것이다. 이러한 논리 하에 미래의 행정환경을 예측하기 위해서는, 먼저 과거부터 현재까지 행정을 둘러싸고 있는 환경변화를 대표하는 정보화, 지방화, 세계화라는 용어가 더 이상 의미를 가질 수 없는지 아니면 지속될 것인지를 결정하여야 할 것이다. 이를 결정한 후 새로운 흐름이 있는지를 파악하는 것이 논의의 순서일 것이다.

이를 위하여 먼저, 최근 행정과 관련되어 자주 사용되고 있는 핵심적인 단어들을 살펴보면 제4차 산업혁명, 디지털정부, 스마트시티, 소통, 협업, 과학정부, 과학복지, 인구감소, 지방소멸, 신종코로나바이러스감염증, 일자리 창출, 공공복지, 다양성, 차등 등 다수이다. 그 이외에도 많은 단어들이 사용될 수 있을 것이다. 이러한 단어들을 종합하면, 정보화, 지방화, 세계화라는 단어와 연계되어 있는 것도 있고, 새로운 흐름이 만들어진 것도 있다고 보아야 할 것이다. 예를 들면, 제4차 산업혁명, 디지털정부, 스마트시티, 과학정부, 과학복지 등은 정보화의 연계선상에서 보아야 할 것이고, 인구감소, 지방소멸, 차등 등은 지방화, 그리고 신종코로나바이러스감염증은 세계화 등과 연계되어 있다고 볼 수 있을 것이다. 여기에다가 최근에 강조되고 있는 용어 중 하나는 다양성과 공공성의 영역 확대라는 것이다. 과거부터 강조되기는 하였으나 크게 주목을 받지는 못하였으나 아마도 미래에는 많은 관심을 가져야 할 단어로 보아야 할 것이다.

이러한 점을 종합하여 [그림 16-1]과 같은 접근을 하고자 한다. 이론적으로는 과거와 현재의 정부간 관계는 정보화, 지방화, 세계화라는 환경의 변화내용을 반영하여 설계하였을 것이다. 미래의 정부간 관계는 새롭게 구축되어야 한다. 그 이유는 정보화, 지방화, 세계화라는 단어가 포괄하는 범위와 초점이 달라졌고, 다양성과 공공성이라는 새로운 단어가 대두되었기 때문이다. 즉, 미래의 정부간 관계는 새로운 의미의 정보화, 지방화, 세계화와 새롭게 대두된 다양성과 공공성의 의미를 반영하여야 한다는 것이다.

그림 16-1 행정환경변화 고찰을 위한 접근 틀

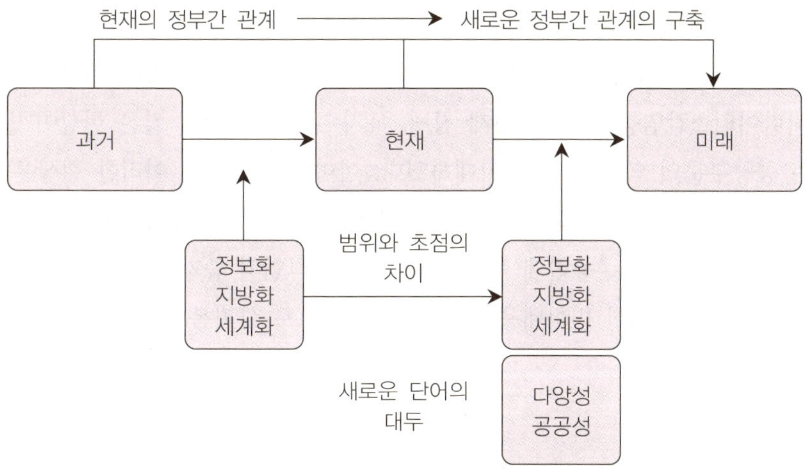

제 2 절

미래의 행정환경

행정을 둘러싸고 있는 환경은 고정되어 있는 것이 아니라 시간이 지나면서 변화하고 있다. 즉, 행정을 둘러싸고 있는 환경은 과거부터 끊임없이 변화하여 현재에 이르고 있다. 그러면 어떤 변화가 있었는지 궁금해진다. 사람에 따라 다르겠지만 필자의 견해에서 보면 변화내용이 너무 많기 때문에 세부적으로 제시하는 것은 불가능하다. 따라서 거대한 흐름(Mega Trend)를 중심으로 볼 수밖에 없을 것이다. 거대한 흐름을 기준으로 변화의 내용을 보면 농경사회가 산업사회로 변화하였고, 산업사회는 다시 정보사회로 변화하였다.

그러면 미래는 어떻게 될 것인가? 아마도 새로운 세계가 우리 앞에 펼쳐질 것이다. 과거와 현재의 세계가 다르듯이 미래의 세계도 현재와는 많은 차이가 있을 것이다. 어렸을 때 보았던 공상과학영화 속의 세상, 각종 소설 속의 세상, 예를 들면 로봇이 음식을 서빙하고, 운전자가 운전하지 않아도 자동차가 알아서 움직이며, 회사에 출근하기보다는 집에서 일하고, 직접 만나서 회의하기보다는 온라인을 통해 영상회의를 하는 일들이 실제로 우리의 눈앞에 펼쳐져 있다. 이러한 일들이 너무나 당연하게 되었다.

미래의 행정환경은 누구도 정확하게 예측하는 것은 불가능하지만 아마도 정보화, 지방화, 그리고 세계화의 강도가 더욱 확대될 것으로 예상해 볼 수 있다. 현재의 정보화, 지방화, 세계화가 유지되는 것이 아니라 범위와 초점에서 차이가 있을 것이다. 또한 신종코로나바이러스감염증의 영향, 경제 침체, 복지수요 증대 등과 같은 현상이 발생하였고, 이는 공공부문의 역할을 크게 확대하였다. 아마도 미래에도 이러한 현상은 지속될 가능성이 있다. 또한 MZ세대와 같은 새로운 세대의 출현은 현재 중시되고 있는 가치인 획일성보다는 다양성을 존중하게 될 것이고, 체류외국인의 증가는 차이가 공존하는 세상을 만들 것이다. 이러한 변화내용을 좀 더 구체적으로 살펴봄으로써 미래의 행정환경을 그려보려고 한다.

1. 정보화는 미래의 행정환경에 어떤 영향을 미치는가?

정보화를 이야기할 때에는 토플러(A. Toffler)의 『제3의 물결』이라는 저서를 이야기하지 않을 수 없다. 토플러는 1980년대에 이미 농업사회(제1의 물결), 공업사회(산업사회)(제2의 물결) 이후 정보사회(제3의 물결)가 나타날 것이라고 예측하였다.

그러면 정보사회가 나타났는가? 이에 대한 응답을 하기 위해서는 먼저 정보사회가 무엇인지를 살펴보아야 한다. 그런데 정보사회는 거의 대다수의 사람들이 각각 다르게 이야기하고 있기 때문에 개념화하는 것은 쉬운 일이 아니다. 경제활동의 영역이 상품의 제조에서 정보와 지식을 제조하는 영역으로 이동하고, 전문화된 정보와 새로운 테크놀로지의 효율적 이용에 관한 분야가 각광을 받는 사회(O'Brien, 1986)로 정의하고 있는 사람이 있는가 하면 풍부한 정보를 저장 유통시킬 수 있으며, 정보의 분배와 변형이 신속하고 효율적이며 사회의 모든 구성원이 값싸게 정보에 접근할 수 있는 사회(伊藤, 1981)로 정의하는 사람도 있다. 노동방식이나 사람들의 생활양식, 가치체계, 관습, 사회제도 등이 정보와 지식, 그리고 컴퓨터와 통신망을 바탕으로 하는 정보기술에 의하여 새롭게 형성된 사회로 이전의 농경사회나 산업사회와 비교되는 개념(배규한, 1995)으로 보는 사람도 있다. 정보사회를 바라보는 범위와 초점의 차이에서 발생한 것으로 보아야 할 것이다. 경제지표의 변화에 초점을 두고 정의한 사람, 정보 및 정보기술의 생산과 유통에 초점을 맞춘 사람, 그리고 정보가치 및 사회 기축원리의 변화를 중요시하는 사람 등 보는 관점의 차이로 인해 발생한 현상이다(정충식, 2007). 이를 종합하면, 물질이나 에너지를 대신하여 정보의 가치가 상대적으로 높아지는 사회라고 할 수 있을 것이다(방석현, 1989).

토플러가 이야기한 정보사회가 무엇인지는 잘 모르더라도 현대가 정보사회임에는 틀림없을 것이다. 즉, 토플러의 정보사회출현에 대한 예측은 맞았다고 볼 수 있다. 거의 대다수 사람들의 손에서 모바일 폰이 떠나지 않고 거의 모든 가정에 컴퓨터가 보급되어 있으며, 정부 역시 민원인이 청사를 방문하여 민원을 신청하고 이를 처리하는 대면중심(방문민원)의 민원처리 행태에서 정부24시(https://www.gov.kr/portal/main)와 같이 정보기술을 활용한 온라인 민원처리를 확대하고 있는 것을 보면 그의 예언은 적중하였다고 볼 수 있을 것이다.

정보사회는 정치, 경제, 사회, 문화 등 다양한 분야에 영향을 미치고 있다. 또한 정보사회는 정부와 행정부문에도 막대한 영향을 미치게 된다. 특히, 시간과 공간의 의미가 확대되면서 온라인을 통한 다양한 서비스가 가능해지게 되었다. 또한 온라인을 통한 시민의 참여가 가능해지면서 시민의 의견을 수렴하여 국정에 반영할 수 있는 기틀이 마련되었고, 이는 행정의 책임성과 투명성 확보에도 기여하게 되었다. 결국 정보화는 지속적으로 확대될 것으로 예측할 수 있을 것이다. 이와 같은 정보화의 확대는 미래의 행정환경에 여러 가지의 영향을 미칠 수 있을 것이다. 정보화와 관련하여 회자되고 있는 단어 중 2~3가지를 살펴보면 제4차 산업혁명, 스마트시티, 디지털정부 등을 들 수 있을 것이다.

먼저, 제4차 산업혁명에 대한 논의를 하고자 한다. 제4차 산업혁명은 2016년 개최된 세계경제포럼에서 논의된 의제이다. 제4차 산업혁명을 이해하기 위해서는 제1차 산업혁명, 제2차 산업혁명, 그리고 제3차 산업혁명은 무엇이고 어떻게 다른지를 파악할 필요가 있을 것이다. 제1차 산업혁명은 증기기관과 석탄을 동력으로 활용하여 대량생산과 인쇄술에 따른 사회변화가 발생한 19세기를 말한다. 제2차 산업혁명은 제1차 산업혁명의 연장선상에서 이루어진 것이기는 하나, 증기기관과 석탄이 아니라 전기와 석유를 동력으로 활용한 20세기를 의미한다. 이때에는 컨베이어 벨트의 자동화와 석유 동력의 내연기관화 등을 통해 중화학 공업이 발전되기 시작하였다. 그러나 화석연료가 기반이 된 제1차 산업혁명과 제2차 산업혁명은 이산화탄소를 배출하는 등 환경을 파괴하게 되어 인류의 생존이 위협받게 되었기 때문에 더 이상 유지되기는 어려웠다. 이러한 문제를 해소하기 위하여 새로운 경제모델과 에너지 체제를 구축하려고 하였던 것이 제3차 산업혁명이다. 재생에너지와 인터넷 기술의 결합을 통해 문제를 해결하고자 하였던 것이다. 제3차 산업혁명 시대에서는 제1차 산업혁명과 제2차 산업혁명 시대에 존재하였던 수직적인 구조에 대한 선호와 중앙 집중화된 거대 기업의 생존 경향이 재생에너지 및 네트워크 기반 하에 다수의 소규모 기업들이 협업 관계를 형성하고, 이때 수많은 일자리가 창출된다. 또한 소유의 경제 모델이 아니라 공유의 경제모델로 전환하였고, 이는 탄소발생을 억제하는 데 기여하기도 하였다. 제4차 산업혁명은 다보스포럼(2016년 1월 개최)에서 의제로 채택되어 논의하였다. 다보스포럼에서는 디지털 혁명에 근거하여 디지털 공간, 물리적 공간 및 생물학적 공간 간 경계가 희미해지는 기술융합의 시대라고 제4차 산업혁명을 정의하고 있다. 그리고 클라우스 슈밥은 『제4차 산업혁명』이라는 저서에서 제3차 산업혁명에서 주로 활용하였던 ICT 또는 디지털기술을 기반으로 하되, 이를 생물학이나 물리학 등과 같은 분야와 교류・융합하여 경제체제와 사회구조를 변화시키는 기술혁명이라고 하였다. 제4차 산업혁명은 연결성과 개인화의 증가, 그리고 인간성 등의 본질적인 변화라는 특징을 가지고 있다. 제4차 산업혁명은 정보의 공유, 공유경제라는 단어에서 보는 것과 같이 상호간의 연결성을 증가시켰지만 동시에 인간의 개인화를 확대시켰다. 또한 제4차 산업혁명 시대는 지식보다는 경험과 지혜가 지배하는 시대라고 보아야 할 것이다. 도서관에서 책을 읽어서 얻는 간접경험은 디지털이 대체할 것이고, 인간이 직접 경험을 통하여 얻는 지혜가 중요해진 사회가 될 것이다. 따라서 학교에서 공부하는 현행 교육방식에 변화가 생길 것이고, 정부 역시 역할의 변화를 도모하여야 할 것이다(윤영득, 2020). 정부는 거대해지기보다는 민간부문과의 협업을 통하여 문제를 해소하여야 할 것이고, 의사결정과정에서 시민의 참여는 매우 중요해질 것이다. 제4차 산업혁명의 시대가 열리면서 기술은 더욱 빠르게 진보하고 있고, 공상과학영화나 소설 등 상상 속에서 그렸던 꿈들이 현실이 되는 시대가 되었다. 클라우드의 개발로 많은 양의 데이터 보관과 활용이 가능해졌고, 센서와 CCTV 등을 통해 다양한 분야의 데이터들을 수집하여 실시간으로 분석할 수 있는 빅데이터 시대가 도래한 것이다. 자율주행자동차, 로봇 등을 통해 도시의 공간구조가 변화되었다. 제4차 산업혁명 시대에 활용되는 기술은 도시문제를 해소하고 삶의 질을 개선할 것으로 기대된다. 이는 스마트시티에 대한 관심으로 연계되었다(김갑성, 2020).

그러면 스마트시티는 무엇인가? 스마트시티 역시 다수의 학자들이 각각 다르게 정의하고 있기 때문에, 하나의 문장으로 만드는 것이 쉽지는 않은 것이 현실이다. 스마트시티는 텔레커뮤니케이션을 위한 기반시설이 인간의 신경망처럼 도시 구석구석까지 연결된 도시, 또는 정보통신기술과 각종 융합기술을 통해 도시 구석구석까지 네트워크로 연결되어 사람과 사람, 사람과 사물, 사물과 사물, 심지어는 도시와 도시간에도 상호 정보 유통이 가능한 도시를 의미한다(이순자, 2017). 결국 스마트도시는 정보통신기술(Information & Communication Technology)을 활용하여 도시가 가지고 있는 문제를 해결하고, 시민의 삶의 질을 제고함으로써 시민들의 행복한 삶이 영위될 수 있도록 되어 있는 지속가능한 도시이다(김갑성, 2020). 디지털도시(정보화도시)와 유비쿼터스도시(첨단정보통신도시)를 거쳐 스마트시티(지능형도시)로 변화하였다고 볼 수 있다. 물론, 정보통신기술이 도시가 가지고 있는 모든 문제를 완벽하게 해소할 수는 없으나, 다수의 문제를 일정 수준 이상 해소할 수 있을 것이다. 또한 현행 기술로 해소되지 않는 문제의 경우에도 언젠가는 해소될 수 있을 것이다(김갑성, 2020). 스마트도시가 되면 기존의 오프라인 서비스보다는 온라인 서비스가 확대되어야 하고, 주민들의 참여수단 역시 다양화되어야 할 것이다. 현장의 목소리를 실시간으로 반영할 수 있는 다양한 방법들이 만들어질 수 있기 때문에 현장 행정이 더욱 중요해질 수 있을 것이다.

제4차 산업혁명과 스마트시티 등은 디지털정부를 촉진하는 계기로 작용할 수 있을 것이다. 이러한 점 때문에 정보통신기술을 활용하여 정부의 업무를 혁신하려는 디지털정부혁신추진계획을 마련하여 추진하고 있기도 하다.

종합하면, 기존의 정보화를 미시적인 변화에 초점을 둔 수준이었다고 하면 미래의 정보화는 거시적인 변화에 초점을 두는 방향으로 변화할 것이라고 볼 수 있다. 즉, 현행 정보화는 정보통신기술을 활용하여 특정 서비스를 온라인을 통해 제공하는 수준이었다면, 미래에는 정보통신기술을 통하여 다양한 정보 등의 공유가 가능해지고, 네트워크가 확대됨으로써 도시나 국가 전체에 변화를 초래하는 거시적인 변화를 하게 될 것이다.

2. 지방화는 미래의 행정환경에 어떤 영향을 미치는가?

지방화라는 단어는 다양한 의미를 함축하고 있다. 중앙이 중심이 되는 사회에서 지방의 중요성이 점점 더 강조되는 사회가 되었다는 의미도 있고, 중앙행정권한을 지방정부로 이양하여야 한다는 것을 말하기도 한다. 그 이외에도 다양한 논의가 가능할 것이나 여기에서 다 살펴보는 것은 한계가 있다. 다만, 지방화는 지방의 중요성이 커진다는 것을 의미하는 단어임에는 틀림없을 것이다.

현재의 지방은 어떤 상태이고 미래에는 어떻게 변화할 것인지, 그리고 이러한 변화가 행정에 어떤 영향을 미칠 수 있는지를 살펴볼 필요가 있을 것이다. 현재의 지방 여건을 살펴보려면 지방을 둘러싸고 있는 환경변화에는 무엇이 있는지를 파악하여야 할 것이다. 지방과 관련하여 학자와 실무자, 그리고 국민들은 어떤 이야기들을 하고 있을까? 최근에는 저출산으로 인해 나타난 인구절벽, 인구감소와 지방소멸 등에 대한 논의, 지방자치제의 재실시 후 30여 년이 경과하였음에도 불구하고, 지방정부의 자치권은 미성년의 수준에 머물고 있다는 이야기, 그리고 직주분리로 인해 일하는 곳과 생활공간의 차이가 발생하고 있어 주민의 범위가 달라지고 있고, 온라인 플랫폼 등의 영향으로 지역공동체의식이 약화되는 등의 변화가 있다는 논의가 있다.

좀 더 구체적으로 살펴보면 먼저, 저출산 등 인구감소와 지방소멸, 인구구조변화와

표 16-1 한국의 인구변화

(단위: 명)

구분	총인구
2000	47,976,730
2001	48,289,173
2002	48,517,871
2003	48,823,837
2004	49,052,988
2005	49,267,751
2006	49,624,269
2007	50,034,357
2008	50,394,374
2009	50,643,781
2010	51,434,583
2011	51,716,745
2012	51,881,255
2013	52,127,386
2014	52,419,447
2015	52,672,425
2016	52,857,893
2017	52,950,306
2018	53,072,685
2019	53,121,668
2020	52,974,563

자료: 국가통계포털.

재정지출 등의 논의이다. 한국 사회는 현재 인구문제에 직면해 있다. 〈표 16-1〉에서 보는 것과 같이 한국의 인구는 지속적으로 증가하다가 2020년을 기점으로 인구가 감소되고 있음을 알 수 있다.

2020년을 기점으로 사망자수가 출생아수를 넘어서는 소위 말하는 데드크로스현상이 발생하였다는 것이다. 2020년 기준 출생아수는 272,337명이고 사망자수는 304,948명으로 나타나, 사망자수가 출생아수에 비하여 32,611명 더 많은 것으로 나타났다(〈표 16-2〉 참조). 이러한 현상이 인구감소로 연계되었다고 볼 수 있다.

표 16-2 한국의 출생아수와 사망자수

(단위: 명)

구분	출생아수(a)	사망자수(b)	a–b
2000	640,089	248,740	391,349
2001	559,934	243,813	316,121
2002	496,911	247,524	249,387
2003	495,036	246,463	248,573
2004	476,958	246,220	230,738
2005	438,707	245,874	192,833
2006	451,759	244,162	207,597
2007	496,822	246,482	250,340
2008	465,892	246,113	219,779
2009	444,849	246,942	197,907
2010	470,171	255,405	214,766
2011	471,265	257,396	213,869
2012	484,550	267,221	217,329
2013	436,455	266,257	170,198
2014	435,435	267,692	167,743
2015	438,420	275,895	162,525
2016	406,243	280,827	125,416
2017	357,771	285,534	72,237
2018	326,822	298,820	28,002
2019	302,676	295,110	7,566
2020	272,337	304,948	–32,611

자료: 국가통계포털.

이러한 현상은 합계출산율을 보면 명확하게 드러난다. 〈표 16-3〉에서 보는 것처럼 한국의 합계출산율은 2000년 1.48명에서 감소하여 2020년에는 0.837명이 되었다. 2017년 1.052명을 마지막으로 2018년 0.977명이 된 이후 1명 이하의 시대가 열린 것이다. 합계출산율은 여성 1명이 가임기간(15~49세) 동안 낳을 것으로 예상되는 평균 출생아수로 연령별 출산율의 총합을 의미한다. 한 나라의 출산력수준을 나타내는 국제적 지표로, 합계출산율이 높을수록 한 여성이 평생 동안 출산하는 자녀수가 많다는 것을 의미한다.

표 16-3 한국의 합계출산율

(단위: 명)

구분	합계출산율
2000	1.480
2001	1.309
2002	1.178
2003	1.191
2004	1.164
2005	1.085
2006	1.132
2007	1.259
2008	1.192
2009	1.149
2010	1.226
2011	1.244
2012	1.297
2013	1.187
2014	1.205
2015	1.239
2016	1.172
2017	1.052
2018	0.977
2019	0.918
2020	0.837

자료: 국가통계포털.

한국의 수준을 비교하기 위하여 전세계의 합계출산율을 보면 〈표 16-4〉와 같다. 2000년부터 2020년까지의 자료를 살펴본 결과 대체적으로 합계출산율이 낮아지고 있는 추세이다. 그러나 전 세계를 살펴보아도 합계출산율이 1 이하인 국가는 없는 것을 알 수 있다.

표 16-4 국가별 합계출산율

(단위: 명)

국가별	2000	2005	2010	2015	2020
세계 평균	2.78	2.65	2.58	2.52	2.47
아프가니스탄	7.65	7.18	6.48	5.45	4.56
아르메니아	1.75	1.65	1.72	1.72	1.76
아제르바이잔	2.25	1.90	1.83	2.09	2.08
바레인	2.95	2.65	2.25	2.12	2.00
방글라데시	3.43	2.94	2.48	2.21	2.05
부탄	4.00	3.10	2.55	2.12	2.00
브루나이	2.51	2.22	1.88	2.02	1.85
캄보디아	4.25	3.44	3.08	2.70	2.52
중국	1.62	1.61	1.62	1.64	1.69
키프로스	1.89	1.59	1.48	1.38	1.34
조지아	1.72	1.58	1.80	2.00	2.06
홍콩	1.06	0.95	1.04	1.20	1.33
인도	3.48	3.14	2.80	2.40	2.24
인도네시아	2.55	2.53	2.50	2.45	2.32
이란	2.40	1.92	1.82	1.91	2.15
이라크	5.19	4.71	4.40	4.25	3.68
이스라엘	2.93	2.91	2.93	3.04	3.04
일본	1.37	1.30	1.34	1.41	1.37
요르단	4.30	4.00	3.80	3.40	2.77
카자흐스탄	2.00	2.01	2.54	2.67	2.76
북한	2.01	2.00	1.95	1.93	1.91
쿠웨이트	3.00	2.60	2.40	2.10	2.10
키르기스스탄	2.96	2.50	2.78	3.30	3.00
라오스	4.81	3.90	3.40	2.93	2.70
레바논	2.65	2.20	1.90	2.08	2.09
마카오	1.12	0.85	0.98	1.19	1.20

말레이시아	3.13	2.45	2.22	2.11	2.01
몰디브	3.39	2.40	2.29	2.11	1.88
몽골	2.40	2.08	2.40	2.84	2.90
미얀마	2.95	2.80	2.50	2.25	2.17
네팔	4.41	3.49	2.81	2.32	1.93
오만	4.46	3.20	2.90	2.90	2.93
파키스탄	5.37	4.71	4.17	3.78	3.55
필리핀	3.90	3.70	3.30	3.05	2.58
카타르	3.46	2.95	2.23	2.00	1.88
사우디아라비아	4.40	3.65	3.23	2.73	2.34
싱가포르	1.57	1.35	1.26	1.23	1.21
스리랑카	2.24	2.26	2.28	2.21	2.21
시리아	4.30	3.90	3.70	3.10	2.84
대만	1.67	1.33	1.05	1.11	1.15
타지키스탄	4.29	3.72	3.61	3.61	3.61
태국	1.77	1.60	1.56	1.53	1.53
튀르키예	2.65	2.37	2.20	2.12	2.08
투르크메니스탄	3.03	2.76	2.65	3.00	2.79
아랍에미리트	2.97	2.40	1.97	1.70	1.42
우즈베키스탄	3.10	2.51	2.49	2.43	2.43
베트남	2.25	1.92	1.93	1.96	2.06
예멘	6.80	5.90	5.00	4.40	3.84
캐나다	1.56	1.52	1.64	1.60	1.53
멕시코	2.85	2.61	2.40	2.29	2.14
미국	2.00	2.04	2.06	1.88	1.78
앤티가바부다	2.20	2.16	2.00	2.00	2.00
아르헨티나	2.63	2.48	2.37	2.33	2.27
아루바	1.95	1.82	1.76	1.80	1.90
바하마	2.33	1.87	1.91	1.81	1.76
바베이도스	1.74	1.80	1.75	1.63	1.62
벨리즈	3.85	3.35	2.84	2.58	2.32
볼리비아	4.25	3.85	3.40	3.05	2.75
브라질	2.47	2.13	1.86	1.77	1.74
칠레	2.20	1.95	1.90	1.85	1.65
콜롬비아	2.70	2.44	2.10	1.92	1.82
코스타리카	2.61	2.15	1.94	1.85	1.76

쿠바	1.61	1.59	1.58	1.71	1.62
도미니카공화국	2.95	2.75	2.57	2.45	2.36
에콰도르	3.27	2.94	2.69	2.56	2.44
엘살바도르	3.34	2.72	2.40	2.17	2.05
그레나다	2.81	2.43	2.30	2.18	2.07
과들루프	2.10	2.19	2.25	2.19	2.17
과테말라	4.83	4.33	3.62	3.19	2.90
가이아나	3.05	2.95	2.73	2.60	2.47
아이티	4.62	4.08	3.62	3.26	2.96
온두라스	4.56	3.87	3.24	2.73	2.49
자메이카	2.70	2.45	2.28	2.08	1.99
마르티니크	1.90	1.93	2.04	1.98	1.88
니카라과	3.40	2.91	2.68	2.54	2.42
파나마	2.81	2.68	2.63	2.60	2.47
파라과이	3.88	3.24	2.89	2.60	2.45
페루	3.05	2.72	2.68	2.40	2.27
푸에르토리코	1.99	1.85	1.72	1.50	1.22
세인트루시아	2.60	1.85	1.60	1.51	1.44
세인트빈센트그레나딘	2.55	2.24	2.13	2.01	1.90
수리남	2.96	2.83	2.67	2.56	2.43
트리니다드토바고	1.82	1.75	1.80	1.80	1.73
미국령버진아일랜드	2.19	2.14	2.42	2.29	2.05
우루과이	2.30	2.18	2.03	2.01	1.98
베네수엘라	2.94	2.72	2.55	2.40	2.28
알바니아	2.38	1.95	1.64	1.71	1.62
오스트리아	1.39	1.38	1.40	1.45	1.53
벨라루스	1.31	1.26	1.44	1.65	1.71
벨기에	1.60	1.68	1.82	1.78	1.71
불가리아	1.20	1.25	1.52	1.52	1.56
샤넬군도	1.58	1.47	1.56	1.58	1.50
크로아티아	1.62	1.41	1.52	1.49	1.45
체코	1.17	1.19	1.43	1.48	1.64
덴마크	1.76	1.76	1.85	1.73	1.76
에스토니아	1.33	1.39	1.66	1.59	1.59
핀란드	1.74	1.75	1.84	1.77	1.53
프랑스	1.76	1.88	1.98	1.98	1.85

독일	1.35	1.35	1.36	1.43	1.59
그리스	1.31	1.29	1.42	1.34	1.30
헝가리	1.38	1.30	1.33	1.33	1.49
아이슬란드	2.06	1.99	2.13	1.98	1.77
아일랜드	1.90	1.93	2.00	1.97	1.84
이탈리아	1.22	1.31	1.44	1.42	1.33
라트비아	1.17	1.29	1.49	1.50	1.72
리투아니아	1.47	1.28	1.42	1.59	1.67
룩셈부르크	1.72	1.65	1.62	1.55	1.45
북마케도니아	1.83	1.64	1.46	1.50	1.50
몰타	1.85	1.47	1.39	1.40	1.45
몰도바	1.70	1.24	1.27	1.28	1.26
네덜란드	1.60	1.74	1.75	1.73	1.66
노르웨이	1.86	1.81	1.92	1.82	1.68
폴란드	1.51	1.26	1.37	1.33	1.42
포르투갈	1.46	1.45	1.37	1.28	1.29
루마니아	1.32	1.29	1.51	1.51	1.62
러시아	1.25	1.30	1.46	1.70	1.82
슬로바키아	1.40	1.22	1.32	1.38	1.50
슬로베니아	1.25	1.21	1.44	1.58	1.60
스페인	1.19	1.28	1.45	1.33	1.33
스웨덴	1.56	1.67	1.89	1.90	1.85
스위스	1.48	1.41	1.47	1.53	1.54
우크라이나	1.24	1.15	1.38	1.49	1.44
영국	1.74	1.66	1.86	1.87	1.75
몬테네그로	1.91	1.85	1.82	1.71	1.75
세르비아	1.83	1.71	1.58	1.46	1.46
알제리	2.89	2.38	2.72	2.96	3.05
앙골라	6.75	6.55	6.35	6.00	5.55
베냉	6.16	5.78	5.49	5.22	4.87
보츠와나	3.49	3.19	3.03	3.01	2.89
부르키나파소	6.73	6.43	6.08	5.65	5.23
부룬디	7.05	6.77	6.39	5.95	5.45
카메룬	5.75	5.45	5.25	4.95	4.60
카보베르데	3.94	3.23	2.71	2.50	2.29
중앙아프리카공화국	5.55	5.45	5.30	5.10	4.75

차드	7.41	7.24	6.85	6.31	5.80
코모로	5.60	5.20	4.90	4.60	4.24
콩고	4.90	4.85	4.80	4.70	4.45
콩고민주공화국	6.77	6.72	6.63	6.40	5.96
코트디부아르	6.05	5.68	5.25	4.95	4.68
지부티	4.81	4.21	3.55	3.10	2.76
이집트	3.60	3.15	3.02	3.45	3.33
적도기니	5.94	5.69	5.40	4.99	4.55
에리트레아	5.60	5.10	4.80	4.35	4.10
에티오피아	6.83	6.18	5.45	4.85	4.30
가봉	4.77	4.35	4.20	4.10	4.00
감비아	5.95	5.80	5.65	5.50	5.25
가나	5.02	4.64	4.37	4.18	3.89
기니	6.24	5.91	5.54	5.13	4.74
기니비사우	6.05	5.60	5.20	4.90	4.51
케냐	5.35	5.00	4.65	4.06	3.52
레소토	3.96	3.66	3.37	3.26	3.16
라이베리아	6.05	5.65	5.20	4.75	4.35
리비아	3.20	2.64	2.50	2.45	2.25
마다가스카르	5.80	5.28	4.83	4.40	4.11
말라위	6.20	6.00	5.73	4.88	4.25
말리	6.95	6.85	6.70	6.35	5.92
모리타니	5.52	5.30	5.07	4.88	4.59
모리셔스	2.03	1.93	1.70	1.49	1.39
모로코	2.97	2.67	2.53	2.60	2.42
모잠비크	5.85	5.80	5.54	5.23	4.89
나미비아	4.26	3.60	3.61	3.63	3.42
니제르	7.70	7.65	7.55	7.35	6.95
나이지리아	6.17	6.05	5.91	5.74	5.42
레위니옹	2.33	2.45	2.40	2.40	2.27
르완다	5.90	5.40	4.85	4.25	4.10
상투메프린시페	5.30	5.08	4.85	4.60	4.35
세네갈	5.70	5.25	5.10	5.00	4.65
세이셸	2.18	2.20	2.30	2.38	2.46
시에라리온	6.48	6.11	5.57	4.84	4.32
소말리아	7.70	7.47	7.10	6.61	6.12

남아프리카공화국	2.88	2.61	2.63	2.55	2.41
수단	5.65	5.30	5.00	4.75	4.43
에스와티니	4.14	3.76	3.56	3.14	3.03
탄자니아	5.75	5.66	5.58	5.24	4.92
토고	5.54	5.31	5.04	4.69	4.35
튀니지	2.34	2.04	2.02	2.25	2.20
우간다	6.95	6.75	6.38	5.78	5.01
서사하라	3.40	2.85	2.55	2.60	2.41
잠비아	6.10	5.95	5.60	5.20	4.66
짐바브웨	3.89	3.72	3.89	4.09	3.63
오스트레일리아	1.79	1.77	1.95	1.89	1.83
피지	3.19	2.98	2.75	2.79	2.79
프랑스령폴리네시아	2.61	2.36	2.17	2.04	1.95
괌	2.88	2.74	2.54	2.45	2.32
키리바시	4.20	3.96	3.88	3.79	3.58
미크로네시아	4.53	4.05	3.62	3.33	3.08
뉴칼레도니아	2.59	2.32	2.28	2.18	1.97
뉴질랜드	1.95	1.95	2.14	2.04	1.90
파푸아뉴기니	4.64	4.39	4.13	3.84	3.59
사모아	4.62	4.44	4.47	4.16	3.90
솔로몬제도	4.91	4.60	4.40	4.44	4.44
통가	4.29	4.23	4.03	3.79	3.58
바누아투	4.59	4.40	4.20	4.00	3.80

자료: 국가통계포털.

이와 같은 저출산문제는 한국 사회의 인구구조에 영향을 미친 후 한국 사회를 고령사회로 이끌게 되었다. 이를 파악하기 위하여 노령화지수를 살펴보면 〈표 16-5〉와 같다. 노령화지수는 유소년인구(0~14세) 100명에 대한 고령인구(65세 이상)의 비율로 산출한다. 노령화지수가 높다는 것은 연금 등에 대한 국가의 부담이 증가한다는 것을 의미한다. 2017년을 기점으로 100%를 넘어섰다.

표 16-5 한국의 노령화지수

(단위: %)

구분	노령화지수
2000	34.30
2001	36.20
2002	38.60
2003	41.10
2004	43.80
2005	46.90
2006	50.40
2007	54.60
2008	58.80
2009	62.90
2010	67.30
2011	71.00
2012	76.10
2013	81.50
2014	87.00
2015	93.00
2016	98.40
2017	105.10
2018	111.90
2019	119.40
2020	129.00
2021	138.80
2022	150.00

자료: 국가통계포털.

한국 사회가 당면한 저출산과 고령사회는 지방소멸의 문제로 귀착되었다. 지방소멸과 관련해서는 다양한 논의가 있으나 여기에서는 행정안전부가 지정한 인구감소지역을 살펴보고자 한다. 행정안전부는 연평균인구증감률, 인구밀도, 청년순이동률, 주간인구, 고령화 비율, 유소년 비율, 조출생률, 재정자립도 등과 같은 8개의 변수를 활용하여 인구감소지수를 개발한 후 89개의 시 · 군 · 구를 인구감소지역으로 지정하였다(〈표 16-6〉 참조). 행정안전부가 인구감소지역을 선정한 이유는 다양하나 그 중에 하나는 지방소멸과도 연계되어 있기 때문이다. 행정안전부는 인구감소지역에 대한 다양한 행 · 재정

표 16-6	행정안전부 지정 한국의 인구감소지역
부산(3)	동구, 서구, 영도구
대구(2)	남구, 서구
인천(2)	강화군, 옹진군
경기(2)	가평군, 연천군
강원(12)	고성군, 삼척시, 양구군, 양양군, 영월군, 정선군, 철원군, 태백시, 평창군, 홍천군, 화천군, 횡성군
충북(6)	괴산군, 단양군, 보은군, 영동군, 옥천군, 제천시
충남(9)	공주시, 금산군, 논산시, 보령시, 부여군, 서천군, 예산군, 청양군, 태안군
전북(10)	고창군, 김제시, 남원시, 무주군, 부안군, 순창군, 임실군, 장수군, 정읍시, 진안군
전남(16)	강진군, 고흥군, 곡성군, 구례군, 담양군, 보성군, 신안군, 영광군, 영암군, 완도군, 장성군, 장흥군, 진도군, 함평군, 해남군, 화순군
경북(16)	고령군, 군위군, 문경시, 봉화군, 상주시, 성주군, 안동시, 영덕군, 영양군, 영주시, 영천시, 울릉군, 울진군, 의성군, 청도군, 청송군
경남(11)	거창군, 고성군, 남해군, 밀양시, 산청군, 의령군, 창녕군, 하동군, 함안군, 함양군, 합천군

자료: 행정안전부 홈페이지.

적 지원대책을 마련하여 추진하고 있다. 구체적으로는 첫째, 지방정부가 주도하는 상향식 인구활력계획을 수립한 후 이를 실천할 수 있도록 하는 맞춤형 정책을 추진한다. 지방정부가 인구감소의 원인을 진단한 후 인구활력계획을 수립하면 국고보조사업 등 행・재정적 지원과 특례 부여를 위하여 중앙정부가 노력한다는 것이다. 둘째, 인구감소지역에 지방소멸대응기금(매년 1조 원, 10년간 지원), 국고보조금 등과 같은 재원을 지원하여 지방정부의 인구활력 증진사업이 정상적으로 시행될 수 있도록 한다. 그 이외에도 지역사랑상품권 정책, 고향사랑기부금제도 등을 통해 인구감소를 억제할 예정이다.

다음으로는 자치권, 주민의 범위, 그리고 지역공동체의식에 대한 논의이다. 이러한 논의는 인구의 문제와 달리 구체적인 자료를 통하여 논의하여야 할 내용이 아니기 때문에 간략하게 살펴보고자 한다. 먼저, 자치권의 확대에 대한 논의이다. 지방자치제의 재실시 이후 30여 년의 기간이 경과하였음에도 불구하고 자치권이 크게 확대되지 않았다는 것은 앞의 분석결과를 통하여 알 수 있다. 제11장부터 제14장까지 다수의 자료를 통하여 경험적으로 분석한 결과를 보면 중앙정부 지배형으로 나타난 것처럼 여전히 중앙정부가 지배하는 형식의 정부간 관계를 보이고 있다. 이러한 점 때문에 거의 대다수의 정부들이 자치권을 확대하려는 목표 하에 지방분권, 재정분권, 그리고 국가균형발전 정책을 추진하였고 현재에도 추진 중에 있다. 그럼에도 불구하고 자치권이 높아지지 않았다는 것이 일반적인 인식이기도 하고 경험적인 분석의 결과이다. 쉽게 말하면, 지방정부가 특정 사업을 추진하려고 하여도 기구, 인력, 사무, 재정 등을 지방정부가 결정하여 집행하는 데 한계가 있다는 것이다. 지방자치제의 재실시 목적을 고려할 때 자치권의 확대노력은 지속될 것이고 점점 더 확대될 것으로 예측할 수 있다.

다음으로는 주민의 범위에 대한 논의이다. 교통통신의 발달로 인해 공간의 경계가 희석되었다. 과거에는 직장과 주거공간의 일치가 권장되었으나 현재는 직장과 주거공간이 일치할 필요성이 축소되었다. 이 경우, 주민의 범위에 대한 논란이 있을 수 있다. 한국의 지방자치법 제16조에 보면 주민이 되려면 지방정부의 구역에 주소를 가져야 한다. 그러나 민법 제18조에 의하면 주소는 생활의 근거가 되는 장소를 의미하고, 동시에 두 개 이상의 장소를 주소로 할 수 있다. 이러한 점을 고려하면 주소는 단수가 아니라 복수가 될 수 있고, 지방정부가 선택하는 것이 아니라 주민이 받고자 하는 서비스를 제공하는 주소를 선택할 수 있도록 변화할 수 있다는 것이다. 이는 복수주소제 또는 이중주소제가 확대될 가능성이 높다는 것을 의미하고, 지방정부간 경쟁체제로의 전환현상을 발생시킬 수도 있다.

주민의 범위 문제와 교통통신의 발달문제 등은 지역의 공동체의식과도 연계된다. 과거 주민이 거주하는 지역 내 공동체의식이 매우 중요하였으나 온라인공간의 활성화, 복수주소제 또는 이중주소제의 확대 등은 특정 지역 내 공동체의식의 중요성이 희석된다고 볼 수 있다. 이제는 물리적 공간 속에서 논의되는 지역공동체가 아니라 특정 이슈를 중심으로 논의하는 이슈공동체가 활성화될 가능성을 배제할 수 없을 것이다.

이러한 점을 종합하면, 중앙정부가 중심이 되는 국가운영체제보다는 중앙정부와 지방정부가 동반자 관계를 형성하는 국가운영체제가 더 바람직하다고 볼 수 있다. 또한 지방정부는 인구문제, 주민, 공동체의식 등의 변화가 예견되고 있는 바 지방정부간 경쟁에 대응할 필요가 있을 것으로 보인다.

3. 세계화는 미래의 행정환경에 어떤 영향을 미치는가?

세계화는 지구를 하나의 지구촌이라고 부르고 있는 것처럼 국가간 경계를 허문 새로운 국제환경의 변화 흐름이라고 볼 수 있다. 따라서 세계화는 경제통상을 개방하고, 인간 · 자본 · 물품의 교류를 활성화하며, 정보 · 통신의 발달과 탈국가화라는 특징을 가진다. 거의 대다수의 국가들은 세계화의 물결 속에서 생존전략을 마련하기 위하여 노력하였고 향후 더욱 많은 노력이 필요할 것으로 보인다.

미래를 준비하기 위해서는 세계화의 현상이 어떻게 변화되어 갈 것인지를 살펴볼 필요가 있다. 만약 세계화를 전 세계의 지구촌화라고 볼 수 있다면 신종코로나바이러스감염증의 사례를 살펴볼 수 있을 것이다. 신종코로나바이러스감염증은 사람과 다양한 동물에 감염될 수 있는 바이러스로서 유전자 크기 27~32kb의 RNA 바이러스이다. 신종코로나바이러스감염증은 감염자의 호흡기 침방울(비말)에 의하여 전파되고 있다. 주로 사람 간에 전파되며, 대부분의 감염은 감염자가 기침, 재채기, 말하기, 노래 등을 할 때 발생한 호흡기 침방울(비말)을 다른사람이 밀접접촉(주로 2m 이내)하여 발생한다. 전 세계 치명률은 지역, 인구집단 연령 구조, 감염 상태 및 기타 요인에 의해 0.1~25%로 다양하다(http://ncov.mohw.go.kr/).

2022년 2월 3일 현재 한국의 신종코로나바이러스감염증의 발생현황을 보면 〈표 16-7〉, 〈표 16-8〉과 같다. 〈표 16-7〉에 의하면, 국내 발생 신규 확진자는 2020년 1월 20일에 처음으로 발생하였고, 그 이후 2020년 12월 1,96명, 2021년 12월 5,316명을 거쳐 2022년 2월 3일 현재 국내 발생 22,773명, 해외유입 사례는 134명이 확인되어 신규 확진자는 총 22,907명이다. 그리고 총 누적 확진자수는 907,214명(해외유입 25,808명)이고, 총 누적 사망자는 6,812명이다.

표 16-7 한국의 신종코로나바이러스감염증 확진자수

(단위: 명)

일자	계(명)	국내 발생(명)	해외유입(명)	사망(명)
누적(명)	907,214	881,406	25,808	6,812
2020.1.20	1	–	1	–
2020.2.20	16	16	–	1
2020.3.20	87	73	14	3
2020.4.20	13	6	7	2
2020.5.20	32	24	8	–
2020.6.20	67	36	31	–
2020.7.20	26	4	22	1
2020.8.20	288	276	12	1
2020.9.20	82	72	10	5
2020.10.20	58	41	17	3
2020.11.20	348	320	28	3

2020.12.20	1,096	1,071	25	15
2021.1.20	404	373	31	17
2021.2.20	448	416	32	3
2021.3.20	447	435	12	3
2021.4.20	549	529	20	1
2021.5.20	646	619	27	4
2021.6.20	429	380	49	5
2021.7.20	1,278	1,242	36	1
2021.8.20	2,050	2,000	50	6
2021.9.20	1,603	1,575	28	5
2021.10.20	1,571	1,556	15	9
2021.11.20	3,204	3,187	17	29
2021.12.20	5,316	5,256	60	54
2022.1.20	6,600	6,355	245	28
2022.1.25	8,570	8,355	215	23
2022.1.26	13,009	12,740	269	32
2022.1.27	14,514	14,297	217	34
2022.1.28	16,094	15,892	202	24
2022.1.29	17,512	17,323	189	34
2022.1.30	17,528	17,301	227	20
2022.1.31	17,079	16,848	231	23
2022.2.1	18,341	18,121	220	17
2022.2.2	20,269	20,111	158	15
2022.2.3	22,907	22,773	134	25

주: 첫 발생 이후부터 1개월 간격으로 발생현황을 살펴본 것임.
자료: http://ncov.mohw.go.kr/

시・도별로 살펴보면 경기도가 6,557명으로 가장 많고, 그 다음은 서울의 5,218명, 그리고 인천의 1,535명이다. 수도권이 전체 확진자의 58.1%를 차지하고 있다.

표 16-8 한국의 시·도별 신종코로나바이러스감염증 확진자수(2022년 2월 3일 기준)

(단위: 명)

구분	합계	서울	부산	대구	인천	광주	대전	울산	세종	경기	강원	충북	충남	전북	전남	경북	경남	제주	검역
국내	22,773	5,191	1,273	1,253	1,533	691	555	270	137	6,532	467	568	908	944	452	929	902	168	0
해외	134	27	7	3	2	3	4	0	1	25	2	2	9	3	2	6	8	1	29
합계	22,907	5,218	1,280	1,256	1,535	694	559	270	138	6,557	469	570	917	947	454	935	910	169	29

자료: http://ncov.mohw.go.kr/

주요 국가의 신종코로나바이러스감염증 확진자수와 사망자수를 보면 〈표 16-9〉와 같다. 전 세계에서 신종코로나바이러스감염자가 발생하고 있고, 사망자도 발생하고 있다는 것을 알 수 있다.

표 16-9 주요 국가의 신종코로나바이러스감염증 확진자수와 사망자수

(단위: 명, %)

국가	감염자		사망자		사망률
	인원	발생률(*)	인원	발생률(*)	
미국	74,500,060	22,379	880,580	264.5	1.2
인도	41,630,885	2,988	497,975	35.7	1.2
브라질	25,426,744	11,882	627,138	293.1	2.5
프랑스	19,010,518	29,068	128,481	196.5	0.7
영국	17,428,349	25,555	156,875	230.0	0.9
러시아	12,128,796	8,313	332,690	228.0	2.7
튀르키예	11,721,592	13,790	87,614	103.1	0.7
이탈리아	11,116,422	18,405	146,925	243.3	1.3
독일	10,186,644	12,141	118,170	140.8	1.2
스페인	10,039,127	21,497	93,633	200.5	0.9
아르헨티나	8,378,656	18,374	121,273	265.9	1.4
이란	6,408,244	7,539	132,504	155.9	2.1
콜롬비아	5,887,261	11,476	134,300	261.8	2.3
폴란드	4,981,321	13,178	105,753	279.8	2.1
멕시코	4,942,590	3,793	306,091	234.9	6.2
네덜란드	4,538,279	26,385	21,293	123.8	0.5
인도네시아	4,387,286	1,587	144,373	52.2	3.3
우크라이나	4,130,277	9,495	100,599	231.3	2.4

남아프리카공화국	3,608,307	6,014	95,288	158.8	2.6
필리핀	3,569,665	3,216	54,054	48.7	1.5
파키스탄	1,430,366	635	29,301	13.0	2.0
이스라엘	2,981,468	33,880	8,926	101.4	0.3
일본	2,811,050	2,229	18,871	15.0	0.7
헝가리	1,582,517	16,485	41,548	432.8	2.6
네팔	959,775	3,232	11,764	39.6	1.2
아랍에미리트	847,142	8,471	2,248	22.5	0.3
싱가포르	359,075	6,086	858	14.5	0.2
미얀마	536,393	979	19,310	35.2	3.6
나이지리아	253,340	120	3,136	1.5	1.2
중국	106,241	7	4,636	0.3	4.4
베트남	2,286,750	2,329	37,777	38.5	1.7
호주	2,213,084	8,578	3,835	14.9	0.2
뉴질랜드	16,442	336	53	1.1	0.3
우즈베키스탄	225,110	664	1,571	4.6	0.7
대한민국	907,214	1,757	6,812	13.2	0.8

주: (*)인구 10만 명당.
자료: http://ncov.mohw.go.kr/

신종코로나바이러스감염증 이외에도 2003년 중국에서 발생한 SARS, 2019년에 오만, 사우디아라비아, 아랍에미리트, 카타르 등에서 발생한 MERS(질병관리본부, 2020) 등과 같이 전 세계를 위험에 빠뜨린 다양한 사례가 있었다(〈표 16-10〉 참조).

표 16-10 세계의 역사를 바꾼 전염병들

	기원전 430년	235~284년	1400~1600년	1600년대 초	1918~1919년		2003년	2009년	2014년	2015년	
고대 ←	펠레폰네소스 전쟁 장티푸스	로마제국의 붕괴 홍역, 장티푸스	중세 유럽 봉건제도의 몰락 흑사병	아메리카 대륙 점령 천연두	제1차 세계대전 종결 스페인 독감	180년간 7차례 콜레라 범유행	중국발 SARS	멕시코발 신종플루	서아프리카 에볼라 바이러스	남미 지카 바이러스	현대 →

자료: 이병문(2020).

한국은 신종코로나바이러스감염증의 대응을 위하여 국무총리를 본부장으로 하는 중앙재난안전대책본부를 가동하고 있고, 감염병 대응의 특수성과 전문성을 고려하여 방역 통제본부인 중앙방역대책본부(질병관리청)와 중앙사고수습본부장(보건복지부 장관)이 협력하여 방역업무를 총괄하고 있다. 범정부대책지원본부장인 행정안전부 장관이 중앙재난안전대책본부 제2차장으로서 중앙정부 및 지방정부간 협조 등 필요사항을 지원하고, 각 지방정부에서도 단체장을 중심으로 하는 '지역재난안전대책본부'를 구성하여 각 지역에서의 방역업무를 수행하고 있다.

신종코로나바이러스감염증은 2019년 중국 우한에서 발생한 이후 현재까지 각종 변이가 발생하는 등 종식에 어려움을 겪고 있다. 감염증이 특정 지역에서 발생하였지만 매우 빠른 속도로 다른 국가로 전파되면서 전 세계가 위험에 빠지게 된 것이다. 이와 유사한 사례로는 환경문제를 들 수 있으며, 대표적으로는 현재 전 세계가 추진하고 있는 탄소제로화 노력을 들 수 있다. 이러한 사례들을 볼 때 특정 국가, 특정 지역의 문제는 더 이상 해당 국가와 지역의 문제가 아니라, 전 세계가 함께 고민하고 해결하여야 하는 문제가 되었다는 것이다. 이는 공간의 개념이 사라졌다는 것을 의미한다.

4. 다양성과 공공의 역할 확대는 미래의 행정환경에 어떤 영향을 미치는가?

1) 정부개입의 확대가 바람직한가?

최근 한국 사회에는 주목할 만한 사건들이 발생하고 있다. 하나는 공공부문의 역할 확대, 즉 정부개입의 범위가 커지고 있다는 것이다. 예를 들면, 신종코로나바이러스감염증으로 인해 경제가 어려워지자 문제의 해결을 위하여 공공부문이 적극적으로 개입하고 있다. 다른 하나는 한국사회의 문화가 다양해지고 있다는 것이다. 예를 들면, 한국에 체류하고 있는 외국인의 수가 급증하면서 다양한 문화가 한국 사회에 편입되고 있는 것이다. 또한 디지털환경에 익숙한 MZ세대는 과거의 세대와는 달리 모바일을 우선적으로 사용하면서 최신 트렌드를 따르고 동시에 남과는 다른 경험을 추구하려는 특징, 즉 획일성보다는 다양성이라는 특징을 보이고 있다. 공공부문의 역할 증대와 다양성이라는 단어의 대두는 행정과 관련하여 많은 변화를 초래하여야 할 것이다.

구체적으로 살펴보면 먼저, 공공부문의 역할 증대이다. 최근의 한국 사회를 보면 공공부문의 역할이 확대되고 있다는 것을 알 수 있다. 주거 및 부동산 정책, 일자리정책, 경제정책, 복지정책 등과 같은 정책을 통한 개입부터 지역화폐, 배달앱 등과 같은 수단적인 성격을 가진 도구를 통하여 개입하는 것까지 다양하다. 물론, 그 이외에도 정부의 개입사례를 찾는 것은 어렵지 않을 만큼 다양한 사례가 있다. 그러면 정부개입은 정당한가? 이론적인 측면에서 보면 시장실패가 발생할 경우 시장을 그대로 방치하는 것이 아니라 이를 교정하기 위하여 정부가 개입한다. 각종 규제(조세 포함) 및 보조금 지원 등을 통하여 시장의 실패를 교정하려고 시도하는 것이다.

그러면 언제 시장이 실패하는가? 자원배분의 효율성은 완전경쟁시장이 전제될 때 극대화된다. 완전경쟁시장이 전제하고 있는 모든 요건을 충족하였을 때 시장에 의한 자원배분의 효율성을 기대할 수 있으나 어느 하나라도 충족되지 못하면 시장에 의한 자원배분이라고 하더라도 비효율적일 수 있다(이준구, 1995: 73-74). 이를 시장실패라고 한다. 즉, 시장의 경쟁적 균형이 성립되지 않은 채 시장기구가 자원의 최적배분(파레토최적)에 실패하게 될 때 시장실패(손희준, 2019: 80)가 일어났다고 한다. 좀 더 구체적으로 살펴보면 시장실패란 개별 경제 주체의 의사결정에만 의존할 경우 개개인의 후생이 극대화되지 못하는 수준에서 경제활동이 이루어지는 상황을 말한다(김종면 외, 2007: 297). 시장이 실패하는 이유는 공공재의 존재, 규모의 경제, 외부효과, 정보의 비대칭성 등 여러 가지를 들 수 있다(라휘문, 2021)(〈표 16-11〉 참조). 이러한 이유 때문에 정부가 개입할 수밖에 없는 데 주의할 점은 정부 역시 실패할 수 있다는 것이다.

표 16-11 시장실패의 원인

구분	내용
공공재의 존재	공공재는 높은 비경합성과 비배제성이라는 속성을 가지고 있기 때문에 시장의 실패 발생
규모의 경제	규모의 경제로 인해 독점기업이 발생하고 독점기업이 이윤극대화를 추구하게 되면 재화공급이 사회적으로 바람직한 수준에 미달하여 시장실패가 초래
외부효과	외부효과가 창출되어도 이에 대해 대가를 치르는 것도 아니고 받는 것도 아니기 때문에 외부경제를 만들어내는 사람은 많이 생산하려 하지 않을 것이며, 외부불경제를 만들어내는 사람은 생산을 축소하려는 경향이 없을 것이기 때문에 시장실패가 발생
정보의 비대칭성	거래에 참여하는 상대방에 대한 지식이 충분하지 않기 때문에, 즉 정보의 양이 상호간에 비대칭적이기 때문에 역선택과 도덕적 해이 등의 문제가 발생하고 이로 인해 시장실패 초래

자료: 라휘문(2021).

표 16-12 정부실패의 원인

구분	내용
제한된 정보	정부가 제한된 정보만을 가질 수밖에 없기 때문에 정부의 개입이 원래 의도된 효과를 거둘 수 없다는 것
민간부문 반응의 통제 불가능성	정부가 어떤 정책을 추진하였을 때 민간부문의 반응이 기대하였던 바대로 나타나지 않고 그 반응을 통제할 수 없기 때문에 문제가 발생한다는 것
비용부담자와 편익수혜자의 불일치	공공부문에서 제공하는 재화와 서비스는 비용부담자와 편익의 수혜자가 불일치하기 때문에 자원을 효율적으로 배분하려는 노력이 감소되고, 결국 자원배분의 비효율성이 발생한다는 것
정부활동의 성과측정 곤란	정부가 제공하는 서비스의 성과를 측정하는 것이 쉽지 않기 때문에 적극적으로 문제를 해결하려는 노력이 감소될 것이고, 결국 정부실패로 연계될 수 있다는 것
관료조직에 대한 불완전한 통제	정책을 집행하는 관료들이 특정 경제정책을 집행함에 있어 당초 의도하였던 방향으로 집행하는 것이 아니라 다른 방식(자신의 이익 극대화 등)으로 집행하고 이를 통제할 수 없을 때 문제가 발생한다는 것
정치적 과정에서의 제약	정치적 과정을 통해 다양한 이해관계가 조정되어야 하는데 이 과정에서 변형된 정책이 나타남으로써 합리성을 상실하게 된다는 것

자료: 라휘문(2021).

정부는 제한된 정보, 민간부문 반응의 통제 불가능성, 정치적 과정에서의 제약, 관료조직에 대한 불완전한 통제(손희준, 2019: 88), 불완전한 정보, 민간 반응의 통제 곤란, 비용부담자와 편익의 수혜자간 불일치, 독점으로 인한 비효율성, 정부활동의 측정 곤란, 정부관료제에 대한 통제 곤란, 정치적 과정(하연섭, 1996: 82-85) 등과 같은 이유 때문에 실패할 수 있다(〈표 16-12〉 참조).

살펴본 것처럼 시장실패가 일어나는 것처럼 정부실패도 발생할 수 있다. 따라서 시장이 실패하였다고 하여 곧바로 정부가 개입하려고 해서는 곤란하다. 정부개입이 정당화되려면, 정부가 개입하였을 때 가져올 수 있는 이익과 불완전한 시장을 그대로 놔두었을 때 발생할 수 있는 이익을 비교하여 정부개입이 더 좋은 이익을 창출할 것으로 기대될 경우에 개입하여야 한다.

2022년 현재 정부개입은 확대되고 있다. 이와 관련된 다수의 사례가 있으나 언론에 제시된 1~2개의 사례만을 살펴보고자 한다.

"정부의 과도한 가격정책 개입은 시장 왜곡 초래할 수 있어"

정부는 금융정책이나, 세제정책을 통해서 국민 생활에 미칠 영향이 큰 재화에 대해 가격 안정을 꾀하는 경우가 있다. 유류세 인하를 통한 휘발유 가격 안정화나 전기 요금, 가스 요금, 지하철 요금 등 공공요금 책정이 대표적 예로, 이를 통해 공공부문 내 소비자 보호와 가격 안정성을 보다 효과적으로 달성하겠다는 취지이다. 그런데 정부의 가격 개입이 민간부문에서도 무분별하게 제안 및 적용되는 사례를 적지 않게 찾아볼 수 있다. 정부가 민간부문의 특성에 대한 충분한 이해와 치밀한 연구 없이 시장논리를 벗어나 민간부문의 가격 결정에 개입한다면, 이는 결국 시장 왜곡을 일으켜 정책적 목표를 달성하기보다는 생태계 참여자 모두에 피해를 입힐 수 있다.

정부가 민간부문의 가격을 결정하고 강제하는 대표적인 사례 중 하나가 카드 수수료다. 정부는 여신전문금융업법 개정안을 근거로 2012년부터 3년마다 수수료 원가 분석을 통해서 카드 업계에 가맹점 수수료 인하를 요구해오고 있다. 이에 대해 카드 업계는 금융당국의 반복된 카드 수수료 인하로 더 이상의 추가 인하 여력이 남아 있지 않으며, 오히려 지난 2년간 신용결제 부문에서 1천 300억 원의 적자를 기록했다고 주장하고 있다. 수수료 인하를 통해 소상공인의 수수료 부담을 완화해야 한다는 정부의 입장과 누적된 신용결제 부문 적자로 소비자 혜택 축소가 불가피하다는 카드 업계의 의견이 팽팽하게 대립하는 형국이다.

플랫폼 수수료 정책에 대한 정부의 간접적인 개입도 논란이 되었다. 최근 정치권과 정부는 수수료율이 과도하다는 이유로 앱마켓 내 결제 시스템 이용 강제를 금지하는 법안을 세계 최초로 통과시켰다. 그러나 성급히 법안을 만드는 과정에서 새로운 규제가 생태계에 미칠 영향과 소비자 보호를 위한 조치, 중소 개발사의 입장이 충분히 고려되지 못했다는 지적도 있다. 정부 규제의 적용 속도, 그리고 범위와 강도는 세계 1등일 필요는 없다. 단기적으로 세계 언론의 주목을 받고 일부에서는 환호를 받을 수도 있다. 그러나 글로벌 시장에서는 규제 측면에서 한국 경영환경에 대한 부정적 메시지를 보이지 않게 조용히 전파하는 역할을 한다.

플랫폼 수수료는 대선 후보의 주요 화두이기도 하다. 최근 더불어민주당 대선 후보는 소상공인을 위한 대선 공약의 일환으로 현재 논의 중인 온라인 플랫폼 공정화법 적용 대상인 온라인 플랫폼의 수수료 공개를 추진하고, 플랫폼 입점사에게 부과되는 수수료가 적정한지 주기적으로 점검하겠다는 계획을 발표했다. 이를 통해 입점사에게 과도한 수수료 부담이 지워지지는 않는지 파악하고, 기업의 수수료 책정에 개입하겠다는 의도이다. 그런데 정부의 정책에 앞서서 과연 플랫폼 입점으로 입점사가 누리는 실익이나 정부의 가격개입으로 인한 소비자 후생 악화 등에 대한 충분한 사회적 논의가 있었는지는 의문이다. 여타 비즈니스와 마찬가지로 시장 참여자를 보호하고 혁신을 지속하기 위해서는 플랫폼 사업자에게도 지속 가능한 비즈니스 모델이 필요하고, 수익 모델의 부재는 결국 생태계 참여자의 혜택 축소를 야기할 것이 자명하기 때문이다.

플랫폼 비즈니스는 사업자가 특정 분야에 대한 네트워크를 구축하고 입점사와 소비자를 연결해 주는 형태의 사업 모델을 뜻한다. 배달 서비스를 중개하는 배달의민족, 쇼핑 서비스를 중개하는 네이버 및 쿠팡, 앱마켓을 제공하는 구글 및 애플 등이 대표적이다. 소비자들은 익숙한 플랫폼에 머무르는 경향이 있기 때문에 플랫폼 사업은 락인(lock-in: 특정 제품이나 서비스에 소비자를 묶어두는 것) 및 네트워크 효과가 극대화되는 산업 분야이다. 동시에 멀티호밍(multi-homing: 여러 플랫폼을 동시에 이용)이 가능한 양면시장이기에 플랫폼 사업자의 시장점유율이 높다고 해서 그 시장 전체를 지배했다고 볼 수도 없다. 이는 플랫폼 비즈니스가 소비자의 선호와 선택에 따라 한순간에 시장 지배력을 얻을 수도, 혹은 도태될 수도 있는 매우 역동적인 생태계를 가지고 있다는 것을 뜻한다.

이처럼 온라인 플랫폼은 새롭게 등장한 비즈니스 모델인 만큼, 단순히 과거의 기준을 잣대로 규제하기는 어려운 측면이 있기 때문에, 다양한 이해관계자와 다방면의 논의를 거치는 것이 무엇보다 중요하다. 소비자와 입점사, 플랫폼 사업자 등의 이해관계자가 유기적으로 커뮤니케이션하는 환경 속에서 정부의 인위적인 가격개입은 오히려 참여자 간의 불필요한 갈등을 조장할 수 있다. 플랫폼 수수료는 이해관계자들의 공정경쟁 및 상호작용 속에서 보다 성숙한 논의를 거쳐 형성될 수 있어야 한다.

상품시장규제(Product Market Regulation: PMR) 지수는 OECD가 상품시장에 대한 규제와 시장구조에 대한 정보를 국가간 비교하기 위해서 개발한 지표이다. 최근 OECD의 발표에 따르면, 한국은 OECD 38개국 중 6번째로 규제가 심한 편인데, 특히 가격통제 등을 포함한 '정부의 기업활동 개입'이 최하위권이며, 이는 '정부개입에 의한 왜곡' 수치를 OECD 평균보다 높게 하는 데 기여한 것으로 조사되었다. 즉, 정부의 시장 가격통제가 심하고 인센티브보다 허가나 금지 등 직접적인 규제를 정책집행 수단으로 사용하고 있기 때문으로 풀이된다.

공공부문이 아닌 민간부문에서의 가격을 정부가 결정, 강제하는 것은 오히려 생태계에 혼란만 가중시킬 수 있다는 점을 간과해서는 안 된다. 경제적 논리가 아닌 정치적 논리가 우위를 점할 수 있는 사회적 분위기 속에서는 이해당사자의 갈등조정을 위한 충분하고 공정한 커뮤니케이션이 어려울 수 있고 이는 실효성 있는 치밀한 정책을 개발하는데 저해요소가 된다. 즉, 민간부문에서 정부의 개입이 단기적으로는 매력적 정책으로 보일 수 있으나 이해관계자들이 상생하는 지속가능성을 달성하는 데 해가 될 수 있다는 것을 고려해야 한다. 혁신에 대한 보상을 사회적으로 수용하고, 사업자의 자율성을 보장하고, 효율성을 극대화하여야 혁신기업이 더 많이 생기고 성장하며 글로벌 시장을 개척할 수 있다. 플랫폼 사업을 포함한 글로벌 경쟁이 중요한 첨단 사업은 기본적으로 기술 개발과 사업 확장의 속도가 중요한 민간부문이다. 플랫폼 사업자도 ESG(환경 · 사회 · 지배구조) 경영 등 스스로 공동체 친화적 경영을 강화하는 것이 경제적 측면에서 매우 중요하다. 그러나 공동체 친화적 경영 등에 있어서 정부가 앞장서서 민간부문에 개입하기보다는 사업자의 자율성을 보장하고, 공정거래를 위축시키지 않는 선에서 필요한 최소한의 규제를 마련한다는 관점을 견지하는 것이 필요하다.

머니투데이(2022.1.25)

'주유소 사장님의 눈물' … 정부개입에 민간 5년간 757곳 폐업

정부의 도를 넘은 가격개입이 시장 곳곳에서 파열음을 내고 있다. 관치(官治)의 영향력이 큰 공기업과 금융권을 중심으로 각종 가격을 통제한 데 따른 부작용이 정권 말기 여기저기서 터져 나오고 있다. 전현배 서강대 경제학과 교수는 "정부의 시장개입이 필요할 때도 있지만 최소한의 원칙은 있어야 한다"며, "1970년대 짜장면값 통제하듯 가격을 누르면 미래에 닥칠 부작용이 더 커질 수 있다"고 지적했다.

현재 정부가 가장 강력한 가격통제력을 행사하고 있는 분야는 에너지 업종이다. 연료비의 움직임에 따라 전기요금을 책정한다는 '연료비연동제'의 경우 원래 지난해 1월부터 도입되었지만 당시 서울·부산시장 재보궐선거를 앞두고 조정 단가를 동결한 데 이어, 최근에는 오는 3월 대선 이후로 전기요금 인상을 미루면서 사실상 유명무실한 제도로 전락했다. 전력 공기업인 한국전력은 지난달에만 2조 4,000억 원에 이르는 공사채를 찍어내며 사실상 차입금으로 회사를 운영하고 있는 상태다. 시장 수요보다 채권 물량이 더 늘어나면서 채권금리도 뛰어 10년물 발행금리가 3%를 넘보고 있다. 민간 신용평가기관이 평가하는 한전의 채권금리보다 10bp(1bp=0.01%포인트) 이상 높은 수준이다. 정부의 가격개입 정책 탓에 수익을 제대로 내지 못하면서 원래 물어야 할 금리보다 더 많은 이자를 내며 자금을 조달하고 있다는 의미다. 이 같은 이자 부담은 자연스럽게 국민들에 대한 요금 인상 청구서로 이어질 수밖에 없다.

공기업뿐만이 아니다. 정부의 왜곡된 정책은 민간시장까지 흔들고 있다. 사실상 정부가 돈을 대는 알뜰주유소에 밀린 민간 주유소 시장의 경우 이미 정부의 잘못된 통제에 시장 기능을 상실했다. 2016년 1만 1,899곳에 달했던 국내 주유소는 지난해 말 1만 1,142곳으로 5년 만에 757곳이 문을 닫았다. 반면, 같은 기간 알뜰주유소는 108곳이 늘어 민간의 빈자리를 알뜰주유소가 치고 들어가는 형국이다. 알뜰주유소가 괄목할 만한 성장세를 보인 배경에는 정부 지원이 있다. 공기업인 석유공사는 여러 정유 업체로부터 입찰을 받아 싼 가격에 기름을 대량 구매한 뒤 마진을 거의 붙이지 않고 알뜰주유소에 공급한다. 덕분에 알뜰주유소는 일반 주유소보다 ℓ당 100원 이상 저렴한 가격에 물량을 판매하고 있다. 정부는 소비자가격을 안정시키기 위해 불가피한 조치라지만 주유소 업계에서는 "정부가 시장에 노골적으로 개입해 일반 주유 업자를 벼랑 끝으로 몰고 있다"

는 불만이 나오고 있다. 최근에는 시장개입 수위가 한층 높아졌다. 정부는 지난해 11월 유류세 20% 인하를 단행하기 직전 알뜰주유소에 할인 가격이 반영된 물량을 먼저 공급하면서 발생한 100억 원 규모의 비용을 자본 잠식 상태인 석유공사에 떠넘겨버렸다.

문재인 정부가 27차례의 대책을 내놓은 부동산 시장에서도 시장개입에 따른 부작용이 줄줄이 이어지고 있다. 지난해 말 인천 검단신도시에서 분양이 진행된 A아파트의 경우 전용 84㎡ 분양가는 약 4억 8,000만 원이지만 붙박이장, 화장대, 팬트리(식자재 저장고) 등이 포함된 유상 옵션 비용은 총 5,500만 원에 이른다. 정부의 분양가상한제 규제를 회피하는 일종의 '꼼수'인 셈이다. 상대적으로 저렴한 분양가에 혹해 청약에 나섰던 수요자들이 자칫 피해를 볼 가능성도 있다.

여기에 △임대차 3법 강행 → 전월세 시장 혼란, △분양가상한제 → 민간 아파트 공급 지연, △전세대출 제한 → 월세가 상승 등도 모두 부동산 시장개입에 따른 부작용으로 꼽힌다.

여전히 관치의 입김이 센 금융권에서도 정부의 가격통제가 도를 넘었다는 불만의 목소리가 크다. 문재인 정부는 출범 이후 카드 수수료 인하, 대출 총량 규제 등으로 금융산업에 직·간접적으로 개입해왔다.

여기에 더해 최근에는 기업공개(IPO) 시장까지도 신(新)가격통제의 대상이 되었다. 금융 당국이 증권신고서를 반려하는 방식으로 사실상 공모가 인하를 유도한다. 이 같은 정부개입에 부담을 느낀 상장 기업과 증권사들이 공모가를 하향 조정하면서 이른바 '따상(상장 첫날 공모가 대비 160% 상승)'이 보편화되는 이상 현상이 나타났다. 최근 LG에너지솔루션의 기관투자가 수요예측에 1경 원이라는 기록적인 금액이 몰린 것도 시장왜곡에 따른 일종의 부작용으로 볼 수 있다. 외환 당국의 한 관계자는 "LG에너지솔루션에 외인 투자 자금이 일거에 몰렸다가 썰물처럼 빠져나가면서 환율 관리 측면에서도 상당한 부담감이 있었다"고 토로했다. 단기 차익을 얻은 투자자는 빠져 나가면 그만이지만 회사 입장에서는 더 많은 자금을 확보할 수 있었던 기회를 놓치게 되는 셈이 된다. 양준모 연세대 경제학과 교수는 "가격통제 정책은 장기적으로 효과를 내지 못한다는 게 부동산 정책에서도 이미 입증되었다"며, "정부가 국민의 고통만 키우는 정책 실패를 더 이상 반복해서는 안 된다"고 말했다.

서울경제(2022.2.2)

그렇다면 미래에는 정부개입이 확대될 것인가? 정확한 예측은 어렵지만 정부개입의 흐름을 보면 정부개입이 확대된 후에는 감소하였다가 다시 확대하는 과정을 거치고 있다. 따라서 감소 후 다시 확대되는 경향을 보일 수 있을 것으로 볼 수 있을 것이다.

2) 체류외국인의 증가에 따른 문화다양성을 어떻게 보아야 하는가?

다음으로는 다양성에 대한 논의이다. 여기에서는 문화다양성과 MZ세대가 가진 다양성에 대해 논의하고자 한다. 문화의 다양성에 대한 논의는 한국에 체류하고 있는 외국인의 수가 급증한 사실과 무관하지는 않을 것이다. 체류외국인의 수 급증, 체류외국인의 다양한 국적 등은 그 국가의 문화가 한국 사회로 유입된다는 것을 의미한다. 그러면 한국에 체류하는 외국인의 규모는 어느 정도이고, 체류하는 외국인의 국적은 어느 정도인지가 궁금해진다. 한국의 체류외국인 규모는 〈표 16-13〉에서 보는 것과 같이 2007년 1,066,273명으로 백만 명을 넘어선 이후 2016년 200만 명을 넘어섰다. 100만 명을 넘어설 때까지는 많은 기간이 필요하였으나 200만 명을 초과하는데에는 10년 정도가 소요되었다. 그만큼 빠르게 증가하고 있다는 것을 의미한다. 2020년 현재 200만 명 이상의 외국인이 한국에 체류하고 있다. 200만 명 이상이 외국인이 한국에 체류하고 있다는 의미는 한국의 17개 시·도 중 전라남도(184만 명), 전라북도(180만 명), 충청북도(160만 명), 강원도(154만 명), 대전광역시(146만 명), 광주광역시(144만 명), 울산광역시(113만 명), 세종특별자치시(36만 명), 제주특별자치도(67만 명) 등 9개의 시·도의 인구보다 많다는 의미이다(라휘문, 2021). 체류외국인의 규모가 많다는 사실도 행정에 많은 영향을 미칠 수 있지만 보다 더 중요한 것은 다양한 국적을 가지고 있다는 점에서 다른 국가의 문화가 한국에 유입되고 있다는 것이다(〈표 16-14〉 참조). 신종코로나바이러스감염증으로 인해 한국에 체류하는 외국인의 수가 소폭 감소되기는 하였으나, 감염병이 종식될 경우 다시 증가할 것으로 예상할 수 있을 것이다.

표 16-13 체류외국인 규모

(단위: 명)

	체류외국인			불법체류자
	소계	장기체류	단기체류	
1998	308,339	147,914	160,425	99,537
1999	381,116	169,965	211,151	151,986
2000	491,324	219,962	271,362	205,205
2001	566,835	244,384	322,451	272,626
2002	629,006	271,666	357,340	308,165
2003	678,687	460,261	218,426	154,342
2004	750,873	491,409	259,464	209,841

2005	747,467	510,509	236,958	204,254
2006	910,149	660,607	249,542	211,988
2007	1,066,273	800,262	266,011	223,464
2008	1,158,866	895,464	263,402	200,489
2009	1,168,477	920,887	247,590	177,955
2010	1,261,415	1,002,742	258,673	168,515
2011	1,395,077	1,117,481	277,596	167,780
2012	1,445,103	1,120,599	324,504	177,854
2013	1,576,034	1,219,192	356,842	183,106
2014	1,797,618	1,377,945	419,673	208,778
2015	1,899,519	1,467,873	431,646	214,168
2016	2,049,441	1,530,539	518,902	208,971
2017	2,180,498	1,583,099	597,399	251,041
2018	2,367,607	1,687,733	679,874	355,126
2019	2,524,656	1,731,803	792,853	390,281
2020	2,036,075	1,610,323	425,752	392,196
2020	1,956,781	1,569,836	386,945	388,700

자료: e-나라지표(https://www.index.go.kr/)

표 16-14 체류외국인 연도별 · 국적(지역)별 현황(2021.12.31 기준)

(단위: 명)

구분	2017년	2018년	2019년	2020년	2021년
총계	2,180,498	2,367,607	2,524,656	2,036,075	1,956,781
중국	1,018,074	1,070,566	1,101,782	894,906	840,193
한국계	679,729	708,082	701,098	647,576	614,665
베트남	169,738	196,633	224,518	211,243	208,740
태국	153,259	197,764	209,909	181,386	171,800
미국	143,568	151,018	156,982	145,580	140,672
우즈베키스탄	62,870	68,433	75,320	65,205	66,677
러시아(연방)	44,851	54,064	61,427	50,410	48,680
필리핀	58,480	60,139	62,398	49,800	46,871
캄보디아	47,105	47,012	47,565	41,405	41,525
몽골	45,744	46,286	48,185	42,511	37,012
네팔	36,627	40,456	42,781	39,743	36,903
인도네시아	45,328	47,366	48,854	36,858	34,188

카자흐스탄	22,322	30,717	34,638	29,278	29,616
일본	53,670	60,878	86,196	26,515	28,093
미얀마	24,902	28,074	29,294	26,412	26,096
캐나다	25,692	25,934	26,789	21,794	22,830
스리랑카	26,916	25,828	25,064	22,466	20,291
(타이완)	36,168	41,306	42,767	19,444	18,554
방글라데시	16,066	16,641	18,340	16,823	16,426
파키스탄	12,697	13,275	13,990	12,842	12,410
인도	11,244	11,945	12,929	10,892	11,542
오스트레일리아	13,008	14,279	15,222	7,913	7,591
키르기스스탄	5,790	6,385	6,618	5,710	6,458
영국	6,727	6,972	7,550	5,871	6,435
기타	99,652	105,636	125,538	71,068	77,178

자료: 법무부 출입국외국인정책본부(2021).

이와 같은 현상은 한국사회를 영(Young, 1990)이 제시하고 있는 민주적 문화다원주의 관점에서 만들어 나가야 하는 것인지, 아니면 동화주의 관점에서 설계하여야 하는지 등 다양한 숙제를 던져주고 있다. 민주적 문화다원주의와 동화주의는 영(Young, 1990)이 저술한 *Justice and the Politics of Difference*라는 책에 잘 나타나 있다. 영(Young, 1990)에 의할 경우 민주적 문화다원주의는 하나의 국가 내에 다양하게 존재할 수 있는 문화를 단순히 공존하게 하려는 것이 아니라 각 문화의 정체성이 유지되도록 하면서 다른 문화를 포용하려는 것이다. 즉, 민주적 문화다원주의는 문화적 차이가 있다고 하더라도 각자가 가지고 있는 차이점을 최대한 인정하면서 다양한 구성원들이 평등한 조건으로 사회에 참여할 수 있도록 함으로써 다양성과 통합성을 공존하게 하려는 모형이다. 쉽게 말하면, 민주적 문화다원주의에서는 각각의 차이가 존중된다는 것이다. 민주적 문화다원주의자들이 차이를 존중하여야 한다고 주장하는 근거는 차이로 인해 발생할 수 있는 다양한 문제 때문이다. 즉, 집단간 차이를 인정하지 않으면 주류 집단과 다른 규칙과 정책은 일탈적 존재로 규정될 것이고, 이러한 현상은 차이가 있는 사람들의 불리함을 영속시킬 수 있다는 것이다(Young, 1990). 좀 더 구체적으로 살펴보려면 레이(Rae, 2002)의 '병적인 동질화(pathological homogenization)'에 대한 의미를 살펴볼 필요가 있다. 병적인 동질화는 국민을 하나의 민족정체성으로 동질화하려는 시도이다. 예를 들면, 만약 특정인이 국가가 정한 종교와 다른 종교를 보유하고 있으면 국가는 더 이상 그를 보호하지 않는다는 것이다. 만약 보호받기를 원한다면 국가가 정한 종교로 개종하거나 또는 다른 국가로 이주하여야 한다는 것이다. 국가가 사회의 동질화를 시도하면 이에 동의하지 못하는 사람은 이주민이 되어야 할 것이고, 이는 국가경쟁력의 약화요인으로 작용할 가능성이 크다. 따라서 병적인 동질화에 대한 시도는 사라져야 할 것이다(Dryzek & Dunleavy, 2009; 김욱 역, 2018).

동화주의는 이민자들의 경우, 출신국가의 문화를 보유하려고 하기보다는 이민을 희망하는 국가의 문화를 수용하려고 노력하여야 한다는 것이다. 동화주의자들의 주장근거는 이민자들이 각 출신국가의 인종, 종교, 언어 등과 같은 문화적 정체성을 보유하면 다양성의 문제가 발생할 것이고, 이는 국가를 분열시킬 수 있다는 것이다(Young, 1990). 동화주의자들에 의하면, 이민자들을 대상으로 한 국가의 정책은 이민국가의 문화와 정체성에 동화될 수 있도록 지원하는 데 초점이 있어야 한다는 것이다. 결국, 동화주의는 다양한 이주배경을 가지고 있는 이주민들의 경우 주류사회의 핵심 가치에 순응하여야 한다는 점을 강조하고 있다. 각자가 가지고 있는 고유한 정체성보다는 이민국가의 정체성으로 통합되는 것을 강조한다. 이민자들은 자신이 보유하고 있는 특성, 언어, 그리고 문화 등을 포기하여야 하며, 이러한 것을 포기하는 대가로 조직의 구성원으로 받아들인다. 동화주의에 의하면 이민자들이 이민국가의 구성원이 되면 다른 구성원과 동일하게 대우하려는 경향성이 있다(김도균 · 조국 역, 2018).

한국 사회에 적실한 것은 민주적 문화다원주의와 동화주의 중 어떤 형태인가? 쉽게 답할 수 있는 문제는 아니다. 각 국가가 가지고 있는 특성에 따라 달라질 수 있기 때문이다. 다만, 전 세계의 흐름과 한국 사회의 변화 방향을 보면 동화주의를 통해 획일화하려는 시도보다는 다양성을 존중하는 민주적 문화다원주의를 채택하려는 경향이 높다고 볼 수 있다(라휘문, 2021).

3) 미래세대는 어떤 특징을 가지고 있는가?

환경의 급격한 변화와 함께 미래 사회에 대한 불확실성이 높아지고 있는 여건을 고려할 때 미래의 정책수혜자인 청년세대의 특성을 이해하고자 노력하는 것은 매우 중요할 것으로 보인다(변미리 외, 2017). 청년세대에 대한 이해를 위해서는 청년세대에 대한 특성을 파악할 필요가 있고, 청년세대의 특성을 파악하려면 청년세대에 대한 구분이 있어야 할 것이다. 재미있는 것은 청년세대를 지칭하는 용어가 변화하고 있다는 것이다. 쉽게는 그냥 청년세대라고 하면 되는데 청년세대를 지칭하는 용어가 다르게 쓰여지

표 16-15 세대구분

구분	퓨리서치센터(미국)	맥킨지(브라질)	삼정KPMG(글로벌)
침묵세대	1928~1945년	–	–
베이비붐세대	1946~1964년	1940~1959년	1940~1964년
X세대	1965~1980년	1960~1979년	1965~1980년
M세대(밀레니엄세대)	1981~1996년	1980~1994년	1981~2000년
Z세대	1996년 이후	1995~2010년	2001년 이후

자료: Mckinsey & Company(2018), 삼정KPMG(2019), Pew Research Center(2020), 박민진 외(2021)에서 재인용.

고 있는 것이다. 과거에는 아동기, 청년기 등과 같이 연령을 기준으로 하였던 청년세대를 이야기하였으나, 최근에는 동일 사건을 공유하고 있는 집단을 중심으로 유형화하여 청년세대를 구분하려는 경향이 있다. 대표적인 세대의 유형으로는 침묵세대, 베이비부머세대, X세대, M세대, Z세대 등이다(박민진 외, 2021). 예를 들면, 전쟁이 끝난 후에 출산율이 증가하였는데, 이때 출생한 사람을 베이비붐세대라고 한다. 그리고 X세대는 베이비붐세대와 비교할 때 상대적이지만 출산율이 높지 않았던 시대에 출생한 사람들이다. M세대는 밀레니엄세대를 말하는 것으로 2000년대에 성년을 맞이한 첫 세대를 이야기 한다(Pew Research Center, 2015; Pew Research Center, 2020). 특히, 가장 최근에는 M세대와 Z세대를 통합하여 MZ세대라고 부르기도 한다. 여기에서는 가장 최근에 청년세대를 지칭하는 MZ세대를 중심으로 논의하고자 한다.

먼저, MZ세대의 연령대는 맥킨지를 기준으로 하면 1980년 이후 출생자이고 퓨리서치와 삼정KPMG를 기준으로 하면 1981년 이후 출생자이다. 한국의 연령을 기준으로 하면 13세부터 39세이다. 한국의 인구구조와 비교하면 MZ세대는 전체 인구의 36%의 수준을 보이고 있다. 따라서 MZ세대는 한국의 정치·경제·사회·문화 등에 대해 미치는 영향력 역시 매우 막강할 것으로 보인다. 그러면 MZ세대는 기성세대가 가지고 있는 가치관, 사고방식, 생활방식 등과 다른 특성을 보이고 있는지가 궁금해진다. 보다 명확하게 파악하기 위하여 MZ세대 이전과 MZ세대로 분류하여 특성을 살펴보고자 한다. 먼저, 베이비붐세대와 X세대는 조직 중심과 미래 중심적인 성향을 보인다고 알려져 있다. 1등(금메달), 대기업, 다른 사람이 인정하는 삶, 안정적인 삶, 결과 등과 같이 사회적으로 보여지는 삶을 중시하는 경향을 가지고 있다. 디지털 세계에서 태어난 것은 아니지만 빠르게 변화되는 기술세계에 적응하기 위한 노력을 통해 일정한 시기부터는 디지털

기술에 익숙해진 세대라고 볼 수 있을 것이다. 반면, MZ세대는 개인 중심적이고 현재를 중시하는 삶을 살고 있다. 행복한 삶, 결과보다는 노력하는 과정의 중시, 소소한 성공, 나 자신이 만족하는 삶, 그리고 다양한 삶의 방식 선호 등 사회적으로 보여지는 삶보다는 자신을 중시하는 삶을 중시한다. 획일성보다는 자신이 좋아하는 것을 추구하는 다양성을 선호한다고 볼 수 있을 것이다. 특히, 개방적이고 진보적인 사고를 하면서 현실적이고 실용적인 가치를 선호하고, 행동을 중요하게 생각하는 성향을 보유하고 있다. 태어나면서부터 인터넷, 컴퓨터 등과 친숙하고, 모바일 장치 등을 자유자재로 사용할 수 있다는 특성을 보유하고 있다. SNS로부터 영향을 받으면서 SNS상에서의 네트워크를 선호한다(손정희, 2021).

종합하면, MZ세대는 과거 세대가 보유하고 있는 가치관을 따르지 않는 경향을 보인다. 이들은 다양한 글로벌 문화를 경험하였고, 적극적으로 교류하면서 쌓아 온 문화적 감수성과 자부심 등을 보유하고 있기 때문이다. 또한 이들은 다른 사람들이 매우 평범하게 보는 것, 무의미해 보인다고 하는 것들도 자기가 좋아하는 것이라면 떳떳하게 밝히는 성향을 보인다(손정희, 2021). MZ세대의 특성을 고려하여 정부간 관계를 설정할 수 있어야 할 것이다.

제17장 새로운 정부간 관계: 세발자전거를 타고 가는 길

정부간 관계는 중앙정부와 중앙정부간 관계, 중앙정부와 지방정부간 관계, 지방정부와 지방정부간 관계 등을 모두 포괄하는 용어이다. 국민, 정책결정자, 학자 등 모두가 정부간 관계에 관심을 가져야 한다. 그 이유를 보면 첫째, 국민은 한국의 정부간 관계가 어떤 수준인지를 알아야 자신들이 생각하고 있는 것을 국정에 반영할 수 있기 때문에 관심을 가져야 한다. 한국의 정부간 관계가 수직적 관계라면 국민뿐만 아니라 지방정부 역시 국정에 참여할 수 있는 기회가 줄어들기 때문에 자신의 생각을 전달하기 어렵다. 반면, 수평적 관계라면 국민과 지방정부의 생각을 국정운영에 반영할 수 있는 기회가 확대될 것이다. 따라서 국민은 한국의 정부간 관계를 수평적 관계로 전환시킬 수 있도록 하여야 한다. 둘째, 정책결정자는 정부간 관계를 수직적인 관계로 설정할 것인지, 아니면 수평적 관계로 설정할 것인지를 결정하여야 하기 때문에 정부간 관계에 관심을 가져야 한다. 정부간 관계가 수직적 관계로 설정되어 있다면 정책결정자는 기구와 인력, 기능과 사무, 그리고 재정 관계를 설계할 때 지방정부의 자율성을 확대하지는 않을 것이다. 반면, 수평적으로 설계되어 있다면 지방정부의 자율성을 확대하는 방향으로 정책을 결정할 것이다. 그리고 셋째, 학자는 정부간 관계를 연구하고 그 결과를 학생들에게 전달하는 역할을 수행하여야 하기 때문에 정부간 관계에 관심을 가져야 한다. 정부간 관계를 어떤 관점에서 연구한 후 학생들에게 전달하는가에 따라 학생들에게 미치는 영향은 클 것으로 보인다.

이러한 중요성 때문에 많은 국내·외의 학자들이 이론적, 그리고 경험적으로 정부간 관계에 대해 연구하였다. 그 결과 도출된 것이 지방정부의 권력은 주정부로부터 나왔다고 보는 딜런의 법칙, 라이트(D. S. Wright)가 제시한 포괄적 권위모형, 조정적 권위모형, 중첩적 권위모형, 로즈(R. A. W. Rhodes)의 권력의존모형, 엘코크(H. Elcok)가 제시한 대리인모형, 동반자모형, 교환모형 등이 있다. 또한 다원주의, 신우익, 엘리트이론, 마르크시즘 등과 같은 국가이론에서 바라보는 정부간 관계 등이 있다. 여기에서는 제목만을 뽑아서 간단하게 정리하였지만 그 내용을 보면 실로 방대하다고 볼 수 있을 것이다. 논의의 편의상 전자의 정부간 관계에 대한 논의를 현행 정부간 관계이론이라고 하고, 후자를 국가론의 관점에서 본 정부간 관계이론이라고 명명한다면 둘 간에 유사점과 차이점이 존재한다. 비록 상대적인 수준이기는 하나 전자는 중앙정부와 지방정부간의 관계에 초점을 맞추고 있는 이론이라고 볼 수 있다. 반면, 후자는 정부간 관계를 볼 때 중앙정부와 지방정부간의 관계에 중점을 두기는 하나 사회에 대한 논의 역시 포함되어 있다. 즉, 전자는 논의의 초점이 명확한 반면, 후자는 보다 넓은 관점에서 정부간 관계를 바라본다는 것이다. 구체적으로는 현행 정부간 관계이론은 지방정부의 존재 자체를 인정하지 않으려는 모형, 지방정부의 존재를 인정하기는 하나 지방정부에게 자율성을 부여하지 않으려는 모형, 중앙정부와 지방정부가 대등한 관계라고 주장하는 모형, 그리고 중앙정부와 지방정부가 가지고 있는 자원 등을 상호간에 교환하는 과정에서 정부간 관계가 형성된다고 보는 모형 등이다. 현행 모형들은 각 국가의 정부간 관계를 밝혀낼 수 있다는 점에서 유용하다고 볼 수 있다. 그리고 국가이론은 정부간 관계에서 왜 지방분권이 필요한지 또는 필요하지 않은지 등을 설명할 수 있기 때문에 유용하다. 다만, 범위에서 중앙정부와 지방정부간이 관계가 아닌 보다 다양한 주체들간의 관계를 파악하고 있지 않다는 문제와 영역에서 주민과 기업(경제계) 등 수혜자의 관점이 반영되지 않고 있다는 문제가 발견되었다. 또한 정부간 관계에서 주로 다루고 있는 문제가 중앙정부의 지방정부에 대한 관여, 기구와 인력, 재정 등 다양한 논의를 포함하지 않고 기능과 사무에 초점을 맞추고 있다는 문제가 발견되었다.

어떤 관점이 맞는지는 중요하지 않다. 그 이유는 각 이론들이 가지고 있는 장점을 통합하고 단점을 보완할 수 있도록 새로운 모형을 만들면 되기 때문이다. 즉, 새로운 정부간 관계모형에서는 현행 정부간 관계모형과 국가론에서 바라본 정부간 관계모형이 가지고 있는 장점은 유지 및 확대하고, 한계는 보완할 수 있도록 하면 되기 때문이다. 이 책에서는 현행 정부간 관계이론과 국가론에서 바라본 정부간 관계이론, 그리고 각 이론이 가지고 있는 한계를 극복할 수 있는 새로운 요소 등을 종합하여 한국의 현행 정부간 관계를 규명할 수 있는 모형을 제시하였다.

새로운 모형은 두 개의 기준을 적용하여 네 개의 유형을 도출하였다. 두 개의 기준은 정부간 관계를 바라보는 관점을 기준으로 정부 내부에서 바라보는 관점과 정부 외부에서 바라보는 관점으로 구분하였다. 수평축인 정부 내부의 관점은 주로 중앙정부와 지방정부, 광역지방정부와 기초지방정부간 관계를 이야기한다. 하위정부의 참여 정도와 자율성의 정도를 측정하는 데 중점을 둔 것으로, 단순히 집권과 분권의 문제를 논의하는 것이 아니라 상위정부와 하위정부 중 누가 많은 권한을 가지고 있는지, 의사결정을 누가 하는 것인지, 의사결정과정에서 상호협력할 수 있는 기제가 포함되어 있는지, 갈등이 생기면 누가 결정하는지, 공정한 게임규칙에 의하여 운영되고 있는지, 결정된 내용이 누구의 이익을 지향한 것인지, 분권의 이유가 무엇인지 등 다양한 내용이 포함되어 있다. 수직축인 정부 외부의 관점은 주민과 기업 등으로 논의를 확장한다는 의미를 포함하고 있다. 의사결정과정에 주민과 기업의 참여가 있었는지, 결정된 내용이 주민과 기업을 위하여 기여하는 부분인지 등을 검토하는 것이다. 즉, 참여기제와 지향가치 등 다양한 내용을 포함하는 분류이다. 이를 유형화하면 네 개 유형의 정부간 관계모형이 제시된다. 제1유형은 지방정부의 참여 정도가 높고, 주민과 기업(경제계)의 참여 및 그들을 위한 결정 정도가 높은 유형이다. 즉, 지방정부가 자율성을 가지고 지역의 주민과 기업(경제계)을 위하여 노력할 수 있도록 한다는 것이다. 따라서 지방정부의 자율성이 매우 높다고 볼 수 있다. 따라서 이를 '지방정부 자율형'이라고 명명하고자 한다. 지방정부를 중심으로 한다면 가장 이상적인 유형일 것이다. 제2유형은 지방정부의 참여 정도가 낮은 수준이고, 지역의 주민과 기업(경제계)의 참여 정도는 높은 유형이다. 지방정부의 참여를 고려하지 않은 채 지역의 문제를 결정하는 유형이다. 국가운영을 중앙정부가 주도한다고 볼 수 있다. 따라서 '중앙정부 주도형'이라고 명명하였다. 제3유형은 지방정부의 참여 정도가 낮은 수준이고, 지역의 주민과 기업(경제계) 등의 참여도 없고, 그들을 위해 정책을 결정하지도 않는 유형이다. 즉, 분권 자체를 인정하려고 하지 않는 유형이라고 볼 수 있다. 중앙정부의 이익, 전국수준의 자본가 등의 이익을 위하여 정책을 결정한다고 보아야 할 것이다. 따라서 '중앙정부 지배형'이라고 명명하였다. 마지막으로, 제4유형은 지방정부의 참여 정도는 높으나, 지역의 주민과 기업(경제계) 등의 참여 정도, 그리고 결정된 정책의 내용 등이 주민과 기업(경제계)을 위한 것이 아닐 수 있는 유형이다. 지방정부가 주도한다는 차원에서 '지방정부 주도형'이라고 명명하였다([그림 17-1] 참조).

이 책에서는 한국의 정부간 관계가 [그림 17-1]에서 보는 유형 중 어디에 해당되는지를 경험적으로 살펴보았다. 관여, 기능과 사무, 기구와 인력, 그리고 재정부문으로 구분하여 구체적으로 분석해 보았다.

그림 17-1 새로운 정부간 관계모형

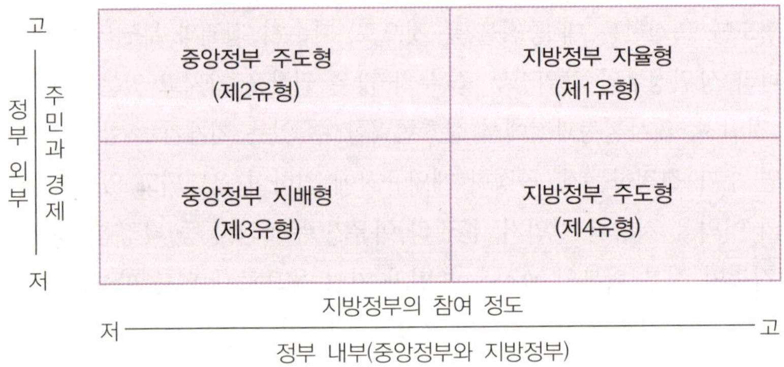

분석결과를 보면 첫째, 관여의 경우 중앙정부가 지방정부에 관여할 수 있는 법·제도적 장치를 보유하고 있고, 법·제도적 근거 하에 실제로 지방정부에 관여하고 있다. 관여과정에서 정부간의 상호협력이나 협의를 위한 제도적 장치는 마련되어 있지 않고, 정부간 갈등이 발생하면 상위정부의 이익을 반영하도록 설계되어 있다. 이러한 점을 보면 관여는 중앙정부의 이익을 도모하기 위해서 이루어진다고 볼 수 있다. 결국 국가 내부적으로는 중앙정부의 이익을 위하여, 그리고 국가 외부적으로는 주민과 기업의 참여나 이익을 도모하려는 성향이 높지 않는다고 볼 수 있다. 현행 정부간 관계모형을 기준으로 하면 대리인모형, 국가론에서 바라보는 관점을 기준으로 하면 엘리트론 또는 마르크시즘에 가깝다고 볼 수 있을 것이다. 그리고 새로운 정부간 관계모형을 기준으로 하면 제3유형인 중앙정부 지배형에 해당된다고 볼 수 있다.

둘째, 기능과 사무는 중앙정부가 지방정부로 기능과 사무를 이양할 때 준수하여야 할 원칙 등이 지방자치법 등에 제시되어 있고, 기능과 사무의 이양과정에서 지방정부가 참여하여 의견을 개진할 수는 있다. 그러나 기능과 사무의 이양 여부에 대한 결정은 자치분권위원회에 의하여 이루어지고 있고, 중앙정부의 기능과 사무가 지방정부의 기능과 사무보다 월등하게 많으며, 기능이나 법률 단위로 이양되지 않고 단위사무중심의 집행사무를 이양하고 있어 지방정부의 자율성이 확대되었다고 보기 어렵다. 또한 중앙정부의 기능과 사무는 주민이나 기업의 이익을 위하여 지방정부로 이양하는 것이 아니라 효율적인 사무처리에 필요하기 때문으로 보인다. 결국 국가 내부적으로는 지방정부의 참여가 있기는 하나 중앙정부에 의하여 이양 여부가 결정되고, 단위사무 중심(집행사무)의 이양으로 인해 지방정부의 자율성이 확대되지 않으며, 국가 외부적으로는 주민이나 기업의 참여나 이익을 도모하려는 성향보다는 효율적인 사무처리를 위하여 이양하고 있다고 볼 수 있다. 현행 정부간 관계모형에 의하면 상호의존모형 또는 대리인모형에 가깝다고 보여지며, 국가이론의 관점에서 바라보는 모형에 의하면 엘리트론에 가깝다고 볼 수 있다. 새로운 정부간 관계모형에 의하면 제3유형인 중앙정부 지배형에 해당된다고 볼 수 있다.

셋째, 기구와 인력에 대한 분석결과를 보면 지방정부의 기구와 인력을 결정하기 위한 법・제도적인 요건은 지방자치법, 지방자치단체의 행정기구와 정원기준 등에 구비되어 있으나, 기구와 인력의 규모는 지방정부, 주민, 기업의 참여나 의견수렴을 하지 않은 채 행정안전부가 결정한다. 결국 국가 내부적으로는 지방정부의 참여나 의견수렴없이 중앙정부를 대표하는 행정안전부가 지방정부의 기구수와 공무원 정원을 결정하고 있는 바 중앙정부 중심이라고 볼 수 있고, 국가 외부적으로는 주민이나 기업의 참여나 이익을 도모하려는 성향보다는 관리 및 통제에 초점을 맞추고 있다고 볼 수 있다. 현행 정부간 관계모형에 의하면 상호의존모형 또는 대리인모형에 가깝다고 보여지며, 국가이론의 관점에서 바라보는 모형에 의하면 엘리트론에 가깝다고 볼 수 있다. 새로운 정부간 관계모형에 의하면 제3유형인 중앙정부 지배형에 해당된다고 볼 수 있다.

마지막으로 넷째, 재정은 법・제도적 요건이 구비되어 있고 법・제도적 근거 하에서 재정분권이 추진되고 있다. 재정분권과 관련하여 지방정부가 결정과정에 참여하고 있으나 지방정부의 의견이 100% 반영되는 것은 아니며 주민과 기업의 참여는 없고, 재정분권이 중앙정부의 이익을 해치지 않는 범위 내에서 이루어지고 있다. 결국 국가 내부적으로는 지방정부의 참여나 의견수렴은 있으나 재정분권 TF에서 논의를 통하여 결정되는 바 지방정부의 의견이 100% 반영되고 있지 않다는 점을 고려할 때 중앙정부가 중심이 되고 있고, 국가 외부적으로는 주민과 기업의 참여를 보장하는 장치는 마련되어 있지 않을 뿐만 아니라 주민과 기업의 이익을 추구하지도 않는다. 현행 정부간 관계모형에 의하면 대리인모형에 가깝다고 보여지며, 국가이론의 관점에서 바라보는 모형에 의하면 엘리트론에 가깝다고 볼 수 있다. 새로운 정부간 관계모형에 의하면 제3유형인 중앙정부 지배형에 해당된다고 볼 수 있다.

제3유형인 중앙정부 지배형은 지방정부의 참여 정도가 낮은 수준이고 지역의 주민과 기업(경제계) 등의 참여도 없고, 그들을 위해 정책을 결정하지도 않는 유형이다. 즉, 중앙정부는 자발적으로 지방분권 및 재정분권을 인정하려고 하지는 않는 유형이다. 중앙정부의 이익, 전국수준의 자본가 등의 이익을 위하여 지방분권 및 재정분권을 결정한다고 보아야 할 것이다. 그럼에도 불구하고 모든 정부가 지방분권 및 재정분권을 이야기하는 이유는 어디에 있을까? 아마도 정부의 이익 또는 정부간 이해관계에 따른 투쟁의 산물이라고 볼 수 있을 것이다. 지방분권이나 재정분권을 추진하지 않을 경우 지방정부의 엘리트(특히, 정치엘리트 등)와 지역의 자본가와 같은 토호 세력 등에 대한 이익을 보장할 수 없게 되고, 이는 정권에 대한 지지 철회와 같은 현상이 발생할 수 있기 때문이다. 따라서 중앙정부는 자신의 이익을 해치지 않는 범위 내에서 성가시고 귀찮은 일들을 넘겨주고 지방분권을 추진하였다는 생색을 내면서 지방정부를 관리 및 통제할 수 있는 다수의 장치를 통해 지방정부를 지배하는 형태를 취하게 된다. 이러한 이유 때문에 관여, 기능과 사무, 기구와 인력, 재정 영역에 대한 정부간 관계를 분석한 결과 중앙정부 지배형이 도출되었다고 볼 수 있을 것이다.

정부간 관계가 중앙정부 지배형으로 설정되면 지방자치제를 재실시한 목적을 달성할 수 없게 될 것이다. 즉, 지방정부는 중앙정부가 수행하고자 하는 기능과 사무를 위임받아 처리하는 하부행정기관으로서의 역할을 수행할 수밖에 없을 것이다. 지방정부는 지역의 문제를 스스로 해결하기 위하여 노력하는 것이 아니라, 중앙정부가 위임한 사무를 중앙정부가 정한 기구수와 공무원 정원을 활용하여 중앙정부가 이전해주는 재정을 통해 처리하는 하부행정기관에 지나지 않는다는 것이다.

그러면 정부간 관계가 어디로 가야 하는가? 당연히 제1유형인 지방정부 자율형으로 나아가야 할 것이다. 다만, 지방정부 자율형을 지향한다고 하더라도 정부간 관계에 영향을 미칠 수 있는 행정을 둘러싼 환경의 변화는 반영되어야 할 것이다. 즉, 변화된 행정환경을 반영한 새로운 의미의 정부간 관계가 설정되어야 한다는 것이다. 이를 위해서는 행정을 둘러싸고 있는 환경의 변화를 파악할 필요가 있을 것이다.

과거부터 현재까지 행정을 둘러싸고 있는 환경의 변화를 대표하는 키워드는 정보화, 지방화, 그리고 세계화이다. 인터넷의 보급 등 정보기술이 급격하게 발전하였고, 이는 시간과 공간의 의미를 희석시킴으로써 전 세계를 하나의 마을로 만들었다. 신종코로나바이러스감염증과 같이 특정 국가에서 발생한 하나의 사건은 특정 국가만의 문제가 아니라 전 세계에 영향을 미치게 되었다. 동시에 풀뿌리 민주주의에 대한 욕구가 확대되었고, 이는 지방화를 촉진시키는 계기로 작용하였다. 행정환경의 변화를 대표하는 정보화, 지방화, 세계화는 미래 사회에도 영향을 미칠 것으로 보인다. 다만, 현재와는 다른 모습이 될 수 있을 것이다.

첫째, 현재의 정보화와는 다른 형태로 변화할 것이다. 현재의 정보화가 미시적인 변화에 초점을 둔 수준이었다고 하면 미래의 정보화는 거시적인 변화에 초점을 두는 방향으로 변화할 것이다. 즉, 현행 정보화는 정보통신기술을 활용하여 특정 서비스를 온라인을 통해 제공하는 수준(각종 온라인 플랫폼, 정부24시 등)이었다면 미래에는 정보통신기술을 통하여 다양한 정보 등의 공유가 가능해지고, 네트워크가 확대됨으로써 도시나 국가 전체에 변화를 초래하는 거시적인 변화(제4차 산업혁명, 스마트시티 등)를 하게 될 것이다.

둘째, 지방화는 단순하게 지방분권, 재정분권 등에 초점을 맞추는 방향으로 나아갈 것이 아니라 인구절벽, 지방소멸, 주민과 공동체의식의 변화 등 근본적인 문제에 대한 대응(복수주소제, 온라인의 활성화와 공동체의식 등)을 위해 자치권을 확대하는 것과 같은 논의가 활발해질 것이다.

셋째, 세계화는 신종코로나바이러스감염증과 같은 각종 감염병, 저탄소 등과 같은 환경문제 등 다수의 사안들이 전 세계가 해결하여야 할 공동의 문제가 되었다. 전 세계가 공유하고 해소하여야 할 문제가 점점 더 확대되고 있으며, 이는 국가간 경계가 희석되는 방향으로 나아간다는 것이다. 여기에다가 최근 한국 정부는 주거 및 부동산 정책, 일자리정책, 경제정책, 복지정책 등과 같은 정책, 지역화폐, 배달앱 등과 같은 수단적인 성격을 가진 도구를 통하여 개입의 범위를 확대하고 있다. 이론적으로는 시장이 실패할 경우 이를 교정하기 위하여 정부가 개입하고, 정부개입 역시 실패할 수 있기 때문에 가능하면 최소화할 필요가 있다. 즉, 정부가 개입하였을 때 가져올 수 있는 이익과 불완전한 시장을 그대로 놔두었을 때 발생할 수 있는 이익을 비교하여 정부개입이 더 좋은 이익을 창출할 것으로 기대될 경우에 개입하여야 한다. 현재 한국 정부는 다양한 영역에서 많은 개입을 하고 있다. 한국의 정부개입은 지금까지의 경험을 볼 때 확대하였다가 다시 감소하고, 또다시 확대하는 등의 과정을 거치고 있다.

마지막으로 넷째, 한국 사회는 점점 더 다양성을 존중하는 방향으로 변화하고 있다. 이를 주도하는 것은 체류외국인의 증가와 새롭게 탄생한 MZ세대라고 볼 수 있을 것이다. 체류외국인은 200만 명을 넘어섰고 국적 역시 점점 더 다양해지고 있다. 체류외국인과 국적수의 증가는 다양한 문화가 한국 사회에 유입된다는 것을 의미한다. 백의민족, 단일민족 등과 같이 하나의 혈통을 강조하고 있는 한국 사회에 다른 문화가 유입된다는 것은 혼란을 초래할 수 있다는 인식 하에 수용하지 않으려는 경향을 보일 수 있을 것이다. 이러한 점 때문에 한국 사회를 민주적 문화다원주의로 나아가게 할 것인지, 아니면 동화주의로 나아가게 할 것인지에 대한 고민이 쌓이게 되었고, 이러한 현상은 더욱 확대될 것으로 보인다. 민주적 문화다원주의를 채택하게 되면 문화적 차이가 있다고 하더라도, 각자가 가지고 있는 차이점을 최대한 인정하면서 다양한 구성원들이 평등한 조건으로 사회에 참여할 수 있도록 함으로써, 다양성과 통합성을 공존하게 하여야 할 것이다. 동화주의를 채택하면 다양한 이주배경을 가지고 있는 이주민들에게 주류사회의 핵심 가치에 순응할 수 있도록 하여야 한다. 그리고 다양성을 대표하는 또 다른 사례인 MZ세대에 대해 논의할 수 있을 것이다. MZ세대는 개인중심적이고 현재를 중시하는 삶을 살고 있다. 행복한 삶, 결과보다는 노력하는 과정의 중시, 소소한 성공, 나 자신이 만족하는 삶, 그리고 다양한 삶의 방식 선호 등 사회적으로 보여지는 삶보다는 자신을 중시하는 삶을 중시한다. 획일성보다는 자신이 좋아하는 것을 추구하는 다양성을 선호한다고 볼 수 있을 것이다. 특히, 개방적이고 진보적인 사고를 하면서 현실적이고 실용적인 가치를 선호하고, 행동을 중요하게 생각하는 성향을 보유하고 있다. 태어나면서부터 인터넷, 컴퓨터 등과 친숙하고, 모바일 장치 등을 자유자재로 사용할 수 있다는 특성을 보유하고 있다. SNS로부터 영향을 받으면서 SNS상에서의 네트워크를 선호한다.

이와 같은 미래환경의 변화를 반영하면서 국정을 운영하기 위해서는 중앙정부가 주도하거나 지배하는 형태를 취해서는 곤란하다. 행정을 둘러싸고 있는 환경의 변화를 반영하려면 국가의 운영체제를 오징어모형에서 세발자전거모형으로 전환하여야 한다. 오징어의 머리에 중앙정부가 위치하면서 오징어의 다리에 위치한 지방정부, 국민, 그리고 기업에 명령을 내리는 방식으로는 환경변화에 대응할 수 없다. 중앙정부의 개입 폭이 확대되어서는 환경변화에 대응할 수 없다는 것이다. 세발자전거의 안장에 국민이 앉아서 앞바퀴에 위치한 기업에 명령을 내리고 동일한 크기의 뒷바퀴에 위치한 중앙정부와 지방정부가 균형을 잡아주는 역할을 수행할 수 있도록 국가운영체제를 전환하여야 한다는 것이다. 중앙정부가 주도하거나 지배하는 형태의 국가운영체제는 중앙정부가 급변하는 행정환경의 변화를 모두 파악한 후 이를 국가운영과정에 반영할 수 있어야 성립될 수 있다. 내가 살고 있는 동네, 내가 살고 있는 집, 더 나아가서는 나에게 어떤 변화가 생겼는지 등을 파악한 후 국가를 운영할 때 반영할 수 있어야 한다는 것이다. 이는 현실적으로 불가능하다. 그러면 대안으로 고려할 수 있는 것은 지방정부의 역할을 확대하여야 한다는 것이다. 중앙정부가 주도하고 지배하는 현행 방식이 아니라 지방정부가 주도하고 지배할 수 있는 형태가 되어야 할 것이다. 적어도 중앙정부와 지방정부

그림 17-2 세발자전거모형

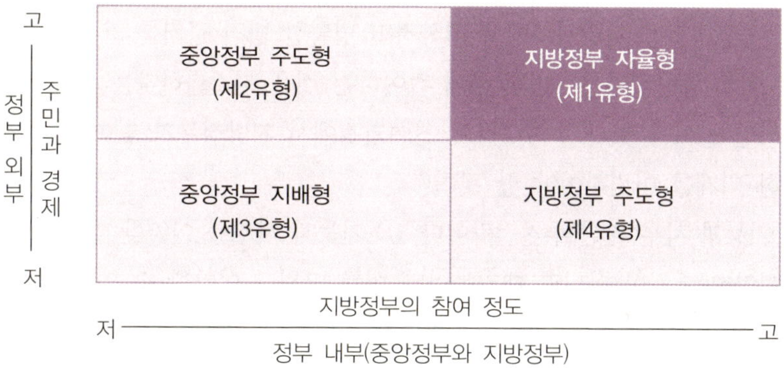

가 대등한 관계는 형성할 수 있어야 할 것이다. 구체적으로는 세발자전거모형에서 제시한 네 가지의 유형 중 지방정부 자율형을 지향하여야 할 것이다.

지방정부 자율형으로 나아가기 위해서는 몇 가지의 전략방향을 고민해 볼 수 있을 것이다. 첫째, 중앙정부와 지방정부가 대등한 관계가 되기 위해서는 국가는 중앙정부로, 지방자치단체는 지방정부로 부를 수 있도록 법령의 개정작업이 있어야 할 것이다. 둘째, 법령으로 지방정부를 규율하기보다는 조례나 규칙에 의하여 운영될 수 있도록 전환이 필요하다. 셋째, 미래의 행정환경변화를 반영한 새로운 정부간 관계를 설정하여야 한다. 정보화, 지방화, 세계화의 초점과 범위의 변화 내용을 반영하여야 하고, 정부개입과 다양성이라는 새로운 키워드를 반영할 수 있도록 하여야 한다. 넷째, 중앙정부보다는 지방정부의 확대를 통하여 환경변화에 탄력적으로 대응할 수 있도록 하여야 할 것이다. 환경변화를 반영하면서 지역에서 발생하고 있는 문제를 해소하기 위해서는 지방정부가 주도적인 역할을 하여야 할 것이다. 다섯째, 지방정부는 지방정부 상호간에 경쟁과 협력체계를 갖출 수 있도록 하여야 한다. 한국 사회가 직면하고 있는 저출산・고령사회의 문제 등은 지방정부간 경쟁과 협력의 필요성을 증대시켰다고 볼 수 있을 것이다. 여섯째, 공공부문이 주도하는 것이 아니라 민간부문과의 협업체계의 구축을 통하여 국정을 운영할 수 있도록 하여야 할 것이다. 공공부문이 주도하여 일자리도 만들고, 음식 배달도 하며 다수의 주택을 건축하여 임대하는 등의 역할을 하게 되면 민간시장에 부정적인 영향을 미칠 수 있을 것이다. 정부개입의 수준을 적정하게 유지할 수 있도록 할 필요가 있을 것으로 보인다.

이를 위해서는 몇 가지의 추진전략을 고려할 수 있다. 첫째, 관여와 관련한 추진전략이다. ① 중앙정부가 지방정부에 관여하려면 명확한 법적 근거를 가질 수 있도록 하여야 한다. 이는 중앙정부가 지방정부에 관여하는 것을 최소화하자는 것이다. ② 다음으로는 법적인 근거가 있다고 하더라도 관여과정에서 지방정부가 참여 및 협의할 수 있는 충분한 기제를 마련하여야 할 것이다.

둘째, 기능과 사무 관련 추진전략이다. ① 기능과 사무를 이양할 때에는 단위사무 중심으로 이양하는 것이 아니라 대기능이나 법률 단위로 이양할 수 있도록 하여야 한다. 즉, 지방정부가 사무처리에 있어 자기완결성을 가질 수 있도록 하자는 것이다. ② 다음으로는 중앙정부와 지방정부간 사무배분체계를 수직적 · 계층적 방식에서 수평적 · 병렬적 방식으로 전환할 수 있도록 하여야 한다. 즉, 기능을 중심으로 중앙정부의 기능, 광역지방정부의 기능, 그리고 기초지방정부의 기능으로 구분하자는 것이다. ③ 다음으로는 중앙정부기능의 지속적인 지방정부 이양으로 지방정부에서 처리하는 사무의 수를 확대하여야 한다. 대다수의 사무를 중앙정부가 처리할 수 있도록 되어 있다면 중앙정부의 지방정부 통제는 지속될 수밖에 없을 것이다. ④ 마지막으로는 중앙정부기능과 사무의 지방정부 이양과정에서는 지방정부, 주민, 그리고 기업의 참여가 반드시 이루어질 수 있도록 하여야 한다. 즉, 정부간 관계를 논의하는 목적이 사무처리의 효율성에만 집중되기보다는 주민과 기업의 이익이 반영될 수 있도록 하여야 한다는 것이다.

셋째, 기구와 인력에 대한 추진전략이다. ① 지방정부의 기구와 인력을 행정안전부가 결정할 경우 지방정부의 특성을 반영하는 데 한계가 있기 때문에 지방정부가 결정할 수 있도록 전환하여야 한다. 기구와 인력의 규모는 지방의회와 지역주민이 직접 통제할 수 있도록 하고, 행정안전부는 지방의회와 지역주민이 통제할 수 있도록 다양한 정보를 제공할 필요가 있을 것이다. ② 다음으로는 지방정부의 기구와 인력을 결정할 때에는 지방의회, 주민, 기업 등 다양한 이해관계자의 참여가 있어야 할 것이다. ③ 만약 현행과 같이 지방정부의 기구와 인력의 규모를 행정안전부가 결정하려고 한다면 지방정부의 참여가 있어야 하고, 기구책정방식과 인력산정방식에 변화를 주어야 한다. 현재와 같이 인구수 등이 아니라 업무량, 사무의 수 등에 기반하여 기구와 인력이 결정되어야 할 것이다. 업무량이나 사무의 수를 기준으로 인력을 산정한 후 기능과 사무의 유형화(동일 · 유사 기능의 통합과 차별기능의 분리)를 통해 통솔 범위에 적합한 기구수를 결정하여야 할 것이다.

마지막으로 넷째, 재정과 관련한 추진전략이다. ① 재정분권은 지방정부의 자율성이 증대되는 방향으로 결정되어야 한다. 즉, 꼬리표가 붙어 있는 보조금 등이 아니라 국세의 지방세 이양 등을 통한 자율성 제고 노력이 있어야 한다는 것이다. ② 다음으로는 재정관계를 결정할 때에는 지방정부의 참여기회를 보장함으로써 지방정부의 의견이 충분히 반영될 수 있도록 하여야 한다.

미래의 정부간 관계는 현재와 같이 중앙정부가 주도 또는 지배하는 형태가 유지되어서는 곤란하다. 지역의 특성이 반영되고, 지역이 가지고 있는 다양성을 존중할 수 있도록 정부간 관계가 형성되어야 할 것이다. 정보화의 수준은 점점 더 높아지고 있고, 지방화에 대한 욕구는 더욱 커지고 있으며, 다른 의미의 세계화가 확대되고 있다. 이와 같은 환경의 변화가 반영된 정부간 관계가 모색되어야 할 것이다. 다만, 미래의 정부간 관계를 새롭게 설정할 때에는 다양한 이해관계자들과 논의를 위한 충분한 시간을 가지면서 추진하기를 바란다. 조금은 천천히 가자는 것이다. 급하게 서두르지 말고 여유를 가지면서 바람직한 모습을 그려 나가기를 희망해 본다.

세발자전거를 타고 천천히 갑시다. 아무리 바쁘고 빠른 시대이지만, 그리고 시·공간의 경계가 사라지고 있는 세상이지만, 그래도 마음의 여유를 가지고 충분한 시간을 투자하여 천천히 생각하면서 갑시다. 주위를 둘러보면서 많은 사람들과 필요한 이야기를 나누면서 함께 문제를 해결할 수 있기를 희망해 본다.

참고문헌

[국내문헌]

강영주 · 손화정(2017). 『지방자치단체 적정인력규모 추정모형에 관한 연구』. 한국지방행정연구원 기본연구과제.

강용기(2004). 정부간 관계의 거버넌스. 『한국지방자치학회보』, 16(2): 5-19.

강재호 외(2004). 『중앙-지방간 협력관계 증진방안 연구』. 대통령자문정책기획위원회 보고서.

금창호 · 권오철(2007). 『참여정부의 자치조직권 확대정책의 평가와 과제』. 한국지방행정연구원 기본연구과제.

김갑성(2020). 대한민국의 스마트시티 전략. 『스마트시티 탑 아젠다』, 1(1): 328-355.

김기옥(1991). 지방자치의 정치역학관계에 있어서 지방의 대응력에 관한 연구. 한국행정학회 연례학술대회에서 발표된 논문. 12월 5~6일.

김기진(1997). 우리나라의 지방자치단체에 대한 국가의 행정적 관여. 『연세법학연구』, 4: 77-97.

김기진(2003). 지방자치단체에 대한 국가의 행정적 관여의 개선방안. 『법학연구』, 13(3): 29-50.

김기진(2013). 국가와 지방자치단체와의 협력: 지방자치단체의 국정참가와 국가의 협력적 관여를 중심으로. 『입법정책』, 7(1): 73-108.

김도균 · 조국 역(2018). 『차이의 정치와 정의』. 서울: 도서출판 모티브북.

김병준(1997). 정부간 관계의 이론. 정세욱(편). 『정부간 관계』. 서울: 법문사.

김보현 · 김용래(1982). 『지방행정의 이론과 실제』. 서울: 법문사.

김선정(2013). 국가관여의 방식에 관한 연구. 『한국행정사학회지』, 33: 1-26.

김성호(2000). 분권차원에서 본 지방자치단체에 대한 국가의 관여형태와 문제점. 『자치행정』, 2월호: 61-70.

김영종(2000). 『지방자치론』. 서울: 형설출판사.

김용웅 외(1995). 『지방화시대의 국토개발분야에서 중앙과 지방의 역할분담에 관한 연구』. 국토개발연구원.

김욱 역(2018). 『민주주의 국가이론』. 서울: 명인문화사.

김의섭(2007). 공공선택론적 재정관. 한국재정정책학회. 『재정정책논집』, 9(1).

김의섭(2011). 재정분권과 지방재정의 자율성 제고: 참여정부 이후 재정분권을 중심으로. 『재정정책논집』, 13(2): 113-148.

김종면 외(2007). 『미래 재정환경 하에서의 재정역할』. 한국조세연구원.

김종명(2002). 엘리트이론의 변천과 발전: 이론적 논쟁과 그 함축. 『국제정치연구』, 5(2): 1-21.

김종성(2009). 지방자치단체의 자치조직권에 대한 중앙의 통제제도: 총액인건비제의 도입을 중심으로. 『사회과학연구』, 20(1): 37-61.

김철용(1990). 지방자치단체에 대한 국가의 관여. 『공법연구』, 18: 75-91.

김태룡(2007). 『행정이론』. 서울: 대영문화사.

남궁근(2003). 『행정조사방법론』. 서울: 법문사.

노기성(1992). 지방자치제 실시에 따른 재정규모의 변동과 정부기능 배분. 송대희 · 노기성(편). 『지방자치제 실시에 따른 중앙-지방재정기능의 재정립』. 서울: 한국개발연구원.

라소영 · 엄석진(2020). 주민참여활성화를 위한 주민참여기제의 성격분석 및 재설계방향. 『한국지방자치학회보』, 32(3): 85-113.

라휘문(2017). 재정분권의 필요성 및 원칙과 기준 정립. 경기연구원 세미나 발표논문.

라휘문(2018). 재정분권원칙에 적합한 강력한 재정분권 추진. 『지방행정』.

라휘문(2020). 정부간 행정관계와 차이의 정치. 『지역정책연구』, 31(2): 47-69.

라휘문(2021). 『지방재정론』. 서울: 대영문화사.

문유석(2015). 정부간 관계의 관점에서 본 중앙과 지방 간의 관계: 농정분야를 중심으로. 『지방정부연구』, 18(4): 393-416.

박민진 외(2021). 미래세대의 행복과 영향요인 연구: MZ세대를 중심으로. 『도시행정학보』, 34(4): 121-147.

박상렬(2008). 지방재정관리제도 개선에 관한 연구: 건전성 · 책임성 제고방안을 중심으로. 연세대학교 행정대학원 지방자치도시행정전공 석사학위논문.

방석현(1989). 『정보체계론』. 서울: 법문사.

배관표 · 엄석진(2011). 한국 국가기구의 단절과 연속. 『한국행정학보』, 46(3): 329-356.

법무부 출입국외국인정책본부(2021). 출입국 · 외국인정책 통계월보.

변미리 외(2017). 『서울형 행복지표 활용 연구』. 서울연구원 연구보고서.

배규한(1995). 『미래사회학』. 서울: 사회비평사.

배정아(2021). 중앙행정권한의 지방이양 현황과 방안. 『문재인정부의 자치분권』. 자치분권위원회.

서상아(2008). 『정부간 관계에 대한 공무원 인식조사』. 한국행정연구원 연구보고서.

서원우(1988). 국가기능과 자치단체기능의 재배분문제. 행정개혁위원회 토론회(정부의 역할과 기능재정립)에서 발표된 논문. 8월 11일.

서정섭(2010). 지방재정 위기관리 제도의 현황과 한계. 『지방재정과 지방세』. 한국지방재정공제회. 34: 22-42.

서정섭(2017). 지방 재정분권 확대방안. 『열린충남』, 78: 9-14.

설계경(2008). 지방자치단체에 대한 국가관여에 관한 소고. 『영산법률논총』, 5(2): 115-139.

손정희 외(2021). MZ세대의 커뮤니케이션 고유 특성에 대한 각 세대별 반응 연구. 『커뮤니케이션디자인학연구』, 77: 202-215.

손희준(2012). 지방재정의 건전성과 책임성 확보를 위한 재정관리제도의 개선방향. 『지방재정』, 제3호. 한국지방재정공제회.

손희준(2017). 재정분권의 필요성과 의의. 미발간논문.

손희준(2019). 『새지방재정학』. 서울: 대영문화사.

송상훈(2012). 재정분권 강화를 위한 국세 · 지방세 조정. 『한국지방재정학회 세미나 자료집』.

송상훈(2013). 재정분권과 국세 · 지방세의 조정. 『자치발전』, 3: 44-51.

신기현 · 신환철(1992). 지방의회의 역할갈등에 관한 연구. 한국정치학회 연례학술대회에서 발표된 논문. 12월 2~3일.

심익섭(2007). 지방자치 발전정착을 위한 지방자치단체의 국정참여에 관한 연구: 정부간 관계를 중심으로. 『한독사회과학논총』, 17(2): 101-128.

심익섭(2010). 독일지방자치단체 권한에 대한 합리적 정부간 관계연구. 『한독사회과학논총』, 20(2): 2-34.

안용식 외(2006). 『지방행정론』. 서울: 대영문화사.

엄경희 · 엄태경(2020). 2020-2030 문화트렌드를 반영한 디자인제품 선호도 연구. 『한국디자인문화학회지』.

염명배(2004). 지방분권 및 국가균형발전과 지방재정: 국세 · 지방세 재배분문제를 중심으로. 『재정논집』, 18(2): 23-48.

오승석(2003). 재정분권의 현실과 지방재정의 확충방안. 『정책개발연구』, 3(2): 29-55.

오연천(1992). 자치시대를 대비한 지방정부운영의 당면과제. 한국행정학회 워크숍(자치시대를 대비한 지방행정의 당면과제)에서 발표된 논문. 7월 22일.

우명동(2007). 참여정부 지방분권정책의 성격에 관한 소고: 지방재정의 현상과 본질을 중심으로. 『한국지방재정학회 동계학술세미나 발표논문집』.

원구환(2004). 참여정부의 중앙-지방정부 관계분석. 『한국지방자치학회보』, 16(4): 51-70.

유민봉 · 임도빈(2016). 『인사행정론』. 서울: 박영사.

유은경(2009). 미국의 이민정책과 다문화주의: 히스패닉 동화 논쟁을 중심으로. 이화여자대학교 석사학위논문.

유재원(2011). 도시한계론의 핵심 가정에 대한 경험적 검증. 『한국행정학보』, 45(1): 101-121.

윤석진(2012). 지방자치단체에 대한 국가관여 내실화 과제. 『지방자치법연구』, 12(2): 173-199.

윤영근 · 박해육(2017). 『지방자치단체 조직관리제도 평가 및 발전방안』. 한국지방행정연구원 기본연구과제.

윤영득(2020). 4차산업혁명 시대의 기술혁신, 탈중앙 그리고 창조성. 『문화산업연구』, 20(3): 23-33.

윤영진(2016). 『새지방재정론』. 서울: 대영문화사.

윤재풍(2014). 『조직론』. 서울: 대영문화사.

이규환(2002). 『한국지방행정론』. 서울: 법문사.

이기우(1990). 국가와 지방자치단체의 관계. 『지방자치연구』, 2(2): 21-46.

이기우(1997). 정부간 관계의 모델설정. 정세욱(편). 『정부간 관계: 이론과 실제』. 서울: 법문사.

이기우 · 홍준현 · 권영주 · 이종원(2004). 지방자치단체 수행사무 구분체계의 개편 방향. 『한국공공관리학보』, 18(1): 53-79.

이기우 · 홍준현 · 이종원 · 권영주(2003). 국회에 의한 지방자치단체 국정감사 범위의 합리적 조정방향.『한국지방자치학회보』, 15(4): 27-47.

이달곤(1992). Patric J. Dunleavy의 중앙과 지방관계론. 오석홍(편).『행정학의 主要理論』. 서울: 법문사. 294-303.

이달곤(2005).『지방정부론』. 서울: 박영사.

이동수(1993). 지방자치단체에 대한 국가적 관여.『지역사회개발연구』, 2: 25-41.

이동후(2009). 사이버 대중으로서의 청년 세대에 대한 고찰: 사회적 소통과 관여를 중심으로.『한국방송학보』, 23: 409-448.

이병문(2020). 코로나 잡으려면 '집단면역'도 생각해야 한다고요? 매일경제, 4월 18일자. A23면.

이병량 · 정재진 · 조광래(2008). 재정분권 수단선택에 관한 연구.『지방행정연구』, 22(2): 203-236.

이성덕(1988). 지방화시대에 부응한 중앙정부기능과 자치단체 기능의 재배분 방안. 행정개혁위원회 토론회(정부의 역할과 기능 재정립)에서 발표된 논문. 8월 11일.

이성덕(1992). 지방자치의 통념에 대한 반론.『한국행정학보』, 26(4): 1437-1460.

이수지(2020).『마케팅을 위한 세대탐험』. KAA저널.

이순자(2017). 스마트시티 활성화를 위한 관련 법률 개정 및 조례 제정의 필요성 검토.『토지공법연구』, 79: 583-609.

이준구(1995).『재정학』. 서울: 다산출판사.

이종수(1993). 지방정부와 국가이론: 영국에서의 발전과정을 중심으로.『한국행정학회보』, 27(3): 847-862.

이종수(2001). 이원국가론.『한국행정학회 온라인행정학사전』.

이종수 외(2016).『지자체 조직규모에 영향을 미치는 행정수요 지표개발 연구』. 연세대학교 국가관리연구원.

이현우 외(2021).『지방자치법 전면 개정에 따른 지방정부 대응전략』. 경기연구원 정책연구보고서.

임성일(2003). 우리나라 재정분권 상태에 대한 분석과 중앙, 지방간 재원배분체계의 재구축.『한국지방재정논집』, 8(2): 1-31.

임승빈(2018).『지방자치론』. 서울: 법문사.

임재현(2017).『지방행정론』. 서울: 대영문화사.

임홍택(2018).『90년생이 온다』. 서울: 웨일북스.

정부혁신지방분권위원회(2007).『참여정부의 정부혁신: 이론적 접근』.

정세욱(2000).『지방자치학』. 서울: 법문사.

정용덕(1988a). 물적자원의 동원과 배분. 성균관대 사회과학연구소(편).『행정학개론』. 서울: 대영문화사.

정용덕(1988b). 한국 중앙집권화의 정치경제학.『현상과 인식』, 12(1): 128-153.

정용덕(1993). '자본주의국가론'에 의한 한국 중앙국가기구의 유형별 분석,『한국행정학보』, 27(3).

정용덕(2001).『현대국가의 행정학』. 서울: 박영사.

정용덕 · 문진국 · 최태현(2001). 한일 중앙지방관계의 이원국가성에 관한 실증적 분석.『행정논총』, 39(2): 47-68.

정용덕 외(2021). 『현대국가의 행정학』(제3판). 서울: 박영사.

정일섭(2015). 『한국지방자치론』. 서울: 대영문화사.

정정목(1992). 시 · 군의 자치단체화와 '티이보우모형'. 『한국행정학보』, 26(3): 875-888.

정정화 외(2019). 『정부간 관계론』. 서울: 대영문화사.

정충식(2007). 『전자정부론』. 서울: 서울경제경영.

조성규(2014). 지방재정과 자치조직권. 『지방자치법연구』, 14(4): 65-96.

조성호(2006). 지방행정체제 개편논의의 평가와 대안제시 연구. 『서울도시연구』, 7(3): 149-170.

조정래(2007). 미국 정부관계의 변화, 다양성, 복잡성 : 연방정부의 강제적 활동에 대한 주정부 공무원의 인식 중심으로. 『한국행정연구』, 16(3): 239-267.

조창현(1993). 『지방자치론』. 서울: 박영사.

조창현(1996). 『지방자치론』. 서울: 박영사.

조창현(2005). 『지방자치론』. 서울: 박영사

지방자치인재개발원 · 시도공무원교육원(2020). 『예산실무』.

질병관리본부(2020). 『2019년 국외 메르스 발생 현황 역학·관리 보고서』. 질병관리본부.

차만재 · 정용덕(1991). 노사관계와 국가역할에 관한 비교정책연구. 『사회과학』, 30(2): 63-94.

총무처(1986). 『정부기능분석 결과보고』.

최병호(2007). 『재정분권과 지방재정의 적정구조』. 한국경제연구원 연구보고서.

최봉기(2006). 『자방자치론』. 서울: 법문사.

최상한 · 이시원(2020). 정책법학적 관점에 따른 지방정부의 자치조직권 확대 방안. 『지방정부연구』, 23(4): 395-422.

최유성 · 이남국(2000). 『정부간 관여』. 한국행정연구원 연구보고서.

최인수 외(2020). 『트랜드모니터 2020』. 서울: 시크릿하우스.

최창수(2004). 민선단체장체제의 출범과 중앙통제수단의 변화. 『한국행정학보』, 38(3): 183-200.

최창호(2001). 『지방자치학』. 서울: 삼영사.

최창호 · 강형기(2014). 『지방자치학』. 서울: 삼영사.

최창호 · 강형기(2016). 『지방자치의 이해』. 서울: 삼영사.

하규봉(1992). 지방자치의 정치경제이론: 지적 전통에 따른 구분을 중심으로. 한국정치학회 연례학술발표회 논문. 12월 2~3일.

하연섭(1996). 『재정학의 기초』. 서울: 다산미디어.

한결 · 김희현(2021). Z세대 타깃 디지털 광고전략연구. 『브랜드디자인학연구』, 19: 19-20.

한국지방행정연구원(2021). 『지방이양사무 비용평가 추계모형 개발 및 활용방안 연구』. 자치분권위원회 수탁과제.

한원택(1992). 『도시 및 지방행정론』. 서울: 박영사.

허라금(2003). 다원주의 윤리와 윤리 다원주의 경계에서. 『다원주의, 축복인가 재앙인가』. 한국철학회(편). 서울: 철학과 현실사.

행정개혁위원회(1989). 『행정개혁에 관한 건의』. 서울: 행정개혁위원회.

행정안전부(2019). 『지방자치단체 협력・갈등관리 업무편람』.

행정안전부(2020a). 『지방자치단체 행정구역 및 인구현황』.

행정안전부(2020b). 지방자치단체 조직관리지침.

행정안전부(2021a). 지방공기업 인사・조직 운영기준.

행정안전부(2021b). 『2021년도 지방자치단체 통합재정개요(상)』.

행정안전부・한국지방행정연구원(2020). 『법령상 사무총조사』.

홍소희・김민(2021). MZ세대 특성에 따른 커뮤니케이션 메소드에 관한 연구. 『The Treatiese on the Plastic Media』, 24: 116.

홍준현(2005). 중앙정부의 지방자치단체에 대한 행정적 관여의 본질. 한국지방자치학회 하계학술대회발표논문.

홍준현(2007). 중앙정부의 지방자치단체에 대한 행정적 관여의 실태와 시사점. 『지방정부연구』, 11(3): 53-71.

통계청(2020). 2020년 10월 국내인구이동통계.

[국외문헌]

Bachrach, P. & M. Baratz(1962). Two Faces of Power. *American Political Science R.* 947-952.

Bachrach, P. & M. Baratz(1970). *Power and Poverty.* Oxford: Oxford Univ. Press.

Baradat, Leon P.(1984). *Political Ideologies: their origins and impact.* Prentice-Hall, Englewood Cliffs.

Beard, C.(1935). *An Economic Interpretation of the Constitution of the United States.* New York: Macmillan.

Castells, M.(1977). *The Urban Question.* London: Edward Arnold.

Castles, F.(1985). *The Working Class and Welfare.* Wellington: Allen and Unwin.

Cawson, A. & Saunders, P.(1983). Corporatism, Competitive Politics and Class Struggle. in R. King (ed.). *Capital and Politics.* London: Routledge and Kegan Paul.

Chirkin, Veniamin, Yudin, Yuri & Zhidkov, Oleg(1979). *Fundamentals of the Sociolist Theory of the State and Law.* Moscow: Progress Publisher. (송주명. 『맑스주의 국가와 법 이론』. 새날. 1990로 번역).

Cho Chung-Lae & Deil S. Wright(2004). The Devolution Revolution in Intergovernmental Relations in the 1990s: Changes in Cooperative and Coercive State-National Relations as Perceived by State Administrators. *Journal of Public Administration Research and Theory,* 14(4): 447-468.

Clark, Gordon & Micheal Dear(1984). *State Apparatus: Structures and Language of Legitimacy.* Boston: Allen & Unwin.

Cochrane, A. & Masey, D.(1989). Developing a Socialist Urban Policy. The Sheffield Group(ed.). *The Social Economic and the Democratic State.* London: Lawrence and Wishart.

Cockburn, C.(1977). *The Local State*. London: Pluto Press.

Cohen, B. P.(1980). *Developing Sociological Knowledge*. Englewood Cliffs. New Jersey: Prentice-Hall.

Cox, A. et al.(1985). *Power in Capitalist Societies: Theory, Explanations and Cases*. Sussex: Wheatsheaf.

Dahl, R. & E. Tufte(1974). *Size and Democracy*. Oxford: Oxford Univ. Press.

Dearlove, J.(1973). *The Politics of Policy in Local Government*. Cambridge: Cambridge Univ. Press.

Dearlove, J.(1979). *The Reorganization of British Local Government*. Cambridge: Cambridge Univ. Press.

Dickman, W.(1987). *Industrial Democracy in America: Ideological of National Lobor Relations Policy*. La Salle, IL: Open Court.

Dryzek, John S. & Dunleavy, Patrick(2009). *Theories of the Democratic State*. Palgrae Macmillan.

Dunleavy, P.(1980). *Urban Political Analysis*. London: Macmillan.

Dunleavy, P.(1982). Socio-Political Theories. in G. Jones. *New Approaches to the Study of Central-Local Government Relations*. London 1 Gower.

Dunleavy, P.(1984). The Limits to Local Government. in M. Boddy & C. Fudge(eds.). *Local Socialism?* London: Macmillan. 49-81.

Dunleavy, P. & O'Leary, Brendan(1987). *Theories fo the State: The Political of Liberal Democracy*. Macmillan.

Dunsire, Andrew(1981). Central Control over Local Authorities: A Cybernetic Approach. *Public Administration*, (59).

Ellison, B. A.(1988). Intergovernmental Relations and the Advocacy Coalition Framework: The Operation of Federalism in Denver Water Politics. *The Journal of Federalism*, 28(4).

Evans, Mark(1995). Elitism in David Marsh and Gerry Stoker. *Theory and Method in Political Science*. London: Macmillan Press LTD.

Fesler, J.(1976). The Basic Theoretical Question: How to Relate Area and Function. in R. Golembiewski et al.(eds.). *Public Administration*(3rd ed.). 227-249.

Galbraith, J.(1969). *The New Industrial State*. Harmonsworth: Penguin.

Gordon, George J.(1982). *Public Administration in America*. New York: St. Martin's Press.

Hall, P. & Ikenberry, J.(1989). *The State*. Minneapolis: Univ. of Minnesota Press.

Ham, C. & Hill, M.(1984). *The Policy Process in the Modern Capitalist State*. NY: Harvester Wheatsheaf.

Hayek, F. A.(1973). Economic Freedom and Repregntative Government. *Occasional Paper*. No. 39. London: Institute of Economic Affairs.

Hunter, F.(1953). *Community Power Structure*. Capital Hill: Univ. of North Carolina Press.

Jessop, B.(1977). Recent Theories of the Capitalist State. *Cambridge Journal of Economics*, 1: 353-373.

Jones, B.(1983). *Governing Urban A merica: A Policy Focus*. Boston: Little, Brown and Co.

Jones, G.(1980). New Approaches to the Study of Central-Local Government Relations. London: Gower. Jones, G. & J. Stewart(1980). *The Case for Local Government*. London I Allen and Unwin.

Jung, Y.(1987). The Territorial Dimention of the Developing Capitalist States: Measuring and Explaining Centralization in Korea. *International Review of Administrative Sciences*, 53: 517-544.

Jung, Y.(1993). The Politico-Administrative Institutions and Reunification of Korea. in K. Kim & Y. Jung(eds.). *Korean Public Administration and Policy in Transition*: Vol. 1, Governmental Institutions and Policy Process. Seoul: Korean Association of Public Administration & Jangwon Publishing Co.

Kaplan, Abraham(1964). *The Conduct of Inquiry: Methodology for Behavioral Science*. San Francisco. CA: Chandler Publishing Co.

Kerlinger, Fred N.(1973). *Foundations of Behavioral Research*. New York: Holt. Rinehart an Winston.

King, R.(1986). *The State in Modem Society*. London: Macmillan.

Korpi, W. & Shale, M.(1979). Strike, Industrial Relations and Class Conflict in Capitalist Societies. *British Journal of Sociology*, 30: 164-187.

Lee, J.(1993). The Politics of Urban Renewal. in K. Kim & Y. Jung(eds.). *Korean Public Administration and Policy in Transition*: Vol. 2, Substantive Public Policies. Seoul: Korean Association of Public Administration & Jangwon Publishing Co.

Lindblom, C.(1977). *Politics and Markets*. New York: Basic Books.

Marshall, R.(1986). American an Japan: Industrial Relations in a Time of Change. in Lipset, S. M(ed.). *Unions in Transitions: Entering the second Century*. San Francisco: ICS Press. 133-149.

McConnel, G.(1966). *Private Power and American Democracy*. New York: Alfred Knopf.

Mckinsey & Company(2018). 'True Gen': Generation Z and its implications for companies(2018. 11.12)(from https://www.mckinsey.com/industries/consumer-packaged-goods/ourinsights/true-gen-generation-z-and-its-implications-for-companies).

Mill, J.(1910). *Utilitarianism, Liberty and Representative Government*. London: Dent.

Oates, W. E.(1972). *Fiscal Federalism*. New York: Harcourt Brace Javanovich.

Oates, W. E.(1999). An Essay on Fiscal Federalism. *Journal of Economic Literature*, 37(3): 1120-1149.

O'Brien, Rita Cruise(1986). The Political Economic of Information: A North-South Perspective. in Georhe Gerbener & Marsha Siefert(ed.). *World Communication*. New York: Longman.

O'Leary, B.(1987a). Why Was the GLC Abolished? *International Journal of Urban and Regional Research*, 11(2)(June): 369-389.

O'Leary, B.(1987b). British Farce, French Drama and Tales of Two Cities: Reorganizations of Paris and London Government 1957-1958. *Public Administration*, 65: 193-217.

Peterson, Paul E.(1981). *City Limits*. Chicago: University of Chicago Press.

Pew Research Center(2020). On the Cusp of Adulthood and Facing an Uncertain Future: What We Know About Gen Z So Far(from https://www.pewresearch.org/social-trends/2020/05/14/on-the-cusp-of-adulthood-and-facing-an-uncertain-future-what-we-know-about-gen-z-so-far-2/).

Pew Research Center(2015). The Whys and Hows of Generations Research(from https://www.pewresearch.org/politics/2015/09/03/the-whys-and-hows-of-generations-research/).

Rae, Heather(2002). *State Identities and the Homogenisation of Peoples*. Cambridge: Cambridge University Press.

Rhodes, R. A. W.(1981). *Control and Power in Central-Local Relations*. London: Gower.

Rhodes, R. A. W.(1983). *Control and Power in Central-Local Government Relations*. Hants: Gower Publishing Co. Ltd.

Rhodes, R. A. W.(1996). *Power Dependence: Theories of Central-Local Relations*. Brookfield, Vermont: Cower Publishing Company.

Saunders, P.(1981). *Social Theory and the Urban Question*. London: Hutchinson.

Saunders, P.(1984). Rethinking Local Politics. in M. Boddy & C. Fudge(eds.). *Local Socialism?* London: Macmillan. 22-48.

Schattschneider, E.(1960). *The Semi-sovereign People*. New York: Holt, Rinehart and Winston.

Sharifz, J. M.(1998). *International Encyclopedia of Public Policy and Administration*. Westview Press.

Sharpe, L.(1980). *Decentralist Trends in Western Democracies*. London: Sage.

Sharpe, L.(1984). Functional Allocations in the Welfare State. *Local Government Studies*, Jan./Feb.: 27-45.

Skinner, Q.(1978). *The Foundations of Modern Political Thought*, Vol. 2. Cambridge: Cambridge University Press.

Stoker, G.(1991). *The Politics of Local Government*(2nd ed.). London: Macmillan.

Tiebout, Charles M.(1956). A Pure Theory of Local Expenditure. *Journal of Political Economy*, 64 (Oct).

Turner, R. S.(1990). Intergovernmental Growth Management: A Partnership Framework for State-Local Relations. *The Journal of Federalism*, 20(2).

Waligorski, C. P.(1990). *The Political Theory of Conservative Economists*. Lawrence: University Press of Kansas.

Walzer, M.(1983). *Spheres of Justice: A Defence of Pluralism and Equality*. New York: Basic Books.

Wilson, David & Game, Chris(1998). *Local Government in the United Kingdom*. England. U.K:

Macmillan Press LTD.

Wright, Deil S.(1978). *Understanding Intergovernmental Relations*. California: Duxbury Press.

Wright, Deil S.(1988). *Understanding Intergovernmental Relations*. Pacific Grove. California: Brooks/Cole Publishing Company.

Wright, Deil S.(2008). American Intergovernmental Relations(IGR): From Single-Country Origins To Wider Utility. 한국행정학회 추계학술대회 발표논문.

Young, Iris Marion(1990). *Justice and the Politics of Difference*. Princeton University Press.

Zimmerman, Joseph F.(1995). *State-Local Relations*(2nd ed.). Westport, Connecticut: Praeger Publishers.

찾아보기

ㄴ

ㄷ

ㅇ

저자 소개

■ 라휘문

〈학력사항〉

- 성균관대학교 문학사
- 성균관대학교 행정학 석사
- 성균관대학교 행정학 박사

〈경력사항〉

- 한국지방행정연구원 기획조정실장
- 행정안전부 중앙투자심사위원회 위원
- 법무부 이민정책자문위원회 위원
- 국민권익위원회 자체평가위원회 위원장
- 대통령직속 자치발전위원회 지방이양비용평가 전문위원회 위원장
- 한국지방재정학회 부회장
- 한국지방자치학회 부회장
- 경인행정학회 회장
- 한국정책분석평가학회 회장
- 성결대학교 행정학과 교수

세발자전거를 타고 가는 길

-정부간 관계의 새로운 길-

펴낸날 제1판 제1쇄 2023년 1월 31일
지은이 라휘문
펴낸이 임춘환
펴낸곳 도서출판 대영문화사
주소 (본사) 사무실: 경기도 고양시 일산서구 주화로 70
우신프라자 307호 (우 10387)
(본사) 물류센터: 경기도 고양시 일산서구 덕산로
107번길 68-50 (우 10205)
등록 1975년 12월 26일 제3-16호
전화 (031) 913-3062, (031) 914-3884~5
팩스 (031) 913-3839
홈페이지 http://www.dymbook.co.kr

ISBN 978-89-7644-872-9
값 29,000원